당신은 유일한
존재입니까?

당신은 유일한 존재입니까?

MONOPOLION

이동철 지음

프롬북스 frombooks

당신은 '모노폴리언'인가

독점을 뜻하는 영어 단어 'monopoly'의 어원은 그리스어다. '혼자'를 뜻하는 monos와 '팔다'라는 뜻의 polein이 조합된 단어다. 여기에 '~하는 사람'을 뜻하는 −ion이 결합되어 monopolion이라는 말이 생겨났다. monopoly는 원래 '혼자서 파는 행위'를 뜻했다. 이후에 물자를 매점매석해 가격을 조종하거나 모든 것을 독식하는 구조를 짜서 고객과 사회의 이익을 갉아먹는 행태가 출현하면서 '독점'이라는 부정적인 의미가 덧붙여졌다. 독점적 위치를 증식시켜 대중의 반감을 사는 독점 자본가들을 '모노폴리스트monopolist'라고 부른다. 역사상 가장 유명한 독점 자본가는 록펠러다.

록펠러의 스탠더드오일은 저가 전략을 앞세워 경쟁자들을 제거함으로써 독점적 위치를 장악했다. 하지만 루즈벨트 대통령에 의해 스탠더드오일은 강제로 분할되었다. 록펠러가 나쁜 독점 자본가의 전형으로 기억되고 있지만, 그가 자신의 후계자들에게 들려준 조언은 곰곰이 새겨볼 만하다. "사업일랑 똑똑한 후계자를 키워서 맡기고 자네들은 돈이 나오는 사업 구조나 열심히 구상하게." 그가 말한 사업 구조란 바로 '독점적 사업 구조'였다.

미국의 시사주간지 〈타임〉은 물가상승률을 고려하여 역사상 가장 큰 부자의 순위를 발표한 적이 있다. 1위는 14세기 아프리카 말리의 국왕 만사무사였고, 2위는 아우구스투스 황제, 7위는 석유왕 록펠러였다. 생존해 있는 지구인 가운데 가장 부자는 빌 게이츠9위다. 이들이 엄청난 부를 쌓은 비결은 무엇이었을까?

14세기 말리의 왕으로 20년 동안 재위했던 만사무사는 당시 지구에서 생산되는 금의 50%를 독점했다. 록펠러는 20세기에 석유를 독점했으며, 빌 게이츠는 소프트웨어로 21세기 전 지구의 PC 운영체제를 독점했다. 지구상 존재했던 가장 큰 부자들은 바로 독점이라는 사업 구조를 통해 탄생했던 것이다. 그들은 유일무이하고 대체 불가능한 사업 구조가 가져다주는 장점을 정확히 알고 사업에 적용했다. 록펠러의 독점은 시장에 해가 되는 악의적인 독점이었기에 지탄받아 마땅하다. 하지만 그가 트러스트trust, 같은 업종의 기업들이 경쟁을 피하고 보다 많은 이익을 목적으로 결합한 독점 형태라는 구조를 고안해낸 전략가라는 점은 눈여겨볼 필요가 있다.

물론 악의적인 독점은 오늘날 반트러스트법을 통해 시장에서 규제하고 있다. 과거처럼 생산량이나 가격을 담합하는 독점 전략은 사용해서도 안 되고 가능하지도 않다. 하지만 이와 같은 반시장적 의미의 독점이 아니라 고객들이 사랑한 나머지 자연스럽게 독점 기업의 위치에 올라서는 경우가 있다. 우리의 일상을 가만히 들여다보면 실제로 소소한 독점들이 무수히 존재하고 있다는 사실을 알 수 있다. 워낙 탁월하기에 독점적일 수밖에 없는 존재의 예는 많다.

항상 문전성시를 이루는 대박 맛집은 그 집이 쉬는 날이면 옆 가게에 눈길도 주지 않고 지나치는 단골들로 탄탄하게 운영된다. 운동으로 땀을 흘린 뒤에 늘 찾게 되는 삼성동의 콩나물국밥집, 갓 구워낸 빵이 일품인데 가격까지 싼 이태원의 '오월의 종', 살 옷이 없어도 들르게 되는 동대문 옷가게 '38', 2주에 한 번은 꼭 들르는 '마피아치킨', 불금이면 왠지 가

고 싶어지는 '브레라', 자주 가는 백화점의 푸드코트까지, 나의 삶은 나에게 최적화된 브랜드로 편집된 독점 천국이다. 우리는 이러한 독점적 존재들 덕분에 보다 만족스러운 하루를 살고 있다고 해도 과언이 아니다. 다른 것으로 대체하는 것이 불가능할 정도로 믿을 수 있는 가게, 사람, 브랜드 등은 어쩌면 이 사회를 보다 안정적으로 만드는 신뢰 요소 중의 하나일지도 모른다.

　모노폴리스트독점 자본가가 어떤 재화를 어떻게 팔아서 내 이익을 최대로 올릴까 고민하는 '나' 중심의 사고 위에 서 있다면, 모노폴리언은 어떤 것을 줄 수 있을까, 고객이 진정으로 원하는 것은 무엇일까, 라는 '소비자' 중심의 고민을 하는 존재다. 모노폴리스트가 자신의 욕심을 무제한 채우려는 '시장의 고혈' 위에 있다면, 모노폴리언은 자신이 아니면 채워지지 않는 일을 함으로써 사회를 이롭게 하는 '부재의 구휼' 위에 서 있다.

차례

CHAPTER 3   성을 가진 자 vs 길을 떠도는 자

CHAPTER 4   모노폴리언을 위한 10개의 城

CHAPTER 5 이제 모노폴리언의 갑옷을 짜라

WELLS FARGO
ORENO
GOOGLE
IBM
CHANEL
COCA
COLA
VIVO
PRADA

APPLE
MONTBLANC
HERMÈS
GUCCI
ALIBABA
ZARA
AMAZON
DYSON
FOXCONN
7-ELEVEN
HANSSEM

CHAPTER 1

독점 공간이
운명을 결정한다

STARBUCKS
TORY   BURCH
LADY   GAGA
COSTCO
OPPO   AUTO
          NATION
MERCEDES BENZ
VICTORIA SECRET
THE DAILY RECORD
MIRAE BURBERRY ASSET
ABSOLUT   ANJIN
MARY KAY
UNIQLO   NEXEN TIRE
          CASPER
DISNEYLAND LOUIS VUITTON

License   Space   Quality   Frontier   Reverse   Image   Price   Situation   New   Origin

MONOPOLION | 홀로 파는 사람, 모노폴리언

1

卌

나만의
독점 공간으로 가라

전략이 아니라 독점 공간이 미래를 결정한다

미국 노스캐롤라이나 주 하네트 카운티의 작은 도시 던Dunn에서는 〈데일리 레코드The Daily Record〉라는 지역 신문이 발행되고 있다. 그런데 이 신문의 구독률이 상식 밖이다. 공식 발표된 〈데일리 레코드〉의 구독률은 112%. 던의 모든 가정이 구독하고도 12%가 더 본다는 것인데, 신문을 구독하는 유령이라도 있다는 말인가? 그것이 아니라면 이런 가정이 성립해야 한다. '한 집에서 같은 신문을 아내와 남편이 각각 신청해서 보거나 던에 살지 않는 외부인이 〈데일리 레코드〉를 굳이 구독해서 본다.' 도대체 〈데일리 레코드〉에 어떤 매력이 있기에 이런 경이적인 구독률이 나오는 걸까.[1]

대부분의 미국 유력지들이 '국방정책의 방향이 바뀌다!', '마케도니아, 급진정당 평화조약에 합의!', '테헤란에서 깜짝 놀랄 개혁정책이 시작되다!' 등의 정치와 외교 문제를 헤드라인으로 다룬 날, 〈데일리 레코드〉만은 헤드라인을 이렇게 뽑았다. '흑곰, 오토바이에 치이다A black bear struck by a motorist!' 던의 도로에서 최근 흑곰들이 연이어 로드킬을 당하고 있고, 이것은 이곳저곳을 배회하는 곰 특유의 습관 때문이라고 설명하고 있다. 그리고 죽은 곰의 사체를 가져가거나 뼈나 이빨을 파는 것은 불법이라고 주민에게 알린다. 〈데일리 레코드〉 입장에서는 미국의 국방정책보다 던에서 흑곰이 죽은 것이 더 중요하다. 이유는 그들만의 편집 방침에 있다. '던을 기억하라, 빅뉴스는 잊어라.'

〈데일리 레코드〉는 인구가 1만 2,000명인 소도시 던의 정보를 꿰뚫고 있다. 누가 이사를 오고 누가 이사를 갔는지, 벼룩시장은 언제 어디서 열리는지, 요즘 잘나가는 가게는 어떤 곳인지, 세일은 언제 하는지, 내 이웃집의 경조사가 언제인지 등등을 알기 위해서 던의 사람들은 반드시 〈데일리 레코드〉를 보아야만 한다. 그뿐 아니다. 던에서 사업을 하려는 사람에게도 〈데일리 레코드〉는 가장 중요한 홍보매체다. 〈데일리 레코드〉를 통하지 않고서 주민 사회의 구석구석에 도달하기란 사실상 불가능하다.

〈데일리 레코드〉는 던을 수십 년간 지배해온 지역 독점 언론이다. 하지만 던의 어느 누구도 〈데일리 레코드〉의 이러한 독점에 불만을 품지 않는다. 오히려 자신들이 알고 싶어 하는 마을의 은밀한 정보를 일목요연하게 전달해주는 것에 감사를 표한다. 주민들은 〈데일리 레코드〉에 궁금한 일에 대해서 알아봐달라고 메일을 보내기도 하고, 자신들이 찍은 사진을 보낸 뒤에 다음 날 신문에 실렸는지 흥미진진하게 확인을 한다. 그리고 신문에서 친구나 이웃의 이름이 실린 기사를 발견하면 코를 파묻고 읽는다. 〈데일리 레코드〉의 독자들은 오늘 우리 마을에 무슨 일이 일어났을까 설레는 마음으로 신문을 펼친다.

〈데일리 레코드〉가 독점적인 위치를 지키는 원칙에 대해서 설립자 후버 애덤스는 이렇게 말했다. "주민들은 자기가 아는 사람의 이름과 사진을 보기 위해 지역 신문을 구독합니다. 이는 우리가 누구보다 잘할 수 있는 특별한 일이지요. 우리는 독자들이 다른 어디에서도 얻지 못할 정보들만 다룹니다." 그는 이어서 선을 긋듯 이렇게 덧붙인다. "만일 이웃 도시에 핵폭탄이 떨어진다 해도 그 파편이 던 지역까지 날아오지 않는다면 〈데일리 레코드〉에 실리지 않을 겁니다."

〈데일리 레코드〉가 비록 다른 지역에 널리 알려져 있지 않을지라도, 또 전국적인 뉴스를 다루지 않더라도 미래가 암울해지는 일은 결코 없을 것이다. 던에 사는 1만 2,000명의 주민은 차라리 식료품비 지출을 줄일지언정 〈데일리 레코드〉를 끊지 않을 것이기 때문이다.

미국 〈데일리 레코드〉의 사례를 흥미 있게 살펴보고 있을 때쯤 나는 워런 버핏의 특이한 투자 사례를 다룬 기사를 보게 되었다. 그는 〈워싱턴 포스트The Washington Post〉를 비롯한 지역 신문을 무려 10개나 인수하고 있었다. 이 이해하기 힘든 인수 행위는 '지역 독점'이라는 〈데일리 레코드〉의 사례와 연결해서 생각하면 상당히 일리 있는 투자로 변한다. 특히 버핏은 〈워싱턴 포스트〉의 지분을 소유한 이유에 대해서 '연방정부의 뉴스를 독점'하고 있기 때문이라고 밝혔다. 투자 사유는 명확하다. '워싱턴 정가에 누가 들어오고 나갔는지, 권력이 어떻게 이동하고 있는지를 알려

면 반드시 〈워싱턴 포스트〉를 보아야 한다.'[2]

실제로 내가 사는 동네 이웃의 작은 정보가 거대한 여느 정치·경제 이슈보다 더 흥미롭게 다가오기도 한다. "근처 병원에서 한 100미터쯤 거리에 있는 장어집 아시죠?" 어느 날 얼굴 피부가 좀 상해서 피부 관리를 받으러 갔던 동네 피부관리숍에서 나는 솔깃한 동네 정보에 귀를 기울이지 않을 수 없었다. "그 건너편에 있는 곰탕집도 그 집 사장님이 하는 거예요. 그 동네 인근에 무려 10개나 하고 있는 걸요."

피부관리숍이란 곳이 익숙하지 않아서 조용히 마사지만 받고 나오려고 했던 나는 점점 대화 속으로 끌려들어갔다. 알고 보니 동네 사람들이 많이 이용하는 석쇠구이집과 곰탕집 그리고 아직 가보지 못한 장어집 주인이 한 사람이며, 돈을 꽤 벌어들인 그는 서울 특급 주거지의 최고급 빌라에서 살고 있다는 것이다. 연이어 피부관리숍 원장은 최근 아파트에서 불이 났던 집이 인테리어를 어디에서 했는지, 며칠 전 경찰차가 왜 출동했는지 등등의 자질구레한 일들을 속속들이 알려주었다. 그제야 알 수 있었다. 상가 안쪽에 위치한 허름한 간판의 피부관리숍이 문전성시인 이유가 단지 피부 관리를 잘해서만은 아니었던 것이다.

사람들은 이웃 나라 대통령이 UN에서 한 연설보다 이웃집이 도둑맞은 사연을 더욱 궁금해한다. 하지만 '동네일'이란 그저 풍문으로 돌아다닐 뿐 그 일에 대해서 정확하게 꿰차고 있는 사람은 드물다. 동네 소식, 특히 사교육 정보에 정통한 사람을 시쳇말로 '돼지엄마'라고 부르는데, 이들은 아이들 학원 정보를 포함해 여러 가지 동네일을 꿰뚫고 있어서 정보에 갈급한 학부모들을 줄줄 달고 다닌다. 대부분의 엄마들은 이 돼지엄마의 정보력 때문에 그 앞에만 가면 '을'이 되고 만다. 만약 돼지엄마 역할을 대신하는 우리 동네 〈데일리 레코드〉가 있다면 나는 당장 구독 신청을 할 것이다.

〈데일리 레코드〉는 비록 던이라는 소도시를 독점하고 있을 뿐이지만, 그 공간 안에서만큼은 그 어떤 브랜드보다 강력한 힘을 갖고 있다.

나만의 공간은 실력을 넘어서도록 이끈다

특정 공간을 장악하는 것이 때로는 실력보다 중요하다.

극진 가라테를 창시한 무도의 달인 최배달이 승부의 주요 포인트로 강조한 것은 싸움 기술에 대한 것이 아니라, 바로 '스위치'였다. "실내 승부에서 반드시 장악해야 할 것은 스위치다. 스위치의 통제 여부는 생존의 첫 번째 조건이다." 최배달은 실내에 들어가면 언제나 벽을 등졌고 반드시 전원 스위치를 확인했다. 컴컴한 실내에서 전등의 스위치는 승패를 가름하는 가장 중요한 요소다. 그는 스위치를 지배함으로써 싸움판의 변수를 통제할 수 있었다.

전설적인 칼잡이 무사시가 활동했을 당시에는 전등 스위치가 없었다. 그가 중요하게 생각했던 것은 '등불'이었다. 무사시는 제자들에게 "반드시 등을 등져라. 그것이 안 되면 오른쪽에 두어라"라고 누차 강조했다. 반드시 등불을 차지해야 하지만 여의치 않을 경우를 대비해 차선책까지 이야기한 것은 그만큼 등불의 통제권을 중요시했다는 뜻이다. 오른쪽에 전등을 두면 칼을 든 손이 움직일 때 상대방의 눈부심을 유도할 수 있다.[3]

미국 서부시대의 전설적인 총잡이였던 와일드 빌은 퀵드로우quick-draw, 서부영화의 주인공처럼 재빨리 총을 잡아 빼는 기술의 달인이었다. 그는 늘 일정한 자리에서 카드 게임을 했다. 출입구와 바를 한눈에 살필 수 있는 자리였다. 그런데 하루는 상황이 여의치 않아 출입구를 등지고 게임을 할 수밖에 없었다. 그날 '전설'은 죽었다. 1876년 8월 2일, 호시탐탐 빌을 노리던 부랑자 잭 매컬은 '바뀐 자리'가 준 절호의 찬스를 놓치지 않았다.[4]

최배달도 무사시도 와일드 빌도 기량 면에서는 최강이었다. 하지만 그들이 '전설'로 남은 것은 승부에서는 실력도 중요하지만 공간의 가치 역시 중요하다는 사실을 알았기 때문이다.

해전의 신이라 불리는 이순신 제독 병법의 첫 번째 원칙 역시 '공간'이었다. 충무공 무패의 비결은 조선 수군이 유리한 공간에서 싸웠다는 사실에 있다. 일본 전국시대를 치른 왜군 사무라이들은 총칼을 앞세운 근거리 백병전에 강점을 갖고 있었다. 그들은 빠른 왜선을 조선 판옥선에 붙이고 칼로 끝장내자는 전략을 가지고 현해탄을 건너왔다. 하지만 그들의 전략은 보기 좋게 빗나갔다. 충무공이 왜군에게는 낯설 수밖에 없는 조선 수군의 공간으로 그들을 끌어들였기 때문이다. 충무공의 지략에 의해 결정된 싸움터는 접근을 쉬 허락하지 않았기에 원거리 화력전이 펼쳐질 수밖에 없었다. 충무공은 조총의 사거리가 닿지 않는 거리에서 늘 포를 쏘아 싸웠다.

공간의 위력은 강하다. 1592년 5월 10일, 일본의 맹장 도도 다카도라가 이끄는 주력을 상대로 벌인 최초의 해전이었던 옥포대첩은 불과 1시간 만에 끝났다. 당시 학익진과 거북선을 앞세운 조선 수군의 가공할 만한 화력전을 분석한 전사戰史 전문가들은 '세계 최고의 함대였던 스페인

아르마다Spanish Armada가 옥포에 왔더라도 일본 수군과 같은 운명이었을 것'이라고 말한다. 이길 자리를 정하고 절대로 놓치지 않는 것이 승리의 요건이다. '이길 자리'란 바로 나만의 독점 공간이다.

문명은 독점 공간에서 시작되었다

특정한 공산을 장악한다는 섯은 싸움터의 운녕을 가름하는 요소에만 국한되지 않는다. 문명의 발전이라는 측면에서도 공간은 결정적인 역할을 했다. '지리적 독점'이 문명이 시작되는 첫 번째 조건이었던 것이다.

영국의 수도 런던은 템스 강에서 유일하게 걸어서 건널 수 있는 길목에 건설되었다. 횡단이 용이한 지역이었기에 물자의 유통과 정보의 교류를 독점할 수 있었다. 지리적 독점이 문화와 경제의 발전을 이끌어낸 것이다. 이러한 사례는 대다수의 문명에서도 발견된다. 대부분의 문명이 강을 끼고 발전했던 것은 강이라는 지리적 요소가 문명에 결정적인 영향을 끼쳤음을 말해준다.

이집트 문명이 꽃필 수 있었던 것은 나일 강만이 가지고 있는 특별한 토양 조건 때문이었다. 철기시대가 출현하기 전에는 돌이나 나무, 청동으로 만든 농기구로 밭을 갈아야 했는데, 주기적으로 강물이 범람하면서 토양이 비옥해진 나일 강 유역은 빈약한 농기구로도 땅을 갈아엎기 용이한 여건을 갖추고 있었다. 이러한 이점 때문에 수확량이 압도적이어서 사람들이 모여들었고 문명의 발달 속도가 다른 지역에 비해 훨씬 빨랐다. 이집트 문명의 발전은 지도자의 능력이 뛰어나거나 국민이 부지런해서만은 아니었다. 나일 강이라는 지리적 독점 요소가 문명의 탄생과 발전을 가져다준 가장 큰 힘이었던 것이다.

독점 공간의 위력은 한반도 역사의 큰 줄기를 이루기도 했다. 충무공이 전장에서 공간 독점의 원칙을 적용했다면, 그보다 1,000년 앞서 고구려는 공간 독점 전략을 아예 국가적 전략으로 삼았다. 동북아의 최강국으로서 중국의 여러 국가들과 대등하게 패권을 다투었고 중원에 상당한 영향력을 행사했던 고구려의 힘은 어디에서 왔을까?

고구려가 중국의 여러 국가들과 전쟁을 하던 당시는 철기가 보급되던 때로 철제 무기의 보유 여부가 승패를 가르는 주요 요인이었다. 고구려는 무산 일대의 철산지를 점령함으로써 강력한 철기군을 양성할 수 있었다. 《삼국사기》〈동천왕조〉에는 이렇게 전한다. '왕은 보기병 2만을 인솔하여 비류수 위쪽에서 적을 방어하며 적 3천 명을 죽였다. 철기군 5천을 인솔하여 적을 토벌하였다.'[5] 이와 같이 고구려는 중무장한 철기병을 앞세워 중국 위나라 등을 압도하며 전쟁을 주도했다.

두 번째는 말이었다. 기병의 역할이 날로 중요해지는 전쟁 양상에서 우수한 전투마는 중요한 전략 자산이었다. 고구려는 만주 지방을 손아귀에 넣고 명마를 독점했다. 말이 필요했던 중국의 유연은 배로 쌀을 실어와 애원하다시피 해서 고구려의 말을 사갔다. 또한 제주도는 원래 고구려시대부터 말 수출기지로 유명한 곳이었다. 고구려는 장수왕 때 제주도를 말 수출의 전진기지로 삼아 전투마를 수출하며 짭짤한 수익을 올렸다. 광개토대왕이 마련한 독점의 기틀 위에서 장수왕은 과실을 풍성하게 수확하여 나라를 부강하게 만들었다. 결국 고구려는 지정학적 위치와 자원을 독점함으로써 군사적 강국이 될 수 있었다.[6]

세 번째는 교역로였다. 고구려는 북으로는 유연, 돌궐, 거란, 서로는 중국, 남으로는 신라, 백제, 왜 그리고 서역까지 진출함으로써 교역의 허브로서의 위치를 독점했고 막대한 경제적 이익을 취했다. 광개토대왕의 정복 전쟁은 단순한 영토 전쟁이 아니라 사실상 독점력을 유지하기 위한 '경제 전쟁'이었다. 광개토대왕은 백제를 공격해 한강을 통한 해상 무역 루트를 끊었다. 광개토대왕이 공격한 성은 관미성이었는데, 이는 한강과 임진강이 만나는 해상 교역의 관문이었다. 《삼국사기》에는 이렇게 쓰여 있다. '백제 관미성은 사면이 가파른 절벽으로 바닷물이 둘러싸고 있어 왕이 군사를 일곱 길로 나누어 20일을 공략하여 함락시켰다.'[7] 관미성 공략은 고구려가 대외 무역에서 독점권을 유지하기 위한 회심의 한 수였다.

한반도에서는 한강을 차지한 자가 전성기를 맞이한다는 불문의 법칙이 있었다. 백제와 고구려, 신라가 각각 4세기, 5세기, 6세기에 한강을 차지했고, 예외 없이 그때 전성기를 구가했다. 고구려는 또한 거란을 공격하여 경제 거점을 파괴함으로써 고구려에 의존하게 만들었다. 결국 고구려의 전쟁에는 영토를 확대한다는 목적 이면에 무역에서의 독점적 위치를 유지하기 위한 전략적 목표가 숨어 있었던 것이다.

고구려 부강의 원칙이었던 독점은 저 먼 나라 그리스에서도 어김없이 위력을 발휘했다.

천재 철학자 탈레스가 거부가 된 비결

그리스의 철학자 아리스토텔레스는 오늘날 육체노동을 신성시하는 것과는 정반대의 생각을 갖고 있었다. 육체노동은 정신적 깊이가 부족한 자에게나 어울리는 일이며 정신을 둔하게 만든다고 정의했던 것이다. 당시 가혹하리만치 중노동에 시달리는 노예들의 모습은 그런 생각을 갖게 하기에 충분했다. 이른 아침 흐트러진 매무새로 허겁지겁 일어나 자신을 돌볼 여유도 없이 하루 종일 주인과 가솔들을 위해 몸을 놀리다 지쳐버린 육체와 멍해져버린 노예들의 눈을 보면서 아리스토텔레스는 결론을 내렸다. '육체노동은 정치를 이해할 틈이나 정력을 남겨두지 않는다.'

한 걸음 더 나아가 이 철학자는 상업과 대부업을 포함한 장사는 서로의 이익을 우려낼 뿐이라고 여겼고 특히 고리대금업을 비난했다. 금전은 거래 수단에 불과한데 이 수단을 통해 돈을 번다는 것 자체가 해악이라는 것이었다. 이는 중세 이자금지제도의 사상적 기초가 되었고 이슬람에도 영향을 미쳐 이슬람은 이자를 받는 행위 자체를 금지하게 되었다. 이슬람계 자본들은 '수쿠크sukuk'라는 채권을 통해 금융거래를 하는데, 이는 통상의 이자 대신 수수료와 배당금으로 자금을 이용한 대가를 지불하는 방식이다.

아리스토텔레스의 주장에 따른다면 육체노동도 불로소득도 모두 지탄의 대상이 된다. 물론 이 대철학자의 논리는 오늘날의 현실에는 들어맞지 않는다. 오늘날 육체노동은 고도의 지식과 결합되어 있으며, 금융거래는 이자의 폐해보다는 자본의 원활한 이동을 돕는 수단으로 활용되기 때문이다. 아리스토텔레스가 살았던 당대에도 그의 이러한 주장을 주변 사람들은 비아냥거렸던 듯하다. 혹시 돈벌이를 안 하는 것이 아니라 못하는 것 아니오? 아리스토텔레스는 능청스럽게 철학자가 돈을 벌기로 작정하면 얼마든지 벌 수 있다고 큰소리를 치면서 자신이 존경했던 철학자 탈레스를 예로 들었다.

어느 날 탈레스는 친구와 함께 담소를 나누다가 엉뚱한 내기에 휘말리게 된다. 친구가 돈 있는 자만이 떵떵거리는 세상이라며 불평을 늘어놓자, 탈레스는 돈 벌 방법이 얼마든지 있는데 뭘 그런 것 가지고 그러느냐며 타박을 놓았다. 화가 난 친구는 벌떡 일어서면서 자신이 여행을 떠나서 돌아올 동안 어디 한번 돈을 벌어보라며 소리를 지르고는 떠나버렸다. 그 친구는 철학 공부에만 매달리는 주변머리 없는 탈레스가 돈을 버는 일이란 결코 없을 거라 장담했지만, 막상 돌아와보니 탈레스는 정말 큰 거부가 되어 있었다. 친구가 그 방법을 묻자 탈레스는 너털웃음을 터뜨리며 그간의 일을 들려주었다.

탈레스는 친구가 떠나자마자 올리브 시장을 유심히 관찰하기 시작했다. 올리브는 사용처가 무척 광범위한 생활필수품이었지만 수확량의 등락이 심했다. 수급을 관찰하던 탈레스는 수확량의 등락에 어떤 패턴이 있다는 것을 알게 되었고 그때부터 무언가를 사들이기 시작했다. 그런데 그 대상은 올리브가 아니라 올리브에서 기름을 짜내는 압축기였다. 당시는 올리브 흉년기여서 사람들은 공간만 차지하고 별로 쓸 일이 없는 압축기를 탈레스가 산다고 하자 헐값에 얼른 넘겼다. 이윽고 시간이 흘러 탈레스의 예상대로 올리브가 대풍이 났고, 사람들은 너도나도 올리브기름을 짜서 한몫 잡을 꿈에 부풀었지만 문제는 압축기였다. 이미 마을의 모든 압축기는 탈레스의 소유가 된 뒤였으므로 어쩔 수 없이 사람들은 비싼 값을 치르고 다시 사들이거나 대여해서 기름을 짤 수밖에 없었다. 이 때 탈레스는 큰돈을 벌었던 것이다.

탈레스가 쓴 방법은 미국의 석유왕 록펠러와 묘하게 오버랩이 된다. 록펠러 역시 석유를 독점한 것이 아니라 석유를 만드는 정유시설을 독점함으로써 엄청난 부를 거머쥐었기 때문이다. 천재 철학자가 수천 년 전 부를 형성한 방식 역시 독점이었다는 사실이 독점적 시장과 방식의 파괴력을 다시 한 번 입증시켜준다.

2

누가
모노폴리언인가?

나만의 성, 나만의 해자가 있는가

전작인 《한 덩이 고기도 루이비통처럼 팔아라》를 대표하는 슬로건이 '대체 불가, 모방 불가, 측정 불가'였다. 이 말은 처음부터 그 책의 슬로건으로 쓰인 것이 아니라, 독자의 선택에 따른 것이었다. 책을 구입한 독자들이 서명을 부탁하며 요청했던 문구가 바로 이것이었다. 아마도 독자들은 '나'라는 존재가 부속처럼 아주 손쉽게 대체되는 사회 분위기 속에서 아쉬움을 느꼈을 것이고, 더불어 나는 다르다는 사실을, 그런 존재가 되어야 한다는 사실을 그 문구를 통해 확인하고 싶었기 때문일 것이다. 그런데 이 두 번째 책의 아이디어는 이 슬로건에 대한 고민에서 시작되었다.

대체 불가하고, 모방 불가하며, 측정 불가한 경지란 어떤 것일까? 그

경지는 하이엔드High-End 영역에 속하는 것이라 할 수 있다. 하이엔드는 최고의 제품을 의미한다. 사실 모든 것은 처음 출현할 때 하이엔드에서 출발한다. 자동차, 컴퓨터, 휴대폰 등 지금은 우리의 일상을 구성하는 소소한 물건들 모두가 처음 출현했을 때는 하이엔드였다. 심지어 과일 주스와 케이크도 처음에는 왕족이나 거부들만이 누릴 수 있는 엄청난 사치품이었다. 프랑스에서 혁명을 일으킨 군중이 "빵을 달라"고 하자, 그렇지 않아도 프랑스 국민에게 눈엣가시 같은 존재였던 왕비 마리 앙투아네트가 그럼 케이크를 먹으면 되지 않느냐고 했다는 풍문이 돌면서 혁명에 기름을 부었다. 당시 케이크는 프랑스 서민들로서는 감히 가까이하기 힘든 사치스러운 음식이었지만, 최근에는 오히려 살이 찐다는 이유로 기피 대상이 되기도 한다. 이렇듯 거의 모든 제품은 처음에는 하이엔드였다가 미들엔드Middle-End가 되고, 어느 순간에는 로엔드Low-End가 된다. 그렇다면 기업들은 자신들이 생산하는 제품이 항상 하이엔드의 위치를 갖도록 하기 위해 매일매일 살얼음판을 걸어야 할까?

꼭 그렇지만은 않다. 다행히도 하이엔드 브랜드를 연구하면서 그럴 필요까지는 없다는 사실을 알게 되었다. 성공적인 전략을 가진 기업은 자신만의 독점적인 성에 진입함으로써 충성스러운 고객들을 확보하고 높은 수익을 올리며 안정을 누리면서 이를 교두보로 다음 성을 공략할 준비를 한다. 효과적인 비즈니스는 무언가에 쫓기듯 매일매일 불안한 '야전'이 아니라, 나만의 성을 확보하고 다시 다음 성을 확보하는 '공성전'이다. 이러한 비즈니스의 공성전을 일컫는 단어가 바로 '독점'이다. 그렇다면 자신만의 성을 가진다는 것은 어떤 의미일까?

동로마 비잔티움 시대의 콘스탄티노플 성은 413년에 만들어져 수백

년 동안 동로마를 지탱한 최후의 보루로서 역할을 했다. 성은 폭 20m, 깊이 10m에 물이 가득 채워진 해자를 자랑했다. 이 해자를 겨우 건넌다 해도 7m 높이의 1차 성벽이 나타나고, 1차 성벽을 지나면 다시 11m 높이의 2차 성벽이 나타났다. 이중 성곽 구조로 만들어진 콘스탄티노플 성은 성벽 축조술의 결정판이었다.

이 콘스탄티노플 성은 1453년 오스만투르크가 전쟁사 최초로 대포를 동원하기 전까지 난공불락의 요새로 불렸다. 동로마는 콘스탄티노플 성의 단단한 방어력을 바탕으로 무려 500여 년 동안 제국을 유지할 수 있었다.

또 하나의 난공불락으로 여겨졌던 오사카 성은 일본에서 가장 극적인 승패의 운명을 결정지은 곳이다. 도요토미 히데요시의 아들 히데요리가 오사카 성에 주둔하자, 히데요시의 후계 자리를 노리던 도쿠가와 이에야스는 고민에 빠졌다. 오사카 성 역시 30m의 폭을 자랑하는 해자를 갖추고 있었다. 도쿠가와는 해자가 있는 한 오사카 성을 함락시키기 힘들다고 보고 계략을 짰다. 화친을 원한다면 먼저 해자를 메우라는 도쿠가와의 은근한 요구에 넘어간 히데요리가 해자를 메우자 도쿠가와 군은 물밀듯이 오사카 성을 쓸어버리고 히데요리를 사로잡았다.

성이 갖는 중요성은 중국에서도 마찬가지였다. 여진의 누르하치는 막강한 군사력을 자랑했지만, 결국 만리장성에 가로막혀 중원으로 진출할 수가 없었다. 중국 본토로 나아가기 위해서는 만리장성의 동쪽 끝에 위치한 산해관을 통과해야 했는데, 무력으로는 도저히 불가능했다. 결국 누르하치는 명나라 장군 오삼계가 투항하여 산해관의 성문을 열어주고 나서야 비로소 만리장성을 통과할 수 있었다.

성은 수비와 방어의 수단으로 쓰일 때는 안주나 안락의 상징으로 볼수 있다. 그러나 난공불락의 성을 보유하느냐의 여부는 위기시에 국가의 운명을 좌우하는 결정적인 역할을 한다. 성이 있어야 백성이 모이고힘을 기르며 전략을 짜서 다음을 도모할 수 있기 때문이다. 군사 전략에서의 성을 비즈니스에서는 나만의 독점 고객과 독점 영역이라 할 수 있다. 떠돌이 무사처럼 싸움을 위한 싸움을 하는 것은 무의미하다. 비즈니스 전략은 나만의 독점 공간, 즉 비즈니스의 성을 어떻게 구축하고 연결하느냐 하는 문제에 초점을 맞추어야 한다.

앞서 살펴본 것처럼 성의 외곽에 구축한 해자는 성의 가치와 방어력을 드높여준다. 과거 난공불락의 성들이 갖추었던 해자는 오늘날 비즈니스에서도 그대로 유용하다. 세계 최고의 투자가 워런 버핏은 기업 투자에 있어 '경제적 해자Economic Moat가 있을 것'을 투자의 제1원칙으로 삼았다. 버핏이 언급한 경제적 해자란 진입장벽독점, 과점, 브랜드, 특허, 규모의 경제 등을 뜻한다. 이처럼 독점의 비즈니스적 가치는 이미 금융계에서는 투자의 원칙으로 널리 알려진 개념이다. 과거의 영토 정복과 수성이라는 개념은 오늘날 비즈니스의 영역으로 옮겨와 독점적 공간이라는가치로서 여전히 위력을 떨치고 있다.

최고 투자자의 투자원칙, 독점

워런 버핏의 투자 바구니에는 코카콜라Coca-Cola, 웰스파고Wells Fargo, GE General Electric, 코스트코Costco, 〈워싱턴 포스트〉 같은 기업들이 들어 있다.

버핏은 예전부터 투자의 비결을 묻는 사람들에게 자신이 가장 좋아하는 기업은 독점 기업—정확히는 소비자 독점 기업—이라고 이야기했다. 그와 함께 자신이 절대로 투자하지 않는 기업에 대해서도 언급했는데, 그것은 '상품형 기업'이었다.

상품형 기업이란 상품과 서비스를 판매하는 전형적인 기업을 말한다. 유감스럽게도 현재 대부분의 기업이 바로 이 상품형 기업에 속해 있으며 독점 영역을 구축하지 못한 채 갈수록 어려워지는 상황 속에서 고통스러워하고 있다. 상품형 기업이 힘겨운 이유는 늘 경쟁에 노출되어 있으므로 지속적으로 광고를 해야 하고 제품력을 올리기 위해 투자 또한 지속적으로 해야 하는 태생적 운명을 지녔기 때문이다. 따라서 매출이 발생해도 광고비와 R&D 투자비를 제하고 나면 실제 손에 쥐는 순이익은 늘 박하기 마련이다.

포수가 사냥을 할 때 선호하는 방법이 하나 있다. 일단 사냥감을 맞히고 추격하는 것이다. 총알이 급소에 빗맞았더라도 사냥감을 맞히고 나서 끈질기게 좇아간다. 장기전을 각오하고 사냥감을 좇아가다 보면 어느 순간 출혈이 심해지고 기운이 빠진 사냥감은 주저앉고 만다. 상품형 기업은 피를 흘리며 도주하는 사냥감과 같다. 지속적인 연구개발과 반복적으로 투입되는 마케팅 비용으로 인해 기업의 이익률은 점점 떨어지고 저조한 성과로 인해 조직은 지쳐간다. 그러다 결국 회사는 위기에 처한다.

반면에 워런 버핏이 선호한다고 밝힌 소비자 독점 기업은 무엇일까?

버핏은 제품 시장과 소비자 시장에서 일종의 독점적인 지위를 가진 기업을 '소비자 독점 기업'이라고 정의했다. 이러한 기업의 특징은 독특한 유형자산뿐만 아니라 코카콜라나 말보로Marlboro 담배처럼 브랜드 경쟁력 등의 무형자산을 가지고 있다는 점이다. 그렇다면 소비자 독점 기업이 되기 위해서는 어떤 조건을 갖추어야 할까?

••• 소비자 독점 기업의 조건

1. 소비자에게 독점적인 제품이나 서비스를 제공하고 있는가?

2. 이익을 현재 사업을 유지하기 위한 보수에 사용하지 않고 신사업에 투자할 수 있는가?

3. 인플레이션에 따라 가격을 인상할 수 있는가(인상해도 매출이 줄지 않는가)?

4. 순자산이 0이 되어도 무형의 가치가 남아 있는가?

5. 수백억의 자금과 유능한 경영자를 투입하여 진입한다면 이길 수 있는가?

   (이길 수 없다면 독점 기업)

구체적인 소비자 독점 기업과 그 제품의 사례는 다음과 같다.

1. 장사를 위해 반드시 사두어야 하는 제품(ex. 각 업종 대표 제품)

   만약 가게에 들어가서 이 제품이 없으면 가게 주인이 문제가 있다고까지 생각되 는 것

2. 제품 광고 등을 위해 반드시 거쳐야 하는 미디어 기업(ex. 방송사, SNS)

3. 항상 필요하고 반복적인 구매가 일어나는 제품(ex. 카드사, 해충 박멸·보안 기업)

4. 준독점 위치의 소매유통 업체(ex. 이케아, 세븐일레븐 등)

위의 기준은 워런 버핏이 지난 수십 년간 투자 대상을 선택하기 위한 원칙으로 삼아온 것이기 때문에 어떤 것은 지금 시대에 맞지 않는다고 할 수 있지만, 이 원칙들은 하나의 영감을 제공한다. 좋은 기업, 오래가는 기업의 기준은 바로 자신만의 독점 영역을 확보하고 있느냐의 여부인 것이다. 독점 영역의 법칙은 전통 기업뿐만 아니라 IT, SNS 등의 최신 사업 영역에도 여지없이 적용된다. 심지어 구글에게도 말이다.

구글의 기묘한 방어막

IT계의 '넘사벽' 구글Google은 현재 전 세계 검색 시장을 대부분 점령했다. 그것도 나라별로 60~80%에 육박할 만큼 압도적인 점유율을 자랑한다. OECD 주요국 중 구글이 1위가 아닌 나라는 한국, 일본, 중국, 러시아뿐이다. 따라서 검색 시장의 점유율 관점에서만 보면 '독점 기업'이라고 보아도 무방하다. 하지만 독점 기업이라면 당연히 칼을 들이대야 할 사정 당국들이 구글에 대해서만큼은 이상하리만치 조용하다. 프랑스, 영국 등이 구글과 갈등을 빚고 있지만 그것은 법인세와 과세 등에 대한 부분 때문이지 독점 때문은 아니다. 실제 구글이 1위를 하고 있는 대부분의 나라에서 70% 이상의 압도적인 점유율을 보이는데도 말이다.[8]

이런 점유율을 보이면서도 당국의 제재를 받지 않는 것은 구글의 특이한 독점 구조 때문인데, 독점에 대한 제재와 수사마저 피해갔던 구글의 사업 구조는 다음과 같다.

구글의 수입 가운데 가장 큰 비중을 차지하고 있는 것은 검색광고다.

미국 캘리포니아 주 마운틴뷰의 구글 본사

그런데 주목해야 할 것은 검색광고 시장의 규모다. 미국의 검색광고 시장 규모는 170억 달러이고, 세계 광고 시장의 총규모는 4,500억 달러다. 만약 구글이 미국 검색광고 시장 전체를 점유한다 해도 전 세계 광고 시장에서 차지하는 점유율은 채 4%가 되지 않는다. 다시 말해서 압도적인 시장 점유율을 보이고 있지만 구글이 점유한 분야 자체가 틈새시장, 즉 구글 자체가 만들어낸 시장이며 구글 외에는 변변한 경쟁 기업을 찾아보기 힘들다. 구글로 보면 절대적인 점유율과 수익을 보장받고 있지만, 광고 시장 전체로 확대하면 구글이 누리는 수익은 얼마 되지 않기 때문에 사정 당국의 눈을 피해갈 수 있는 것이다. 최근에 구글이 독점 행위로 인해 수사를 받기는 했지만, 그것은 검색 시장에서 차지하는 점유율 때문이 아니라 안드로이드 운영체제 때문이었다.

이런 측면에서 볼 때 구글은 워런 버핏의 투자원칙에 견주어도 어긋나지 않는다. 위의 투자 조건 중에서 두 번째 조건, 제품 광고를 위해 반드시 필요한 기업에 해당된다. 버핏 역시 구글에 대해 '필연적인inevitalble 승자'가 될 것이라고 예측하면서 향후 10년간 안정을 누린다 해도 전혀 이상하지 않다고 극찬했다다만 버핏은 자신이 구글의 사업을 잘 이해하지 못한다는 이유로 투자는 하지 않았다. 구글은 버핏의 예상대로 세계에서 가장 전망이 좋은 기업으로 순항 중이다. 상대적으로 작아 보이는 시장을 골라 강하게 점유하는 것, 이것이 매력적인 사업 모델이 될 수 있다는 점을 구글이 보여주고 있다.

당신은 기린인가, 가젤인가

아프리카 초원에 얼룩말, 가젤, 영양 그리고 기린이 풀과 나뭇잎, 과일을 먹으며 평화롭게 살았다. 그런데 어느 날 얼룩말이 말했다. "이제는 잎과 과일이 예전만큼 많지가 않아." 그제야 가젤과 영양도 그러한 사실을 깨닫고 서로의 얼굴을 멀뚱히 쳐다보았다. 키 작은 세 동물—얼룩말, 가젤, 영양—은 일제히 기린을 바라보았다. 자신들과 같이 낮은 곳의 잎과 열매를 따 먹던 기린이 씩 웃더니 목을 쭉 폈다. 말 그대로 목 빠지게 기린을 올려다보면서 세 동물은 깨달았다. 기린의 머리가 닿는 나무의 높은 곳에 새파란 녹음을 자랑하는 거대한 잎과 과일이 주렁주렁 열려 있다는 것을. 또 깨달았다. 그것은 오로지 기린만의 것임을. 초원에 가뭄이 닥치자 키 작은 세 동물은 모두 낮은 곳의 나뭇잎을 두고 아귀다툼을 하다가 속절없이 굶어 죽었다.

이 이야기는 생태학자의 이야기가 아니다. 미국 노동경제학의 대부라고 일컬어지는 타일러 코헨의 비즈니스 생태계에 대한 충고다. 우리는 잘 몰랐다. 쉽게 얻을 수 있는 낮은 곳의 열매를 따 먹으면 오래지 않아 열매의 씨가 마른다는 것을, 그리고 나와 함께 사이좋게 열매를 따 먹던 친구 사이에 기린이 있다는 사실을, 그 기린은 다른 이들이 굶어 죽어갈 때 홀로 높은 나뭇가지의 열매를 따 먹을 수 있는 긴 목을 가졌다는 것을.

타일러 코헨은 쉽게 얻을 수 있는 열매를 '낮은 곳의 과일'이라고 지칭한다. 그가 말한 '낮은 곳의 과일'이 무엇인지 조금 더 파고들어가 보자.

미국의 경우, 쉽게 취할 수 있는 '낮은 곳의 과일'은 3가지다. 무상으로 주어지다시피 한 광활한 토지, 가공할 기술 발전, 교육되지 않은 노동력. 원주민으로부터 빼앗은 토지에서는 무엇을 하든 돈으로 환산된다. 나무 한 그루를 심어도, 풀뿌리 하나를 캐도 돈이 된다. 먼저 시작한 사람이 차지하는 손쉬운 게임이다. 기술 발전도 마찬가지다. 어떤 기술을 개발하면 그것은 최초의 신기술이어서 제품에 적용하면 신세계를 보여주는 놀라운 제품이 나온다. 소비자들이 줄을 서서 지갑을 열어젖힌다.

교육되지 않은 노동력은 이후 놀라운 생산 증대의 원천이 되었다. 오로지 머리가 깨칠 때만을 기다리던 영특한 아이들에게 글자를 가르치고 학문의 둥지에 데려다놓는 것만으로도 아이들은 스스로 알을 깨고 나와 놀라운 인재로 거듭났다. 그들은 새로운 방법과 길을 찾아내어 생산성을 비약적으로 성장시켰다. 미국의 경우, 1900년대 초 취학아동 중 6.4%가 고등학교에 진학했고, 이들 중 2.5%가 대학에 갔다. 그런데 2000년대 초에는 10배가 넘는 60%가 고등학교에 가고 졸업생의 40%가 대학에 진학했다. 한국의 경우에는 식민지 상황을 거치는 동안 고등교육을 받은 인구 비율이 대단히 저조했지만, 1975년 20%였던 대학 진학률이 1980년에 34%를 넘어섰고 2000년대 이후에는 80% 선까지 치솟았다. 대학 진학률이 높아지면서 경제성장률 또한 높아지는 선순환구조를 이루었다.

미국 이외의 지역에는 또 하나의 과실이 있었다. 바로 '따라 하기'라는 이름의 과실이다. 신기술이 개발되고 새로운 제품이 생산되면 그대로 베끼거나 기술을 들여와 재빨리 제품화해서 파는 것이다. 이 쉽게 얻을 수 있는 과실의 혜택을 누리며 질주했던 나라들이 한국, 대만, 홍콩 등 소위 아시아의 용龍들이었다.[9]

하지만 쉽게 취할 수 있는 과실의 이점을 누리던 시대는 지나갔다. 내가 키 작은 세 동물에 해당된다면, 점프력을 높이든 바위 위에 올라서든 목을 억지로 늘리든 높은 곳의 열매를 독점적으로 얻을 수 있는 능력을 키워야 한다. 독보적인 우위를 가진 듯 보이는 기린도 나름 노력을 기울여야 한다. 동물원에서 기린은 가끔 벼락을 맞는다. 키가 가장 큰 개체이기 때문에 그만큼 확률이 높은 것이다. 그런데 야생에서도 기린이 벼락을 맞을까? 이를 궁금하게 여긴 과학자들이 위성을 활용해 조사를 했고, 기린은 벼락이 내릴 큰 나무나 장소를 피해서 거주하기에 기린이 머무는 곳은 벼락이 칠 확률이 평균보다 훨씬 낮다는 새로운 사실을 알아냈다. 또 기린이 주로 먹는 아카시아는 가시가 자라서 잎을 보호하기 때문에 이 가시를 걷어내기 위한 거칠한 혀를 갖게 되었다. 나만의 시장을 갖고도 기린은 더 잘 먹고 잘살기 위해 사는 곳을 고민하고 환경에 맞추어 몸을 바꾸어나간다.

도전에 응전하며 열매를 따서 생존을 이어가는 것은 자연에서도, 사람 사는 곳에서도 마찬가지로 적용된다. 한국을 비롯한 아시아의 용들은 이제 다시금 자신만의 시장을 찾아 떠나야 할 순간과 맞닥뜨렸다. 용의 뒤를 추격하고 있는 중국, 인도 등의 신흥국이라는 이무기들이 즐비하기 때문이다. 떠나고 싶지 않아도 떠나야 한다. 어디로 가야 할까? 바로 우리만의 독점 공간이다.

WELLS FARGO

ORENO
GOOGLE
IBM
CHANEL
COCA
COLA
VIVO
PRADA

APPLE
MONTBLANC
HERMÉS
GUCCI
ALIBABA
ZARA
AMAZON
DYSON
FOXCONN
7-ELEVEN
HANSSEM

CHAPTER 2

성은
어디에 있는가

STARBUCKS
TORY BURCH
LADY GAGA
COSTCO
OPPO AUTO
NATION
MERCEDES BENZ
VICTORIA SECRET
THE DAILY RECORD
MIRAE BURBERRY ASSET
ABSOLUT ANJIN
MARY KAY NEXEN TIRE
UNIQLO CASPER
DISNEYLAND LOUIS VUITTON

License   Space   Quality   Frontier   Reverse   Image   Price   Situation   New   Origin

1

수단에 현혹되지 말고
분명한 목표에 도달하라

나의 공간은 나만이 찾을 수 있다

일본인들이 가장 흠모하는 세 명의 동시대 영웅이 있다. 통일의 문을 열어젖힌 오다 노부나가, 임진왜란을 일으킨 도요토미 히데요시 그리고 히데요시의 뒤를 이은 도쿠가와 이에야스가 그들이다.

마지막 승자가 된 도쿠가와 이에야스가 최후의 승리를 위해 도요토미 히데요시의 아들 히데요리 제거 작전을 시작했을 때의 이야기다. 잘 알려지지 않았지만, 히데요리와의 본격적인 대결에 앞서 이에야스가 추진한 은밀한 '사전 작업'이 하나 있었다. 이에야스는 이미 히데요리와의 일전을 결심했지만 아무 일 없다는 듯 히데요리를 만나 만면에 미소를 지은 채 이전의 주군이었던 도요토미 가문을 위한 좋은 복안이 있다고 구슬렸다. 그가 말한 복안이란 엉뚱하게도 '긴키 일원의 신사와 사찰 건립 계획'이었다. 신사와 사찰을 대대적으로 건립하여 도요토미 가문의 영광을 만방에 알리자는 명분이 제법 그럴 듯했다.

이에야스의 말에 넘어간 히데요리는 허울 좋은 명분을 따라 부친에게서 물려받은 막대한 재산을 사찰 등을 건립하는 데 쏟아붓기 시작했다. 하지만 그것은 순진한 믿음이었다. 히데요리는 어머니의 조언을 받기는 했지만 불행하게도 전략과 운신의 대가인 이에야스의 속내를 꿰뚫어볼 참모가 곁에 없었다.

히데요리의 아버지, 도요토미 히데요시가 조선을 대상으로 전쟁을 벌이자 모든 다이묘들은 히데요시의 명에 따라 재산을 전쟁에 쏟아부으며 전력을 다했다. 이때 오로지 이에야스만은 참전하지 않고 뒤에 남아 영지에 웅크리고 있었다. 그는 곳간이 비면 곤란해지는 것은 자신이라는 사실을 잘 알고 있었다. 결국 임진왜란은 실패로 돌아가고 곳간이 바닥난 다이묘들이 힘을 잃었을 때 이에야스만은 건재했다. 그는 이때의 경험을 떠올리면서 제거 대상인 히데요리의 곳간을 비게 하려는 계획을 진행한 것이다. 이 무서운 계획을 알지 못하고 알토란같은 재산을 쏟아부은 히데요리는 결국 패망의 내리막길에 발을 들여놓게 되었다. 히데요리가 이에야스의 곳간 비우기 전략을 눈치 채고 허상뿐인 명예를 버렸다면 비참한 최후만은 피할 수 있었을지도 모른다.

지나간 성장 시대를 상징하는 비즈니스 명제는 다음과 같다. '모든 산업에서 돈을 벌 수 있으며 가장 점유율이 높은 선두주자가 가장 많은 수익을 올린다.'

이러한 명제는 시장점유율의 승자가 곧 종국의 승리자가 된다고 믿도록 만든다. 기업은 비즈니스의 성배와도 같은 시장점유율을 높이기 위해 각종 이벤트를 진행하면서 마케팅에 투자하고 공격적인 가격인하를 실시한 결과 비용이 증가하게 된다. 기업에 있어 곳간은 곧 수익지대다. 수익지대가 감소한다는 것은 기업 생존의 원천이 비어가고 있다는 말과 같다.

히데요리에게 가문의 영광을 재현하는 것이 매출이었다면 비어가는 곳간은 수익이다. 공허한 매출 숫자에 정신을 쏟고 있는 동안 한때 수익지대였던 시장은 무수익지대로 변한다. 변화된 시장은 메아리 없는 블랙홀과 같다. 투입된 활동과 자원이 수익으로 돌아오지 않기 때문이다. 결국 시장점유율 우선주의가 수익지대를 갉아먹고 무수익지대를 증가시키는 원흉이다.[1]

등산용어 중에 전위봉이라는 말이 있다. 정상이 아닌데 정상인 듯 착각하게 만드는 봉우리를 뜻한다. 세계의 거의 모든 고산준봉은 신기하게도 마치 산악인을 시험하기라도 하듯 이러한 전위봉을 가지고 있다. 세계 최고봉 에베레스트의 전위봉은 임자체봉아일랜드 피크이고 지리산 천왕봉의 전위봉은 제석봉이다. 고산 등반을 하는 많은 산악인들이 극한의 기후 속에서 전위봉을 등정하고서는 정상을 등정한 것으로 착각하여 낭패를 보는 경우가 허다하다. 1988년 히말라야 브로드 피크8,047m에 도전한 한국의 악우회 원정대가 한국 최초 등정을 공포했지만 이를 지켜본 일본 원정대가 이의를 제기했고, 조사 결과 그들이 올랐던 곳이 전위봉8,030m이었다는 사실이 밝혀지기도 했다.

경영에서도 정상에 오른 것으로 혼돈케 하는 전위봉 같은 지표가 있다. 흔히 사업의 성공을 가늠하는 기준이라고 생각하는 매출액과 시장

점유율 등이 바로 그것이다. 재무제표를 통해 숫자로 나타나는 이런 지표들을 일종의 기업 성적표로 평가하는 경우가 많다. 하지만 숫자에 연연하여 억지 밀어내기나 덤핑 등을 통해 매출액을 맞추는 것은 기업의 목표와 방향을 잘못 잡은 것이다. 더욱 안 좋은 상황은 매출액의 숫자들이 모든 문제를 낙엽처럼 덮고 있을 때다. 겉은 평온해 보여도 안은 썩고 있는 경우가 많은데, 이렇게 시간이 지나면 작은 문제가 감당할 수 없을 정도로 커져버린다.

비즈니스의 세상에도 '실속의 이에야스'와 '명분의 히데요리'가 수없이 대립한다. 분명한 것은 덩치 자랑을 하던 고성장 시대가 지났음에도 매출액과 점유율이라는 지표의 함정에서 벗어나지 못한 채 곳간이 비어가는 것을 외면한다면 저성장기의 엄혹한 현실을 견뎌낼 수 없다는 사실이다.

만약 다음의 사고방식을 가지고 있다면 당신은 한때는 정상이었으나 지금은 전위봉이 되어버린 목표에 매몰되어 있을 가능성이 높다.

1. 시장을 최대한 점유하라.
2. 지속가능한 경쟁우위에 집중하라.
3. 수익성은 따라올 것이다.

위의 사고방식은 매출과 수익에 대해서만 고려할 뿐 정상을 알려주는 유일한 표식인 고객과 시장이 빠져 있다. 따라서 진정한 정상으로 목표를 조정하기 위해서는 다음과 같이 사고를 전환해야 한다.

1. 고객에게 가장 중요한 것은 무엇이고, 만족하지 못하는 고객은 누구인가?

2. 나만의 고객 지대가 어디로 이동하고 있는가?

3. 우리 조직이 충족시켜줄 수 있는 우리만의 공간은 어디인가?

4. 수익은 자연히 따라올 것이다.[2]

고객은 자신의 문제를 해결해주거나 욕구를 충족시켜주는 기업과 상품에 기꺼이 대가를 지불한다. 소비자는 자질이 미달인 여러 개의 제품을 원하지 않는다. 필요로 하는 딱 하나의 브랜드를 원한다. MIT 미디어랩의 니콜라스 니그로폰테는 이렇게 말했다. "나에게 필요한 것은 500개의 TV 채널이 아니다. 내가 보고 싶은 프로그램을 방송하는 단 하나의 채널이다."

'레종 레트르raison d'etre'는 프랑스어로 '존재 이유'를 의미한다. 기업이라는 존재는 고객이 필요로 하는 부분을 채워줄 때 의미를 갖는다. 고객에게 유일한 제품, 대체할 수 없는 서비스를 생산할 때 고객은 그 기업이 만든 공간에 들어와 살게 된다. 매출과 수익은 그 이후의 문제다.

'지속가능한 경쟁우위'라는 성배(Holy Grail)는 잊어라

진화에 관한 유명한 논쟁이 있다. 닭이 먼저냐, 알이 먼저냐 하는 것이다. 많은 학자들이 갑론을박했지만 이 논쟁은 아직 어떠한 결론에도 도달하지 못했다. 경영학에서도 위와 같은 논쟁이 존재한다. '경쟁역량'과

'생존역량'에 관한 논쟁이다. 탁월한 역량이 있어서 오래 살아남는가, 아니면 오래 살아남았기에 탁월한 역량을 보이는가 하는 문제다.

경영학의 대가 마이클 포터는 이러한 의문에 자신만의 답을 내놓았다. 포터는 자신을 슈퍼스타로 만든 1985년 작 《경쟁우위Sustainable Competitive Advantage》에서 '지속가능한 경쟁우위'라는 매력적인 콘셉트를 제안했다. 그가 제시한 지속가능한 경쟁우위는 두 가지로, '차별화'와 '낮은 원가'다. 하지만 차별화와 낮은 원가 그 자체가 의미를 지니는 것은 아니다. 왜냐하면 경쟁우위란 환경과 시대의 변천에 따라 변화하기 때문이다. 다만 오래 살아남은 기업에게는 지속가능한 경쟁우위가 있으며 그 우위를 점할 수 있다면 시장에서 살아남을 수 있다는 해법을 제시했다는 점에서 마이클 포터의 제안은 의미가 있었다. 1980년대에 발표된 이 경쟁우위론은 일대 센세이션을 일으켰고, 수많은 후속 연구가 진행되었다.

이후 비즈니스 세계에서 지속가능한 경쟁우위는 그것 하나만 손에 쥐면 모든 것을 얻을 수 있는 '성배'처럼 여겨졌다. 성배를 얻으면 영생을 얻는다는 풍문처럼, 지속가능한 경쟁우위가 비즈니스의 지속적인 생존을 보장할 것이라는 최면에 휩싸였던 것이다. 하지만 지속가능한 경쟁우위를 갖기란 너무나도 힘든 일이었다. 경쟁우위는 고정된 것이 아니라 계속 변화했고, 어렵게 확보한 경쟁우위를 지속가능한 것으로 만들기 위해 매일매일 쉼 없이 뛰어야 했다. 숨이 턱에 찰 때까지 성배를 좇던 이들은 짐 콜린스라는 새로운 경영의 구루를 발견하고 다시 열광했다. 짐 콜린스는 자신의 책《좋은 기업에서 위대한 기업으로Good to Great》에서 위대한 기업들은 나름의 독특한 특징이 있으며 좋은 기업은 위대한 기업의 특징을 갖춤으로써 그 반열에 올라 오래토록 시장을 지배할 수 있다는 이론을 제시했다. 사람들은 성배의 또 다른 이름인 '위대한 기업'이라는 키워드에 매료되었고, 위대한 기업이 되기 위한 방법을 찾기 시작했다. 그런데 시간이 지난 뒤에 사람들은 뭔가 이상하다는 것을 깨닫게 되었다. 많은 기업들이 닮기를 소망했던 '위대한 기업'들이 하나둘 사라지기 시작한 것이다. 《좋은 기업에서 위대한 기업으로》에 소개된 11개의 회사 가운데 서킷시티Circuit City는 경영난으로 간판을 내렸고, 패니매이 Fannie Mae는 금융위기의 주범으로 목숨이 경각에까지 갔다가 정부의 공적자금으로 산신히 살아났다. 결국 포터와 콜린스 두 대가의 이론이 정확한 답은 아니었던 것이다.

이제 사람들은 마이클 포터의 지속가능한 경쟁우위와 짐 콜린스의 위대한 기업, 이 두 가지의 장점이 결합된, 또는 그것도 아닌 제3의 엘도라도를 찾기 시작했다. 짐작했겠지만, 제3의 엘도라도는 바로 이 책의 주제인 '독점'이라는 영역이다.

경쟁우위는 독점으로 가기 위한 수단이다

시카고 대학교의 밀랜드 M. 레레 교수는 어떤 상황을 리드하기 위해서는 경쟁 기업보다 우위 요소가 있어야만 한다는 이론을 정면으로 반박한다. 그는 경쟁우위보다 독점이 더 중요한 성공의 키라고 말한다. "지속가능한 경쟁우위는 아무것도 보장해주지 않는다. 수익성을 보장받고 생존하려면 독점적 위치를 가져야 한다."

기업들이 흔히 추구하는 지속가능한 경쟁우위, 예를 들어 브랜드, 차별화된 상품, 규모의 경제, 낮은 원가, 유통 인프라, 훈련된 인력 등은 사실 목적이 아니라 수단이다. 그런데 경쟁우위라는 수단에 몰입하면 정작 목적은 잃어버린다. 경쟁우위라는 무기가 필요한 이유는 안정적인 위치, 즉 대체 불가능한 독점적 위치로 가기 위해서다. 레레 교수는 이러한 생각을 가지고 연구한 끝에 성공한 기업들의 조건을 찾아냈다. 그런데 그 조건이라는 것이 기업 세계의 상식을 깬다. 그가 찾아낸, 탁월한 위치에서 오랫동안 번성한 기업들은 다음 4가지 공통점을 보였다.

1. 지속가능한 경쟁우위를 갖춰서 성공하지 않았다.
2. 경쟁이 심한 성숙산업에서 성공했다.
3. 오랫동안 계속 성장한다.
4. 경쟁 업체들이 고전하는 산업에서 오히려 번성한다.[3]

정말 그럴까? 그렇다. 그리고 그것은 모노폴리언이 탄생하기 위한 조건과 밀접한 관련이 있다. 그 이유는 역설적으로 경쟁이 심한 성숙산업에 진입하는 것이 더 용이하기 때문이다. 물론 신규산업이 쉽다는 뜻은 아니다. 뒤에 설명하겠지만, 중요한 것은 성숙산업이든 신규산업이든 독점 공간을 확보해야 한다는 사실이다.

전형적인 성숙 시장이자 포화 시장인 동시에 레드오션인 일본의 택배 업계 사례를 보자. 지난 40년간 일본의 택배 시장에서는 수많은 업체들이 진검 혈투를 벌였고, 결국 승리는 가장 강한 힘을 가진 업체가 아니라 독점 영역을 확보한 두 업체에게 돌아갔다.

독점 영역의 싸움, 일본의 택배 전쟁

일본의 택배회사는 극심한 경쟁 환경에서 살아남은 때문인지 서비스의
정도가 남다르다. 도쿄의 한가한 주택가에서 물건을 배달하는 직원을 본
적이 있다. 트럭에서 카트를 내리는데 생김새가 특이했다. 카트 중간에
구멍이 나 있었는데 그 구멍의 용도는 손잡이였다. 손잡이에 손을 넣어
카트를 들고 바닥의 평평한 곳에 놓은 다음에 그 위에 짐을 싣고 배달을
하는 것이었다. 빈 카트가 시끄럽게 드르륵거리며 소음을 내는 깃조차
방지하기 위한 세심한 조치였다.

택배회사 쿠로네코야마토 クロネコ ヤマト(이하 야마토)가 1976년에 엄청난
성공을 거두자 일본통운을 비롯한 30여 개의 회사가 시장에 진입하면서
일본 택배 시장은 그야말로 아수라장이 되었다. 결론부터 말하면 일본
의 택배 시장은 야마토와 사가와큐빈 佐川急便이 80%를 점유하며 이분되
었다. 일본의 택배 전쟁이 시사하는 점은 결국 독점 영역 싸움으로 결론
이 났다는 사실이다.

야마토는 규동 전문점인 요시노야 よしのや의 성공비결을 벤치마킹한 것
으로 알려져 있다. 요시노야는 일본식 소고기 덮밥이라 할 수 있는 규동
하나만을 취급하는 전형적인 서민 식당이다. 요시노야의 매출액 변동을
통해 경기의 불황 여부를 판단하는 경제학자들이 있을 정도인데, 저렴한
가격에 음식을 제공하는 요시노야의 매출이 늘면 경기가 안 좋아지는 징
후로 판단하는 식이다.

요시노야의 경쟁력은 하나의 메뉴만 취급하기 때문에 질 좋은 소고기
를 비교적 낮은 가격에 제공하여 가격 대비 성능이 뛰어나다는 점과, 단

일본의 서민 식당 요시노야와 주력 메뉴인 소고기 덮밥 ━

순한 메뉴 레시피로 인해 어떤 체인점을 방문하더라도 같은 맛의 규동을 먹을 수 있다는 점이다. 신주쿠에 있는 요시노야에서 규동을 먹은 적이 있는데, 음식의 질도 좋았고 150엔에 먹을 수 있는 생맥주 맛 또한 여느 레스토랑 못지않게 훌륭했다.

요시노야는 단순히 저렴한 가격으로 고객을 공략하는 저가 독점이 아니라, 저가 가치 독점을 추구하는 기업이다. 사람들이 요시노야의 음식이 싸기 때문에 찾는 것만은 아니라는 점은 매출 하락에 고민하던 요시노야가 주력 메뉴인 규동 가격을 인하했을 때 드러났다. 단 3개월 반짝 증가했던 매출이 다시 하락하기 시작했던 것이다. 가격을 인하하면서 재료를 아낀 탓에 규동의 질이 떨어진 것이 원인이었다. 정신이 번쩍 든 요시노야는 다시금 가성비를 높이는 전략으로 돌아섰다.

야마토는 요시노야와 같이 저가와 가성비가 높은 택배 서비스를 하겠다는 전략을 세우고 C2C 시장개인 소비자 시장을 사업 무대로 삼았다. 야마토가 개인 고객 시장에 집중하기 위해 미쓰코시 백화점의 대규모 주문을 단칼에 거절한 사실은 업계의 유명한 일화다. 야마토는 배송 차량 등 하드웨어를 개선하는 동시에 물류 네트워크를 구축하기 위해 일본의 경찰서를 참고했다. 시민들과 가장 가까운 치안 시스템인 경찰서가 ①빠지는 곳 없이 커버하고 ②중복되지 않도록 한다는 원칙을 가장 잘 충족시킨다고 보았던 것이다. 실제로 야마토는 일본 전국의 파출소 수와 비슷한 1,200개의 물류 거점을 확보하여 가장 효율적인 물류 네트워크를 구축했다.[4]

야마토가 자신의 독점 공간을 C2C 시장으로 설정하고 승승장구할 때 이를 따라 한 대부분의 회사들은 실패를 맛보았다. 일례로 일본통운은 야마토의 핵심 경쟁력이 물류 네트워크에 있다고 보고 이를 벤치마킹해 시장에 진입했다. 초기에는 성공을 거두는 것처럼 보였으나 결국 일본통운은 시장에서 철수해야 했다. 야마토의 독점 공간에 대해 잘못 판단했던 것이다.

야마토의 진정한 독점 공간은 물류 네트워크가 아니라 가치지향적인 대고객 서비스에 있었다. 야마토의 고객들은 약 2시간 단위로 택배를 수령할 시간을 정할 수 있었기에 언제 물건이 도착할지 몰라서 하염없이 기다릴 수밖에 없던 다른 택배회사의 서비스와는 분명히 차별화되었다. 야마토는 직원의 평가 기준도 남달랐다. 일반 회사들이 배송 숫자와 매출로 택배 기사들을 평가할 때, 그들은 고객이 원하는 시간에 정확히 배송했는가를 평가의 기준으로 삼았던 것이다.

야마토와 함께 일본 택배 시장을 양분하고 있는 사가와큐빈 역시 자신들만의 독점 영역을 잘 설정함으로써 성공했다. 사가와큐빈은 야마토와 달리 B2C 시장을 독점 영역으로 삼았다. 개인이 개인에게 보내는 것이 아니라 상인이나 기업이 개인에게 보내는 택배를 타깃으로 잡은 것이다. 스키 택배, 골프 택배 등 특수배송 시장을 점유하고 법인 고객들에게 차별화된 서비스를 제공함으로써 그들을 독점 고객으로 사로잡았다.

사가와큐빈의 주도면밀한 독점 전략은 그들이 도입한 '정맥물류'라는 새로운 택배 모델에서도 드러난다. 정맥물류란 고객이 원하는 것을 가져다주는 것을 동맥물류라 정의했을 때 그 반대 개념으로, 고객이 필요로 하지 않는 것을 가져오는 것을 새롭게 정의한 용어다. 사가와큐빈은 리사이클 회사인 리넷재팬, 온라인 택배 수리 서비스 회사인 라쿠 페리와 제휴하여 고객이 요청한 폐기물을 처리하기도 하고, 고객이 요청한 제품을 수리해서 가져다주면서 한 번 인연을 맺은 고객을 자사의 독점 고객으로 묶어두고 있다.[5] 재미있는 사실은 사가와큐빈이 야마토와 전혀 다른 시장을 독점하고 있지만 택배 차량, 배송 방법 등의 실행 전략에서는 야마토를 철저히 벤치마킹했다는 점이다.

독점의 두 요소, 크기와 시간

앞서 이야기한 레레의 이론은 자원과 인력 모든 것이 부족한 중소기업과, 성숙산업에서 새로운 돌파구를 찾아야 하는 기업 등 저성장기에 처한 거의 모든 기업들이 염두에 두어야 한다. 레레에 따르면 성공하는 기업들은 '이길 만한 역량'을 가지고 있어서 성공하는 것이 아니라, 자신만의 '독점'을 소유하고 있기에 지속적으로 성장한다. 즉 경쟁우위라는 무기를 통해 전투에서 승리를 거두면서 나만이 독점하는 시장(城)에 들어간 뒤, 다시 또 다른 나만의 성으로 가기 위해 새로운 경쟁우위를 개발한다는 것이다. 레레의 주장을 정리하면 이렇다.

"비즈니스는 독점과 독점이라는 성을 잇는 게임이기에, 경쟁우위 전략에 앞서 독점 전략을 먼저 짜야 한다."

자, 그럼 독점 전략은 어떻게 짜야 할까? 가장 먼저 고려해야 할 두 요소는 바로 '시장의 규모'와 '기간'이다.

진나라의 여불위는 크게 성공한 상인이었다. 더 큰 부가 탐이 났던 그는 어느 날 아버지에게 물었다. "농사를 지으면 얼마나 이익이 납니까?" "열 배 정도다." "주옥을 팔면 얼마나 이익이 남습니까?" "그건 백 배 정도 될 것이다." "그럼 나라를 사고팔면(왕을 내 편으로 만들면) 얼마나 벌 수 있습니까?" 아버지가 놀라며 말했다. "그건 값을 따질 수 없다."

여불위는 나라를 손에 넣기로 마음먹고 자신이 선택한 이인(훗날의 자초)을 진나라 왕으로 옹립하여 진시황제 시대를 열어젖힘으로써 엄청난 부를 손에 넣을 수 있었다. 물론 그의 간교함이 결국 파국을 부르긴 했지만 말이다.

여불위가 사업 대상으로 나라를 선택하게 된 이유에서, 사업에서의 중요한 선택 기준에 대한 힌트를 얻을 수 있다. 첫째, 사업에서 중요한 것은 '독점할 수 있는 공간의 크기'라는 것이다. 국가는 왕이 될 수만 있다면 한 개인이 선택할 수 있는 가장 큰 독점적 공간이다. 이 독점적 공간은 징

세와 각종 이권사업 그리고 영토 전쟁을 통해 배타적으로 지배할 수 있는 범위까지 확대할 수 있는 큰 장점이 있다. 둘째, 독점의 지속 시기 또한 공간의 크기 못지않게 중요하다. 한 나라의 왕조를 열고 황제에 오르면 큰 대내외적 정변이 일어나지 않는 한 당대의 수십 년, 대를 잘 이어간다면 한 가문이 이익을 취할 수 있는 시간은 수백 년으로 늘어난다.[6]

독점의 원칙은 예나 지금이나 변함이 없다. 마케팅의 대가 필립 코틀러는 《어떻게 성장할 것인가》에서 저성장 시대를 맞이해 향후 10년간의 가장 중요한 화두가 '독점'이라고 강조했다. 그는 '독점 공간과 규모의 여부'에 기업의 생존이 달려 있다고 말한다. '저성장 시대에는 군살을 제거하고 체질을 개선해야 한다. 그러기 위해 고객의 수익성을 평생 가치로 판단해야 한다.'

코틀러는 다음 4가지를 자문하고 답할 수 있어야 한다고 말한다. 그 첫 번째는 ①'얼마나 오랫동안 고객으로 남아 있을까?'로 독점 기간을 따져 보아야 한다는 것이다. 두 번째부터 네 번째까지의 질문은 독점 규모에 관한 것이다. 타깃으로 한 고객이 ②'얼마나 많이 구매할까?' ③'얼마나 수익을 낼 수 있을까?' ④'고객의 미래 소득 흐름에 대한 현재 가치는?'이라는 질문을 던져 그 시장의 가치를 전략에 반영해야 한다는 것이다.

물살이 빨라지고 있다

2000년대 중반 미국의 어패럴업체 갭Gap의 경영진은 이상한 현상을 감지했다. 갭은 고가, 중가, 저가 브랜드를 모두 갖추고 있었는데 1999년부터의 매출액 추이가 그들에게 어떤 사회적 현상을 계속 말해주고 있었던 것이다. 저가 브랜드인 올드 네이비Old Navy와 고가 브랜드인 바나나 리퍼블릭Banana Republic은 각각 연평균 13%와 9%씩 높은 성장률을 보였지만, 중가 브랜드인 갭은 성장이 정체되어 있었다. 이러한 현상은 경제 패러다임의 전환이 빠른 미국에서 보편적으로 나타나기 시작했는데, 예를 들면 화장품업계에서도 저가 브랜드인 커버걸Cover Girl이 4% 이상 성장하고 고가 브랜드인 클리니크Clinique가 7.6% 성장한 반면 중가 브랜드인 레블론Revlon은 5.2% 감소한 것으로 나타났다.[7]

미국 시장에서 나타난 이러한 움직임은 기술과 자본 흐름의 속도가 빨라지면서 사회 구조가 바닥부터 바뀌고 있음을 말해주고 있었다. 마치 원심력이 작용하는 것처럼 고숙련 노동자와 저숙련 노동자, 슈퍼스타와 일반인, 자본과 노동으로 이원화되는 속도가 점점 더 빨라지고 있었던 것이다. 고숙련 노동자의 급여는 계속 증가하고 있었는데, 조사에 따르면 고숙련 노동자의 수입은 15% 이상 상승한 반면 저숙련 노동자의 급여는 지속적으로 감소하고 있었다. 이러한 계층 분화는 '허들'의 존재를 말해준다. 사회 구조가 흔들리면서 두개의 허들이 나타났다. 좋은 교육을 받은 고숙련 노동자는 높은 안목을 가지고 제대로 된 제품을 소비하는 '안목의 허들'을 가졌고, 저숙련 노동자는 소비를 하고 싶어도 점차 얇아지는 지갑 때문에 합리적인 소비를 추구하는 '예산의 허들'을 가졌다. 이 두 가지 허들은 모두 강력한 소비의 제약 요건으로 작용했다.

이에 대해 애널리스트 리처드 쿠는 '대차대조표 불황'이 경제를 압박한다고 이야기한다. 대차대조표 불황이란 대차대조표에서 보듯 부채를 많이 진 사람들이 결국 소비를 줄이는 상황을 만들어낸다는 뜻이다. 단지 여유가 없다는 이유만이 아니다. 이전 소비자들은 교통과 유통망이 미비하여 그저 가깝고 접근 가능한 곳에서 높은 가격과 낮은 품질을 감수하고 물건을 구입했다. 하지만 IT기술과 유통 인프라가 혁신되면서 직구_{직접 구매} 등의 방법을 통해 안방에 앉아서 세계 최고의 제품을 눈앞에 대령하게 되자 고객은 더 이상 2등 제품을 소비하지 않게 되었다. 따라서 최고의 슈퍼스타는 어디서든 등장하여 수입을 늘린다. 이전의 슈퍼스타보다 훨씬 더 많은 소비자를 거느리고 훨씬 더 많이 번다. 결국 안목과 예산의 허들을 뛰어넘어 목표한 곳으로 가기 위해서는 나만의 성과 같은 고객을 갖는 것이 가장 중요한 생존 키워드다.

독점 공간은 제품이 아니라 소비자

'어패럴업계의 맥도날드'라 불리는 리미티드The Limited의 회장 레슬리 웩스너는 얼마 전 미국에서 가장 오랫동안 현역으로 활동하는 CEO 중의 한 사람으로 언론의 조명을 한몸에 받았다. 70대인 웩스너는 "나이가 들어 은퇴해야 한다는 일반적 관념은 바보 같다"고 말하는 열혈 CEO다.

그는 종합 패션을 추구하는 옷가게의 아들이었다. 이 야심만만한 젊은이는 부모의 장사 방식에 늘 불만이었다. 부모는 한 사람의 손님이라도 원하는 것이면 다 갖추어놓아야 한다고 생각했다. 그러다 보니 가게에 너무 많은 물품이 쌓여 있었고, 그래서 늘 재고와 씨름할 수밖에 없었다. 부모가 휴가를 떠난 어느 날, 웩스너는 가게의 매출을 분석해 잘 팔리는 몇 개의 아이템만을 집중적으로 팔았고 이를 휴가에서 돌아온 부모에게 이야기했다. 칭찬을 들을 줄 알았건만 부모는 그의 생각이 틀렸다고 나무라는 것이 아닌가. 수익이 남는 아이템이 아니라 종합 선물세트처럼 이것저것 갖추어놓는 방만함을 납득할 수 없었던 웩스너는 독립하여 회사를 차리고 아예 회사 이름도 '한정한다'는 뜻의 '리미티드'로 붙여버렸다. 웩스너는 사업을 시작할 때부터 맥도날드, IBM과 같은 거대 회사를 꿈꾸었고 이를 실행에 옮겼다. 현재 리미티드는 10조 원 이상의 매출을 거두는 미국 어패럴업계의 큰손으로 자리 잡았다.

리미티드의 오늘을 만든 것은 철저한 독점 공간의 원칙이었다. 《세계 최고의 美 리미티드의 성장비결》을 저술한 다에코 사쿠라이는 리미티드의 이러한 전략에 대해 '어떤 브랜드도 주목하지 않은 공간을 찾아내 진공 상태를 질주하기를 즐겼다'라고 표현한다.

그렇다면 리미티드는 어떤 독점 원칙을 가지고 있을까? 첫째, 리미티드가 설정한 독점 시장의 규모는 '매장 400개'였다. 시장을 분석해 400개의 매장을 열 수 없다고 판단되면 사업을 아예 시작하지 않았다. 둘째, 리미티드만이 독점할 수 있는 타깃 고객을 명확히 설정했다. 웩스너가 찾아낸 독점 공간은 어떤 것이었을까? 리미티드가 보유했거나 보유 중인 브랜드를 통해 독점 공간 선택의 비결을 알 수 있다.

리미티드가 선택한 독점 공간

리미티드
가성비가 높고 세련된 평상복을 만들어 '패션 포워드 층'을 공략한다. 백화점과 전문점 사이의 가격대를 목표로 하여 디자인과 기능성 등 가성비와 품격을 함께 잡았다.

익스프레스(Express)

앞선 패션 감각을 지닌 젊은 취향의 여성을 타깃으로 한다. 그래서 이름도 '빠르다'라는 뜻의 express로 정했다. 첨단 패션이라는 이미지로 인해 '젊지는 않지만 젊어지려는 욕구를 가진' 중년 여성들까지 고객으로 끌어들였다. 흥미로운 점은 이들의 목표 고객이 인구통계 지표상에는 존재하지 않는다는 점이다.

레인 브라이언트(Lane Bryant)

'세련된 대형 사이즈'라는 새로운 독점 영역을 개척했다. 미국 여성의 42%가 대형 사이즈를 입는다는 통계가 있었음에도 대부분의 어패럴 브랜드들은 자사의 이미지가 손상된다는 이유로 이 시장을 외면하는 반(反)시장·반(反)고객적인 모습을 보였다. 레인 브라이언트는 '대형 사이즈 토털패션'이라는 신개념을 제시해 돌풍을 일으켰고, 기존 어패럴 브랜드들을 패닉에 빠뜨렸다.

빅토리아 시크릿(Victoria's Secret)

'디자이너 란제리와 인티메이트 어패럴(사적인 공간에서 입는 옷)'을 원하는 워킹우먼'을 타깃으로 했다. 일상복을 세련되게 입는 여성이라면 속옷 또한 세련되고 섹시한 것을 원할 것이라는 당연한 가정에서 출발했다. 이전까지 홈웨어, 라운지웨어 등은 따로 전문점에서 판매하거나 기존 어패럴 브랜드 매장의 한 귀퉁이에 머물러 있었다. 빅토리아 시크릿은 '집과 침실에서 입는 섹시하고 세련된 옷'이라는 시장을 독점했다.

러너(Lerner)

15~30대 패션 추구형 여성을 타깃으로 접근한 리미티드 최초의 브랜드다. 하지만 러너의 독점 공간은 고객층이 아니라 가격대였다. 러너는 '포퓰러 프라이스(popular price, 대중가격)' 가격대로 진입했지만, 일반 가격이 아니라 가장 경쟁이 덜한 어퍼 포퓰러 프라이스(상위 대중가격) 가격대로 진입하여 전문점과 저가 숍의 중간 가격 진공 지대를 타깃으로 했다. 저가 숍에서는 고객들의 손이 잘 가지 않고 전문점이 하기에는 타산이 맞지 않는 영역을 절묘하게 파고듦으로써 상당한 기간 동안 독점 우위를 누렸다.

주목할 것은 리미티드가 연령대나 성별로 고객을 구분한 것이 아니라 특정한 상황에 따른 행위 패턴을 콘셉트로 하여 브랜드를 도출했다는 점이다. 사람들은 어떤 행동을 하기 위해 필요한 물건을 구매한다. 리미티드는 타깃 고객들이 매장에서 보이는 구매 패턴과 행동을 면밀히 관찰하여 제품들을 조정해나갔다. 이후 리미티드 소속 브랜드들의 독점 공간이 점차 잠식당하자, 레슬리 웩스너는 다시금 브랜드 조정에 나서면서 새로운 독점 공간으로 이동했다. 이때 웩스너는 그룹의 모태였던 의류를 버리는 파격적인 행보를 보였다. 상당 부분의 의류 브랜드를 매각 분사하고 빅토리아 시크릿과 배스앤바디웍스Bath & Body Works 등 이너웨어와 바디 제품 관련 브랜드로 주력 공간을 성공적으로 이동시켰다. 리

미티드의 독점 전략은 전형적으로 로엔드에서 시작하여 하이엔드로 가는 모노폴리언 방식이다.[8]

리미티드의 행보에서 떠올려야 할 격언이 있다. '쥐덫의 실상'이라는 경구다.

'최고의 쥐덫을 만들라. 그렇다면 당신이 산속에 있어도 사람들이 그곳까지 길을 낼 것이다.'

이 명제는 품질 지향을 추구한 산업시대에 변함없는 진리로 여겨졌다. 지금도 최고의 제품을 만드는 브랜드는 위의 경구와 같은 대접을 받고 있기는 하다. 하지만 가장 근본적인 물음을 던지는 새로운 명제를 명심하지 않는다면 머지않아 당신은 당신이 사랑하는 바로 그 제품과 함께 뒷간으로 물러날 상황에 처할지도 모른다.

'쥐덫은 과연 쥐를 잡기 위한 것인가?'

뭐라고? 쥐덫이 쥐를 잡기 위한 것이 아니면 무얼 잡기 위한 것이란 말인가.

정확한 답은 '쥐덫의 진정한 목적은 사람을 잡기 위한 것'이다. 생각해보라. 쥐가 쥐덫을 사지는 않는다. 쥐덫은 쥐를 잡기 위해 사람이 구매한다. 따라서 쥐덫이 잡아야 할 것은 쥐덫을 집어 드는 사람의 마음이다. 제아무리 쥐를 잘 잡아도 사람들이 쥐덫 대신 쥐약을 쓰거나 용역업체에 맡겨버린다면 쥐덫은 버림받는다. 자, 이래도 계속 사람은 보지 않고 쥐덫만 잘 만들 생각인가? 독점할 것은 쥐덫이 아니라 소비자다.

2

나만의 독점 공간을
어떻게 차지할 것인가

독점 공간이 열리는 3가지 조건

'소비자 독점 공간'을 먼저 찾아야 하는 또 하나의 이유가 있다. 그것은 전 세계적으로 생산기술과 유통 시스템 등이 상향평준화된 데서 기인한다.

특허로 완전히 보호되지 않은 경우라면 어떤 디자인이나 기술이든 순식간에 복제될 수 있다. 제작기술은 놀랍도록 진보했고 빨라졌다. 중국의 선전에 가면 시제품을 빠른 속도로 만들어주는 공장이 즐비하다. 메이크블록Makeblock의 CEO 왕젠쥔은 "나사에서 로켓 엔진까지 다 있다. 여기서 못 만드는 것은 없다"고 잘라 말한다. 신제품 아이디어에서 시제품까지, 실리콘밸리에서 두 달 걸리는 일을 선전에서는 단 2주면 해낸다. 이처럼 더 좋은 제품, 더 빠른 속도, 더 낮은 가격은 얼마든지 가능하다.

내가 공들여 만든 제품이 사그라질 수준 그 이상까지도 말이다. 따라서 더 좋고 저렴한 제품을 만들기보다는 다른 영토를 정복하기까지 오래 견뎌내고 버티어줄 수 있도록 만들어주는 독점 공간을 찾아내고 이 영역을 키우며 유지하는 것을 전략의 첫 번째에 두어야 한다.

새로운 독점 공간은 멀리 있지 않다. 성공한 기업들은 결코 특이한 기술과 새로운 시장에서 성공한 것이 아니다. 월마트Wal-mart의 경우, 가장 경쟁이 심한 성숙산업인 유통에서 시작하여 미국 최고의 기업 반열에 올랐다. 성공한 기업들은 이미 시장이 보이는 곳에서 다른 경쟁자들이 채우지 못하는 부분—나만의 독점 공간—을 찾아서 정상에 오른 경우가 많다. 새로운 독점 공간은 다음 3가지 조건이 충족될 때 열린다.

1. 새로운 고객의 요구 등장
2. 기존 기업의 무관심
3. 새로운 요구를 충족하는 역량의 획득[9]

패션 브랜드 토리버치Tory Burch는 소비자 입장에서 새로운 요구를 느꼈고, 가격대의 독점 공간을 먼저 찾은 후 브랜드를 성장시킨 뉴매스티지masstige는 mass(대중)와 prestige product(명품)이 결합된 신조어로, 대중적인 명품을 일컫는다 브랜드의 선두주자다. 이 브랜드의 창업자인 토리 버치는 어느 날 자신의 방에서 겪었던 일을 이야기했다.

"옷장 안에 마크 제이콥스Marc Jacobs와 제이크루J.Crew가 있더군요. 옷장을 한참 보다가 생각했어요. 무언가 비어 있어."

스타일리시하지만 가격이 비싼 마크 제이콥스와 저렴하지만 스타일이 떨어지는 제이크루. 외출 전 토리 버치가 발견한 '옷장의 빈 공간'은 '비즈니스의 빈 공간'이었다. 토리 버치는 자신이 본 옷장을 상상하며 자신의 제품을 마크 제이콥스와 제이크루 사이에 정확히 꽂아 넣었다. 튜닉과 드레스는 25~40만 원300달러 전후, 슈즈는 20~35만 원250달러 전후, 핸드백은 40~60만 원500달러 전후으로 책정했는데, 이 가격대는 모두 옷장의 빈 공간처럼 가격의 빈 공간이었다. 싸지도, 그렇다고 많이 부담되지도 않는 가격의 무풍지대였다. 토리 버치는 이 가격대의 타깃 고객으로 제트셋 파티걸여행을 즐기고(jet-set) 파티(party)에 자주 가는 젊은 여성, 사커 맘soccer mom, 자식의 교육에 극성인 여성, 여미 마미yummy mummies, 아이가 있지만 여전히 매력적인 여성를 설정하고 정확하게 그들의 취향을 저격했다.[10]

앞서 살펴본 리미티드의 브랜드 중 파격적인 이너웨어 브랜드로 유명한 빅토리아 시크릿 역시 먼저 독점 대상을 찾고 시작했다. 빅토리아 시크릿은 아예 한 발 더 나아가 독점 대상의 페르소나를 가지고 있다. 페르소나란 가면이라는 뜻인데, 브랜드가 지향하는 타깃 고객의 전형을 프로필 형태로 정해놓은 것이다. 빅토리아 시크릿의 페르소나인 '빅토리아'가 어떤 여자인지 살펴보자.

1. 그녀는 영국과 프랑스계 혼혈로 런던 패션가에 사는 은퇴한 모델이다.
2. 남자친구가 있어 가정을 꾸릴 계획이 있기에 모성지향적이면서 동시에 모험적이고 섹시한 양면성이 있다.
3. 그녀는 미식가이며 고전음악 그리고 와인을 즐긴다.
4. 여행을 다니고 런던만큼이나 뉴욕, 파리, 로스앤젤레스도 그녀에게 편안한 곳이다.

5. 그녀의 매혹적인 속옷은 그녀의 생활을 완벽하게 보완해준다.
6. 그녀는 자신이 아름답고 섹시하다는 것을 잘 알고 있지만 아울러 지적인
   부분도 삶에 있어 무척 중요하게 생각한다.

빅토리아 시크릿의 경영진은 유럽과 미국 여성의 속옷 선호 경향이 아
주 다르다는 것을 깨달았다. 유럽 여성들은 패셔너블한 란제리를 선호한
반면 미국 소비자들은 그런 속옷은 주말에만 입는 특별 아이템으로 생각
했다. 빅토리아 시크릿은 미국 소비자들의 평일을 공략할 수 있다면 판
도를 바꿀 수 있다고 생각했고, 이 전략은 그대로 먹혀들었다.

체코 프라하의 빅토리아 시크릿 매장

빅토리아 시크릿은 모든 여성의 심리 밑바닥에 존재하는 에로틱하고 탐미적인 면을 일깨우고 대부분의 브랜드들이 공략하지 않은 여성의 '밤'과 '집'이라는 영역을 공략함으로써 큰 성공을 거두었다. 빅토리아 시크릿의 크리스마스 패션쇼는 그 명성이 대단해서 패션쇼가 벌어지는 시간에 차량 안에서 이를 보느라 교통사고가 속출한다는 통계가 있을 정도다.

그렇다면 빅토리아 시크릿이 비약적으로 성장할 동안 다른 경쟁자들은 무엇을 하고 있었을까? 한마디로 기존의 패션업체들은 무감각했다. 왜냐하면 빅토리아 시크릿이 기존의 아웃도어 영역을 침범하시 않았기 때문이다. 빅토리아 시크릿이 노린 '밤의 시장'은 기존 패션업체들이 무대로 삼은 주간의 어패럴 시장에 전혀 영향을 미치지 않았기 때문에 수수방관했다. 그리고 이 사이에 빅토리아 시크릿은 전광석화와 같이 란제리업계를 장악해나갔다. 기존의 란제리 제품들은 대부분 크게 알려지지 않은 군소 전문 업체들의 영역이었고 소비자들은 이들이 만든 제품에 큰 만족을 느끼지 못하고 있었다. 일반적으로 한 업계에서 지배적이고 탁월한 사업자가 없어 품질이 의심될 때에는 브랜드가 큰 위력을 발휘한다. 빅토리아 시크릿은 어패럴 분야에서 쌓은 노하우를 란제리 분야에 집중시켜 품질을 단기간에 크게 끌어올렸고, 여성 고객들의 취향을 만족시키면서 시장을 빠른 속도로 성장시켰다.

빅토리아 시크릿의 사례에서 보듯, 새로운 독점자는 시장에 자리 잡고 있던 기존 기업들의 방관 속에 성장한다. 미국의 컨설팅 투자회사 이노사이트의 대표인 스콧 앤서니는 기존 기업의 방관 속에 신규 진입자가 어떻게 그들을 붕괴시키는지에 대해 3단계로 이야기했다.

단계 1 _ 붕괴유발자는 기존 기업이 신경 쓰지 않는 사소한 시장에 진출한 다. 작지만 독점적인 시장의 비호 아래 시장에 대한 기술과 고객에 대한 이해, 그리고 대응 스킬을 조용히 익힌다. 특히 기존 기업이 무시하거나 간과하는 낮은 가치를 지닌 고객을 대상으로 사업을 전개하며 때를 기다린다.

단계 2 _ 붕괴유발자는 기존 기업이 도망치거나 움직이지 않을 때 성장한다. 간간이 위협적인 모습을 보이면서 시장을 파고들기 시작한다. 이 때 보통의 기존 기업은 모든 시장을 고려하기보다 '높은 가치를 지 닌 고객'에게 집중하면서 저가치 고객의 공략을 묵시적으로 허용 한다. 드디어 붕괴가 시작된다.

단계 3 _ 붕괴유발자가 생존에 필요한 최소한의 고객을 얻게 되면 이제 붕괴 는 점차 가속화된다. 신규 기업은 다른 기업과 손잡고 기존 기업의 시장을 맹렬하게 공격하기 시작한다. 기존 기업이 한계에 도달하 는 것은 시간문제로 보이게 되고 한때 전성기를 구가했던 기업들 은 패닉에 빠진다. 이러한 공격은 은밀하게 진행된다.[11]

딸기를 사랑한다, 딸기를 좋아한다, 블루베리를 사랑한다의 차이

독점 공간이 만들어지는 조건이 3가지이듯, 독점이 이루어지는 방법 역시 크게 3가지로 요약할 수 있다.

스티브 잡스는 시장조사를 하지 않은 것으로 유명하다. 소니Sony의 모리타 아키오와 같이 잡스 또한 소비자는 자신이 무엇을 원하는지 알지 못한다고 했다. 이유는 잡스가 추구하는 상품이 지금까지 존재하지 않았던 혁신적인 제품이었기 때문이다.

호텔 체인 중 하나인 JW 메리어트JW Marriott Hotel 서울의 한 행사를 통해 잡스의 혁신이 무엇인지에 대해 생각해보도록 하자. 이 호텔의 딸기 뷔페 행사는 매년 20%씩 성장하는 수요 이벤트 중의 하나다.[12] 행사 자체에 대해서는 더 해줄 말이 없을 정도다. 행사의 내용이 해가 갈수록 더 다채롭게 발전하고 있다. 연인, 친구 등의 단골 팬들은 물론 반포 등 가까운 주거지역에서 오는 워킹팬들이 많다고 한다. 그 행사를 예로 들어보자.

I love strawberry를 다르게 바꿀 수 있는 방법은 다음의 3가지다.

1. 더 나은 I love strawberry
2. I like strawberry
3. I love blueberry

첫째, '더 나은 I love strawberry' 전략은 기존의 딸기를 더욱 고급화하고 신규로 개발한 케이크, 음료 등을 추가하는 것이다. 기존의 것을 더 좋게 만드는 것은 회사나 직원 입장에서는 가장 쉽게 할 수 있으면서 가장 큰 효과를 거둘 수 있는 부분이다.

두 번째는 I like strawberry다. love보다 like가 감정적으로 더 약하니 이 전략은 행사 체험 가격을 낮추는 가성비 전략을 뜻한다. 메뉴의 가짓수를 줄이고 재료비를 줄이는 등의 원가 절감 조치를 통해 행사 가격을 낮추는 것이다. 행사의 프리미엄 성격을 유지하는 것이 관건이겠지만, 이것 역시 기존의 것을 활용하면 되니 그리 어려운 전략은 아니다.

중요한 것은 세 번째인데, I love 'blueberry' 전략이다. 이것은 메인테마 자체를 교체하는 창의성이 필요하다. 딸기 대신 블루베리로 바꾸는 것이다. 딸기 대신 아사이베리로 바꿀 수도 있다. 바로 이 세 번째가 파괴적 혁신에 해당한다. 기존 혁신의 경계를 넘어서는 것이다. 현재의 딸기 뷔페 행사에는 연인들이나 친구들을 동반해 오는 비율이 압도적으로 높은 것으로 알려져 있다. 하지만 각종 건강보조 성분이 탁월한 블루베리와 아사이베리를 메인테마로 할 경우, 부모를 동반하는 효도 고객층을 새로운 고객으로 창출하거나, 나이가 지긋하면서 여유가 있는 골드 그레이 부부들의 방문을 끌어낼 수도 있을 것이다.

운이 좋게도 이세돌과 구글의 알파고 대국 중 두 번째 매치를 현장에서 직접 지켜볼 수 있었다. 첫 대국에서는 졌지만 알파고를 어느 정도 파악했으니 2국에서는 이세돌 9단이 이길 거라는 분석이 많았다. 하지만 예상은 빗나갔다. 심지어 3국에서도 지면서 매치의 승부는 일찌감치 결론이 났다. 현장에 있던 사람들은 물론 실시간 중계를 보던 사람들도 패배의 충격으로 'AI인공지능발 우울증'을 앓았을 정도였다. 하지만 4국에서 이세돌 9단은 드디어 승리했다. 4국의 운명을 결정지은 한 수를 언론은 신의 한 수라 일컬었다. 알파고가 당황한 채 손을 들었던 이유는 인공지능의 기보에 입력되지 않은 전혀 새로운 수가 착점되었기 때문이다. 이 운명의 78수는 현재까지 존재하지 않았던 파괴적 혁신, 즉 딸기 대신 블루베리를 내놓는 전략에 해당한다.

피터 드러커는 혁신을 '기존의 자원이 부(富)를 창출하도록 새로운 능력을 부여하는 활동'으로 정의했고, 이 혁신은 두 가지를 통해서 이루어진다고 했다. 첫 번째는 공급 쪽에서 생산성을 높이는 활동이다. 두 번째는 지금까지의 고객의 가치와 만족에 변화를 주는 활동이다. 하지만 혁신에 관한 한 하버드 대학교 경영학 교수인 클레이튼 M. 크리스텐슨의 이론을 주목할 필요가 있다. 그는 기존의 틀을 깨는 파괴적 혁신에 중점을 두었고, 혁신의 종류를 존속적 혁신, 로엔드 혁신, 파괴적 혁신으로 분류했다. 이 세 가지 분류는 나만의 독점 공간으로 향하는 세 가지 길이기도 하다.

기존 시장의 지배는 존속적 혁신, 신시장 진출은 로엔드 혁신과 파괴적 혁신

앞에서 보았듯 각각의 학자와 이론에 따라 혁신의 형태를 다르게 설명해도 이들 사이에는 공통적인 부분이 있다. 모두 독점적 고객을 창출하기 위한 전략이라는 점이다.

존속적 혁신은 기존 우량 고객들의 만족도를 더욱 높임으로써 계속 고객으로 잡아두는 전략이다. 이에 비해 로엔드 혁신과 파괴적 혁신은 다르다. 로엔드 혁신은 기존 고객 중에서 자주 이용하지 않는 기능이나 서비스에 과도한 가격을 지불하고 있다고 생각하는 고객을 타깃으로 삼는다. 이들은 과잉 서비스를 받고 있다고 느끼기 때문에 품질이 좀 떨어져도 가격인하를 반긴다. 파괴적 혁신은 성능 개선보다는 파격적인 제품과 서비스 접근 방법을 개발하여 지금까지 제품과 서비스를 소비하지 않던 '비非소비 고객'을 공략한다.

국내 1위 침구업체인 이브자리Evezary는 비소비 고객을 공략하기 위해 슬립앤슬립sleep&sleep이라는 브랜드를 론칭했다. 지금까지 한국의 침구 구매를 주도하던 주요 고객층은 40대 이상 여성이었다. 이불이나 만지 작거리고 있으면 왠지 남자답지 않다는 편견이 아직 남아 있지만, 기능성 침구로 가면 전혀 다른 상황이 펼쳐질 가능성이 있다. 국민소득이 3만 달러가 넘어가고 수면에 대한 관심이 높아지면서 그저 좋은 이불 덮고 자는 것만으로는 수면의 질을 획기적으로 높이기 어렵다는 공감대가 확산되고 있기 때문이다. 침실에도 기능 중심적이고 이성적인 남성의 손길이 필요해지고 있는 것이다.

실제로 현장에서 보면 베개나 매트리스, 타퍼topper와 같은 제품은 부부가 함께 매장에 방문하여 구매하거나, 아버지를 동반한 가족이 와서 제품을 체험한 후에 구매하는 새로운 경향이 나타나고 있다는 것을 확인할 수 있다. 이는 이불이라는 영역을 넘어 기능성 침구라는 새로운 영역을 개척하는 파괴적 혁신 사례 중의 하나다.

매트리스 분야에 국한한다면 해외에도 흥미로운 혁신 사례가 있다. 매트리스 하나로 돌풍을 일으키고 있는 캐스퍼Casper가 그 주인공이다. 캐스퍼는 〈타임〉이 선정한 '2015년의 가장 혁신적인 제품' 가운데 하나로 이름을 올렸고, 디자인 어워드와 IDSAIndustrial Designers Society of America, 미국 산업디자인협회 어워드에서 가장 속도감 있는 혁신 기업으로 선정되기도 했다.

캐스퍼는 기존의 기업들과는 다른 길을 선택함으로써 매트리스 구매를 꺼리는 이들을 고객으로 끌어들였다. 메모리폼, 스프링, 라텍스에 대해서 들어는 봤지만 나에게 어떤 재질의 제품이 맞는지 10분 동안의 설명을 듣고 이해할 고객이 몇이나 될까? 결국에는 이렇게 말하기 십상이다. 그냥 알아서 좋은 걸로 추천해주세요.

캐스퍼의 창업자 닐 패리쉬는 메모리폼과 라텍스의 장점을 결합한 매트리스를 내놓았다. 뿐만 아니라 매트리스를 말아서 포장할 수 있도록 만들어 택배를 통해 쉽게 배송할 수 있도록 했다. 그동안 어떤 것이 좋은지 알 수 없어서, 또 덩치가 큰 탓에 운반하기 쉽지 않아서 구매를 망설이던 사람들은 캐스퍼의 제품에 관심을 보이기 시작했다. 덕분에 캐스퍼는 기업가치가 1억 달러가 넘는 기업으로 성장했다. 슬립앤슬립과 캐스퍼는 지금까지 없던 혁신을 통해 새로운 돌파구를 마련했다.

반면 가구업체인 한샘은 존속적 혁신을 통해 자신만의 영역을 찾아냈다. 이케아라는 가구 공룡이 한국에 진출했지만 한샘은 오히려 매출 2조 원을 넘보는 성장가도를 달리고 있다. 이케아와 자신을 비교하면서 독점 영역을 모색한 결과다. 주로 외곽지역에 매장을 만드는 이케아의 전략과 반대로 한샘은 도심을 파고들었다. 또한 고객이 직접 제품을 조립하도록 하는 이케아와 달리 한샘은 조립을 해주는 서비스를 강화했다. 이를 위해 서비스 조직을 CEO 직속으로 두었다. 고객층 면에서도 이케아가 주로 1~2인 가구와 가정을 대상으로 했다면, 한샘은 신혼부부를 주타깃으로 삼았다. 또한 이케아가 자기네가 만들어 판매하는 수직계열형 판매를 한 반면 한샘은 다양한 중소기업의 제품을 가져와 파는 본격 유통으로 승부를 걸었다.[13]

이케아가 무적無敵이 아니라는 징후는 세계 곳곳에서 나타나고 있다.

실제로 이케아는 모국인 스웨덴에서 헴텍스Hemtex라는 브랜드에 밀려 맥을 못 추고 있다. 헴텍스 자체 자료에 의하면 홈패브릭 소매 분야에서 이케아는 점유율 14.0%로 2위에 머물고 있고 1위와의 격차가 점점 벌어지고 있다. 물론 1위는 22%의 점유율을 기록하고 있는 헴텍스다. 헴텍스는 탁월한 디자인 능력을 앞세워 이케아를 계속 앞지르고 있다.

또한 이케아는 일본 시장에서 니토리似鳥에 밀려 큰 어려움을 겪고 있다. 니토리는 일본 시장에서 이케아를 압도한 뒤 해외 시장 개척에 나서고 있다. 한샘과 헴텍스, 니토리 등은 자신만의 성을 찾은 후 이케아라는 거인을 압도하는 전략을 쓰고 있는 것이다.

빈칸 메우기 게임, 레인 브라이언트

"이런 세상에! 저게 가능하기나 한 거야?"

뒤뚱거리며 옷가게에 들어서던 엠마는 순간 탄성을 질렀다. 가게 안에는 자신과 비슷한 덩치의 여자가 두꺼운 니트를 걸쳐 입고 활기차게 돌아다니고 있었다. 뚱뚱한 여자가 니트를 입다니, 그것도 밝은 대낮에 저렇게 당당히? 종업원은 엠마를 발견하자 밝은 목소리로 반갑게 인사를 건네며 다가왔다. 엠마가 수줍게 다가서면서 물었다. "저기, 지금 입고 있는 그 니트, 나한테도 어울릴까요?" 종업원은 밝은 목소리로 말했다. "그럼요. 이 니트가 딱 어울리시는 체형인 걸요. 너무 아름다우실 거예요." 엠마는 자신의 귀를 의심했다. '아름답다니, 내가?'

이 가게도 이 종업원도 모두 꿈에서나 일어나는 일 같았다. '그동안 난

속았어.' 그녀가 옷가게에 갈 때면 늘 돈을 쓰면서도 마치 죄지은 사람처럼 주눅이 들어야 했다. 종업원들이 짓는 혐오스런 표정은 둘째 치고 사이즈가 없거나, 아니면 아예 뚱뚱한 사람에게는 팔지 않는다는 노골적인 말을 듣곤 했다. 옷가게의 점원들은 마치 그녀를 죄인 취급하는 것 같았다. '그런데 여긴 나보고 아름답다잖아.' 주변에는 엠마처럼 뚱뚱한 여자들이 마치 물 만난 고기마냥 즐겁게 웃고 떠들며 옷을 입어보고 목걸이와 팔찌를 차보면서 쇼핑을 하고 있었다. 엠마는 무언가에 홀린 것마냥 지금까지 느껴보지 못했던 자신감에 차서 쇼핑을 했다. 가게에 머문 2시간 동안 엠마는 지금까지 한 번도 느껴보지 못한, 옷을 고르는 희열을 맛보았다. 너무도 행복한 마음으로 두 손 가득 쇼핑백을 들고 가게를 나서면서 엠마는 다시 한 번 뒤를 돌아 사랑스런 가게의 모습을 보았다. 쇼윈도 위에는 이렇게 적혀 있었다. 레인 브라이언트.

뚱뚱한 여자들만의 전용 브랜드 레인 브라이언트에서 일어날 법한 일을 상상해보았다. 레인 브라이언트는 전체 미국 여성의 42%가 특대 사이즈를 입고 있다는 통계에서 출발했다. 전체 소비자의 42%가 외면당하고 있던 독점 시장의 맹주가 된 레인 브라이언트는 이렇게 탄생했다.

그 통계는 누구나 보았을 텐데 어느 누구도 사업화시키지 않았다. 옷은 예뻐야 하고 세련돼야 하고 모델은 날씬해야 한다는 틀에서 한 발짝도 벗어나지 못했기 때문이다. 레인 브라이언트는 뚱뚱한 여자들이 소홀히 취급당하는 일반 매장에 가기를 꺼리고, 어두운 색의 옷만 골라 입으며 심리적으로 심하게 위축되어 있다는 것을 발견했다.

초기의 레인 브라이언트는 브랜드 쇼핑백을 들고 가기가 꺼려진다는 말을 들을 정도로 '창피한, 수동적인' 마케팅을 했다. 하지만 리미티드가 인수한 이후 이를 완전히 뒤집었다. 뚱뚱한 것도 체형의 한 형태일 뿐이며, 뚱뚱한 여성 역시 날씬한 여자들만큼 우대받아야 하며, 또 뚱뚱하다 해서 못 입을 옷이 없다는 자신감 마케팅을 펼친 것이다. 레인 브라이언트의 매장에는 뚱뚱한 직원들만 근무한다. 아무리 뚱뚱한 여성이라도 자신들만큼이나 뚱뚱한 여성들이 옷을 골라주고 계산도 해주니까 주눅도 안 들고 기분이 좋다. 그리고 그 직원들은 모두 그간 뚱뚱한 여성들이 마치 입어서는 안 되는 것처럼 여겨졌던 화려한 컬러의 옷에 두툼한 니트까지 아무런 거리낌 없이 걸치고 거침없이 매장을 활보한다. 뚱뚱한 여성들은 그 모습을 보고 왈칵 서러움이 복받쳤다. '아 나도 저런 화려한 옷, 스웨터까지 입을 수 있는 건데 왜 그동안 기죽어 지냈을까.' 그들이 감동한 나머지 정신없이 옷을 쓸어 담다가 옆을 보고는 눈이 휘둥그레진다. 거기에는 그간 사이즈가 없어 착용하지 못했던 팔찌와 반지, 머리띠 같은 액세서리가 특대 사이즈로 즐비하게 놓여 있다. 뚱뚱한 여성들을 위한 토털패션숍, 이것이 바로 레인 브라이언트가 발견한 독점 영역이었다. 레인 브라이언트는 이 진공 상태와 같은 독점 시장이 주는 풍요를 누리며 씽씽 달렸다.

비즈니스 세상에서 새로운 세상을 정복하는 것이 여전히 유효할까? 활력이 떨어지는 저성장기에는 '새로운 시장을 발견'하는 것도 중요하지만 '빈칸 메우기 게임'에도 주목할 필요가 있다. 지금까지 존재해왔던 시장 중에서 틈새로 비어 있던 시장, 그 시장 중에서 내가 호령할 수 있는 독점 영역을 찾아 사리를 잡는 것이 앞으로 내니 풀어야 할 '저성장기의 숙제'와도 같다고 생각한다. 아무리 절대 비기를 지니고 있다고 해도 내 성城이 없으면 뜨내기 무사에 불과하다. 지금까지 수많은 기업이 존재해왔는데 도대체 비어 있는 시장이 있을까라고 묻는다면 당연히 있다라고 자신 있게 말할 수 있다. 왜냐하면 세상의 모든 사람들이 완벽하게 욕구가 충족된 적은 인류 역사상 단 한 번도 없었으니까.

지인의 친구가 앱 개발자다. 지인의 말에 따르면 제법 괜찮은 앱 몇 개를 성공적으로 론칭해서 돈도 꽤 벌었다. 그런데도 계속 새로운 앱을 개발한다. 지인이 궁금하여 물었다. 앱 개발자가 무지하게 많은데 어떻게 그렇게 성공을 잘 시키느냐고. 지인의 친구가 말했다. "왜 그러냐고? 잘 보면 다들 열심히 하는데 다운로드 상위에 있는 거랑 비슷한 것만 따라 만들어. 그게 안전하다고 느껴지나 봐. 사실 개발보다는 기획이 더 중요한데 실력 있는 개발자들이 잘못된 기획으로 엉뚱한 곳에 다 몰려 있는 거지. 웬만한 데는 무주공산이야."

비즈니스의 세계에 들어섰을 때 흔히 사람들은 마음이 초조해진다. 빨리 매출을 올리고 자리를 잡아야 한다는 생각에 시야가 극도로 좁아져

진득하게 버틸 인내심도, 철학을 지킬 여유도 가지지 못한다. 그래서 작은 물고기처럼 무리를 짓는 유혹에 곧잘 빠진다. 무리를 짓고 다들 가는 곳으로 몰려간다. 성공한 모델을 따라 하면 뒤따라 성공의 문으로 들어설 것만 같다. 그래서 머리를 짜내어 정말 창의적으로 만들었다 생각해도 이미 존재하는 것의 아류에 불과할 때가 많다.

그렇다고 해서 남들이 보지 못하는 틈새시장이라는 것을 찾았다 쳐도 '틈새'만 가지고 사업을 유지할 수 있을까? 그 질문이 들 때면, 한번 주위를 곰곰이 돌아보라. 큰 물고기는 홀로 다니는 법이다. 우리 모두가 선입견에 같은 곳만 보고 있을 때 레인 브라이언트가 찾아낸 것 같은 엄청난 독점 시장이 어딘가에 숨어 있을 수도 있다는 것을 말이다.

혁신의 길을 걸어 당당하게 입성하라

지금까지 이야기한 대체 불가, 모방 불가, 측정 불가라는 독점의 성까지 가기 위한 3가지 길—존속적 혁신, 로엔드 혁신, 파괴적 혁신—을 보다 확실히 정리해보도록 하자.

첫 번째 길은 존속적 혁신이다. 기존 제품의 기능과 디자인을 발전시킴으로써 더 나은 품질과 서비스를 요구하는 프리미엄 고객을 겨냥해 만들어진다. 두 번째 길은 로엔드 혁신이다. 과도한 서비스를 받고 있다고 느끼는 고객을 대상으로 이루어진다. 이러한 고객들은 오버스펙 된 기능들을 없애는 대신 낮은 가격에 제품과 서비스를 누리는 가성비를 선호한다. 세 번째 길은 파괴적 혁신이다. 지금까지 개발되지 않았던 기술이 적용된, 세상에 없던 제품과 서비스를 제공함으로써 고객이 아니었던 비소비 고객을 대상으로 이루어진다. 그렇다면 이 3가지 혁신은 어떤 독점 공간으로 연결될까?

첫째, 존속적 혁신은 '더 나은 제품의 공간PP zone : Premium Product zone'과 연결된다. 이 영역은 기존의 제품을 인지하고 있는 고객들의 고급화 욕구를 충족시키는 공간이다. 프리미엄 공간이라고도 부른다.

둘째, 로엔드 혁신은 '더 낮은 가격의 공간LP zone : Low Price zone'으로 연결된다. 저수익 고객 공간이라고 하는데, 기업 입장에서는 비용만 잡아먹고 수익에는 큰 도움이 안 되며 심지어 디마케팅퇴출 마케팅의 대상이 되기도 한다.

셋째, 파괴적 혁신은 '새로운 신소비 공간NP zone : New Product zone'이다. 비소비 시장이라고도 하며, 지금까지 제품을 소비하지 않던 고객 공간을 일컫는다.[14]

종류	설명	타깃 고객	시장 유형
존속적 혁신	기존 제품과 서비스를 향상	기존 고객 중 더 나은 품질 요구 고객	프리미엄 시장
로엔드 혁신	低스펙으로 低가격 달성	오버스펙에 반응하지 않는 고객	가성비 시장
파괴적 혁신	현재까지 없던 제품과 서비스	기존에 없던 새로운 고객	非소비 시장

3가지 혁신과 독점 공간을 설명해주는 가장 좋은 사례는 스위스 시계를 둘러싸고 벌어졌던 '시계 전쟁'에서 찾을 수 있다.

"나는 스위스 시계회사의 월급이 세계에서 가장 높고, 일본보다 다섯

배나 높다는 보고서를 만들라는 은행의 강력한 요구를 받았다." 스위스와 일본의 시계 전쟁 당시 매각 작업을 컨설팅했던 니콜라스 하이예크의 고백이다. 일본산 전자시계쿼츠시계가 스위스 시계업체들을 벼랑 끝까지 밀어붙일 때, 스위스 채권은행들은 사실상 스위스의 시계산업이 망했다는 결론을 내렸고, 매각 명분을 마련하기 위해 끼워 맞추기식 보고서를 쓰라고 압박했다. 하지만 자문을 하던 하이예크의 생각은 달랐다. '문제는 월급이 아니야.'

그의 생각대로 스위스 시계산업에서 임금이 차지하는 비중은 20%밖에 되지 않았다. '잘못된 경영·마케팅·제품의 문제를 왜 노동자들에게 묻는단 말인가?' 그는 전 세계의 사례를 뒤지며 현재의 사태를 이겨낼 해법을 찾았다. 오래지 않아 미국 자동차 시장에서 해법이 나왔다. 한때 포드Ford Motor Company는 전 세계 자동차의 표준이었다. 50% 이상의 시장점유율을 보이며 '넘사벽'으로 여겨지던 포드의 아성은 어느새 시장점유율이 12%까지 떨어지며 추락했다. 범인은 GMGeneral Motors. 그리고 그 리더는 알프레드 슬론이었다. 하이예크는 포드와 GM의 게임에서 실마리를 찾았다. 그는 시계산업의 GM을 꿈꾸었다. 생각에 잠겨 있던 그는 다이어리에 느닷없이 케이크 하나를 그렸다. 그 케이크는 스위스 시계산업의 부활을 예고하는 축하 케이크이기도 했다.

하이예크가 '삼단 케이크'라고 부른 전략과 스와치Swatch라는 시계를 통해 스위스 시계산업을 다시 일으켰을 때, 케이크 전략의 핵심이 무엇이었느냐는 사람들의 질문에 그는 "케이크의 제일 바닥이 비결"이라고 답했다. 그는 패션에 민감하고 세련되었지만 주머니 사정이 좋지 않은 고객을 독점 고객층으로 설정한 것이다. 그 이유는 다음 4가지다.

첫째, 케이크 하단에 속하는 저가의 시계는 움직이는 홍보판이 될 수 있다. 세련되고 미적 감각이 뛰어난 젊은이들이 스와치를 차고 다니면 그것을 본 사람들이 하나쯤은 갖고 싶다는 생각을 하게 되기 때문이다.

둘째, 젊은이들은 갖고 싶은 것이 많은 반면 예산이 부족한 탓에 당장은 저렴한 것을 구매하지만, 그것이 좋다고 생각하면 나이가 들어 경제 사정이 나아지면서 더 비싼 시계를 구입하기 때문에 잠재고객을 확보하는 셈이다.

셋째, 하단에서 값이 씨지만 수준 높은 제품을 많이 만들다 보면 품질이 향상되고 경험을 축적하여 훗날 많은 것을 개선할 수 있다. 이는 마이너리그의 법칙과도 같다. 메이저리거를 마이너리그에 내려 보내는 것은 강등이나 처벌의 의미도 있지만 마이너리그에서 많은 경기에 출전시켜 실전감각을 끌어올리는 데 도움을 주겠다는 처방이기도 하다.

넷째, 저가 시장을 장악하고 있으면 저가 시장에서 힘을 키워 고가 시장으로 올라가려는 경쟁자를 효과적으로 견제할 수 있다. 이런 견제용 브랜드를 경영학에서는 '파이터 브랜드fighter brand'라고 부른다. 3M이 자사의 포스트잇을 모방한 저가 제품들이 속속 등장하자, 하이랜드Highland라는 파이터 브랜드를 출시해 저가 경쟁사들을 몰아낸 경우가 전형적인 사례다.

이번에는 니콜라스 하이예크가 주도했던 스와치의 반격 전략을 혁신의 관점에서 풀어보자.

스위스 시계는 전형적인 하이엔드 제품으로서 세계 시계 시장을 석권했다. 스위스 시계는 지속적으로 기술 혁신존속적 혁신을 거듭하여 시계의 품질을 탁월하게 발전시켰다. 고객들은 환호했고 스위스 시계업체의 위상은 높아져갔다. 하지만 이러한 명성에 도취되어 불필요한 기능을 추가하는 동안오버스펙 발생 계속 고가를 유지하는 것에 대한 소비자들의 불만이 증폭되고 그로 인해 스위스 시계를 외면하는 고객이 증가하고 있다는 사실에 주의를 기울이지 않았다. 결국 일본 시계업체들이 저가의 쿼츠시계를 들고 나와 혁신을 일으키자 판도가 변하기 시작했다. 일본 시계업체들은 쿼츠라는 신기술로 놀라운 정확성을 구현하여 손목시계를 기술적으로 완전히 혁신파괴적 혁신하거나 또한 저가를 무기로 내세워로엔드 혁신 시장을 빠른 속도로 장악해나가기 시작했다. 그동안 스위스 시계가 과도하게 고급화되었다고 생각한 소비자가성비 고객와 비싼 가격 때문에 시계를 가질 엄두를 내지 못하던 소비자비소비 고객가 대거 시장으로 진입하면서 시계 시장의 주도권은 급격히 일본 업계로 기울었다. 스위스 시계회사들은 장난감 같은 일본의 전자시계와 장인정신이 담긴 자신들의 시계는 비교대상이 될 수 없다고 자위했지만, 불길한 예감은 도둑처럼 찾아와 스위스 시계업체들의 미래를 깡그리 훔쳐갔다. 곧 절체절명의 위기가 찾아왔고 스위스 시계산업은 70% 이상의 업체가 도산하는 비운을 맞았다. 악몽은 현실이 되었고 돌파구는 보이지 않았다. 하지만 이때 니콜라스 하이예크가 등장해 반격을 시작한다.

그는 파산 직전의 스위스 시계업체를 인수한 후 즉각적으로 일본 기업에 대한 대응책을 세우고 맹렬하게 싸워나갔다. 당시 저렴한 가격에 일본 시계를 한번 차본 소비자비소비 고객들은 오래지 않아 기능 이외의 것을 요구하는 불만 고객가성비 고객으로 변하기 시작했다. 그 심리를 정확히 간파한 하이예크는 일본 시계만큼 가격이 저렴하면서도 성능이 뛰어나고 디자인이 세련된 스와치를 내놓았다. 그리고 이미 일본 시계를 하나

— 홍콩의 스와치 매장 ©pio3

씩 가지고 있던 사람들을 대상으로 '세컨드 워치두 번째 시계'라는 콘셉트를 내놓으며 시장을 공략했다. 사람들은 가격이 합리적이고 디자인까지 훌륭한 스와치에 열광했다. 하이예크의 전설적인 '삼단 케이크 전략'의 시작이었다. 스와치는 스위스 명품 시계에 비해 재료의 질은 떨어졌지만, 디자인과 감각이 뛰어나면서 가격까지 합리적인 전형적인 파이터 브랜드 역할을 성공적으로 수행했다이 부분은 전작 《한 덩이 고기도 루이비통처럼 팔아라》에서 일부 설명한 바 있다.

스와치가 맹위를 떨치자 일본 시계업체들의 실적이 곤두박질쳤다. 일단 스위스 시계의 앞선 기능과 디자인을 맛본 고객가성비 고객들은 시간이 지나자 점점 더 좋은 시계를 갖고 싶다는 욕구를 키웠다. 경제적 여유가 생기자 그들은 마음에 두고 있던 고급 시계를 구매하기 시작했다프리미엄 고객으로 전환. 이렇게 붕괴 직전까지 갔던 스위스 시계산업은 니콜라스 하이예크의 노력으로 다시금 삼단 케이크의 맨 윗자리에 올라섰다. 반대로 기세등등했던 일본 시계업체들은 점점 더 심각한 상황으로 몰렸다. 케이크의 1단에서 무너진 일본 시계산업은 2단으로 올라갈 동력을 상실했고 그대로 쇠락의 길을 걸었다.

위에서 살펴본 바와 같이 3가지 혁신, 존속적 혁신과 로엔드 혁신, 파괴적 혁신은 돌고 도는 순환고리처럼 서로 긴밀하게 연결되어 있다. 이 연결고리의 메커니즘을 잘 이해한다면 독점의 성을 충분히 방비할 수 있을 것이다.

재규어, 사냥을 중지하고 성으로 돌아가다

스와치는 저가 시계 시장이라는 광야에서 승부를 걸어 승리를 거머쥐었다. 그런데 광야에서 이기는 것만이 능사는 아니다. 광야에서 힘을 잃었다면 자신만의 성으로 돌아가는 것도 훌륭한 전략일 수 있다.

명품 자동차 브랜드 재규어Jaguar와 랜드로버Land Rover는 명성에 어울리지 않는 드라마틱한 여정을 거쳐야 했다. 영국을 대표하는 자동차 브랜드였지만 영국을 떠나 독일과 미국 자동차회사의 품을 전전해야 했으니 말이다. 랜드로버는 독일 BMW에 팔렸다가 다시 미국 포드에 넘어갔고,

일본 고베의 재규어랜드로버 매장 ©TK Kurikawa

재규어는 반대로 미국에 매각되었다가 독일 BMW에 팔렸다. 미국과 독일의 자동차회사들은 이 전통의 브랜드를 마치 핑퐁 게임을 하듯 서로 주고받은 것이다. 그런데 이 롤러코스터 같은 운명의 종착지는 같은 곳이었다. 두 브랜드 모두 2008년 인도의 타타Tata 자동차에 매각된 것이다. 사람들은 자동차 선진국인 미국과 독일도 살려내지 못한 재규어와 랜드로버가 인도로 넘어가자 이 두 브랜드는 끝장났다고 여겼다. 타타가 인수하기 전 기록한 11조 원의 적자는 더욱 절망적인 앞날의 예고편인 듯했다. 그런데 그로부터 10년이 지나기 전에 사람들은 거리에서 세련되고 날렵한 자동차를 목격하게 된다. 그 차들은 놀랍게도 절망스러운 미래를 선고받았던 재규어와 랜드로버였다. 디자이너인 이언 칼럼과 제리 맥거번에 의해 새롭게 디자인된 모습에 소비자들은 열광했고, 미운 오리 새끼였던 재규어랜드로버Jaguar Land Rover Limited, JL는 무려 3조 원의 영업이익을 올린 백조로 화려하게 비상했다. 지난 10년간 이들에게 어떤 일이 있었던 걸까?[15]

이들의 부활을 진두지휘한 이는 오랫동안 재규어에 몸담았던 랄프 스페스였다. 그런데 새로이 CEO로 임명된 스페스의 전략은 새롭고 신출귀몰한 것이 아니었다. 스페스의 전략은 단 하나, '성으로 돌아가라'였다.

매각이 반복되는 동안 여러 브랜드의 간섭을 받으며 자신의 색깔이 흐려지고 정체성이 모호해진 재규어는 '포드의 엔진과 새시에 껍데기만 재규어를 뒤집어씌운 차'라는 혹평을 들어야 했다. 스페스는 제 모습을 잃어버린 재규어랜드로버가 돌아가야 할 성의 이름을 분명히 했다. 그 성의 이름은 '영국스러움과 최신 공학기술'이었다. 자신의 성을 되찾아야만 부활할 수 있다는 강력한 메시지였다.

사람들은 간과했지만 JL에 희망적인 부분이 남아 있었다. 그것은 바로 독일이나 미국 자동차와는 차별되는 점에 매력을 느낀 마니아들이었다. 독일의 명품 자동차 3사인 벤츠, BMW, 아우디는 기업의 CEO, 의사, 변호사 등 전문직이 선호하는 경향이 강하다. 하지만 재규어는 도전적이고 모험적이면서 사회적으로 성공한 여피족yuppies, 젊은(young), 도시화(urban), 전문직(professional)의 머리글자인 yup에서 나온 말로, 전문직에 종사하는 젊은 도시인을 일컫는다이 선호한다는 독특한 이미지 영역을 독점하고 있었고, 이 마니아들은 브랜드가 추락하는 동안에도 여전히 팬으로 남아 있었다. 독일 자동차가 성공한 계급의 표상이었다면, 재규어는 자유와 진보, 도전의 상징이었다.

재규어가 진행한 재미있는 실험은 그들이 어떤 시장으로 돌아가야 할 것인지를 다시 한 번 상기시켜주었다. 재규어는 두 개의 방을 만들었다. 한쪽 방은 파격적이고 도전적인 신진 작가의 미술 작품으로 채우고, 다른 방은 고풍스럽고 정갈한 고전 작품으로 채운 뒤 고객들을 초청해 마음에 드는 방으로 들어가 달라고 요청했다. 재규어의 고객들은 대부분 파격적인 작품이 있는 방으로 갔고, 그곳에서 오랫동안 머물렀다. 공학박사 출신인 랄프 스페스는 그간 오만했던 태도를 버리고 세계 각지의 소비자들이 지닌 특성과 요구사항을 반영해 트렌드에 맞는 새로운 재규어를 만들어나가는 한편, 재규어가 지켜야 할 '진보적인 프리미엄' 이미지를 다시 살려내는 데 주력했다.

JL을 인수한 타타그룹은 럭셔리 자동자의 특성을 지닌 재규어랜드로버를 자신들이 직접 경영할 수 있다는 오만을 부리지 않았다. 타타는 재규어랜드로버가 본 모습을 제대로 회복할 수만 있다면 이 브랜드를 추종하는 마니아들이 부활을 도울 것임을 알았기에 경영은 전적으로 스페스에게 맡기고 디자인은 이안 칼럼 등 영국의 전통을 이해하는 디자이너에게 일임했다. 브랜드에 대한 이해도와 경험도가 높은 두 기둥에게 성을 되찾아올 미션이 맡겨짐으로써 재규어랜드로버는 자신만의 오리지널리티로 돌아갈 수 있었고 결국 부활했다. 이처럼 자신의 정체성을 회복하고 제 모습을 되찾는 것은 나만의 성에서 나만의 고객을 다시 모을 수 있는 첫 번째 조치다.

그런데 만약 당신이 세운 최초의 성을 누군가가 선수를 쳐 가로챘다면 어떻게 할 것인가? 켈로그Kellogg's는 이 아이러니한 상황을 무릅쓰고 기어이 자신의 자리를 되찾아 단단한 브랜드로 성장한 사례를 보여준다.

내 성을 위해 치열하게 싸우라

시리얼 브랜드로 유명한 포스트Post와 켈로그는 같은 병원에서 시작되었다. 콘플레이크를 만든 존 하비 켈로그 박사는 베릴 크릭 요양원의 의사로, 자신이 만든 시리얼인 켈로그를 환자들에게 제공했고, 그 환자들 중에 포스트를 창립한 찰스 윌리엄 포스트가 있었다.

상품화에 앞선 것은 사업가인 찰스였다.[16] 그는 콘플레이크의 시장성을 짐작하고 선수를 쳐서 포스트를 설립했다. 포스트는 아침식사 대용 시장에서 압도적인 점유율로 1위를 기록했다. 대공황이 닥치자 찰스는 휘파람소리를 더욱 높였다. 미국의 경제 사정이 나빠지면서 유사 업체들이 도산하기 시작했고, 포스트의 입지는 더욱 굳어졌기 때문이다. 게다가 돈이 없어도 아침은 먹어야 했다.

하지만 독점적 위치로 가면서 포스트는 점점 해이해졌다. 광고 예산을 삭감했고 제품 개발에 들어가는 비용도 줄이면서 마치 전형적인 독점 기업처럼 행동했던 것이다. 문제는 여기서 발생했다. 대공황을 지나는 동안 소비자들은 우울한 분위기를 반전시켜줄 새로운 무언가를 원했지만, 포스트는 그러한 움직임을 무시해도 될 만큼 독점적인 위치까지는 가 있지 못했다. 그리고 역사적인 반격이 시작되었다.

제품을 먼저 개발하고도 상업화에 늦어 뒤처졌던 켈로그가 광고비를 포스트의 두 배 이상 투입하며 무섭게 추격하기 시작했다. 포스트가 전열을 가다듬었지만 이미 늦은 뒤였다. 아침식사용 시리얼 시장에서 켈로그가 어느새 1위로 올라선 것이다. 이후 켈로그의 그 유명한 호랑이 토니를 앞세운 캐릭터 마케팅이 시작되면서 포스트는 영원히 2인자 신세

— 태국 방콕의 마트에 진열되어 있는 켈로그 제품들 ©SUKIYASHI

로 전락했다. 포스트가 꿈꾸었던 독점적 위치는 켈로그가 가져갔고, 켈로그는 세계 100대 기업에 이름을 올리는 영광을 누렸다.

포스트와 켈로그의 혈투가 시사하는 바는 분명하다.

첫째, 자신의 위치가 독점적 위치에까지 가 있는지에 대한 판단을 잘해야 한다는 것이다. 성장가도를 달리는 많은 기업들이 스스로 독점적 위치에 도달했다는 오판을 하면서 비교적 작아 보이는 시장의 움직임을 놓칠 때 변방의 경쟁자는 시동을 걸기 시작한다.

둘째, 독점적 위치는 자신이 능동적으로 짜는 구조에 있지 환경에 있는 것이 아니라는 점이다. 만약 포스트가 계속 적극적인 마케팅을 펼쳤다면 켈로그는 감히 포스트를 공략할 엄두를 내지 못했을 것이다. 또한 포스트는 대공황이 경쟁자들의 숨통을 조여 줄도산을 한 덕분에 어부지리로 독점적 위치에 가까워진 것을 자신의 능력에 의한 것이라 착각하는 패착을 저질렀다. 반면 승기를 잡은 켈로그는 포스트의 실수를 반면교사 삼아 지속적으로 자신만의 독보적인 세상을 구축해나갔다. 캐릭터 마케팅이 대표적이었는데, 호랑이 토니Tony the Tiger에서 수탉 코넬리우스Cornelius, 개구리 디그엠Dig'Em으로 이어지는 연이은 캐릭터의 히트로 입지를 강화해나갔던 것이다.[17]

셋째, 원조가 지닌 진정성의 힘이다. 켈로그는 콘플레이크를 상품화하는 데는 포스트에 뒤졌지만, 켈로그 박사의 건강에 대한 신념이 있었다. 그들은 이 원조야말로 가장 강력한 마케팅 요소임을 깨닫고 이를 적극적으로 알렸다. 시리얼의 간편함을 홍보하는 포스트의 전략과는 달리, 켈로그는 켈로그 박사의 원래 신념대로 영양적인 면을 부각시킨 광고를 통해 제품 이상의 신뢰를 만들어냄으로써 판의 룰을 완전히 바꾸어버린 것이다.

가격의 성 vs 가치의 성

모파상의 단편소설 〈보석〉에는 아름답고 살림까지 잘하는 최고의 아내 마담 랜틴이 등장한다. 남편 무슈 랜틴은 공무원으로 수입은 적었지만 아름답고 살림 잘하는 아내로 인해 부족함 없이 잘살았다. 사람들은 랜틴이 아내를 잘 얻었다며 칭찬했다. 그런데 어느 날 알뜰한 아내가 갑작스럽게 병으로 죽자 무슈 랜틴은 빈곤해졌고, 결국 아내가 아끼던 모조 보석을 팔러 보석상으로 향한다. 그런데 아내가 남긴 모조 보석이 사실은 가짜가 아니라 진짜라는 사실을 알게 된다. 알고 보니 누군가가 아내에게 선물한 것들이었다. 죽은 아내가 남몰래 바람을 피웠다니. 무슈 랜틴은 배신감에 치를 떨었지만 주린 배를 참지 못하고 보석상에 가서 아내가 저지른 불륜의 대가인 보석을 돈으로 바꾼다. 호화로운 생활을 즐기던 랜틴은 절대로 바람을 피우지 않을 만한 여자와 재혼한다. 그런데 재혼한 여자는 바람을 피우지는 않았지만 성미가 고약했다. 무슈 랜틴은 두 번째 결혼생활을 하는 동안 첫 번째 결혼생활 때와는 달리 빈곤하고 절망스러운 상황에 빠져든다. 불륜의 대가인 부유함이 좋은 것인지, 정숙의 대가인 빈곤함이 나은 것인지에 대한 질문에 독자는 혼란스러울 수밖에 없다. 이처럼 가치란 나의 상황에 따라 다르게 느껴지는 것이고 그 무게 또한 상황에 따라 달라진다.

일본의 명동이라 할 수 있는 신주쿠에 가면 세븐뱅크Seven Bank가 있다. 내부로 들어서면 약 7대의 현금인출기가 있을 뿐 직원은 한 사람도 없다. 이곳을 찾는 사람들은 환하고 쾌적한 분위기 속에서 스스로 은행 업무를 처리한 뒤 돌아간다. 이 세븐뱅크가 위력을 발휘하는 것은 밤이다. 신주쿠 세븐뱅크의 벽면에는 이렇게 적혀 있다. '상인 여러분, 오늘도 수고 많으셨습니다.' 이 무인 은행의 주고객을 짐작할 수 있는 문구다. 안내문은 계속 이어진다. '밝고 편안한 세븐뱅크에서 오늘 매상을 자유롭게 입금하시고 유쾌하게 집으로 돌아가십시오.'

일본은 아직도 현금을 많이 쓴다. 때문에 신주쿠의 상인들은 영업을 마칠 때면 적지 않은 현금을 몸에 지니게 된다. 이들은 노곤한 몸을 이끌고 세븐일레븐7-Eleven에서 어묵이나 삼각김밥으로 간단히 요기를 한 후 밖으로 나와 어두컴컴한 골목으로 향한다. 그리고 주위를 살피면서 현금

을 ATM기에 입금하고 종종걸음을 쳐 어두운 골목을 빠져나온다. 하지만 적어도 세븐뱅크가 생기고 난 뒤로 이런 모습은 사라졌다. 고객이 원하는 가치를 알아본 편의점이 은행을 연 것이다.

일본 유통업의 주목할 만한 두 플레이어, 종합 슈퍼마켓 이온Aeon과 편의점 세븐일레븐의 사례를 비교해보면 가치의 힘이 얼마나 강력한지 알수 있다. 2013년 이온의 매출은 6조 3,951억 엔이고, 세븐일레븐은 5조 6,318억 엔으로, 이온이 훨씬 많다. 하지만 영업이익영업이익률을 비교해보면 상황은 역전된다. 이온의 영업이익이 1,714억 엔2.6%에 그친 반면 세븐일레븐은 3,396억 엔6%으로 2배 이상의 격차가 난다. 이유가 뭘까? 바로 객질客質이 다르기 때문이다. 객질이란 일본에서 유행하는 마케팅 용어 중의 하나로, 고객의 질적 차이를 말하는 것이 아니라 고객이 추구하는 목적의 차이라 할 수 있다.

이온은 가격이 곧 가치다. 이온의 고객들은 조금이라도 싼 것을 사러 온다. 객질이 좋지 않다. 반면 편의점으로 가는 이유는 무엇인가? 그냥 편해서다. 세븐일레븐은 편의성이 최대의 가치다. 한국도 비슷하다. 집 앞에 편의점이 생기면 자취생이 페이스북에 이렇게 올린다. '우리 집에 노 드디어 냉장고가 생겼어.' 세븐일레븐이 주는 가치는 즉시성과 편의성에 보관성이라는 것도 추가해야 할 듯하다. 가격이 아니라 가치가 중심이니 조금 비싸도 된다. 그래서 객질이 좋다.

이온과 세븐일레븐은 모두 PBPrivate Brand의 약자로, 유통업체에서 직접 론칭한 자체 브랜드 상품을 일컫는다 브랜드를 가지고 있다. 하지만 두 PB의 팔자는 완전히 다르다. 세븐일레븐의 PB는 가치지향적이다. 기본 가격보다 2배 이상 비싼 스페셜 아이템이 곧잘 팔린다. 하지만 이온의 PB는 선택의 여지가 없다. 무조건 싸야 한다. 이온에서는 싸지 않으면 제대로 대접을 받지 못한다.

차별화의 포인트는 남들과 다르게 하는 것이다. 포지셔닝 전략 중 가장 독한 전략은 나와 다른 브랜드를 완전히 분리시키는 이분화 포지셔닝이다. 럭셔리의 대명사 샤넬Chanel은 이분화 포지셔닝의 대가다. 샤넬 No.5를 출시했을 때 썼던 네이밍naming 전략과 용기容器 전략은 기존의 모든 향수가 좋아가는 방향과 정반대로 향한 전형적인 이분화 포지셔닝이었다. 당시 향수 제품의 이름은 대부분 'Au clair de la lune달빛, Moonlight'이나 '마르틴Martine'과 같은 환상적이고 드라마틱한 것이 대세였다. 숫자를 적용한 건 샤넬이 최초였다.

불황에는 대부분의 기업들이 위축되어 가격 마케팅에 치중하는 분위기가 확산된다. 그런데 기존 업체들의 천편일률적인 가격인하 광고에 고객들이 질려 있는 이때가 새로운 가치를 제안함으로써 가치의 이분화 포지셔닝을 할 수 있는 적기일 수 있다. 고품격 경제 전문지인 〈포춘Fortune〉의 창업 시기는 일반적인 상식으로는 이해하기 힘든 시점이었다. 대공황이 시작되어 미국을 비롯한 전 세계가 패닉에 빠져 있던 1930년이었기 때문이다. 〈포춘〉은 창업을 하고 간판만 내건 것이 아니었다. 거의 모든 언론사들이 기를 펴지 못할 때 〈포춘〉은 보란 듯이 높은 가격을 매겨서 팔았다. 당시 〈뉴욕 타임스〉의 가격이 5센트였는데, 〈포춘〉의 가격은 그 20배인 1달러였다.

사회 분위기가 우울할수록 스커트의 길이가 짧아지고 붉은 립스틱이 많이 팔린다는 역설은 언론에도 적용되었다. 〈포춘〉은 당시 흑백 일색이던 다른 월간지와 완전히 차별되는 컬러 인쇄와 크림색 종이, 멋진 커버를 도입해서 잡지를 읽는 새로운 기쁨을 독자들에게 선사했다. 대공황의 분위기를 잊게 만드는 〈포춘〉의 공격적인 마케팅에 사람들은 의아해했지만, 8년 뒤 구독자 수가 45만 명을 돌파하면서 엄청난 성공을 거두었다. 〈포춘〉의 성공에 대해 켈로그 경영대학원의 앤드류 라제기 교수는 이렇게 말했다. "훌륭한 제품이 좋은 결실을 맺을 수 있었던 것은 고객의 삶에 의미 있는 이바지를 했기 때문이다. (대공황이라고 해서 예외가 아니다.) 〈포춘〉이 그런 경우다."

라제기 교수가 말하는 '의미 있는 이바지', 즉 가치는 불황기에 나와 다른 브랜드를 양분하는 가장 확실한 포지셔닝 기준이다. 문제는 더 싼 가격이 아니라 의미 있는 기여를 어디에 할 것인가를 찾고 자신감 있게 밀고 나가는 소신이다. 〈포춘〉은 고품격이라는 차별화된 자신만의 독점 지대로 나아간 뒤 현명하게도 또 하나의 독점 공간을 열었다. 경제가 이슈였던 대공황 시절, 〈포춘〉은 수준 높은 경영경제 관련 기사로 신뢰를 쌓았고, 이 신뢰를 바탕으로 기업을 평가하여 독자들에게 제공하기 시작했다. 오늘날 '포춘 선정 1,000대 기업', '포춘이 선정한 500대 기업'이라는 가장 신뢰도 높은 기업 평가지표는 이렇게 탄생했고, 〈포춘〉은 기업순위평가 시장을 독점하게 되었다. 매년 〈포춘〉이 기업 리스트를 발표할 때면 전 세계 언론은 이를 기사화하고 독자들 사이에는 계속해서 회자된다. 〈포브스〉와 〈비즈니스위크〉의 독자 수가 감소하고 있을 때에도 유독 〈포춘〉만은 독자 수가 85만 명에서 87만 명으로 증가하는 이변을 보였다.

신뢰를 바탕으로 독점 영역을 개척한 사례는 이외에도 많다. 타이어업체 미슐랭Mechelin이 자동차 여행자들에게 무료로 나누어주던 〈미슐랭 가이드Mechelin Guide〉는 이제 레드 시리즈와 그린 시리즈로 나누어 매년 200만 부 이상 팔리는 미식업계의 바이블이 되었다. 수준 높은 미각의 세계로 안내하는 미슐랭이 소비자에게 다른 타이어업체들과는 차별화된 이미지로 다가가는 것은 당연하다.

성 중에서 가장 빈한한 성은 가격의 성이다. 호시탐탐 노리는 적이 많으며 방어 또한 취약하다. 문제는 가격의 공성전에서 이긴다 해도 가격 경쟁에서 출혈이 너무 크기 때문에 상처뿐인 영광이라는 점이다. 가장 방비가 잘된 성은 가치의 성이다. 나만의 가치가 있고 그 가치를 알아주는 고객들이 함께 지켜주기에 넘보기도 어렵고 함락시키기란 더욱 어렵

다. 또한 가치의 성은 승리를 거듭할수록 더 좋은 고객 가치를 학습하게
됨으로써 더욱 견고해진다는 장점이 있다.

'포틀래치'라는 함정

'가격'이 아니라 '가치'를 팔아야 한다는 말을 잘못 받아들이는 사람들이
더러 있다. 이들은 "명품처럼 비싸게 팔 수 있어야 살아남을 수 있어"라
고 쉽게 말한다. 하지만 이러한 생각은 대단히 위험하다. 높은 가격에 포
인트가 꽂히면 모든 전략이 틀어진다. 돈이 되는 고객과 돈이 안 되는 고
객을 가리게 되고, 마케팅도 고고한 방법과 싸구려 방법을 가리게 된다.
정작 중요한 것은 눈에 보이는 초식이 아니라 사람인데 말이다.

　북미 서해안 연안의 인디언들 사이에는 포틀래치Potlatch라 불리는 선물
교환 의식이 있었다. 이 의식에 따라 이곳 인디언들은 결혼식, 성년식 등
각종 행사 때 선물을 건네고, 이때 선물을 받은 이들은 자신이 받은 선물
에 약간의 이자를 덧붙여 답례를 해야 했다. 그런데 이 답례를 둘러싸고
문제가 생겼다. 적정한 답례를 하지 못할 경우에는 무시무시한 응징이
가해졌는데, 조롱거리가 되어 사회적으로 매장되는 것은 물론이고 심지
어 노예가 되기까지 했다. 이 관행의 폐해가 날로 심해지자 나중에는 백
인들이 개입해 강제로 금지시키기까지 했다. 중요한 행사를 축하하며 구
성원들이 물물을 교류하는 교환경제의 성격으로 시작된 것이 점차 허세
로 변질되면서 나쁜 제도로 자리 잡게 되었던 것이다.

　조선과 중국의 관계에서도 '포틀래치 경제Potlatch economy'의 한 단면을

엿볼 수 있다. 1397년 조선의 사신단이 명나라 홍무제에게 가서 이렇게 말했다. "조공을 1년에 세 번 하게 해주시오." "무슨 소린가? 3년에 한 번만 하시오."

조공을 많이 하겠다고 한 쪽은 '조선'이고, 그만 됐으니 3년에 한 번만 하라는 쪽이 '중국'이었다. 조공을 하면 '사여賜與'라고 하여 조공을 바친 나라에 더 많은 것을 내려주는 관습이 있었는데, 조선은 바로 이것을 노려 1년에 조공을 3번 하겠다고 떼를 쓴 것이었다. 결국 조선은 1년에 3번 조공을 하게 되었고, 1534년부터는 한술 더 떠서 1년에 4빈을 하게 된다.[18] 명나라는 《대명회전大明會典》이라는 법전에 주변 국가의 조공 횟수를 명시했는데, 지금의 오키나와인 류큐 왕국과는 2년에 1번, 베트남·태국과는 3년에 1번, 일본과는 10년에 1번 조공무역을 한 것으로 되어 있다. 조선은 그 측면에서 큰 특혜를 누린 셈이었다. 하지만 포틀래치든 조공무역이든 중요한 것은 시간이 가면서 점차 본질에서 벗어났다는 것이다.

제법 짭짤해 보인 조공무역은 결국 조선에게 장기적으로 독이 되었다. 무역이란 가치가 있는 것을 시장의 원리에 따라 자연스럽게 교역하게 되는 것인데, 정부가 조공무역에 치중함으로써 오히려 민간의 자유로운 교역이 위축되었고, 결국 민간의 발전을 저해했던 것이다. 조공무역이 독이었다는 점은 조공무역이 상대적으로 빈약했던 일본이 조공 대신 자체적으로 남방 바다로 교역로를 뚫어 크게 성장했다는 사실에서 알 수 있다.

기업과 브랜드도 오로지 높은 가격과 수익만 좇다보면 포틀래치 함정에 빠질 우려가 커진다. 가격은 상관 않고 물건을 척척 사들이는 소위

VIP 고객들이 기업의 착시현상을 일으킨다. 브랜드 고객이 진정 그 브랜드를 이해하고 철학을 공유하는 고객인지, 잠깐 왔다가 가는 철새 고객인지 늘 냉정하게 물어야 한다. 브랜드를 마음으로 이해하지 못하는 고객은 브랜드 입장에서는 독점 고객이 될 수 없다. 더 매력적으로 느껴지는 브랜드가 나타나면 이 포틀래치 고객들은 아무런 망설임 없이 떠나버린다. 진정한 가치를 추구하는 브랜드는 브랜드의 문화에 전적으로 심취하여 그 세계와 아이덴티티 그리고 철학의 진가를 인정하는 한결같고 성실한 고객에게 의존한다.[19]

가깝고 쉬워 보이는 고객에게 일회성으로 상품을 파는 것이 아니라, 브랜드 철학을 전파하고 공유함으로써 나만의 독점적 고객을 서서히 확대해나가야 한다. 때로는 돌아가는 전략이 답이 될 수 있다.

CHAPTER 3

성을 가진 자
vs 길을 떠도는 자

License   Space   Quality   Frontier   Reverse   Image   Price   Situation   New   Origin

MONOPOLION 홀로 파는 사람, 모노폴리언

1

성을 가졌다면
미래를 이야기하라

아마존도 건드리지 못하는 계산기 TI-84

미국 아마존Amazon의 그래픽 계산기 부문에서는 10년째 한 계산기가 1위를 독차지하고 있다. 범용 계산기 분야의 지배자 카시오도, 천하의 애플도 이 계산기의 아성을 무너뜨리기에는 역부족이다. 그런데 이 계산기의 사양 리스트를 보면 헛웃음이 나온다.

'플라스틱 케이스, 흑백 화면, 반도체 칩 단 2개, ROM 메모리 480kb, RAM 메모리 24kb, 배터리는 재충전 불가'

제품 스펙이 다른 계산기에 비해 뒤떨어져도 한참 뒤떨어진다. 10년째 제자리걸음이니 10년이 지난 지금, 제품 스펙이 처지는 것이 당연하다. 그런데도 독보적인 1위 자리를 지키고 있는 이 계산기의 이름은 TI-84.

도대체 비결이 뭘까?

TI-84가 10년째 1위를 차지한 비결은 이 계산기가 가진 특이한 독점 구조에 있다. TI-84는 오로지 이 계산기만을 쓸 수밖에 없는 독특한 고객을 보유하고 있는데, 바로 '교사'라는 고객섬이다. '고객섬'이란 어떤 이유로 인해 일반적인 소비자로부터 외따로 떨어져 특정 제품을 쓸 수밖에 없는 고객층을 뜻하는 용어다.

2004년에 출시된
TI-84 Plus Silver Edition.
RAM 메모리가 48kb다.

텍사스 인스트루먼트Texas Instruments, TI는 20년 전 이 계산기를 처음 선보이며 학교 교사들을 대상으로 사용자 교육을 실시했다. 이후로 매년 10만 명이 넘는 교사가 이 교육을 통해 TI 계산기의 사용법을 익혀왔다. 이렇게 사용법을 익힌 교사들은 신입 교사들에게 다시 사용법을 가르친다. 어느새 수많은 교사들이 이 계산기에 너무도 익숙해져버렸고 굳이 다른 계산기의 사용법을 새롭게 익히고 싶어 하지 않게 되었다. 게다가 TI는 '1-800-TI-CARES'라는 핫라인을 통해 정기적으로 교육 프로그램과 컨퍼런스를 열면서 자사 계산기의 사용법과 기능을 지속적으로 전수하고 있다. 이 계산기에 익숙한 교사들이 TI-84를 구입하라고 하면, 학부형은 재깍 구입하여 학생에게 건넨다. 부모들은 선생님의 추천을 신뢰하기에 기능도 가격도 따지지 않는다. 학생들도 자신이 구매한 것이 아니기에 계산기의 성능이나 가격에 민감하지 않다. 구매 권유자, 실사용자, 구매자가 제각각인 환상적인 구조다.

TI-84는 2013~14년 미국 아마존의 그래픽 계산기 부문의 총 판매량 160만 대 중 무려 93%를 차지했다. 가격이 싸지도 않다. 2015년 말 인터넷이 가능한 아마존 킨들이 50달러에 팔릴 때 이 계산기는 상대가 되지 않는 저사양 구모델에도 불구하고 소비자가격이 100달러로 책정되었지만 날개 돋친 듯 팔린다. 제품 마진은 50%가 넘는다.

TI-84가 구축한 고객섬은 이 제품을 시장의 최강자로 만든 가장 강력한 요인이다. 고객섬은 비단 물리적인 요인이나 교육적인 측면을 통해서만 형성되지 않는다. 고객섬을 만들어내기 위한 전략은 다차원으로 진행된다.

스타벅스 84개의 별 중 60개가 떨어지다

커피업계를 대표하는 브랜드인 스타벅스Starbucks도 고객섬과 같은 독점 지대를 누리고 있다.

첫 번째 독점 지대는 '제3의 공간'이라는 콘셉트에서 비롯된다. 제3의 공간이란 집과 일터가 아닌 중간의 휴식처와 같은 공간, 그리고 따뜻한 인간적 교류와 낭만이 있는 곳을 뜻한다. 물론 이전에도 누구나 자기만의 제3의 공간을 향유해왔지만 이런 공간을 사업화한 곳은 없었다. 미국인이었던 하워드 슐츠는 이탈리아의 에스프레소 바에서 편안한 기분을 만끽하며 자신이 느낀 편안함이 미국에 없지만 진정 미국인이 필요로 하는 것이라는 점을 깨달았다. 결국 그의 바람대로 스타벅스는 '집처럼 편안한 제3의 공간'이라는 공간적 독점을 누리게 되었다.

두 번째 독점 지대는 '맛있는 커피'라는 이미지에 기인한다. 스타벅스가 영업을 시작했을 때만 해도 미국의 커피 시장은 질이 떨어지지만 대량 생산이 가능한 브라질산 로부스타 품종이 완전히 장악하고 있었다. 아라비카 품종이 맛이 뛰어나고 질이 좋지만 생산량과 가격 변화가 극심해 공급이 원활하지 않았다. 이런저런 이유로 미국 소비자들은 수십 년 동안 별다른 선택권 없이 맛이 떨어지는 로부스타 품종으로 내린 커피를 마실 수밖에 없었다. 이에 스타벅스는 여러 가지 사업상의 리스크를 무릅쓰고 향과 맛이 월등한 아라비카를 과감하게 도입했다. 이러한 선택은 롤러코스터 같은 아라비카 품종의 가격 변동 때문에 엄청난 경영위기를 초래하기도 했지만, 스타벅스를 맛있는 커피의 대명사로 만들어주었다.

이 외에 스타벅스의 성공 요인으로 소비자의 감성에 접근한 마케팅을 들기도 한다. 이에 대해서는 《스타벅스 감성 마케팅》이라는 책이 나올 정도로 많은 연구가 이루어졌다. 하지만 그것만으로 5,000원이 넘는 고가의 커피 한 잔에 소비자가 지갑을 여는 비결을 설명하기에는 부족하다. 스타벅스의 성공을 알기 위해서는 보다 큰 시야가 필요하다.

대부분의 체인점들은 물류와 관리의 편이성 때문에 하나의 점포를 세우면 인근 지역으로 출점해나가는 방법을 택한다. 하지만 스타벅스는 이 같은 상식에 완전히 역주행했다. 시애틀에 첫 점포를 낸 뒤 무려 3,200km 이상 떨어진 시카고로 향했다. 여기에 스타벅스 전략의 승부수가 있다. 스타벅스는 영업상의 편리를 포기한 대신 자신들의 커피를 가장 잘 알아줄 잠재적인 독점 고객이 있는 곳을 찾아간 것이다. 그렇다면 그들이 타깃으로 한 독점 고객은 어떤 사람들일까? 그것은 스타벅스의 출생과 관련이 있다.

스타벅스의 창업주인 제리 볼드원, 제프 시글, 고든 보커는 소위 여피족이라 불리는 라이프 스타일을 갖고 있었다. 제리는 영어교사였고, 제프는 역사교사, 고든 보커는 작가였다. 그들은 자신들의 미각과 후각을 만족시켜줄 커피 브랜드를 찾아다녔지만 결국 실패했고, 직접 카페를 경영하기로 했다. 이것이 스타벅스의 탄생 스토리다. 사업을 확장하기로 했을 때, 그들은 자신들과 같은 취향을 가진 이들이 몰려 있는 도시를 타깃으로 삼았다. 스타벅스와 취향을 공유할 이들이란 학생과 예술가, 고등교육을 받은 여피족들이었고, 이들이 거주하는 도시는 타 시역에 비해 자유롭고 낭만적인 색채가 강했다.

스타벅스가 자신들의 독점 공간을 찾아가는 전략을 선택했다는 사실은 그들의 출점 위치를 지켜보면 알 수 있다. 시애틀에서 시카고로 점프한 스타벅스는 대륙을 가로질러 서부 LA에 세 번째 매장을 열었다. 마치 아무렇게나 지도에 점을 찍듯 미국 대륙 여기저기에 점포를 개설한 것처럼 보인다. 하지만 스타벅스가 이들 도시에 매장을 열자 스타벅스 매장에는 시애틀, 시카고, LA, 보스턴과 같은 도시 분위기가 덧씌워졌다. 스타벅스가 원했던 것은 여피족으로 상징되는 자유롭고 낭만적인 이미지를 독점하는 것이었고, 매장에 수많은 '제리, 제프, 고든'을 불러 모음으로써 이 전략은 날개를 달았다.

스타벅스가 이처럼 '지식·예술인 라이프 스타일'을 독점하자, 커피뿐만 아니라 연관 상품으로 영업이 확대되는 보너스를 누렸다. 전통적으로 라이프 스타일을 공략하는 것은 제품 확대를 위한 효과적인 툴인데, 스타벅스는 커피와 더불어 텀블러, 머그컵 등의 관련 상품까지 성공적으로 판매하게 되었다. 스타벅스는 지식·예술인이 즐기는 아이콘이 되었고, 이는 내외부적으로 건전한 영향을 주고 있다. 내부적으로는 일반인에 비해 까다로운 고객을 만족시키려는 노력 덕분에 다른 브랜드보다 맛있는 커피를 제공한다는 이미지를 선점하게 되었고, 외부적으로는 대중에게 직간접적으로 영향을 미치는 지식·예술인을 고객층으로 점유함으로써 일반 고객으로의 확대가 폭발적으로 이루어지는 길을 열었다. 이렇듯 스타벅스의 신화는 두 가지 독점 공간을 바탕으로 이루어졌다. 그런데 이 두 가지 독점 공간은 역설적으로 스타벅스가 처참한 패배를 맛보면서 밖으로 드러났다.

2014년, 스타벅스는 야심차게 진출했던 호주의 84개 매장 가운데 80%에 해당하는 60개 매장의 문을 닫으며 체면을 구겼다. 호주 사람들이 특별히 스타벅스에 반감을 가지고 있었던 것은 아니다. 다만 미국을 비롯한 다른 나라들에서 적중했던 독점 방식이 먹히지 않았을 뿐이다. 스타벅스는 학생, 예술가, 작가 등 소위 엘리트 계층의 욕구를 충족시켜주는 수준 높은 커피를 제공했으니 '①형편없는 커피', '②안목 높은 소비자층의 존재'라는 두 가지 조건이 맞아떨어질 때 위력을 발휘하는 구조였던 셈이다. 그런데 유감스럽게도 호주의 커피는 이미 매우 훌륭했다. 플랫화이트Flat White라는 호주만의 커피 레시피까지 만들어냈을 정도로 커피 문화의 수준 역시 상당히 높았다. 시드니에서 비가 부슬부슬 내리는 아침, 호텔 밖으로 걸어 나가 맛보았던 노천카페의 플랫화이트 커피 맛은 경이로울 정도였다. 그러니 호주에서는 이미 여피족들의 수준 높은 취향이 충족되고 있었던 것이다.

스타벅스가 독점할 공간이 호주에는 존재하지 않았다. 이미 훌륭한 커피 문화를 향유하고 있는 호주 사람들에게 '맛있는 커피를 제공하는 분위기 좋은 커피바'라는 스타벅스의 슬로건은 생뚱맞기까지 한 것이었다. 실제로 멜버른에서 택시를 타고 이동하는 중에 택시기사가 커다란 스타벅스 잔을 들고 다니는 사람들을 손가락으로 가리키며 "저 사람들은 모두 아메리칸"이라고 말하는 것을 들은 적이 있다. 저렇게 스타벅스 잔을 들고 다니는 사람이 호주 사람일 리 없다는 뜻이었다. 호주 사람들은 스타벅스의 프리미엄을 느끼지 못할뿐더러 스타벅스를, 커피 문화를 제대로 모르는 미국인들이나 찾는 수준 낮은 문화의 하나라고 오히려 낮추어 볼 정도였다. 결국 스타벅스는 적자를 견디지 못하고 다른 나라에서라면 상상할 수 없는 취급을 당하며 철수할 수밖에 없었다.

그렇다면 커피의 천국이었지만 스타벅스에게는 지옥이었던 호주에서 그들은 결국 어떻게 되었을까? 스타벅스는 천신만고 끝에 '새로운 독점 지대'를 찾은 덕분에 기사회생했다. 새 독점 지대의 고객들은 호주인이 아니라 호주로 몰려드는 엄청난 관광객이었다. 정보에 어둡고 낯선 시

호주 시드니에서 맛본 플랫화이트 커피

도를 두려워하는 외국인에게는 호주의 커피보다 이미 눈과 혀에 익은 스타벅스가 여전히 매력적이었던 것이다. 실제로 시드니, 멜버른 등의 대도시에는 지역주민들이 거주하는 곳보다 관광지에 스타벅스가 더 많이 분포되어 있다.

맥도날드는 고객섬에 산다

관광객 시장이라는 특수한 영역에서 독점력을 발휘하는 것은 스타벅스 이전에 맥도날드McDonald's에 의해 이미 입증된 바 있다. 전 세계 어느 매장에 가나 맥도날드에는 외국 관광객이 많다. 한국에서도 관광식당을 빼고 외국인이 가장 많이 찾는 음식점이 맥도날드다. 이는 맥도날드의 운영철학 때문이다.

창업주 레이 크록은 전 세계 어디를 가나 동일한 맛을 제공해야 한다는 철학을 가지고 맥도날드를 설립했다. 맥도날드는 5만여 개의 메뉴를 만들 수 있는 레시피 매뉴얼에 따라 조리되기 때문에 누가 만들어도 똑같은 맛을 낼 수 있다. 따라서 혹 낯선 외국에 가서 음식이 맞지 않거나 무난한 메뉴를 원한다면 맥도날드가 답이다. 맥도날드는 글로벌 전략을 펴는 동시에 지역에 특화된 메뉴를 선보이는 게릴라전도 병행하는 글로컬Glocal, global과 local의 합성어 전략을 가장 잘 수행하는 것으로 유명하다. 한국에서는 불고기 버거를 선보인 바 있고, 하와이 맥도날드에서는 빵 대신 밥이 나오는 하와이 로컬 디럭스 블랙퍼스트 플레이트를 판매한다. 중국 칭다오 맥도날드에서는 콩차인 또우장과 아시안 도우 스틱 요우디아오를 판매한다. 이렇듯 독특한 로컬 메뉴 때문에 외국 여행을 할 때 맥도날드의 로컬 메뉴를 맛보려는 관광객이 수두룩할 정도다.

맥도날드의 독점 시장은 최고의 품질을 최적의 가격에 제공하는 햄버거 가성비 지대와 소비자가 원하는 경우 어떤 가격에라도 먹을 권리를 제공하는 최저가 지대, 두 가지다. 빅맥의 경우에는 고가에 속하지만, 지역 물가를 고려하여 영국에서는 가장 비싼 2.88USD미국 달러에 판매하고 중국에서는 1.27달러에 판매하는 등의 차이를 보인다. 수익성을 담보하는 고가의 메뉴 덕분에 셰이크와 같은 전략 메뉴는 500원 정도의 저가에 제공하면서 경쟁자를 압도하는 것이 가능하다. 맥도날드의 전략 목표는 세계 최고의 레스토랑이 되는 것이며, 이는 QSC&V 전략을 통해서 달성된다. Q는 최고의 품질Quality, S는 서비스Service, C는 청결Cleanliness 그리고 V는 가치Value다. 맥도날드는 119개국에 3만여 개의 매장을 가지고 있으며 성공률이 90%를 넘는 것으로 알려져 있다. 성공률이 높기로는 스타벅스도 마찬가지다.

맥도날드는 글로컬 전략을 뒷받침하기 위해 정보 시스템과 매뉴얼 시스템에 강점을 갖추었다. 고객들이 주문하는 모든 메뉴는 전산화되고 이를 분석하고 공유하면서 점포는 지속적으로 개선된다. 또한 '사람이 가장 기분 좋게 베어 먹는 한 입의 크기는 12cm'라고 규정한 것으로 유명한 매뉴얼 시스템은 매장을 찾는 모든 고객이 똑같이 수준 높은 서비스를 받도록 하는 원천이 된다.

'돈이 안 돼'라는 이름의 시장

성의 크기는 중요하지 않다. 아무도 거들떠보지 않거나 초라해도 상관없다. 어쩌면 그 초라함이 당신의 성을 경쟁자들의 레이더망으로부터 보호해줄 스텔스 기능으로 작용할지도 모른다. 크고 화려해야만 강한 것이 아니다. 진정 강한 것은 나만의 성을 가지고 단단히 서는 것이다. 자기계발 분야의 대가 랄프 왈도 에머슨은 '두 손보다 두 발이 먼저다'라고 이야기했다. 두 손이란 다른 사람에게 도움을 청하고 기대는 의지심리를 말한다. 두 발은 나 스스로 굳건히 서겠다는 결연한 의지를 뜻한다. 타인의 도움으로 살아가는 곱고 하얀 손보다 진흙탕에 우뚝 선 흙투성이 두 발이 더 믿음직스러운 것은 당연하다.

'그거 돈 되겠어?'라는 말을 들어본 적 있는가? 당신이 이제 막 사업을 시작했거나 손님이 찾지 않는 가게의 주인이라면, 가장 잘나가는 기업과 손님이 끊이지 않는 가게에 가서 물어보라. 그들이 '돈 되겠어?'라고 말하는 사업거리가 있는지. 돈이 안 될 것 같은 그것이 바로 당신이 시작해야 할 사업일 수도 있다. 체중이 80kg 넘는 거구는 비스킷을 거들떠보지 않는다. 하지만 몸집이 작은 아이는 비스킷 두 개로도 한 끼 식사를 때울 수 있다. 먹을 수 있지만 기존의 강자들이 먹지 않는 것, 그것이 바로 당신만이 차지할 수 있는 독상_{독점적 밥상}이다.

미국의 부호들 중에 웨인 호이징가라는 사람이 있다. 비디오 대여점 블록버스터 같은 대기업을 창업하고 키워낸 슈퍼 리치다. 하지만 40년 전 당신이 호이징가를 거리에서 만났다면 분명히 멀찍이 피해갔을 것이다. 온몸에서 악취가 풍겨 나왔을지도 모르기 때문이다.

오늘날의 호이징가를 만든 첫 번째 사업은 쓰레기 수거 사업이었다. 호이징가는 왜 하필 쓰레기 수거로 사업을 시작했느냐는 질문에 뭘 그렇게 당연한 걸 물어보느냐는 식으로 응수한다. "아무도 하기 싫어하니까요." 그게 다냐고 재차 물으면 그는 이렇게 덧붙인다. "불황이고 실직을 했다고 칩시다. 옷도 덜 사고 화장품도 줄일 겁니다. 음식량도 줄이겠죠. 그래도 살아가는 데 별 지장이 없어요. 그런데 봅시다. 제아무리 실직자라도 쓰레기를 버리지 않고 살 수 있을까요? 이것이 내가 쓰레기 수거 사업을 시작한 이유입니다."

그가 본 것은, 쓰레기 수거 시장이 자신만의 독점 영역이 될 수 있다는 사실 단 하나였다. 쓰레기를 수거하느라 연일 트럭을 타고 이곳저곳을 누비는 이 사내의 사업에 주목한 은행들이 마침내 관심을 보이기 시작했다. 결국 호이징가는 쓰레기를 담보로 대출을 받았고, 이후 자신의 트럭을 전국으로 파견해 쓰레기 수거 시장을 독점하면서 최고의 기업가로 성장했다.

〈포춘〉은 창업가 특집에서 웨인 호이징가를 다루며 그를 '해트트릭을 기록한 사업가'라고 썼다. 그는 안정적인 수익 구조를 만들기 위해 고객을 독점하는 사업 전략을 짰다. 첫 사업이었던 WMWaste Management, 쓰레기 수거 사업, 그를 더욱 높은 경지에 올려준 블록버스터Blockbuster, 비디오 대여업와 오토네이션Auto Nation, 자동차 딜러숍 체인에는 모두 독점 요소가 있다. 웨인 호이징가의 사업은 모두 대여업이다. WM은 쓰레기 수거용 컨테이너를 대여했고, 블록버스터는 비디오테이프를, 오토네이션은 자동차를 대여했다. 호이징가는 이렇게 말한다. "대여업이 자본도 들고 시간이 걸리기는 하지만 현금 흐름을 보장해주는 장점이 있지요."

호이징가는 아무런 자금 없이 사업을 시작했기에 고객을 계속 잡아둘 수 있는 독점 상황이 절실했고, 그랬기에 한 번의 거래로 끝나는 것이 아니라 대여라는 구조를 통해 계속 고객을 잡아두는 방식을 택했던 것이다. 그는 성공을 거둔 뒤에 가진 한 인터뷰에서 이렇게 말했다. "난 단골 고객이 좋아요. 그래서 일단 팔고 나면 그 고객과 계속 친밀한 관계를 맺기 위해 집중했지요. 그것이 성공비결입니다."

그는 불법을 저지르거나 사람을 해코지하는 일이 아니라면, 사람들이 손가락질을 하든 비아냥거리든 상관하지 않았다. 호이징가의 사업 기준은 단 하나였다. '나만이 독점하는 시장일 것.' 그래서 그는 남들이 거들떠보지 않거나 운영 상태가 엉망인 산업을 오히려 좋아했다. 그곳에는 기존 업체들에 실망한 고객이 반드시 존재하기 때문이다. 그는 '무질서하고 비효율적인 시장에서 선진화된 운영기법으로 시장의 질서를 주도'했다.

골치 아픈 고객이 가장 좋은 고객이다

투자의 귀재 워런 버핏의 버크셔 헤서웨이Berkshire Hathaway는 산하에 게이코Geico라는 손해보험사를 두고 있다.[1] 그런데 버핏을 골치 아프게 하는 경쟁 보험사가 하나 있다. 버핏이 게이코의 가장 큰 위협으로 꼽은 회사는 업계 3위인 프로그레시브 손해보험Progressive Corporation이다. 프로그레시브는 미국 언론이 주목하고 소비자들이 열광하는 독보적인 보험사다. 이 회사는 어떤 전략으로 그런 대체 불가한 보험사의 반열에 올랐을까?

프로그레시브는 1937년에 설립되었는데, 이들의 첫 타깃 고객은 다른 보험사들이 돈이 안 된다고 여긴 공장 노동자들이었다. 프로그레시브는 이 '돈 안 되고 무시당하는' 고객들에게 자동차보험과 자동차자산보험을 판매하기 시작했다. 그리고 1950년이 되자 이번에는 다른 보험회사가 가입을 거절한 고위험 운전자들에게 보험을 팔기 시작했다. 프로그레시브는 1993년부터 1998년까지 미국 자동차보험업계가 불과 5%의 성장률을 보일 때 매년 평균 24%씩 성장하여 큰 주목을 끌기 시작했다.

프로그레시브의 성공비결은 철저한 '독점 추구 전략'에 있다. 초창기 프로그레시브가 공략한 고객들은 업계에서 '찌꺼기Residual Market'라고 부르는 고위험군에 속한 사람들이었다. 자칫 잘못 계약했다가는 수익률에 막대한 악영향을 줄 수 있다는 이유로 철저하게 소외된 악성 고객들로, 미 금융당국은 이들을 보험사들에게 강제 할당하여 억지 가입을 시킬 정도였다. 모든 보험사가 이들을 골칫덩이로 여겼지만 프로그레시브는 제대로 전략을 짜고 실행할 수 있다면 이 쓰레기 취급을 당하는 시장이 자신들만의 백조가 될 미운 오리 새끼임을 알아보았다. 그들은 위험 가능성이 높은 고객의 위험도를 잘 파악하여 적절한 보험료를 산정한다면 오히려 높은 마진을 올릴 수 있을 것이라고 생각했고, 이 판단은 옳았다.

프로그레시브의 수익률은 10년 평균 8.7%로, 동종업계의 다른 회사들을 압도하고 있다. 경쟁자들이 뒤늦게 시장의 진가를 알아보고 진입했지만, 프로그레시브는 이 시장에서 여전히 압도적인 우위를 지키고 있다. 고위험군 고객에게서 수익을 뽑아내기 위해서는 시장에 대한 방대한 데이터와 리스크 관리 능력을 갖추어야 하는데, 부랴부랴 이 시장에 뛰어든 타 보험사들의 노하우나 능력이 프로그레시브에 미치지 못하기 때문이다.

프로그레시브는 이 찌꺼기 시장에서 보석을 찾아내는 특유의 전략을 여전히 효과적으로 구사한다. 이 회사는 자동차, 오토바이와 관련된 보험도 판매하지만, 보트, 스노모빌, 수륙양용 자동차, 개인용 물놀이기구처럼 특수한 니치마켓 보험에 특히 강점을 보이고 있다. 판매 채널도 가리지 않는다. 인터넷, 스마트폰, 콜센터, 에이전트 등 고객이 원하는 다양한 채널을 통해 홍보함으로써 다른 회사들이 접근하지 못하는 고객층에까지 과감하게 다가서고 있다.[2]

그럼 여기서 프로그레시브의 독점 전략에 대해서 알아보자.

1. 나만의 황금률(golden rules)을 세우다

프로그레시브는 자체적으로 사업에 대한 대명제를 세워두고 있다. 이 작은 출발점이 큰 차이를 만들어냈다.

'우리는 모든 사람을 존중한다. 또한 그들 간의 차이를 가치 있게 여기며 우리가 남에게 바라는 방식으로 그들을 대한다.'

자신들이 바라는 방식으로 고객에게 서비스를 제공했기에 외면당하는 고위험 고객들도 보험을 제공받아야 한다고 생각했으며, 세부적으로 기준을 만들어 고객의 보험료를 합리적으로 조정했다. 그간 보험사들은 자신들의 상황과 수익성을 우선순위에 두었기에 사실상 고객이 원하는 것에 무감각했다. 상품은 제각각이지만 보험사들이 원하는 고객은 단 하나로 같았는데, 바로 '조용히 보험료만 내고 사고는 거의 내지 않는 만만한 고객'이다. 프로그레시브는 말썽쟁이 위험 고객도 보험에 가입할 권리가 있다는 당연한 명제를 황금률로 세우고 과감하게 행동으로 옮겼다.

2. A형 에너지를 조직에 보급하다

프로그레시브의 혈액형을 따져본다면 A형으로 나올 것이다. 창업주인 피터 루이스는 인재를 채용할 때 A형 기질을 가진 직원을 뽑을 것을 독려했는데, 이 혈액형이 가진 성급하고 저돌적인 성격을 일종의 에너지로 보았기 때문이다. 이 A형 직원들은 일부 실수를 하면서도 회사의 바람대로 위험을 무릅쓰고 남들이 꺼리는 영역으로 빠르게 진군해갔고, 프로그레시브를 가장 매력적인 보험사로 만들었다.

3. 승부처는 보험료 납입이 아니라, 보험금 지급이다

보험사들은 대개 보험료는 칼같이 챙기지만 보험금은 최대한 늦게 지급하는 관행이 있다. 하지만 프로그레시브는 고객이 어려울 때 위로가 되는 보험금을 신속히 지급하는 것을 방침으로 삼았다. 일례로, 프로그레시브는 태풍 카트리나가 쓸고 간 자리에 1,000명의 직원을 급파해 15시간 안에 80% 이상의 보험금을 지급하는 놀라운 실행력을 보였다. 느려터진 보험금 지급에 분통을 터뜨리던 해당 지역 피해자들이 프로그레시브로 보험사를 갈아타는 사례가 속출할 정도였다.

4. 정보를 숭상하다

프로그레시브는 정보에 대한 우위로 자신들만의 독점 영역을 만들어냈다. 이들은 정보의 힘을 믿는다. 심지어 연례보고서에 '우리는 정보를 숭상한다. 우리는 정보를 수집·분석하여 공유한다. 이는 고객의 필요성을 파악할 수 있는 기회를 제공해주기 때문이다. 따라서 우리는 정보 시스템에 집중 투자한다'라고 밝힐 정도다. 이렇게 확보한 정확한 정보를 통해 프로그레시브는 다른 보험사가 시도할 엄두조차 내지 못하는 인상적인 보험료 산정을 해낸다. 그들은 2도어 자동차의 보험 가입자보다 4도어 자동차의 고객이 사고를 덜 낸다는 미세한 사실까지 파악하고 이를 보험료 산정에 반영한다. 또 같은 교통위반이라도 주행속도를 위반한 고객은 교통신호를 어긴 고객보다 덜 위험하므로 보험료를 깎아준다. 심지어 GPS와 연결해 운행거리가 짧은 운전자는 보험료를 더 깎아주기도 한다.

5. 각종 시스템으로 사업을 뒷받침하다

프로그레시브는 그저 낭만적인 사명을 좇아 위험한 사업에 섣불리 뛰어든 것이 아니다. 그들은 분야별로 탁월한 정보 시스템을 갖추고 이를 무기로 사업 영역을 장악해나갔다. 대표적인 시스템은 4가지인데, 그 특징은 '즉시', '비교', '모두', '맞춤'으로 요약된다.

첫 번째 시스템은 '즉시' 보험료를 산정해주는 시스템Immediate Response Service이다. 이를 위해 첨단 장비를 갖춘 전문 차량을 파견하여 현장에서 24시간 보험료를 산정해준다. 프로그레시브가 '보험이 아니라 스피드를 판다'고 자랑하는 근간이 되는 시스템이다.

두 번째는 '비교' 견적 서비스인 1-800-AUTOPRO로, 최대 3개 보험사의 보험료를 비교해 제시한다. 이 시스템에는 고객의 선택권을 최우선으로 배려하는 철학이 반영되어 있다. 굳이 경쟁사의 보험료까지 견적을 내줄 필요가 있을까 싶지만 보험사가 하지 않아도 고객은 여러 보험사를 비교해 보험료 견적을 내본다. 이런 현실에서 프로그레시브는 고객의 일을 대신해줌으로써 신뢰를 획득하고 이를 통해 보험 가입에 대한 확신을 심어준다. 이러한 비교 견적은 프로그레시브 조직 내부적으로 생각지 못한 장점을 가져다주었는데, 타사 상품에 대해 상시 모니터링하고 연구하면서 조직을 긴장시키는 의외의 공로를 세웠다.

세 번째는 차량 수리 관련 정보를 '모두' 알려주는 Total Pro다. 전국 800여 개 카센터와의 제휴를 통해 사고 차량이 입고된 때부터 견인, 셔틀버스, 렌탈 등 모든 정보를 파악하고 해당 서비스가 진행되고 있는 위치까지 파악하도록 돕는다. 또 사고 차량이 어떤 단계의 수리를 받고 있는지도 실시간으로 확인할 수 있다.

네 번째는 '맞춤' 고객 보험료 산정을 위한 Autograph System으로, GPS 기능과 지도 매핑 기술을 접목하여 운행거리, 사고 발생 건수 등을 고려해 최대 약 25%까지 보험료를 깎아주는 시스템을 운영하고 있다. 고객은 프로그레시브가 자신의 특수한 상황에 따라 보험료를 최소화시켜준다고 믿기 때문에 더욱 회사를 신뢰하게 된다.

위험도가 높은 고객을 받아들이고 앞장서서 보험료를 깎아주면 도대체 남는 것이 있을까 싶지만, 장기 고객이 증가하고 리스크 관리 기법이 발달해 프로그레시브의 이익률은 업계 평균을 압도한다. 그들은 무작정 보험료를 깎아주는 것이 아니라 어떤 고객도 납득할 수 있는 최적의 보험료를 찾기 위해 고군분투하는 것이며, 이러한 노력을 고객들이 알아줌으로써 신뢰가 더욱 두터워진다.

프로그레시브의 사이트를 찾다 보면 '24/7', '6'이라는 숫자를 접하게 된다. '우리는 24시간, 7일 내내 고객 앞에 대기하고 있을 것입니다. 어떠한 견적도 6분 안에 고객님께 제공해드릴 것입니다.'

타 보험사가 보기에는 칼날 위의 피를 핥는 위험천만한 전략이지만, 그 방법에 익숙해진다면 어느 누구도 감히 넘볼 수 없는 독점 시장을 갖게 된다는 것을 계산한 전략이다. 경쟁사들은 자신들이 골치 아파하는 고객군 시장이었기에 프로그레시브가 성장해도 무시하고 방관했다. 덕분에 프로그레시브는 경쟁도 압박도 없는 경쟁 진공 지대를 질주하면서 무섭게 성장했다. 게다가 가장 어려운 시장을 개척하면서 쌓인 데이터와 노하우 덕분에 경쟁사들은 프로그레시브의 영역에 진출한다고 해도 승리를 자신하기 어렵게 되었다. 이것이 바로 프로그레시브의 독점 전략이 무서운 이유다.

다윗의 시대, 나의 방식이 가장 강하다

블레셋 군대와 유대인 군대가 맞선 아세가 벌판. 개미 같은 병사들을 뒤로하고 거대한 골리앗이 서 있다. 바람에 휘날리는 머리칼이 그를 기괴한 유령처럼 보이게 한다. 상대는 자그마한 몸집의 다윗. 소년 다윗은 골리앗의 손아귀에 잡히기만 해도 먼지가 될 것 같았다. 골리앗은 거대한 칼을 거머쥔 채 머릿속으로 다윗의 몸을 두 동강 내는 장면을 줄곧 상상했다. 지상의 어느 누구도 골리앗의 칼을 막아낼 수 없다. '저깟 조무래기를 내보내다니, 이거 자존심이 상하는 걸.' 앞으로 걸음을 내딛던 골리앗은 다윗의 손에 들린 것을 보고는 고개를 갸웃거렸다. '이봐, 꼬맹이. 네게는 칼도 방패도 없잖아. 어떻게 나를 막아낼 건가?'

그때 소년은 쉭쉭 소리를 내면서 가볍게 자리에서 뜀박질을 시작했다. 소년은 목표를 명중시키기 위해 집중력을 모았다. 다윗은 머릿속으로 돌팔매로 날린 돌이 포물선을 그리며 날아가 골리앗의 이마에 적중하는 상상만을 반복했다.

누구의 상상이 실현되었는지는 역사가 말해주고 있다. 다윗이 골리앗의 방식대로 칼을 들고 맞섰다면 그의 몸은 먼지가 되었을 것이다. 하지만 다윗은 대결의 장을 '칼'과 '힘'의 영역에서 '돌팔매'와 '타격'으로 이동시킴으로써 전세와 우위를 역전시켰다. 이러한 역사적 사례는 일본에서도 나타난다. 오다 노부나가가 일본을 통일할 수 있었던 가장 큰 원동력은 모두가 칼을 들고 승부를 걸 때 그만이 총을 들고 나섰기 때문이다. 적들은 칼을 들고 앞으로 돌격하면서 칼을 들고 맞설 노부나가의 병사들을 기대했지만, 그들을 기다린 것은 3열의 총병이었다. 1열이 쏘고 앉으면 2열이 쏘고, 다시 3열이 총알세례를 퍼붓는 전법이었다. 나에게 유리한 방식을 찾아내 싸움의 형태를 다르게 만드는 순간, 전세는 역전된다. 총이 등장한 이 전투를 지켜본 후세의 사람들은 대책 없는 칼 부대를 '무대포총이 없음'라는 말로 조롱했다.

임진왜란 당시 조선의 명장 신립의 군대는 조선군이 유리하게 싸울 수 있는 조령을 피하고 지형이 넓은 탄금대에서 정면승부를 펼쳤다가 전멸했다. 왜군은 조령에 조선군이 없다는 사실을 확인하자 크게 기뻐하며 승리의 휘파람을 불었다. 그도 그럴 것이 많은 군사가 일렬로 지나가야 하는 조령에서 화살 공격을 받거나 매복 습격을 당할 경우 왜군은 절대적으로 불리한 싸움을 할 수밖에 없었다. 좁은 조령 협곡은 조선군의 독점 공간이었고, 평지인 탄금대는 왜군이 원하는 전략적 싸움터였다. '나의 공간'을 버리고 '적의 공간'에 들어선 순간, 조선군은 돌이킬 수 없는 패배를 예약했던 것이다.

　이기기 위해서 어떻게 싸워야 할 것인지에 대해서는 역사학자 이반 아레권-도프트의 연구에서도 드러난다. 그는 역사적인 202건의 전투를 살펴보고 양측의 교전 형태를 분석했다. 이 가운데 약자들이 전통적 방식^{일반적으로 강자들에게 익숙한 방식}으로 맞선 경우가 152번이었는데, 그중 80%인 119번이 약자의 패배로 결론 났다. 반면 약자가 다윗처럼 자기만의 방식으로 싸웠을 때는 승리를 거둘 확률이 비약적으로 높아지는 것으로 나타났다. 객관적인 전력에 따라 분류되는 강자와 약자는 사실 고정된 것이 아니다. 어떤 공간에 위치해 있고 어떤 방식으로 싸우느냐에 따라 약자와 강자의 위치가 새로이 결정되는 것이다.

　요식업은 다윗처럼 싸우는 것이 얼마든지 가능하고 또 위력을 발휘하는 분야다. 대기업은 고정적인 접객 매뉴얼과 메뉴 리스트를 가지고 있어서 점포의 서비스가 획일화되기 쉽다. 실제로 프랜차이즈의 경우 대리점주들은 본사에 늘 새로운 것을 요구한다. 제품이 안 되면 돈을 들여서 광고라도 하라는 요청이 끊임없이 쇄도한다. 대리점주들이 제품과 광고에 목을 매지만, 매출이 나지 않는 이유가 반드시 그것 때문일까? 공급자와 소비자가 만나는 모든 지점에서는 제품만큼이나 서비스와 판매 노하우가 결정적인 요소로 작용한다. 하지만 대기업의 경우에는 본사에서 새로운 제품이나 레시피를 내려 보내기는 해도 고객과 만나는 한 순간 한 순간에 대응하기란 사실상 불가능하다. 하지만 작은 가게는 다르다. 고객에게 긍정적인 영향을 미치는 부분을 관찰하면서 상황에 따라 능동적으로 대처할 수 있고, 손님 각각의 기호에 따라 탄력적으로 대응하는 것 또한 가능하다.

도쿄 시오도메의 니혼 TV 본사 건물에는 로즈 앤 크라운The Rose and Crown이라는 영국 빅토리아풍의 펍이 입점해 있다. 도쿄의 문화 중심지인 시오도메에 괜찮은 펍 하나 정도는 알아두는 것이 좋다는 수요 때문에 꾸준히 손님이 모여든다. 그런데 이 가게 앞에는 멤버십 카드를 발급한다는 안내 패널이 서 있다. 멤버십 회원이 되면 할인을 받을 수 있고 여러 이벤트에도 초대된다. 이 역시 고객의 충성도를 확보하기 위한 노력의 일환이다.

이 가게의 특이한 점은 독특한 가격 전략을 쓰고 있다는 것이다. 일반 메뉴와 자체 메뉴가 구분되어 있는데, 일반 메뉴에도 재료를 고급화한 업그레이드 메뉴가 있다. 호주산 고기를 쓰는 메뉴에 1,000엔을 추가하면 극상의 와규로 고기를 바꾸어준다는 것이다. 일반 메뉴는 다른 가게와 가격이 비슷하거나 조금 더 싸다. 고객이 접근하기 쉽도록 가격 문턱을 낮춘 것이다. 하지만 자체 제조 맥주, 자체 특별 메뉴는 좀 비싸다. 하지만 이런 음식은 자신들만의 레시피로 개발하여 이곳에서만 먹을 수 있다고 설득력 있게 설명한다. 그도 저도 아니면 일반 메뉴에 재료를 업그레이드한 메뉴로 아쉬움을 달랠 수 있다.

도쿄 나카메구로의 메구로 천 양쪽 인도에는 벗나무가 끝도 없이 서 있고 작은 맛집들이 아주 많다. 이 맛집들의 종업원들은 고객의 주머니 사정이 허락하는 한 매출을 끌어올리려는 습관이 몸에 배어 있다. 꼬치구이집에 가면 사람들은 대개 꼬치를 시킨다. 한국에서는 음식이 나오는 사이에 간단한 단무지 종류의 음식이 먼저 나오지만 이곳에서는 그렇지 않다. 꼬치를 시키면 종업원은 이렇게 말한다. "꼬치구이가 나올 때까지 15분 정도가 걸리는데, 그 사이에 금방 나오는 간단한 안주 하나를 시키

도쿄 나카메구로의 메구로 천변. 작은 맛집들이 즐비하다.

는 게 어떻습니까?" 듣고 보면 맞는 말이어서 별 생각 없이 무엇이 좋으냐고 물으니 자신들이 직접 빚은 치즈가 좋다고 대답한다. 여기서 끝이 아니다. 막간에 나오는 치즈라고 해서 질이 떨어지는 것이 아니라 아주 훌륭하다. 나카메구로의 치즈를 먹으면서 깨달은 사실은 치즈에는 짜거나 향긋하고 담백함만이 아니라 프레시한 느낌을 주는 강한 미각 영역이 존재한다는 것이었다. 제아무리 이름난 프랑스 치즈라 해도 바다를 건너오는 데 한 달 이상이 걸려버리면 원고장에서의 맛을 제대로 맛보기 어렵다. 메구로 천의 꼬치구이집은 가게에서 직접 만든 프레시함이라는 강점으로 유럽의 유명 치즈를 압도하고 있었다. 꼬치구이집에서 신선한 치즈를 먹으면서 이런 것이 동네 가게만이 줄 수 있는 독점적 요소라는 사실을 또 한 번 깨달았다.

　손님의 발길이 끊이지 않는 작은 가게들은 다윗처럼 싸우는 법을 안다. 이태원 경리단길을 자신만의 영역으로 만들어가는 30살 청년 장진우, 보쌈집에서 시작해 영동시장 거리를 자신의 거리로 만들어버린 백종원 대표는 다윗처럼 자신의 방식으로 싸웠기에 골리앗을 이길 수 있었다. 반면에 어떤 골리앗도 자신의 방식에서 벗어난 전투에서는 승리를 장담하기 어렵다. BMW에 맞섰던 벤츠의 경우도 예외가 아니었다.

벤츠, 옷을 버리고 심장을 지키다

2016년 벤츠Mercedes Benz는 유튜브에 16초짜리 동영상을 띄웠다. 동영상의 주인공은 벤츠가 아니라 BMWBavarian Motor Works였고, 창립 100주년을 맞은 것을 축하하는 내용이었다. '100년에 걸친 경쟁에 깊이 감사드립니다. 솔직히 그 전 30년은 좀 지루했거든요.'

　벤츠는 BMW보다 30년 먼저 설립되었다. 상대를 띄우면서 자신들을 더 띄우는 세련된 홍보 전략이다. 실제로 BMW는 프리미엄 카의 대명사인 벤츠에게 패배를 안긴 몇 안 되는 브랜드 중의 하나다. 특히 BMW 3 시리즈는 출시한 이후 지금까지 준중형차 부문에서 감히 넘볼 수 없는 아성을 구축하고 있다. 스포츠 세단으로 정의되는 3 시리즈는 BMW

전체 판매량의 3분의 1을 차지할 만큼 영향력이 압도적이다. 높은 판매량을 바탕으로 연구개발에 집중하면서 3 시리즈는 계속해서 소비자들의 욕구를 충족시키고 있다.

3 시리즈는 출시 이후 거의 20년 동안 독주해왔다. 이러한 성공을 마냥 두고 볼 수 없는 브랜드가 있었으니, 바로 대형 세단의 지존, 벤츠였다. 알토란같은 준중형 시장을 BMW가 독식하도록 둘 수 없었던 벤츠는 배기량을 낮춘 C 시리즈를 내놓으면서 BMW 3 시리즈의 시장에 진입한다. 하지만 벤츠 C 시리즈는 준중형 부문에서 BMW 3 시리즈의 상대가 되지 못했다. '벤츠=대형 세단'이라는 이미지가 너무 강했던 탓에 벤츠가 BMW의 흉내를 내자 소비자들은 그저 의아해할 뿐 선뜻 지갑을 열지 않았다. 십수 년 동안 벤츠 C 시리즈는 BMW 3 시리즈의 아성을 넘어서지 못한 채 지지부진한 상태에 머물러 있었다. 하지만 장기적인 관점에서 벤츠에게 BMW 3는 반드시 넘어야 할 산이었다. 엔트리카entry car로 BMW와 인연을 맺은 소비자들이 계속 BMW에 우호적인 상태로 머물러 있는 것을 방관하다가는 시장 전체에서 벤츠의 입지는 점점 좁아질 것이기 때문이었다.

벤츠의 경영진은 그동안의 실패 원인을 분석했다. 그리고 마지막으로 자신들의 방식으로 싸워보기로 결정했다. 그간 벤츠 C 시리즈는 BMW 3 시리즈를 잡기 위한 성능 베끼기에 몰두해 있었다. 어떻게든 BMW를 잡아야겠다는 생각에 '벤츠의 방식'이 아니라 'BMW의 방식'으로 싸웠던 것이다. 하지만 벤츠는 전략을 바꾸어 C 시리즈를 BMW 3 시리즈보다 나은 차가 아니라, 자기네의 주력 차종인 S 클래스의 축소판이라는 개념으로 알리기 시작했다. 그래서 별명도 '베이비 S 클래스'다. 그리고

BMW 3 시리즈보다 고급 자동차를 원하는 어프 클래스upper class를 타깃으로 조준했다.

초조하게 결과를 기다리던 벤츠에게 드디어 낭보가 날아들었다. 벤츠의 정체성을 간직한 C 시리즈의 진가를 사람들이 알아보기 시작한 것이다. 그리고 벤츠는 벤츠라는 성에서 싸울 때 가장 강해진다는 사실을 깨달았다.

사자는 메인 디시가 아니라 반찬을 먹는다

항공사 가운데 저가 전략의 원조는 사우스웨스트 항공Southwest Airlines이다. 창업주인 허브 켈러허는 카페에서 냅킨에 끼적인 사업 아이디어를 바탕으로 항공 사업의 새로운 밑그림을 그렸고, 고유가 등 각종 조건이 악화되면서 항공사들의 실적이 바닥을 칠 때 사우스웨스트 항공만은 하늘 높은 줄 모르고 고공비행을 했다.

사우스웨스트 항공은 서비스 중심의 고가격 시장이었던 항공 분야에 '저가 시장'이라는 새로운 패러다임을 제시하면서 시장의 판도를 바꾸었다. 사우스웨스트 항공이 기존 항공사로서는 흉내 내기 힘든 파격적인 경영을 선보이자 각종 보고서가 잇따랐다. 단일 기종만을 고집하는 것을 두고 '비용절감 경영'이라 하는가 하면, 장난기 가득한 켈러허의 유쾌한 시도들에 대해서는 '펀fun 경영'이라는 신조어가 탄생했다. 또 전통적인 허브 앤 스포크hub-and-spoke, 주요 공항을 연결하고 그 공항에서 다시 항공 노선이 빗살처럼 뻗어나가는 방식에서 벗어난 포인트 투 포인트point-to-point, 도시와 도시를 직접 연결하는 방식 전략의 성공이라고 말하기도 한다. 하지만 사우스웨스트 항공의 핵심 전략은 독점에서 찾아야 한다.

전문직에 종사하며 항공 수단을 자주 이용했던 허브 켈러허는 수많은 이용객들이 보다 합리적인 비용으로 여객기를 이용하고 싶어 한다는 사실을 알고 있었다. 그들을 만족시킬 수 있는 새로운 여객 시스템을 세우기 위해 허브 켈러허는 기존의 모든 고정관념을 버렸다. '돌아가지 않고 바로 목적지로 연결하되 가격은 낮춘다.' 사우스웨스트 항공은 이를 수행하기 위해 기꺼이 '2류' 전략을 택했다. 출장 중에 사우스웨스트 항공을 이용한 적이 있는데 완전히 다이어트한 서비스이지만 항공기의 핵심적인 서비스인 정시출발과 안전, 청결 등을 확실히 장악하고 간다는 느낌을 받았다.

사우스웨스트 항공의 진정한 성공비결은 탁월한 경영만이 아니라 2류 항공 시장을 개척하고 이 시장의 고객을 독차지하고자 한 독점 전략에 있었다. 스스로 2류가 되기로 함으로써 ①이착륙비를 절감할 수 있었고, ②복잡한 활주로에서 다른 항공기의 이륙을 기다리느라 시간을 지체할 필요가 없었으며, ③고객은 공항 수속의 혼잡함을 피할 수 있었고, ④여건이 가장 안정적인 우천, 폭설, 태풍 등의 기후 영향을 덜 받는 공항을 선택하여 정시출발 비율을 높였다. 고객은 안락함과 지리적 근접성 등을 포기해야 했지만, 잦은 이동에 최적화된 솔루션, 즉 가격과 출발 신뢰도를 얻은 것이다.

비용을 절감함에 있어 중요한 것은 하나를 제외하되 다른 하나를 더하는 것이다. 낮은 원가에 따른 저가격을 추구하는 수많은 기업들은 저원가를 실현하기 위해 막대한 부분을 희생시키면서 이 등가의 법칙에는 크게 주목하지 않는다. 한번 보자. 패스트푸드는 저렴한 비용으로 한 끼를 때울 수 있기에 고객이 직접 서빙을 한다. 노동력을 내줌으로써 가격을 얻는 것이다. 항공 여행객들의 니즈는 분명했다. 그들은 보다 싼 가격을 지불하고 이동할 수 있는 방법을 찾고 있었다. 항공 여행이 사치재일 때 항공사의 마케팅은 럭셔리 전략에 맞추어져 있었다. 하지만 시대가 변하면서 항공 여행은 더 이상 사치재가 아니라 일상생활에 가까워지고 있었다. 사우스웨스트 항공은 이러한 고객의 니즈에 충실히 부응해 새로운 항공 강자로 거듭났다.

미국에서 사우스웨스트 항공이 고공비행을 하는 것을 지켜보면서 유럽에서도 같은 전략이 충분히 통할 것이라 확신하고 때를 기다리던 한 남자가 있었다. 그의 이름은 마이클 오리어리. 그는 유럽의 항공 규제만 없어진다면 유럽에서도 저가 항공이 충분히 가능할 것이라고 보았다. 드디어 유럽 항공 규제가 풀렸고 오리어리의 구상은 현실이 되었다. 서유럽 전문 저가항공사 라이언에어Ryanair는 이렇게 태어났다.

라이언에어는 사우스웨스트 항공을 대놓고 베꼈다. 아니, 한 발 더 나아가 사우스웨스트 항공보다 가격을 더욱 떨어뜨렸다. 사실 사우스웨스트 항공의 가격은 할 수 있는 만큼 최대한 떨어뜨린 것이었기에 그보다 가격을 낮추기 위해서는 새로운 전략이 필요했다. 라이언에어는 비행기의 서비스를 낱낱이 분석했고, 이를 추가 요금의 형태로 고객이 선택할 수 있도록 했다. 이전의 항공사들은 모든 서비스를 묶어 가격에 포함시켰다. 라이언에어는 고객들이 정시운항과 신속한 수속 등의 본질적인 서비스에 높은 가치를 매기지만 기내 서비스에 대해서는 별다른 가치를 부여하지 않는다는 사실을 알아낸 후 본질적 서비스와 부가 서비스를 분리했다. 그리고 항공기를 이용한 이동이라는 가치를 제외한 모든 것을 유료화했다. 라이언에어는 고객에게 아무것도 주지 않는다. 물 한 병은 3.5달러에 판매하고 가방을 부치려면 9.95달러를 내야 한다. 담요와 베개도 2.5달러를 내고 이용해야 한다. 뿐만 아니다. 라이언에어는 비행기 좌석을 광고판으로 활용한다. 안전과 가격이라는 본질적인 서비스를 충분히 만족시킨 뒤 다른 모든 서비스는 온갖 아이디어를 짜내어 수익으로 전환했다.

독점 시장 발굴의 귀재, 헤이와도

일본의 슈퍼마켓 체인인 헤이와도平和堂, へいわどう는 자신만의 독점 시장을 잘 찾아내어 공략한 대표적인 기업 사례로 꼽힌다. 그들이 찾은 첫 번째 독점 대상은 나이가 들어 거동이 불편한 노인들이었다. 언뜻 생각하기에 이들은 빈곤하고 구매력 역시 크지 않을 것으로 보이지만, 이 고객층은 한 번 충성도가 생기면 쉽사리 다른 곳으로 이전하지 않는다는 큰 장점이 있다.

헤이와도 슈퍼마켓은 거동이 불편한 노인들에게 배달을 해주는 것에 그치지 않는다. 전구를 갈아주거나 잔디를 깎아주는 등 간단한 집안일은 무료로 해준다. 음식 재료를 주문하면 레시피도 전달해준다. 2011년 부터는 시간당 1,500엔을 받고 집안일을 대신해주는 주거 지원 서비스 Home Support 사업도 시작했다. 자식들보다 더 자주 자신을 돌보아주는 헤이와도는 거동이 불편한 노인들에게는 대체 불가능한 서비스이고, 헤이와도에게 이들은 독점 시장이다.

독점 시장의 재미를 잘 아는 헤이와도는 소비자 성격과 성향이 다른 중국 시장에서도 대성공을 거둔다. 한국 최고의 할인점 이마트는 1997년 상하이에 1호점을 열었다. 하지만 14년이 지난 2011년, 이마트는 중국에서 1,337억 원의 적자를 기록했고, 한국 굴지의 유통 대기업 롯데는 할인점, 백화점 양쪽에서 참패를 맛보았다. 하지만 이 와중에도 일본의 헤이와도 백화점은 자신만의 공간을 찾아내어 큰 성공을 거두었다.

글로벌 대형 백화점 체인들이 별다른 생각 없이 중국에서 가장 큰 도시인 상하이와 베이징으로 진출할 때 헤이와도는 생각을 달리했다. 각종 대기업 체인이 몰려 있는 곳에 가서 승산이 있을까? 헤이와도는 자신들만의 장점을 살려 작지만 독점력을 발휘할 수 있는 시장을 찾았다. 다른 외국 기업들이 거들떠보지 않던 중국 내륙의 후난성이다. "후난성에는 인구 100만 명 이상의 도시가 10여 개나 있지요. 우리는 그것을 보았습니다." 헤이와도 시장조사 담당자의 말이다. 헤이와도는 최고의 브랜드가 차고 넘치는 초특급 도시를 제쳐두고 후난성이라는 대륙 내부의 독점 영역을 찾아내 10년 이상 공을 들인 끝에 매장 3개를 운영하며 지역 최고의 백화점으로 등극했다.[3]

일본 유통업계는 저성장기에 살아남기 위해 엄청난 몸부림을 치고 있다. 조금이라도 더 싸게 파는 곳이 있으면 그리로 옮겨가버리는 고객 때문에 독점 상황을 만들기 위해 애처로울 정도로 노력을 기울인다.

요즘 일본 주부들 사이에서는 토모노카이를 모르면 간첩이다. 백화점에서 내놓은 서비스인데, 매달 1만 엔12만 원씩 백화점이 지정한 은행 계좌에 넣어서 1년에 12만 엔이 되면 해당 백화점에서 1만 엔을 보태준다.

백화점이 금융기관도 아니고 적금이라고 할 수도 없지만, 고객들로서는 이런 부분을 따질 필요가 없다. 이자율로 치면 8%가 넘는 고금리 상품이다. 단, 조건이 있다. 계좌에 넣은 돈은 해당 백화점에서 물건을 사는 데만 쓸 수 있다. 하지만 어차피 백화점에서 쇼핑을 할 요량으로 모으는 돈인데, 백화점이 12만 원을 더 보태준다니 주부들로서는 쌍수를 들고 환영할 일이다. 백화점으로서는 고객을 독점하고 매출액을 확보할 수 있다. 고객이 쇼핑용 저금을 하고 백화점은 그 고객에 대해 부가 포인트 등의 혜택을 주는 형태다. 장기적으로 고객을 독점할 수 있는 훌륭한 아이디어다. 고객을 잡아두기 위한 이러한 전략은 백화점이나 세븐일레븐 같은 거대 유통업체를 넘어 전반적으로 확산되어 있다. 불황을 거치면서 충성도 높은 고객의 가치를 깨달은 일본 상인들은 너도 나도 포인트카드를 발급하는 데 열을 올리고 있다.

여닫이문의 역설

역사학자이자 작가인 폴 두드기는 새로운 기술이 출현해도 세상은 예측대로 움직이지 않는다며 '여닫이문의 역설'을 예로 들었다. 1920년대 할리우드의 공상과학영화 제작자들은 세트를 제작하면서 문을 죄다 미닫이문으로 만들었다. 앞에 서면 센서가 감지해 옆으로 스르르 열리는 미닫이문은 공간의 낭비를 줄이고 사람이 출입하는 데에도 더 효율적이었기 때문이다. 그들은 미래의 생활을 예측하면서 여닫이문은 종말을 고할 것이라고 이야기했다. 하지만 그로부터 100년 가까이 지난 지금도 우리는 여닫이문을 쓰고 있다. 미닫이문이 편리하다는 사실에는 이론의 여지가 없다. 하지만 여닫이문에는 단순한 문 이상의 역할이 부여되어 있다는 점을 영화 제작자들은 간과했다.[4]

미닫이문이 열린 것도 아니고 닫힌 것도 아닌 유연함과 동적인 성격을 지니고 있는 반면 여닫이문은 열거나 닫거나 확실한 입장을 나타낸다. 또 여닫이문 뒤에서 갑자기 사람이 등장하는 서프라이즈가 이루어지기도 하고, 숨바꼭질을 할 때 뒤에 숨을 수도 있으며, 화가 났을 때 문을 쾅 닫으면서 감정을 표현할 수도 있다. 미닫이문이 공간을 나누는 경계선 정도라면, 여닫이문은 공간과 공간을 경계 짓는 확실한 담과 같은 의미를 지닌다. 대저택의 정원 입구는 철제 미닫이문으로 만들더라도 집의 현관만큼은 육중한 여닫이문으로 만드는 것도 이런 이유다. 폴 두드기는 '시간이 흐르면서 여닫이문은 종말이 임박했다고 생각하던 사람들이 결코 예상치 못한 사회적 복합성을 띠며 살아남았다'라고 썼다.

여닫이문의 역설은 라디오의 역설과도 일맥상통한다. TV가 등장했을 때 사람들은 라디오의 시대는 끝났다고 했다. 하지만 전혀 새로운 길을 통해 라디오는 살아남았다. 승용차 판매가 늘어나면서 승차 중에 라디오를 듣는 새로운 수요가 생겨난 것이다. 이후 라디오는 자동차, 작업장 등 시선을 한 곳에 둘 수 없는 공간에서 위력을 발휘했다.

반면에 말채찍은 반대다. 자동차의 등장으로 말이 교통수단으로서의 역할을 다하자 새로운 사용처를 찾지 못한 채 사라졌다. 하지만 당시에 마구를 만들어 팔던 에르메스Hermès는 여전히 건재하다. 그들이 살아남은 이유는 자신의 고객이 말을 버리고 자동차로 갈아타자 재빨리 마구에서 자동차 용품으로 제품 라인을 바꾸었기 때문이다. 마구를 사던 상류층 귀족들이 명품 VIP 고객으로 이름만 바뀌었을 뿐이다. 에르메스는 고가의 명품을 소비하는 최고급 고객이라는 독점 시장을 여전히 자신의 자산으로 가지고 있다.

여닫이문과 라디오, 에르메스는 한 가지 변하지 않는 사실을 우리에게 말해준다. 환경은 탓하는 대상이 아니라 적응하는 대상이라는 점이다. 기술이 아무리 발달하고 시대가 변하더라도 자신만의 새로운 독점 공간을 찾아서 승부를 거는 브랜드는 반드시 살아남는다.

겨울왕국 아이스쇼장의 '공주'가 알려준 것

크리스티나 아길레라, 마룬 파이브, 카니예 웨스트, 제이지, 블랙아이드 피스……. 적고 읽는 것만으로도 가슴 뛰게 만드는 이 뮤지션들의 공통점은 한 사람이 프로듀싱을 했다는 것이다. DJ 프리미어DJ Premier. 그는 거장이라는 말로는 설명이 부족한 힙합계의 전설이다. 천만 장 이상의 판매고를 올렸음은 물론 빌보드 차트 석권, 그래미상 수상 등 화려한 이력을 자랑한다. 그가 말하는 히트 음악의 룰이 있다. 바로 '청중의 행동을 주시할 것'이다. "청중들을 이해하고 관객들의 모든 행동을 주시해야 합니다. 그들의 움직임에 완전히 몰입하여 일부가 되어야 합니다. 그들보다 한 걸음 먼저 생각하고 행동해야 내 의도대로 따라오게 할 수 있어요."[5]

사람들은 무의식중에 행동을 통해 좋고 싫음을 나타낸다. 기업의 미래를 볼 수 있는 단서는 점쟁이의 말이 아니라, 고객의 발에 있다. 월트 디즈니Walt Disney의 CEO 밥 아이거는 아이스쇼에 갔다가 쇼는 보지 않고 연신 한 여자아이의 복장을 살펴보았다.[6] 무척 행복해 보이는 그 아이는 집에서 만든 것으로 보이는 공주 옷을 입고 있었다. 옷은 세련되지 못했지만, 아이는 세상을 다 가진 듯 행복한 표정을 짓고 있었다. 밥 아이거는 이 장면 하나에서 새로운 사업의 씨앗을 보았다.

디즈니는 1929년부터 만화영화와 관련된 제품들로 수익을 올려왔는데, 1970년대 이전에 아이들은 성별에 관계없이 모두 같은 장난감을 갖고 놀았다. 이후 디즈니는 남자아이, 여자아이 장난감을 따로 만들어 새로운 시장 수요를 만들어냈다. 여기에 더해 밥 아이거는 공주 옷을 입은 아이를 통해 여자아이 장난감의 콘셉트를 분화하는 새로운 전략을 세웠다. 회사로 돌아간 그는 즉시 공주를 콘셉트로 하는 상품을 개발할 것을 지시했다. 이는 전형적인 고객 행동 관찰의 한 예다. 공주 옷을 입혀주면 아이는 공주가 된 듯 기분이 좋아지고 부모 역시 잠시나마 아이를 공주로 만들어주었다는 만족감을 느낀다. 디즈니의 전략은 완전히 적중했다. 아이스쇼의 한 여자아이에게서 시작된 사업의 씨앗은 재크의 콩나무처럼 거대하게 자랐다. 현재 디즈니에서 생산되는 공주 관련 제품 라인의 매출은 40억 달러4조 원가 넘는다. 디즈니를 이끌었던 파괴적 혁신이 다시 작동하기 시작한 것이다. 그럼 시계를 돌려 월트 디즈니가 디즈니를 창업했던 당시로 돌아가보자.

월트 디즈니는 파괴적 혁신가이자 행동주의자였다. 디즈니가 등장했을 당시 만화영화는 흑백의 무성영화였다. 만화영화 팬들은 이미 더 많은 것을 요구하고 있었지만 누구도 고객의 욕구를 충족시키려 하지 않았고, 그래서 시장은 시들해져갔다. 월트 디즈니가 과감하게 만화영화에 소리와 색을 입히자 사람들은 다시 열광하기 시작했다. 미키 마우스라는 앙증맞은 캐릭터가 등장하자 시장의 반응은 가히 폭발적이었다. 디즈니는 고객의 욕구를 충족시키기 위해 가랑이가 찢어지도록 전력을 다해 앞으로 나아갔다. 디즈니가 해낸 모든 일들은 항상 현재의 능력 밖에 있는 것들이었다. 그는 능력 밖의 과업을 실현하면서 그곳까지 자신의 능력을 확장시켰다.

디즈니의 위대함을 증명한 일은 그 이후에 나타났다. 그는 만화영화를 더 좋게 만드는 데만 집중하지 않았다. 만화영화가 무척 재미있기는 하지만, 그 시간은 길어야 1시간이었다. 팬들은 더 오래, 다른 새로운 무언가를 통해 디즈니의 판타지를 즐기기를 원했다. 하지만 그것이 무엇인지는 아무도 몰랐다. 이때 디즈니는 만화영화를 넘어선 상상 이상의 혁신적인 카드를 꺼냈다. 디즈니랜드였다. 디즈니 만화의 캐릭터들이 현실로 튀어나와 뛰어다니는 곳. 디즈니의 팬들은 다시금 열광하기 시작했다.

홍콩 디즈니랜드의 〈라이언 킹〉 공연

디즈니는 그저 사무실에 앉아서 디즈니랜드를 만든 것이 아니다. 현장에 나가서 고객의 행동을 관찰하면서 자신의 발로 만들어냈다. 디즈니랜드의 쓰레기통은 서른 발자국마다 하나씩 배치되어 있다. 월트 디즈니가 아이스크림을 빨면서 걷다가 서른 발자국 정도 걸음을 옮기면 아이스크림을 다 먹고 포장지를 버려야 한다는 사실을 알아냈기 때문이다. 또한 그는 디즈니랜드를 존별로 나누어 관찰하다가 바닥이 깨끗한 곳에서 사람들의 행동이 고상해진다는 사실을 발견했다. 디즈니랜드가 바닥을 청결하게 유지하게 된 배경이다.

디즈니랜드는 디즈니의 경영 상태를 안정화시키는 데 큰 도움을 주었다. 사실 만화영화 사업이란 도박에 가까워서 성공하면 대박, 실패하면 쪽박인 위험도 높은 분야다. 이렇게 해서는 경영이 안정될 수 없다. 하지만 디즈니랜드가 세워지고 지속적으로 수입이 발생되는 비즈니스 모델이 완성되자, 디즈니는 보다 공격적으로 만화영화에 투자할 수 있는 여력을 갖게 되었다. 하나의 성을 점령하면 거기에서 힘을 비축해 새로운 시도를 할 수 있는 법이다. 고객이 원하는 행동을 좇아 파괴적인 혁신을 시작한 덕분에 디즈니는 흥망성쇠를 거듭하는 동안에도 여전히 강자의 위치를 누리고 있다.

자이언트 지렁이와 저성장기

'지렁이 천국'이라고도 불리는 호주에는 각종 기상천외한 지렁이가 많다. 길이가 무려 3.5m에 달하는 자이언트 지렁이까지 있을 정도다. 그런데 가만히 생각해보면 기이한 일이다. 생태계 피라미드에서 가장 하위에 속하는 지렁이가 어떻게 3m가 넘게 자랄 동안 잡아먹히지 않을 수 있었는지 말이다. 일부 생태학자들은 호주의 지질에 그 이유가 있다고 분석한다. 호주는 오래된 대륙이다. 땅의 지력이 떨어져 영양분이 충분하지 않다. 전체적인 영양분이 부족하면 최상위 포식자도 살기 힘들어진다. 그러다 보니 각 대륙별로 대표 맹수들이 있지만 호주에는 맹수가 없다. 그나마 맹수라고 부를 수 있는 딩고도 버려진 개가 야생화된 것에 불과하다. 포식자가 살 수 없다는 것은 그만큼 생태계의 영양이 충분하지 못하다는 증거다. 이는 저성장기의 기업들에게 닥칠 운명과도 같다. 기업 생태계의 영양분이 충분하지 못한 저성장기는 최상위 포식자에 해당하는 강자들에게도 가혹한 시기일 수밖에 없다.

스마트폰의 상위 업체들을 겁 없는 신예들이 위협하고 있다. 한때 애플과 삼성을 경계하게 만들었던 기업은 샤오미와 화웨이였다. 하지만 이제는 오포OPPO와 비보VIVO로 그 주인공이 바뀌었다. 오포와 비보는 부부가오步步高라는 모기업에서 분사한 기업이다. 그런데 이 두 회사가 싸우는 방식은 상위 업체들과는 사뭇 다르다.

부부가오는 샤오미와 화웨이처럼 저가 전략을 쓰거나 정면승부를 택하지 않았다. 그들은 철저히 먼저 시장을 정하고 회사를 분사시켰다. 샤오미의 저가 전략은 고급화되어가는 소비자 추세를 따라가지 못해 고전 중이고, 화웨이는 밖으로 노출된 덩치 때문에 특허 시비에 시달리며 비틀거리고 있다. 하지만 오포와 비보는 샤오미와 화웨이가 집중포화를 받던 10여 년의 시간 동안 마치 잠행을 하는 잠수함처럼 견제와 특허 공세를 피하면서 자신들만의 독점 영역에서 조용히 세력을 키웠다.

2016년 중국 스마트폰 시장의 점유율을 들여다본 전문가들은 깜짝 놀랐다. 오포의 시장점유율은 7.6%, 비보는 8.4%로 부부가오의 두 쌍두마차의 점유율 합이 3위인 화웨이를 뛰어넘었기 때문이다. 그렇다면 오포와 비보는 어떤 독점 지대를 노렸을까?

오포의 주고객은 젊은 여성이다. 디자인이 깜찍하고 셀카 기능을 고려하여 전면 카메라 기능이 최강이다. 미 폴라로이드가 셀피라는 스마트폰을 내놓으면서 오포의 디자인을 베꼈다고 소송을 당할 정도이니 디자인 파워를 짐작할 수 있다. 비보의 무기는 오디오다. 모기업인 부부가오의 AV Audio/Visual 기업으로 출발해서인지 음악을 재생했을 때 음질이 탁월하다는 평가를 받고 있다. 애플과 삼성이 여전히 스마트폰 시장의 강자로 군림하고 있지만, 오포와 비보의 영역에서는 고전을 면치 못한다.

오포와 비보는 자신의 독점 영역을 확보한 뒤 상위 개체를 위협하는 전형적인 모노폴리언 전략을 펼쳤다. 이들이 추구하는 독점 시장은 새로운 것을 지향하고 남다른 것을 선호하는 여성과 마니아의 영역으로, 언제든 대세인 애플과 삼성에 반기를 들 준비를 하고 있는 반항적 고객들이 타깃이다.

저성장의 시대일지라도 특이한 기술이나 전략 없이 자신만의 독점 공간을 찾아내는 것만으로도 충분히 사업을 성공시킬 수 있다. 미국의 대형 마트인 샵인샵에서 술을 팔던 한 부부는 소비자들의 특이한 구매 패턴을 알아냈다. 와인은 가격이 요동치는 일이 많아 같은 제품이라도 어떤 날에는 89센트, 또 어떤 날은 99센트, 또 다른 날에는 1달러 19센트로 가격을 달리해서 팔았다. 그런데 신기한 일은 와인을 99센트에 판매하던 날에 일어났다. "같은 와인이었어요. 그런데 99센트로 가격표를 붙이자마자 신들린 듯 팔리기 시작했어요. 99센트에 판매를 하면 어떤 가격대보다 판매량이 많았어요." 골드 부부는 이때부터 엉뚱한 생각을 하기 시작했다. '우리가 파는 모든 제품이 99센트 와인처럼 잘 팔리면 좋을 텐데.' 그들의 생각을 전해 들은 친구가 이야기했다. "젠장, 그냥 저질러봐. 뭘 망설여?" 그리고 그들은 정말로 저질러버렸다. 모든 제품을 99센트에 판매하는 미국의 저가 체인 99센트온리99Cent Only Store의 창업 스토리다.[7]

골드 부부는 99센트라는 가격대를 원하는 고객층의 욕구를 충족시키기 위해 파격에 파격을 거듭했다. 이미 경쟁 저가 업체들이 있었지만, 이들 업체들은 저가를 맞추기 위해 액세서리나 불필요한 정크 제품들로 제품 라인을 구성했다. 하지만 99센트온리는 이런 제품들은 2% 내로 묶어둔다는 자체 룰을 세웠다. 그리고 나머지 제품들은 소비자가 알 만한 코카콜라, 하겐다즈 등 유명 브랜드의 제품을 대량 구매와 99센트온리 전용 제품으로 가격을 맞추어 싸게 구매해서 채우기로 했다. 이처럼 99센트온리는 비록 가격은 저가이지만 품질을 지켜내기 위해 혼신의 힘을 다했다. 이 회사는 비용을 아끼기 위해 범죄율이 높기로 유명해서 유통업체들이 제일 기피하는 커머스에 창고를 세우는 역발상도 서슴지 않았다.

이 회사의 구매 담당 직원들은 다른 업체가 제공하는 제품만으로는 99센트라는 가격에 맞출 수 없기 때문에 적극적으로 업체를 발굴하고 협상을 벌여야 한다. 능동적으로 움직여야 겨우 답이 보이는 구조다. 때문에 창업주인 골드 부부는 직원들의 임금을 업계 평균의 2배로 올리고 추가로 스톡옵션 등을 제공하면서 직원들의 사기를 높였다. 용기백배한 직원들은 온 미국을 샅샅이 훑고 다니며 싸고 좋은 제품을 들여오기 시작했다. 이러한 각고의 노력들은 소비자의 절대적인 지지로 돌아왔다.

그럼 99센트온리 점포들 가운데 최고의 매출을 올리는 점포는 어디에 있을까? 브루클린 같은 빈민가? 시카고 같은 범죄 다발 지역? 틀렸다. 이 회사의 매출액 1위 점포는 미국에서 초특급 주거지로 손꼽히는 비버리힐스에 있다.[8]

가격을 표시하는 숫자에는 두 가지 개념이 있다. 어림 숫자라운드 넘버, round number와 정확한 숫자샤프 넘버, sharp number다. 1,000원, 2,000원은 라운드 넘버고, 999원, 1,999원은 샤프 넘버다. 소비자들은 샤프 넘버를 라운드 넘버보다 더 싸다고 여긴다. 샤프 넘버에서는 무언가 노력하고 애쓴 흔적이 보이기 때문에 그렇게 판단하는 것이다. 숫자를 인지하는 소비심리학에 관한 이야기가 아니다. 1,000원에서 단 1원이 쌀 뿐이라 할지라도 1원을 위해 비용을 절감하고 노력한 흔적을 소비자는 매의 눈으로 알아챈다는 것이다. 99센트온리의 1센트의 철학에 가장 확실하게 반응한 곳이 바로 최고급 고객이 있는 비버리힐스였던 것이다.

성을 얻고 다시 성을 얻는 법 :
독점 시장의 확장은 어떻게 이루어질까

럭셔리 시장은 영토 확장이 매우 힘들다. 무척 까다로운 고객이 포진하고 있기 때문에 브랜드의 행보를 바꾸는 것을 쉽게 허락하지 않는다. 그래서 대부분의 럭셔리 브랜드는 대체로 처음 시작했던 초기 제품군에서 벗어나지 못한다. 하지만 이러한 럭셔리업계에서도 영토 확장을 성공적으로 해낸 브랜드들이 있다. 먼저 천신만고형으로 샤넬과 부쉐론Boucheron을 들 수 있다. 시계산업에 진출하여 성공하기까지 샤넬은 무려 10년 가까운 시간이 걸렸고, 부쉐론은 7년이나 걸렸다. 반면 쉽게 해내는 이지고잉easy-going형도 있다. 프라다Prada, 구찌Gucci, 버버리Burberry가 대표적이다. 프라다는 구두에서 핸드백, 그리고 토털패션까지 비교적 손쉽게 진출했다. 구찌와 버버리는 쇠락의 길로 접어들었다가 다시 화려하게 부활했다. 사그라졌다고 생각했던 브랜드가 부활한 것만도 대단한데, 구찌는 20배나 성장했다. 영국에서 할머니, 할아버지나 쓰는 브랜드라고 외면당했던 버버리는 최근 10년간 엄청난 성장률을 보인 브랜드 중의 하나가 되었다.

럭셔리 브랜드의 독점 영역 확장은 어떤 경우에 성공하고 어떤 경우에 실패했을까? 까다로운 환경에서 확장에 성공한 브랜드의 전략을 복기해본다면 덜 까다로운 환경에서 써먹을 효과적인 전략이 보일 수도 있을 것이다.

영토 확장을 위해 중요한 첫 번째 요소는 '리더'다. 럭셔리 브랜드의 경우 아주 섬세한 사업의 특성상 창의력과 관리력을 병행하는 고도의 리더십이 요구된다. 그리고 럭셔리 브랜드가 순항하기 위해서는 예외 없이 디렉터와 매니저 두 개의 기둥이 필요하다. 디자인과 브랜드 전략을 맡는 '크리에이티브 디렉터', 관리와 매니징을 맡는 '매니저형 CEO'다. 럭셔리 브랜드의 역사를 들여다보면 항상 이 투톱이 사건을 만들어냈다.

프라다는 미우치아 프라다가 디렉터를, 남편 베스톨루치가 경영을 맡아서 이태리 변방의 브랜드였던 프라다를 '제국'으로 성장시켰다. 자신이 만든 디자인 제품의 짝퉁을 만든 베스톨루치를 미우치아 프라다가 찾아가 따지자 오히려 베스톨루치가 "당신은 제품을 디자인하고 나는 만들면 어떻겠소?"라고 능청스럽게 말했다는 일화는 유명하다. 구찌는 창업주 일가의 경영 다툼으로 거의 해체될 뻔했다가 디자이너 톰 포드와 회계사 출신 CEO 도미니크 데 솔레가 투톱을 맡으면서 가장 핫한 브랜드로 화려하게 부활했다. 버버리는 디자이너 크리스토퍼 베일리와 CEO 안젤라 아렌츠의 환상적인 궁합으로 '올드' 버버리를 영스타로 재탄생시켰다. 루이비통Louis Vuitton 역시 마크 제이콥스와 이브 카르셀이라는 환상적인 디렉터-매니징 조합으로 10조 원가량의 매출을 만들어냈다.

한국 토종기업의 경우에는 지속적인 경영 합리화 노력을 통해 매니징은 강하지만 크리에이티브가 약하기 쉽다. 이런 때는 협업을 통해서라도 부족한 역량을 끌어와야 한다. 파리바게트가 세계적인 디자이너 카림 라시드와의 콜라보레이션을 통해 새로운 디자인 제품을 선보인 것이 이런 경우다. 파리바게트는 또 창립 40주년을 맞아 디자이너 알렉산드로 멘디니의 작품전을 개최하고 콜라보레이션을 진행하기도 했다. 예술이 창의력을 지켜주는 보루라는 것을 확실히 알고 적용한 사례다.

두 번째 요소는 '콘셉트 이미지'다. 루이비통의 패션쇼에는 아프리카를 느낄 수 있는 요소가 자주 등장한다. 이유는 루이비통의 콘셉트가 '여행'이기 때문이다.

루이비통의 창업주인 루이 비통은 원래 호텔에서 고객들의 짐을 싸는 일을 했다. 어떻게나 짐을 잘 쌌는지 상류층 부인들 사이에 인기가 높았다. 그런 그가 짐을 더 잘 싸기 위해 개발하기 시작한 것이 바로 여행용 트렁크였다. 루이비통의 디렉터 마크 제이콥스는 브랜드의 시작점인 짐 싸기, 즉 '여행'에 낯섦, 이국적임, 설렘 같은 보조 콘셉트를 연관시켜 브랜드의 잠재력에 불을 붙였다. 구찌의 톰 포드는 섹시 콘셉트로 구찌를 수렁에서 건져냈다. 메탈과 가죽을 조합시켜 섹시한 이미지를 만들어냈고, 이를 뉴욕의 클럽과 매칭시켰다. 구찌 고객들의 롤모델 역할을 했던 이탈리아 젯셋족Jet-Set, 1년 가운데 꽤 오랜 기간 동안 여행을 하는 등 여유로운 삶을 즐기는 이들을 할리우드 스타로 교체하면서 전 세계적으로 폭발적인 반응을 일으켰다.

세 번째 요소는 '혁신'이다. 프라다가 다른 브랜드와 달리 비교적 쉽게 영역을 확대할 수 있었던 이유는 아이러니하게도 디렉터 미우치아 프라다가 패션을 공부하지 않은 정치학도였기 때문이다그녀는 아직도 스스로 스케치를 하지 못한다. 패션을 공부한 적이 없기에 다른 디자이너가 그녀의 생각을 받아 밑그림을 그리는 형태로 디자인 작업을 진행한다. 그녀는 디자인 기술 대신 자신만의 철학을 가지고 프라다의 '마이 웨이'를 만들어냈다. 소비자를 따라가는 것이 아니라 따라오게 만듦으로써 자신만의 영역을 개척한 것이다. 프라다는 모두가 가죽으로 백을 만들 때 기상천외하게도 인조 포코노 원단으로 만든 백을 세상에 내놓는 혁신을 통해 패션의 새로운 역사를 만들었다. 혁신 전문가 클레이튼 M. 크리스텐슨은 기존과 다른 혁신으로 접근할 경우 사업의 성공 확률이 6%에서 37%로 6배 이상 높아진다고 했다.[9]

네 번째 영역 확장 요소는 '골든 룰'을 지키는 것이다.

1. 절대로 쉬울 것이라는 생각을 하지 말 것
2. 수익을 따지기 전에 투자와 노력부터 기울일 것
3. 부차적인 사업 정도로 작게 시작하지 말 것

4. 소비자의 즉각적인 반응을 기대하지 말고 받아들일 시간을 줄 것

5. 일관성과 스타일을 최우선으로 강조할 것

6. 왜 이 새로운 제품이 당신의 브랜드에 적합한지 설득할 수 있는 이유를 스스로 먼저 찾을 것[10]

스위스의 크리스털 제품 브랜드인 바카라Baccarat의 경우 크리스털에서 보석으로 진출할 때 3번 룰과 6번 룰을 지켰다. 바카라는 자신들의 매장에서 가장 좋은 위치에 보석 제품 라인을 배치하고 크리스털 브랜드인 바카라가 왜 보석 사업에 어울리는지를 자신들의 브랜드 기원을 통해 고객들에게 설명했다. 샤넬이 시계사업에 진출할 때는 1번과 3번 룰로 시작했다. 그들은 프랑스의 플라스 방돔과 아브뉘 몽테뉴 두 곳에 오로지 시계만을 전시한 전용 매장을 열었다. 시계로 승부를 보겠다는 강한 의지를 피력한 것이다. 프라다가 포코노 백을 처음 선보였을 때 시장의 반응은 냉담했다. 그것 보라는 듯 비아냥거리는 목소리도 많았다. 하지만 미우치아 프라다는 4번 룰에 따라 조금 더 기다려보자는 입장을 취했다. 가죽 백에 익숙한 사람들에게 포코노 원단을 받아들이게 하는 데는 시간이 필요했다. 그리고 마침내 트렌드 세터들 사이에 포코노 백이 가죽 백보다 편하고 내구성이 뛰어나며 미적으로도 독특하다는 평판이 돌기 시작하면서 포코노 백은 순식간에 판매량이 폭발적으로 급증하게 되었다.

2

떠돌이 무사는
서럽다

애플이 미국판 삼성이 되어가고 있다

2016년 4월 2일, 미국 〈포브스〉는 '슬픈 소식'이라며 기사 하나를 실었다.[11] 유명인사가 죽은 것도, 전쟁이 난 것도 아니었다. 주인공은 애플 Apple이었고, 기사의 제목은 이랬다. '애플이 미국판 삼성이 되어가고 있다' 새로 발표한 제품들에서 하나같이 파괴적 혁신이 실종되었다는 것이었다. 애플은 아이폰이나 맥북처럼 혁신적이고 독보적인 기기로 세상을 놀라게 만들었지만, 이제는 스마트폰 생태계의 모든 부분을 만족시키려고 하면서 갈피를 못 잡는 기기군으로 전락하는 경향을 보이고 있다고 비판한 것이다.

사실 2016년 3월에 공개된 새 제품들은 애플만의 반짝이는 창의력이 보이지 않는 따분한 제품들이었다. iPhone SE는 새로운 칩을 장착한 iPhone 5s에 불과했고, 9.7인치 iPad 프로는 9.7인치 iPad에 삼성 갤럭시의 터치펜과 유사한 애플펜슬을 추가한 것이며, 애플워치는 스와치의 전략을 따라가고 있는 듯 보였다. 애플은 그간 상상을 초월하는 혁신을 통해 기존 업계를 붕괴시키고 새롭게 재정립한 파괴적 혁신자였다. 아이팟, 아이폰, 맥북 에어 등의 제품 하나하나가 주옥같은 혁신의 결정체였고, 애플 팬들은 마치 광신도처럼 애플의 신제품을 추종했다. 하지만 혁신이 사라지자 광팬들의 열정도 사라졌고, 애플이 방황하는 동안 애플의 팬들 역시 방황하고 있다. 천하의 스티브 잡스가 사라지자 애플은 기존의 제품을 개량하는 데 그치는 존속적 혁신의 함정에 빠진 것이다.

스티브 잡스는 외줄 타기처럼 아슬아슬해 보이는 '싱글 히어로' 전략을 고수하면서 자신이 지향하는 고객의 이상을 고집스럽게 제품에 담아냈다. 팀 쿡이 이끄는 애플 경영진이 잡스의 싱글 히어로 전략을 계속 구사하지 못하는 이유는 고객의 행동에 확실하게 집중하는 것이 초래할지 모르는 외견상의 위험 때문이다. 큰 화면을 지양하고 가격을 고수하며 기능상의 혁신을 추구하는 것은 애플 팬들의 욕구와 행동을 반영한 것이지만, 애플 팬처럼 생각하지 않고 행동하지 않는 사람들에게는 그다지 매력적인 요소가 아니다.

애플 아이폰과 삼성 갤럭시가 한창 자웅을 겨루던 무렵, 한 레스토랑에서 평소 잘 알고 지내던 웨이터와 이야기를 나누었다. 이런저런 이야기를 나누던 중에 그가 갤럭시 핸드폰으로 문자를 확인했다. 세련되고 트렌디한 성향으로 보아 나는 그가 당연히 아이폰을 쓸 것이라고 생각했기 때문에 갤럭시를 쓰는 이유를 물었다. "즐기는 게 아니잖아요. 일할 때 문자 확인하고 전화번호 조회해서 전화 걸고 하는 거는 갤럭시가 훨씬 편해요. 떨어뜨려도 되고." 스티브 잡스가 소비자들의 이러한 반응을 예상하지 못했을 리 없다. 하지만 세상의 모든 소비자를 자신의 고객으로 가진 기업은 지구 역사상 출현한 적이 없다. 나의 제품을 쓰는 소비자의 행동을 정확하게 알고 움직이는 기업은 가질 수 없는 고객에 안달하지 않는다. 자신이 소유할 수 없는 시장에는 등을 돌려야 한다는 사실을 완전히 이해하기 전까지는 특정한 고객의 행동에 집중하는 것이 두려운 일일 수도 있다.[12] 심미적인 것보다는 업무에 가치를 두는 사람은 튼튼하고 범용적인 제품을 선호하는 것이 당연하며 이는 애플의 시장이 아니다. 하지만 이전의 애플은 이 시장을 포기함으로써 자신들이 추구하는 고객들의 행동에 정확히 집중할 수 있었고 신제품 개발의 성공 가능성을 끌어올릴 수 있다.

하지만 안타깝게도 애플은 놀라운 혁신으로 시장을 지배하고 리드하여 '열성팬'들을 끌고 가는 것이 아니라, 그들의 말을 들어주고 되도록 많은 요구를 수용함으로써 더 많은 '일반 소비자'의 지갑을 열려 하고 있다. 〈포브스〉의 '슬픔'은 애플이 삼성이나 다른 경쟁자들과 같아지는 순간 찾아올 위기에 대한 경고다.

워크맨이 걸음을 멈춘 후 소니도 멈추었다

싱글 히어로 전략을 취한 기업은 애플 이전에도 있었다. 바로 일본의 전자기업 소니였고, 싱글 히어로는 워크맨이었다. 소니는 워크맨 단 하

일대 센세이션을 일으켰던 소니의 워크맨

나로 휴대용 오디오 디바이스라는 신세계를 만들어냈다. 워크맨 돌풍이 어찌나 대단했던지, 소니의 CEO였던 모리타 아키오가 미국을 상징하는 브랜드 중 하나인 아메리칸 익스프레스 카드의 광고 모델로 발탁됐을 정도였다.

소니의 역사는 전자제품의 극적인 변화를 집약한 '혁신 앨범'이라 해도 과언이 아니다. 1955년 최초로 포켓용 트랜지스터라디오를 만들었고, 1959년에는 휴대용 흑백 TV를 만들었다. 또 휴대용 비디오 레코더를 만들어내더니 이윽고 1979년 워크맨으로 전 세계를 강타했다. 1981년에는 3.5인치 플로피 디스크를 만들어냈다. 그런데 이렇게 승승장구하던 소니의 혁신은 왜 멈추었고, 왜 이렇게 추락하게 되었을까?

"이 모든 제품들이 모리타와 5명의 공동 경영자들이 개인적으로 결정을 내리던 시기에 이루어졌습니다." 혁신 전문가 클레이튼 M. 크리스텐슨 교수의 분석이다. "그들은 고객들이 진정으로 어떤 것을 원하는지 유심히 관찰하고 질문을 던지는 방식으로 파괴적 혁신의 아이디어를 얻었어요. 모리타를 비롯한 경영진들은 기기 작동이 서툴고 경제적 여유가 없는 많은 사람들이 좀 더 편리하고 저렴하게 자신들의 제품을 사용할 수 있도록 하는 데 역량을 집중했어요."

실제 소니가 만든 흑백 TV는 성능이 그다지 뛰어나지 않았지만 휴대할 수 있는 TV는 소니의 것이 유일했다. 소비자가 진정 필요로 했던 것은 더 화질이 좋은 TV가 아니라 휴대할 수 있는 작고 간편한 TV였기에 품질은 크게 문제가 되지 않았다.

워크맨에 대한 시장조사를 실시했을 때 모리타 아키오의 안목이 진가를 발휘했다. 시장조사 결과는 최악이었다. 직원들조차 이 제품이 팔릴 리 없다고 결사반대했다. 워크맨 출시를 밀어붙이면서 했던 모리타 아키오의 말은 두고두고 회자된다. "고객들은 무엇이 가능한지 모른다. 헨리 포드가 자동차를 내놓기 전에 무엇을 원하느냐고 물었다면 소비자들은 아마 자동차가 아닌, 더 빠른 말이라고 이야기했을 것이다." 모리타 아키오는 소비자가 알지 못하는 욕구의 근원을 보았던 것이다.

혁신을 거듭하며 전 세계 전자제품 마니아들을 즐겁게 만들었던 소니의 질주는 의외의 곳에서 브레이크가 걸렸다. 1980년대 초반 모리타 아키오 회장이 정계 진출을 위해 소니의 경영에서 손을 떼기 시작한 것이다. 소니는 대안으로 미국 유수의 대학에서 MBA를 거친 A급 인재들로 경영진을 꾸렸다. 이들은 이전보다 훨씬 과학적이고 체계적으로 제품을 개발하고 전략을 세웠다. 하지만 그들의 한계는 거기까지였다. 그들은 기존의 제품을 더욱 발전시키는 존속적 혁신에 집중했다. 소니는 여전히 부지런하게 움직였고 여전히 혁신적이었지만, 그것은 사실 혁신이 아니라 '혁신처럼 보인 개선'에 지나지 않았다.

고객을 도외시한 하이엔드 기업은 어떻게 몰락하는가 : 러버메이드

대공황 시절, 지친 몸을 이끌고 일터에서 집으로 향한 사람들은 또 다시 집안일에 시달리며 녹초가 되었다. 빗자루와 철제 쓰레받기를 들고 청소를 하다 보면 이 지긋지긋한 일상에서 벗어날 출구가 보이지 않는 듯하여 암울함에 빠져들었다. 아마도 지금 소개하는 기업이 나타나기 전까지는 말이다.

가계마다 소득이 줄어들고 할인에 할인을 거듭해도 소비되지 못한 제품들이 홍수처럼 넘쳐났다. 이 어려운 시기에 미국 서부의 한 작은 기업은 신제품 따위는 만들어낼 엄두도 내지 못하던 시장 분위기에 아랑곳하지 않고 고객들이 필요로 한다고 여기는 제품을 우직하게 만들어 팔기 시작했다. 이들이 만든 것은 직장에서 돌아온 주부들을 지치게 하던 무거운 철제 쓰레받기를 대체할 플라스틱 쓰레받기였다 이미 가정마다 쓰레받기를 갖추고 있었지만 이 가벼운 쓰레받기를 접한 주부들의 얼굴에는 미소가 번졌다. 철제 쓰레받기보다 3배나 비쌌지만 플라스틱 쓰레받기는 날개 돋친 듯 팔려나갔다. 이 기업이 바로 대공황 당시에 출발해 100년 이상 미국 혁신 기업의 아이콘으로 자리매김해온 생활용품업체 러버메이드Rubbermaid다.

출발에서 엿볼 수 있듯, 러버메이드는 그간에 없던 혁신 제품을 지속적으로 개발해 미국 가정주부들을 행복하게 만들었다. 러버메이드는 최고의 혁신 제품을 하루에 하나 꼴인 연 365개씩 개발해냈다. 그리고 다른 기업들이 도저히 따라잡을 수 없는 속도로 신제품의 영역을 독점했다. 그렇게 수십 년간 지속된 러버메이드의 독주는 다른 기업으로서는 넘볼 수 없을 것처럼 보였다. 하지만 위기는 도둑처럼 찾아왔다. 시장에 제공되는 제품들의 품질 수준이 전반적으로 향상되자, 소비자들은 좋은 품질의 제품이 싸게 나올 수 있다는 사실에 매료되었다. 품질은 물론 합리적인 가격까지 원하는 현명한 소비 패턴에 의해 시장이 변화했지만, 러버메이드는 자신들이 만든 철옹성에 갇혀 있었다.

소매상들이 러버메이드의 가격정책에 불만을 쏟아냈지만 수십 년간 업계 우등생 자리를 놓치지 않았던 러버메이드는 태평했다. 현장의 판매자들은 경쟁자들의 연이은 가격공세에 허덕이고 있었지만 경영진은 엉뚱한 말만 되풀이했다. "우리는 지금까지 그래왔던 것처럼 앞으로 가격 인상을 멋지게 이루어낼 것이라고 믿는다."

소비자가 높은 가격을 감수했던 것은 러버메이드가 다른 곳에서는 도저히 따라갈 수 없는 혁신성으로 고객에게 가장 적합한 제품들을 내놓았기 때문이다. 가격은 목적이 아니라 결과이고 현상일 뿐이다. 하지만 러버메이드는 고가를 감수하는 고객들을 당연하게 생각했다.

그들은 브랜드와 품질의 상관관계를 이해하지 못했다. 브랜드가 위력을 떨치거나 잃는 것은 브랜드 자체의 문제가 아니라 브랜드를 둘러싼 환경의 문제에서 비롯된다. 일반적으로 한 업종의 제품이 전반적으로 품질이 떨어지고 신뢰할 수 없을 때 소비자는 브랜드로 이를 판별한다. 개발도상국일수록 명품이 위세를 떨치는 진정한 이유는 그들이 선진국을 모방하는 추종 근성 때문이 아니라 자국의 제품을 신뢰할 수 없기 때문이다. 그러다가 시간이 흐르면서 브랜드의 제품을 사지 않는 것은 브랜드가 잘못해서가 아니라 공급되는 제품의 품질이 전반적으로 상승해 굳이 특정 브랜드에 의존할 필요가 없어지기 때문이다. 저널리스트 마크 턴게이트가 "명품의 첫 번째 속성은 품질이다. 두 번째는 감정적 보상이다"라고 말한 것도 같은 맥락에서 이해할 수 있다.

제품 개발에서부터 판매까지 씽씽 잘 돌아가던 혁신 컨베이어벨트, 러버메이드는 시장의 변화를 무시한 순간 이 빠진 톱니바퀴 신세가 되고 말았다. 많은 노력을 기울였지만 러버메이드는 이전의 모습으로 복귀하는데 실패했고, 뉴웰Newell에 인수되는 비운의 주인공이 되고 말았다.

러버메이드가 믿고 있던 혁신의 독점 지대는 허물어져가고 있었고 고객들은 다른 회사들을 찾아 떠나는데, 그들만 그러한 사실을 몰랐다. 그리고 대가는 컸다. 러버메이드의 몰락은 더 좋은 품질이라는 성에 자신의 독점력이 있다고 착각한 데서 시작되었다. 기업은 오로지 자신을 지지하는 고객의 성 안에서만 안전을 보장받을 수 있다. 독점 지대를 오판했을 때 그 대가가 얼마나 큰지는 아메리칸 익스프레스의 사례를 봐도 알 수 있다.

아메리칸 익스프레스의 몰락

"그 마케팅 컨퍼런스의 감동을 지금도 잊을 수 없어요." 아메리칸 익스프레스American Express에서 오랫동안 근무했던 IMC마케팅의 김남국 대표는 이렇게 추억한다. "자신들이 마케팅의 레전드라고 하더군요. 그런데 정말 그랬어요. 미국에서 마케팅 컨퍼런스를 하는데 그 화려함과 감동이 회의라기보다는 하나의 공연이라는 느낌이 들더라고요."

김 대표의 말대로 아메리칸 익스프레스 카드아멕스 카드는 전설이었다. 그들은 상류층을 대상으로 한 프리미엄 마케팅을 전개하면서 압도적인 브랜드로 성장했다. 모든 금융사들이 그들의 VIP 마케팅을 벤치마킹할 정도였다. 아메리칸 익스프레스 카드를 소지하고 있는 것만으로도 명예였기에 사람들이 카드를 발급받기 위해 갖은 노력을 기울일 정도였다. 상류층 인사들이 어떻게든 회원이 되려고 기를 쓰고, 모든 금융사들이 선망하는 VIP를 거느리며, 탁월한 마케팅 역량을 보유한 아메리칸 익스프레스의 아성은 영원할 것처럼 보였다.

균열은 엉뚱한 곳에서 시작되었다. 미국 주정부들이 이자제한법을 폐지하기 시작했던 것이다. "첫 교육 때부터 수없이 들었죠. '우리는 크레디트 카드credit card가 아니다. 아멕스는 차지 카드charge card다.' 아주 여러 번 자랑하듯이 말했어요." 김 대표가 다시금 회상한다. 그런데 이자제한법과 아메리칸 익스프레스 사이에 어떤 연관이 있을까?

먼저 차지 카드와 크레디트 카드의 차이부터 알아보자. 차지 카드는 고객을 대신해 돈을 내주는 개념이고, 크레디트 카드는 고객에게 돈을 빌려주는 개념이다. 아메리칸 익스프레스 카드는 차지 카드여서 이자제한법의 적용을 받지 않았고 따라서 한도가 상당히 높았다. 여행이 잦거나 거액을 소지하기 힘든 상류층은 당연히 아메리칸 익스프레스 카드를 선호했다. 반면 크레디트 카드는 이자제한법의 적용을 받기 때문에 사실상 500달러 이상을 한도로 설정하기 어려웠고, 이 때문에 확산이 되지 않았다. 태생적으로 한계가 있었던 셈이다.

이자제한법이 존재한 30년 동안 아메리칸 익스프레스는 독점적인 위치를 누렸다. 여기서 중요한 문제는 독점 상황에 젖은 그들이 자신들의 독점 지대를 오판하게 되었다는 것이다. "아멕스 카드는 그 자체로 명예입니다. 사람들은 다른 카드를 원하지 않아요. 아멕스 카드를 갈망합니다." 아메리칸 익스프레스의 직원들은 이렇게 말하고 다녔다. 하지만 그들은 환경이 결정적으로 변했다는 사실을 눈치 채지 못하고 있었다. 이

제도에 의한 이점을 누렸던 아멕스 카드는 자신들의 독점 지대를 오판함으로써 결국 추락하고 말았다.

자제한법이 폐지되어 비자와 마스터카드가 지불한도를 아메리칸 익스프레스와 동일한 수준으로 올리자 재앙이 시작되었다. 사람들은 차지 카드보다 훨씬 이용이 간편하고 할부와 분할 상환까지 가능한 크레디트 카드로 몰려가기 시작했다. 그래도 여전히 아메리칸 익스프레스는 고고했다. "아멕스 카드는 해외의 특수사례를 인정하지 않았어요. 미국 본사에서 세운 아메리칸 스탠더드를 강력히 고수했죠. 한국에서 답답한 일이 벌어진 게 한두 번이 아니었어요." 사람들은 아메리칸 익스프레스라는 브랜드보다 연회비가 비싸고 수수료가 높으며 신용도를 깐깐하게 따지는 불편함에 주목하게 되었다. 아메리칸 익스프레스는 한참 추락하여 존재감이 미미해진 뒤에야 그러한 사실을 알게 되었다. 아메리칸 익스프레스의 독점 시장은 '브랜드'가 아니라 '이자제한법'이었던 것이다.

아메리칸 익스프레스와 같이 정말 고객이 자신들을 좋아해서 찾는 것으로 착각하는 경우가 많다. 아파트나 동네 상권에는 정말 가고 싶지 않은 마트나 가게가 꼭 한둘은 있다. 마트나 가게의 본질은 서비스다. 수많은 대형 마트를 두고 굳이 동네 가게를 찾는 이유는 나를 알아주는 스태프와 친절한 말 한 마디, 아이가 가면 껌 하나 쥐어주는 인심 때문이다. 그런데 잘될 이유가 없는데도 꾸역꾸역 돌아가는 가게가 있다. 다시 가고 싶지 않다고 생각해도 일요일에는 갈 수밖에 없다. 정부의 방침상 일요일에는 프랜차이즈 대형 마트가 문을 열지 않기 때문이다.

대기업 출점이 제한된 소상공인 시장, 중소기업 시장 같은 영역은 제도의 보호막 안에 있다. 하지만 이 제도적 보호막은 절대로 답이 될 수 없다. 냉정하게 돌아보고 제도가 걷히기 전에 자신만의 지대로 옮겨가야 한다. 대기업이 진출하고, 명성이 자자한 외국계 기업이 들어와도 맞붙으려면 반드시 자신만의 공간을 손아귀에 꼭 틀어쥐고 있어야 한다. 그것은 법으로 되는 시장이 아니다.

속도와 규모는 승리를 보장하지 않는다 : 웹밴

여기 온라인 소매 유통회사의 투자보고서가 있다. 당신은 이 회사에 투자하겠는가?

우리는 압도적인 상품 포장 노하우를 가지고 있습니다. 경쟁사의 직원 한 명이 시간당 45개를 포장할 때, 당사 직원은 앞선 기계화 시스템을 통해 그 10

배인 무려 450개의 포장을 해낼 수 있습니다. 배송 역량도 타의 추종을 불허합니다. 우리 회사에 지금 주문을 한 고객은 내일 오전 문 앞에서 물건을 받을 수 있습니다. 그뿐이 아닙니다. 주문한 지 30분 후면 고객은 자신의 상품이 어디에 있는지 인터넷으로 실시간 조회할 수 있습니다. 우리는 온라인 유통의 혁명을 이끌 것입니다.

어떤가, 매력적이지 않은가? 실제로 이 회사는 웹사이트를 개설하기도 전에 1,000억 원이 넘는 투사금을 모았고, 소비자가 원하는 모든 제품을 가장 빠른 시간 내에 고객의 방문 앞에 가져다놓겠다고 호언했다. 이들이 수조 원을 들여 구축한 배송 네트워크에는 시간당 30달러의 고액을 받는 배송 인력들과 십만 대의 트럭이 당당하게 버티고 있었다. 그 누구도 이 회사의 성공을 의심치 않았다. 심지어 세계 굴지의 컨설팅회사 CEO가 거액의 보너스를 받을 기회를 포기하고 미래를 좇아 이 회사에 합류했을 정도다. 도무지 실패할 것 같지 않아 보인 이 회사는 2001년 미국 증시를 뜨겁게 달구었던 웹밴webvan이다. 웹밴은 모든 투자자들의 관심을 받을 만한 매력적인 요소를 모두 가지고 있었다.

회사의 CEO였던 루이스 보더스는 자신만만했다. 그는 투자자들에게 인터넷 기업이 그토록 오랫동안 수익을 내지 못하는 것이 도무지 이해되지 않는다는 말을 자주 하고 다녔다. 그럼 당신은 얼마 만에 수익을 낼 수 있느냐는 질문에 그는 늘 6개월 내지는 1년이라고 장담했다. 하지만 이 회사는 정확히 25개월 만에 파산했다.

전문가들은 웹밴의 거대한 꿈만큼이나 거대한 버블이 터진 이유를 여러 가지로 분석했다. 그중 하나에 귀를 기울여보자. "그들은 너무 빨리

갔고 너무 오만했어요. 한 도시를 바탕으로 완벽하게 테스트를 한 다음 다른 곳으로 확장했어야 했지만 최초의 선발주자가 되려는 욕심에 너무 속도를 냈죠."

사람들은 웹밴이 다른 어느 회사보다 빠르게 제품을 포장하고 배송할 수 있다는 사실과 이들이 제시한 화려한 청사진에 매료되었다. 하지만 사람들은 웹밴이 하려는 사업이 무엇인지에 대해서는 주의를 기울이지 않았다. 그리고 웹밴의 경영진은 온라인 소매업이라는 분야에는 비바람을 막아줄 독점적인 요소가 전혀 존재하지 않는다는 점에 주목해야 했지만 이들은 그러한 사실을 간과했다. 이것은 투자의 달인 워런 버핏이 닷컴 기업에 투자하지 않는 이유이기도 하다.

온라인 세상에서 일반적으로 가장 선호되는 요소는 스피드다. IT업계에서는 스피드를 성배로 여긴다. 하지만 스피드는 완전한 성배가 될 수 없다. 스피드를 최고의 항목으로 여기는 이들은 스피드 있게 시장에 진입하면 최초의 주자로서 고객을 선점하고, 또한 공급자 등의 인프라를 선점할 수 있으며, 규모의 경제를 확보하는 이점을 누릴 수 있다는 논리를 편다. 하지만 온라인 세상에서는 아무리 충성도 높은 고객일지라도 고무신을 바꿔 신는 것이 단 몇 번의 클릭으로 가능하다. 규모의 경제가 주는 장점도 기술의 발달과 아웃소싱을 통해서 소규모 기업 역시 얼마든지 누릴 수 있다.

중요한 것은 나만의 시장이다. 나만의 성이 만들어지기 위해서는 독점 영토가 있어야 하고, 와인이 숙성되는 것처럼 일정한 시간을 필요로 한다. 웹밴의 경우, 소매 유통이라는 채널에서 독점 지역을 찾기가 쉽지 않았고, 게다가 그들은 스피드에 매료된 나머지 마라톤 코스를 마치 100

미터 달리기를 하듯 뛰어버렸다. 일견 작고 빈약하며 느리게 보이더라도 나만의 독점 지대를 발견하고 그곳으로 꾸준히 향하는 것이 오히려 바람직하다. 명품 업체가 현재의 매출이 낮더라도 높이 평가받는 이유는 그 브랜드를 추종하는 고객을 보유하고 있기 때문이다. 독점 고객, 독점 지대가 없다면 어떠한 사업도 한 순간에 무너질 수 있다. 이와 관련해 와인 명가 위젤에피스의 장 필립이 한 말을 새겨들을 필요가 있다. 그는 엉뚱하게도 한 무기 생산 기업에게서 힌트를 얻어 자신의 철학을 세웠다. "다른 무기를 살 때 사람들은 '무기'를 산다고 합니다. 하지만 베레타를 살 때는 '베레타'를 산다고 말합니다."

장 필립은 세상에는 두 가지 제품이 있다고 정의한다. 하나는 브랜드나 가문의 이름과 같이 인식되는 물건이고, 다른 하나는 매일매일 쓰는 평범한 물건이다. 자신의 이름과 같이 인식되는 제품의 영역을 소비자의 인식에서 독점하는 것은 곧 위대한 브랜드의 탄생을 의미한다.

항공조사관들이 잘 쓰는 용어 중에 CFIT라는 것이 있다. Controlled Flight Into Terrain의 약자로 비행기가 '정상적인 비행 상태에서 지상에 충돌하는 현상'을 가리킨다. 68명이 사망한 1993년 아시아나 항공의 추락사고도 CFIT 사건이었다. 기계적으로 정상적인 항공기라면 응당 사고가 나지 않아야 하지만, 조종사가 오판하게 되면 잘 돌아가는 기계 상태와는 상관없이 큰 사고가 발생하는 것이다. 정상적 상황에서 발생하는 사고인 CFIT는 항공기에서만 일어나는 것이 아니다. 기업 세계에서도 이런 일은 일어난다. 임직원들이 열심히 일하고 멀쩡하게 잘 돌아가는데도 회사가 추락하는 경우가 있다. 이러한 비극은 시장이 진정 무엇을 원하는지 보지 않고 내가 가야 할 곳으로만 정신없이 질주할 때 발생한다. 나의 시장에서 한눈을 파는 동안 고객 앞으로 냉큼 달려간 경쟁자의 구애로부터 위기는 시작된다. 반대 상황도 가능하다. 시장은 만족하지 못한 채 방황하는 고객들로 가득하다. 내 회사의 겉모양새를 따지기 전에 그 고객의 눈을 먼저 보라. 그리고 그 앞으로 용기 있게 다가가라. 연애는 혼자만의 세레나데로도 시작할 수 있지만 결혼은 반드시 두 사람이 행진함으로써 완성된다. 함께 걷지 못하면 고객 옆에 머무를 수 없다.

집 나간 도련님은 버림받는다

'도련님 타미는 집을 나가지 말았어야 했다.'

　여기서 말하는 타미는 뉘 집 자식의 이름이 아니다. 미국 프레피룩preppy look, 미국 양가의 자식들이 다니는 사립학교 교복 스타일의 캐주얼을 상징하는 타미힐피거Tommy Hilfiger를 가리킨다. 프레피preppy란 사립학교를 졸업한 부유한 집안 자녀들을 지칭하는 은어다. 타미힐피거는 별로 매력적이지 않고 좀 잘난 체한다고 외면당할 수도 있는 콘셉트를 추구했는데, 갱스터 힙합 가수 스눕 도기 독이 유명 TV 프로그램 〈새러데이 나이트 라이브〉에 적-백-청색의 힐피거 럭비 셔츠를 입고 출연하자 완전히 떠버렸다. 갱스터 힙합 가수가 도련님 옷을 입고 나왔으니 그 어울리지 않는 조합이 신선한 충격을 주었던 것이다. 힙합을 숭앙하던 젊은이들은 '힙합 성배'가 되어버린 힐피거 티셔츠를 사기 위해 매장으로 몰려갔다.

　하지만 이때 힐피거는 패착을 하게 된다. 타미힐피거의 정체성은 프레피인데, 점점 힙합에 가까워지면서 헐렁해져갔고 급기야 더 시크해져야 한다는 경영진의 오판으로 로고까지 숨겨버렸다. 양가의 도련님이 가출하여 힙합 옷을 입고 가문의 문장紋章까지 버렸으니 뒤는 말 안 해도 짐작할 수 있을 것이다. 뉴잉글랜드의 저택에서 가출한 도련님은 더 이상 프레피가 아니었고, 타미힐피거의 변신에 실망한 고객들은 우수수 매장을 떠나버렸다. 게다가 힙합 성격을 더한 경쟁자들이 속속 등장하면서 상황은 더욱 악화되었다.

타미힐피거의 사례는 기업이 독점 시장을 착각함으로써 벌어지는 흔한 실수 가운데 하나다. 스스로를 버리고 고객의 기호에 휩쓸려버리는 것이다.

최근 중국인의 명품 소비가 늘어나자, 몇몇 의류 브랜드는 중국인이 좋아하는 빨간색을 도입하거나 용무늬를 수놓는가 하면 번쩍거리는 액세서리로 치장하는 등의 디자인을 선보이고 있다. 하지만 중국에 정통한 전문가들은 "중국인은 중국다운 것을 좋아하지 않는다. 까르띠에가 왜 다이아몬드를 다 떼어버리고 원래 모습으로 돌아갔는지를 잘 생각해보라"고 일침을 가한다. 이와 마찬가지로 타미힐피거는 깔끔한 뉴잉글랜드 도련님 스타일이었기에 오히려 다소 껄렁해 보이는 힙합 마니아들이 좋아했던 것인데, 마치 힙합 브랜드인 듯 너무 가까이 다가오자 매력이 확 떨어져버린 것이다.

사람들은 대중이 자신을 지칭하는 일반적인 모습으로 불리기를 바라지 않는다. 아저씨는 총각으로 불리기를 원하고, 중년 여성은 아가씨로 불리기를 원한다. 10대를 10대라고 부르면서 광고를 하는 것은 자살행위와 같다. 청소년일 때는 '19금'을 보고 싶어 하지만, 성인이 되면 오히려 애니메이션이 재미있어진다. 아동을 타깃으로 한 닌텐도가 성인들에게 먹히는 것도 이 '쾌락의 워너비' 속성 때문이다. 타미힐피거의 독점 공간은 프레피였다. 독점 공간을 떠나서 다른 공간을 넘본 순간, 타미힐피거의 매력은 급격하게 사라져버린 것이다.

CHAPTER 4

WELLS FARGO
ORENO
GOOGLE
IBM
CHANEL
COCA
COLA
VIVO
PRADA
MONTBLANC
APPLE
MONTBLANC
HERMÈS
GUCCI
ALIBABA
ZARA
AMAZON
DYSON
FOXCONN
7-ELEVEN
HANSSEM

모노폴리언을 위한
10개의 城

STARBUCKS
TORY   BURCH
LADY   GAGA
COSTCO   AUTO
OPPO   NATION
MERCEDES BENZ
VICTORIA SECRET
THE DAILY RECORD
MIRAE BURBERRY ASSET
ABSOLUT   ANJIN
MARY KAY NEXEN TIRE
UNIQLO   CASPER
DISNEYLAND LOUIS VUITTON

License   Space   Quality   Frontier   Reverse   Image   Price   Situation   New   Origin

MONOPOLION 홀로 파는 사람, 모노폴리언

첫 번째 城

라이선스
License

초대형 비행선 힌덴부르크가 폭발하다

"오, 신이시여, 이것은 역사상 최대의 참사입니다!"

비행선의 착륙 장면을 중계하던 아나운서가 울먹이며 겨우 말을 이어갔다. 1937년, 세계 최대의 비행선이었던 독일의 힌덴부르크가 뉴욕으로 향했다. 축구장 3배 크기의 이 비행선은 독일 나치의 자랑이었다. 1937년 5월 6일 오후 7시 21분경, 라운지와 도서관, 산책로까지 갖춘 '하늘 위의 호텔' 힌덴부르크에서의 환상적인 여행을 즐긴 승객들은 뉴욕에서의 멋진 밤을 기대하며 착륙을 기다리고 있었다. 하지만 그때 꼬리에서부터 큰 폭발음이 울리며 비행선이 화염에 휩싸이기 시작했다. 불과 몇 분이 지나지 않아 거대한 비행선은 완전히 불에 타서 세상에서 가장 큰 잿더미로 변해버렸다.

이 거대한 비행선은 왜 폭발했을까? 이유는 미국이 제조 특허권을 가지고 있던 헬륨가스의 수출을 금지했기 때문이다. 비행선은 특성상 내부를 채우는 기체의 안정성이 중요하다. 그래서 힌덴부르크 역시 헬륨가스를 쓰는 것으로 설계되어 있었는데 문제는 이 헬륨가스를 미국이 독점 생산하고 있다는 것이었다. 미국 의회는 전략 자원인 헬륨가스를 독일에 수출할 수 없도록 막았고, 어쩔 수 없이 힌덴부르크는 헬륨 대신 수소를 썼다가 최악의 참사를 당했다. 이후 비행선은 아예 개발 자체가 중단되었다. 독점적 위치의 제품과 기술은 이처럼 엄청난 영향력을 발휘한다.

인류 역사의 첫 번째 특허는 15세기 이탈리아에서 생겨났다. 예술가이자 건축가인 필리포 브루넬레스키가 플로렌스 성당 신축 공사를 진행하면서 강을 통해 석재와 짐을 실어 나를 수 있는 배를 설계했는데, 그는 이 배에 대한 '특별한 권리'를 인정해주지 않으면 개발을 하지 않겠다고 버텼고 플로렌스 의회는 배에 대한 독점적 권한을 인정했다. 이것이 1421년의 일이었다. 이탈리아에서는 기술 개발자가 특허권을 가짐으로써 노력을 보상받을 수 있었고, 이러한 환경은 많은 시간과 비용을 들여 개발에 몰두할 수 있는 분위기를 형성했다. 특히 미국은 특허를 통한 개발 이익의 독점이 나라의 발전에도 크게 기여한다는 사실을 잘 알았고 초기 헌법에 이를 명문화시켰다.

저작자와 발명자에게 그들의 기술과 발명에 대한 독점적 권리를 일정 기간 확보해줌으로써 과학과 유용한 기술의 발달을 촉진시킨다.

_아메리카 합중국 헌법 8절 8항

미국은 이처럼 발명가의 권리를 헌법에서부터 강하게 보호하는 입장을 천명함으로써 아메리칸 드림을 제도화시켰다.

획기적인 발명이 국가의 부강에 필수적인 조건이 된다는 사실은 강국들의 사례를 들여다보면 명백해진다. 영국은 증기기관과 조면기면화추출기를, 네덜란드는 청어 나이프한 어부가 개발한 청어 손질 나이프로 네덜란드는 청어 수출강국이 되었다를, 고구려는 독자적인 수레를 개발하고 대량 생산하여 당대의 강국 반열에 오를 수 있었다. 이처럼 새로운 발명은 생산의 비약적인 증대를 가져오고 기존의 판도를 바꾸어버리는 확실한 디딤돌이 된다. 때문에 각 나라는 새로운 도전과 경쟁을 장려하는 한편 건전한 독점은 보호함으로써 새로운 발명의 결과물을 국가의 자산으로 축적해나갔다.

1차 세계대전이 발발하기 직전까지 전 세계는 이전과는 비교할 수 없을 정도로 과학과 기술 분야에서 엄청난 진보를 이루고 있었다. 하지만 기술 발전은 역설적이게도 부메랑으로 작용해 1차 세계대전의 피해를 증폭시켰고, 이 전쟁에서 무려 900만 명이 목숨을 잃었다. 독일에서는 중화학공업이 크게 발전하고 있었는데, 1880년대 중반부터 독일의 화학회사 베이어, 바스프, 훼히스트, 이게파르벤 등이 두각을 나타냈다. 특히 이들은 자국 기업끼리 연대하여 기술이나 영업기밀, 인력 등이 다른 회사나 타국으로 넘어가는 것을 철저히 봉쇄함으로써 오랜 기간 동안 독점적 위치를 구가했다. 1차 세계대전에서 승리한 연합군은 승전 전리품의 하나로 독일 회사들의 특허를 몰수했다. 덕분에 독일의 앞선 기술이 순식간에 승전국으로 이전되었고, 이는 듀폰Dupont 같은 회사가 탄생하는 배경이 되었다. 만약 1차 세계대전이 없었다면 승전국들의 기술 진보는 더뎠을 것이다. 독일은 앞선 기술력으로 독점 장벽을 쌓는 데 능했기 때문이다. 오늘날에도 칼 자이스, 슈나이더 같은 독일 회사들은 여전히 광학기기 분야에서 독점적 위치를 지키고 있다.[1]

역사 속에는 전쟁을 통해 다른 나라가 독점한 기술을 전략적으로 빼앗은 사례가 무수히 많다. 평상시에 군침을 흘리던 기술을 전쟁이라는 아수라장에서 자기 것으로 만드는 것이다. 임진왜란 당시에 왜군은 수백 명의 조선 도공을 일본으로 납치해갔다. 임진왜란을 '도자기 전쟁'이라고도 부르는 이유다. 일본은 조선의 도자기 제작 기술을 모두 흡수해 세계 3대 명품 도자기 중의 하나라고 대내외에 자랑하는 '카라츠 도자기'를 만들어냈다.

역사의 시계가 근대에 가까워지면서 국가 간의 전쟁은 영토 분쟁에서 기술과 시장 독점을 위한 전쟁으로 성격이 변화했다. 근대 이후 전쟁의 이면에는 독점을 지키느냐, 빼앗기느냐라는 이슈가 항상 자리하고 있던 것이다. 근대 열강들은 자신들이 독점한 것에 대해서는 시장을 확대하기 위해, 또 독점하지 못한 것은 빼앗기 위해 몰두했다. 특히 '해가 지지 않는 제국'을 만들었던 영국은 유달리 특허에 대한 관념과 제도적 뒷받침이 철저했다.

왕의 목에 칼을 대서라도 특허는 보호한다

"왕은 이제 손을 떼시오."

영국 왕 찰스 1세가 즉위하자마자 영국 의회는 왕의 목에 칼을 들이댔다. 훗날 '영국혁명'이라고 불린 개혁을 단행하면서 독점 조례를 제정한 것이다. 영국 왕실은 해외무역을 담당하는 상인들에게 독점권을 주고 그들로부터 높은 세금을 거두어들이는 것으로 재정을 충당하고 있었다. 엘리자베스 1세 여왕 때부터 시작된 영국 왕실의 독점 횡포는 제임스 1세 시절에 이르러 극에 달했고, 당연히 국민들의 원성과 불만 역시 극에 달했다. 그러던 중 찰스 1세가 즉위하자 영국 의회는 독점에 의한 특권을 폐지하는 조례를 신설하여 왕실이 독점권을 남발하는 것을 막았다.

영국 의회가 신설한 독점 조례는 한 개인이나 집단이 어떤 재화를 독섬하는 것을 원천적으로 봉쇄한다는 내용을 골자로 한다. 그런데 1623년에 영국 의회는 이 서슬 퍼런 독점 조례를 통과시키면서, 발명에 대해서만큼은 예외를 적용하여 특허권을 보장했다. 프랑스가 영국보다 100년 이상 늦은 1791년에, 미국이 1793년에 특허권을 보장하는 법률을 통과시킨 것만 보아도 영국이 발명과 특허권 보장에 얼마나 선진적이었는지 알 수 있다.

서구 사회가 발명과 특허권에 눈을 뜰 무렵 동양에서는 여전히 왕과 국가에 의한 독점이 횡행했고 특허에 관한 개념조차 존재하지 않았다. 이로써 동서양의 과학과 기술 격차는 더욱 벌어진다. 서양은 특허의 독점적 권리를 보장하여 발명에 관한 욕구와 열정을 부추김으로써 과학과 기술을 비약적으로 발전시킬 토대를 형성했다. 특히 15세기에 전성기를 구가한 베니스는 일찍이 특허를 통한 수익 발생의 중요성을 깨닫고 발명가를 지원하기 위한 제도와 사회적 장치를 마련해놓고 있었다.

물론 이로운 독점과 해로운 독점은 구분해야 한다. 사회에 부정적인 영향을 미치는 독점 상황은 결국 그 주체에게도 해를 끼치기 때문이다. 독점의 기회가 언젠가는 이동한다는 사실 역시 잊어서는 안 된다.

특허가 기업과 국가의 성장에 결정적인 기여를 하고 역사적으로 영국과 같은 강대국을 만든 토대가 되었지만, 이처럼 거시적인 관점에서만 특허를 생각해서도 안 된다. 산업이 미미한 시작 단계일수록 특허는 더욱 큰 힘을 발휘한다.

이스라엘이 특허를 낼 수밖에 없는 이유

367대 7,652. 1980년부터 2000년까지 등록된 아랍 전체의 특허 수와 이스라엘 한 국가의 특허 수를 비교한 것이다. 인구와 국가 규모를 따졌을 때 아랍과 비교가 되지 않는 이스라엘이 20배 넘는 특허를 가지고 있다는 사실은 거의 불가사의에 가깝다. 이스라엘은 내수시장의 규모가 작고, 동서남북으로 적대적인 초강성 아랍 국가들에 둘러싸여 있어서 이웃 국가와의 무역을 전개할 수도 없다. 때문에 이스라엘은 세계 시장을 목표로 삼아야 하고, 또 완벽한 수익을 보장할 수 있는 독점 구조에 승부를 걸지 않으면 안 된다는 사실을 너무도 잘 알고 있었다. 배수진을 칠 수밖에 없는 처절한 심리적 절벽 전략 덕분에 이스라엘은 수많은 발명가와 뛰어난 기업가를 배출했다.

한국도 상황이 절박하기로는 이스라엘에 버금간다. 하지만 멀리 넓게 내다보는 전략이 부족하다. 이스라엘 요즈마펀드의 이갈 에를리히 회장은 한국에 스타트업 캠퍼스를 건설 중이다. 그는 한국의 내비게이션 앱인 '김기사'를 보고 두 번 놀랐다고 한다. 첫 번째는 기술력 때문에, 두 번째는 '너무 싸게 팔려서'였다. "626억 원에 매각됐다니요. 이스라엘이었다면 10배는 더 받아냈을 겁니다." 이갈 회장의 말은 독점적 기술을 확보하는 것 못지않게 이를 사업화하는 전략의 중요성을 시사한다.

"적들에게 둘러싸인 샌드백이나 다름없는 나라는 전략적으로 자신들의 생존을 지키기 위해 과학의 힘이 필요하다." 영국 출신의 경제학자 니엘 퍼거슨의 이 말은 시간이 아무리 지나도 통할 영원히 옳은 명제다. 약한 나라, 작은 나라가 생존을 보장할 수 있는 방편은 기술 개발을 통해 독점력을 확보하는 것이다.

이스라엘의 특허 독점 전략은 위기상황에서도 새로운 기회를 만들어내고 있다. 현재 이스라엘은 팔레스타인 공격, 반이민 정서 등으로 촉발된 유럽의 반유대 분위기 때문에 고전하고 있다. 유대교 랍비 중의 한 사람인 조나단 색스가 "영국에서 느끼는 유대인에 대한 혐오감이 평생 느껴본 것 중에 가장 최악"이라고 말할 정도다. 하지만 이러한 반유대 정서를 이스라엘은 기술로 돌파하고 있다. 파트너는 중국이다. 중국은 저가 제품으로는 더 이상 안 된다는 한계를 실감하고 이스라엘을 대상으로 '기술 쇼핑'에 나서고 있다. 중국의 인터넷 포털 기업 알리바바Alibaba는 이스라엘의 비주얼리드Visualead를 인수했고, 중국 국영 식품회사 브라이트푸드Bright Food는 이스라엘 최대의 식품기업 트누바Tnuva의 지분을 인수했다. 이스라엘은 사실상 미국 실리콘밸리의 R&D 기지라 할 수 있다. 이스라엘이 개발하고 실리콘밸리에서 사업화하는 구조다. 때문에 중국은 아직 초기 단계에 있는 이스라엘의 기술을 선점하여 자신들만의 독점 영역을 구축하려는 전략을 펼치고 있다.

이런 상황 속에서 미국은 기술과 특허를 놓고 중국과 한바탕 일전을 준비하고 있다. 미국이 최근 수년간 사이버보안, 통신기술 등에서 계속 중국의 선두 기업들을 압박하는 것이 한 사례다. 미국과 중국의 경제 전쟁은 결국 얼마만큼 자신의 영역을 확보하는가에 따라 승부가 결정될 것이다.

법원 앞에서 청소기를 들어 올린 남자

영국의 한 법원 앞, 한 남자가 감격한 듯한 표정을 지으며 청소기를 들어 올렸다. 마치 청소기가 트로피라도 되는 양 말이다. 남자의 이름은 제임스 다이슨. 그는 2년 동안 후버라는 대기업과 싸웠고, 결국 승소 판결을 받아냈다. 다이슨이 소송을 벌인 이유는 20년에 걸쳐 개발한 자신의 청소기를 후버가 대놓고 베꼈기 때문이었다. 자신의 이름을 딴 그의 회사 다이슨Dyson은 이제 굴지의 글로벌 기업으로 성장했다. 창업주가 특허 관련 분쟁으로 호된 경험을 한 탓인지 다이슨은 매년 1,000여 개의 특허와 400여 개의 디자인 특허를 등록하고, 특허 관련 업무에만 막대한 비용을 투입하고 있다. 그렇다고 해서 다이슨의 특허 관련 방침이 호들갑스러운 것은 아니다. 한 특허 전문가의 말을 들어보자. "다이슨이 아무거나 특허 등록을 하는 것은 절대 아닙니다. 시장점유율을 높일 수 있는 특허만을 골라서 하죠."

창업 후 다이슨은 시장을 독점할 수 있는 소수의 제품만을 출시했다. 이들이 내놓은 제품은 단 3종으로, 청소기, 선풍기, 손 건조기뿐이다. 소수의 제품군만을 생산하기 때문에 쓸데없는 제품에 회사의 에너지를 낭비하지 않는다. 청소기의 경우에는 6년간 연구해서 시제품을 내놓을 정

다이슨 선풍기

도로 신중을 기한다. 시간이 걸려도 제대로 된 제품을 내놓는다는 전략이다. 다이슨 신제품 개발팀에는 기계, 전기, 화학, 유체역학 분야의 전문가들이 대거 합류했는데, 이들은 보고 또 보아도 고객이 고개를 끄덕일 수 있는 요소를 빈틈없이 찾아내 제품에 탑재한다. 속도 경쟁을 중요시하는 기업 생태계에서 다이슨이 이처럼 제품 개발에 적지 않은 시간을 투자할 수 있는 것은 특허를 통해 독점 공간을 확보했기 때문이다.

애플이 아이폰을 개발하고 시판을 준비할 무렵 스티브 잡스가 한 일 가운데 가장 중요한 일 역시 특허를 등록하는 것이었다. 아이폰과 관련해 스티브 잡스가 등록한 특허는 무려 200여 건에 이른다. 제임스 다이슨과 스티브 잡스는 일정 기간 동안 경쟁에서 유예될 수 있는 공간을 확보한 뒤 서서히 무대를 넓혔다. 이것을 가능하게 만든 것은 물론 특허였다.

두 번째 城

공간
Space

최고의 여배우를 울린 한 종군기자의 선택

잠시 당신이 만인의 시선을 받는 인기 여배우가 되었다고 상상해보자. 촬영을 끝내고 구름 같은 취재진에 둘러싸여 파리의 호텔 로비를 지나서 겨우 방으로 들어왔다. 샤워를 하고 침대에 누웠다. 바쁘게 보낸 하루 중에 나를 위한 시간은 거의 없었다. '오늘도 이렇게 혼자 위스키나 한잔 마시고 자야 하나?' 최고급 호텔의 시설은 훌륭하고 바깥바람을 안 쐰 것도 아닌데, 왠지 답답하다. 그때 벨이 울리고 작은 쪽지 하나가 문 밑으로 들어온다. 문을 열고 나갔지만 이미 사람은 없다. 호기심에 침대로 돌아와 쪽지를 열어본다. 쪽지에는 이런 내용이 적혀 있다.

주제: 저녁식사, 프랑스 파리, 6일 오후 6시 45분

수신: 당대 최고의 여배우에게

1. 이것은 (두 사람) 공동의 노력이다.

2. 우리는 오늘 저녁 당신을 초대하는 이 초대장과 함께 꽃을 보내려고 했다. 그러나 의논해본 결과, 꽃값 또는 저녁식사 비용을 지불할 수는 있으나 그 둘을 모두 지불할 여력은 안 된다는 결론을 내렸다. 우리는 투표를 했고 근소한 차이로 저녁식사가 선정됐다.

여배우는 기자들에게 떠밀리듯 호텔로 들어서다가 로비 소파에 앉아 호기심 어린 눈길로 자신을 보던 두 남자를 떠올렸다. 친구 사이 같았던 두 남자는 젊고 자유분방해 보였으며 진지하고 싱싱한 눈빛을 가지고 있었다. 여배우는 옅게 미소를 지으며 계속 쪽지를 읽어간다.

3. 저녁식사 생각이 없으면 꽃을 보낼 수도 있다는 제안이 있었다. 이 안에 대해서는 아직 결론을 내리지 못했다.

4. 꽃 말고도 우리에게는 어정쩡한 재료들이 많다.

5. 우리의 매력에는 한계가 있기 때문에 더 자세히 쓰면 정작 해야 할 얘깃거리가 떨어질 것이다.

6. 우리는 7시 15분에 당신에게 전화를 할 것이다.

7. 우리는 잠을 자지 않는다.[2]

당대 최고의 여배우인 당신이 낯선 두 남자의 초대를 받았다. 나갈 것

인가, 방에 머물 것인가. 만약 당신이 이 여배우라면 어떻게 할 것인가.

실제로 이 편지를 받았던 여배우는 레스토랑으로 향했다. 기적 같은 일에 두 남자는 깜짝 놀랐지만 쪽지에 쓴 대로 세 사람은 유쾌한 이야기를 나누며 즐거운 시간을 보냈다. 쪽지를 받은 여배우는 세계적인 인기와 명성을 누리던 잉그리드 버그만, 편지를 보낸 두 남자는 종군 사진기자 로버트 카파와 작가인 어윈 쇼였다. 잉그리드 버그만을 만날 당시 두 남자는 조금 이름이 나 있기는 했지만 빈털터리나 다름없었고, 세 사람은 버그만의 두툼한 지갑 덕분에 밤새도록 파리의 거리를 히피처럼 돌아다니며 즐겁게 놀았다고 한다.

당대 최고의 여배우를 움직인 것이 단지 호기심뿐이었을까? 카파와 쇼는 가진 것이 없었지만 그렇다고 있는 체하지 않았다. 그들은 자신들이 가진 것이 없지만, 흥미진진한 이야깃거리가 많을 거라고 솔직하게 이야기했고, 덕분에 최고 여배우와의 즐거운 시간을 가질 수 있었다. 버그만은 수많은 명사들과 남자들을 만났지만 그렇게 끌려들어가는 기분은 처음이었다고 훗날 고백했다. 이후 카파는 버그만의 간청으로 할리우드로 가서 배우들의 프로필 사진 등을 찍으면서 사교계의 명사가 되기도 했다. 하지만 오래지 않아 콧대 높은 버그만이 거의 매달리듯이 붙잡았지만 "할리우드는 내가 가본 곳 중에 최악"이라는 말을 남기고 카파는 훌쩍 떠나버렸다. 결국 그는 인도차이나 반도에서 지뢰를 밟고 목숨을 잃었지만 마지막 순간까지 종군기자답게 셔터를 누르고 있었다고 전해진다. 이후 버그만이 로버트 카파에게 청혼을 했었다는 놀라운 사실이 밝혀졌다. 더욱 놀라운 일은 카파의 대답이 "No"였다는 것.

자신의 청혼을 거절하고 전쟁터로 떠나 결국 죽음을 맞이한 이 나쁜 남자에 대해 버그만은 이렇게 말했다. "카파는 사랑하거나 미워할 수는 있지만 절대 무관심할 수는 없는 남자였어요."

무엇이 전 세계 남성들의 마음을 쥐고 흔들었던 여배우를 이토록 사로잡았을까? 그것은 바로 카파가 자신만의 영토에 계속 머물렀기 때문이다. 카파는 철저히 카파다움을 유지했고 자신이 있어야 할 곳에서 자신이 해야 할 행동을 하며, 언제나 '카파'로 살았다. 종군기자로서의 카파만이 가장 멋있고 당당할 수 있다는 것을 알았기에 버그만을 사랑하기는 했지만 그녀의 영도에 들어가는 것은 한사코 거부했다. 그것이 바로 당대 최고의 여배우가 평생 동안 그를 그리워하게 했던 이유다.

나만의 공간이 있는가? 고객이 그리워하게 만들기 위해서는 고객이 동경하고 인정하는 나만의 공간이 있어야 한다. 그 공간에서 자신다움을 유지하는 것이 언제까지나 당당하고 매력적일 수 있는 첫 번째 비결이다.

공간의 룰과 방법을 구별하라

"온라인 쇼핑이 과연 편한가요?"

일본 유통 컨설턴트인 이시하라 아카라가 대뜸 묻는다. 지극히 당연한 질문에 허를 찔린 듯한 기분마저 든다. 온라인 쇼핑이 편하다는 것은 상식이 아닐까? 하지만 아카라는 집요하게 다시 묻는다. "그럼 가장 최근에 온라인에서 쇼핑을 한 것이 언제인가요?" 가만 생각해보니 가장 최근에 온라인을 통해 구입한 것은 책이다. 그것 말고는 마트에 가거나 동네 슈퍼에서 샀다. 곰곰이 따져보니 그동안 물건을 많이 샀지만 온라인으로 쇼핑한 지가 꽤 된 것 같다. 아카라가 웃는다. "온라인이 편하다는 것은 점포가 많지 않고 물건이 비싸던 시절에 생긴 고정관념입니다. 실제 온라인은 편하지도 않고 그리 매력적이지도 않습니다. 소비자들은 대부분의 물건들을 오프라인 매장에서 삽니다. 그건 앞으로도 변하지 않을 거예요."

그의 말대로 온라인 쇼핑이 정말 편하고 만족스럽다면 지금쯤 가게들은 다 없어졌어야 하고 생산자들은 오로지 인터넷으로 물건을 팔면 된다. 그런데 과연 그런가?

온라인 쇼핑을 통해 엉뚱한 물건이나 흠집이 난 물건을 받을 때도 있고, 반품이나 환불이 안 되거나 심지어 사기를 당하기도 한다. 사이트에 올라온 물건 이미지만 보고 판단하기에는 마음에 걸리는 면도 있다. 클릭 몇 번으로 간단히 주문할 수 있다고는 하지만 가격 비교 사이트도 살펴야 찜찜하지 않고, 결제 프로그램도 깔아야 하며, 주소를 기입하고 할인카드도 확인해야 하는 등 온라인 절차가 가히 편한 것만은 아니다. 한 번에 물건을 둘러보고 계산만 하면 되는 오프라인이 오히려 더 편하게 느껴지기도 한다. 게다가 물건을 직접 눈으로 확인해야만 정확하고 안심이 된다.

한 유통 관련 컨설팅회사의 조사를 보면 소비자의 유통 채널 선택 경향은 일반적으로 알려진 상식과는 다른 모습을 뚜렷이 보인다. 대부분의 소비자는 거리의 가게서 마음에 드는 물건을 정가에 구입하는 것을 선호하고, 굳이 가격 혜택을 누리고자 한다면 백화점의 할인 코너로 향한다. 그리고 쇼핑은 단순히 구매 행위만을 의미하지 않는다. 스트레스를 풀고 같은 경험을 공유하며 최신 트렌드를 접하는 경험이라는 요소가 더욱 큰 비중을 차지한다.

인터넷 쇼핑몰 때문에 가게들이 다 망하게 생겼다는 하소연이 끊이지 않지만, 인터넷으로 구입할 상품보다는 현실에서 직접 만지고 느끼며 확인해야 할 상품이 훨씬 더 많다. 다시 말하면 온라인은 인터넷 쇼핑을 통해 구입하기 편한 제품들의 공간이고, 오프라인은 직접 경험하면서 구입해야 할 제품들의 공간이라는 뜻이다. 제품의 성격에 어울리는 공간만 잘 지킨다면 두려워할 하등의 이유가 없다. 물건을 미리 경험할 필요도 없고 브랜드나 디자인도 따지지 않으며 오로지 가격만 따지는 시장과 고객뿐이라면 미련 없이 온라인 세상으로 떠나야 한다. 한 의류업체 대표의 말을 들어보자.

"실제 통계청 자료를 보면 의류산업의 전체 매출은 늘었어요. 어렵다고 하는 사장님들을 보면 한결같이 옷 장사를 오래 하신 분들이에요. 그분들은 예전 같은 방식을 고수해요. 젊은 친구가 1인 디자이너 체제의 부티크boutique, 크지 않은 규모의 개성적인 가게 형식으로 하거나 게릴라 방식으로 하는 가게들은 오히려 잘되는 경우가 많죠. 직구도 늘어나고 있고요."

오프라인 회사들이 가지는 온라인 포비아phobia, 공포심는 과장되어 있다. 온라인 쇼핑에 대한 두려움은 사실 독점 영역을 장악하는 힘과 가치를 전달하는 방법이 약할 때 더욱 커진다. 미래학자들에 따르면 인류 역사상 기회가 소멸된 적은 한 번도 없었다. 기회는 이동할 뿐이다. 문제는 고객이 원하는 공간으로 갈 수 있어야만 기회를 잡을 수 있다는 것이다.

나만의 도미넌트 전략이 새로운 에너지를 준다

얼마 전 한 지인이 군대 간 아이가 가져온 것이라며 과자 하나를 내밀었다. 보통 군대에 보급되는 물건은 민간에도 있고 군에서만 팔도록 되어 있는 것은 품질이 그다지 나을 것이 없다고 생각했는데, 이번 과자만은 달랐다. 지인이 '리미티드'라는 점을 강조해서 자세히 살펴보았더니, 포장지에 '논산 딸기 함유'라고 새겨져 있었다. 그 자리에 있던 사람들에게 논산 딸기가 함유된 초코 케이크는 처음이었기에 다들 한 입씩 베어 먹었다. 군 훈련소가 논산에 있다는 사실을 활용한 지역 이미지 전략이 그 자리에 있던 사람들에게 먹혀들어간 것이다.

일본 홋카이도에 가면 반드시 이 마트에 가봐야 한다. 세이코 마트Seico mart다. 세븐일레븐이 일본 전역을 휩쓸고 세계로 뻗어나가고 있지만 홋카이도에서만은 세이코 마트가 최고다. 이곳은 지역주민들로부터 엄청난 지지와 사랑을 받고 있어서 '세코마'라는 애칭으로 통한다.

세이코 마트는 소위 '도미넌트dominant 전략'이라고 하는 지역 독점 전략을 철저하게 구사하고 있다.[3] 세이코 마트의 지점 수는 1,100여 개로 일본 유통업계 1위인 세븐일레븐의 10분의 1에도 미치지 못하지만 점포 개수만으로 판단했다가는 큰코다친다. 2015년 일본 TBS 방송에서 시청자를 대상으로 선호하는 편의점 만족도 순위를 조사했는데, 점포 수 1위와 2위를 차지하고 있는 세븐일레븐2015년 말 현재 17,491개과 로손2015년 말 현재 11,653개을 제치고 세이코 마트가 1위를 차지했다.[4]

다른 지역 사람들이나 관광객들이 세이코 마트에 들러야 하는 이유는 일본의 청정지역으로 통하는 홋카이도산 식재료로 만든 식품이 많기 때문이다. 홍보 패널에서도 '홋카이도에서 만든'이라는 문구를 강조한다. 지역의 농수산물을 가져다 쓰기 때문에 재료비를 낮출 수 있어 가격이 저렴하고, 농수산물의 이동 거리가 짧기 때문에 식재료의 신선함이 여느 편의점보다 우위에 있다. 또 세이코 마트에서는 '핫 셰프Hot Chef'라는 코너를 운영하고 있는데, 이 코너에서는 공장에서 대량으로 만든 도시락이 아니라 편의점 내의 주방에서 직접 만든 따끈따끈한 도시락을 맛볼 수 있다. 도시락 하나에 5,000원이 넘지만 직접 조리한다는 장점 때문에 인기가 좋다.

세이코 마트는 홋카이도에 집중하기 위해 다른 지역으로 출점하지 않는다. 하지만 세븐일레븐과 로손이 본토에서 혈투를 벌이는 동안 자신만의 성에서 탄탄한 입지를 굳혔다. 이 지방의 강자 세이코 마트가 언제 본토 공략에 나설지는 아무도 모르지만 그들만의 도미넌트 전략을 활용할 것이라는 것은 분명해 보인다.[5]

도미넌트 전략은 자신만의 시장을 확실히 가져간다는 장점을 통해 지역에서의 가격 결정권까지 갖는다. 그리고 지역 시장에서 선두주자가 된 모델을 다른 시장으로 확산시킬 수도 있다. 금융권에도 비어 있는 도미넌트 시장이 있다. 바로 '중간금리 시장'이다.

신용이 높은 이들을 대상으로 한 우량저금리 시장은 2금융권이, 저신용자를 대상으로 하는 고금리 시장은 2금융권과 대부업체가 장악하고 있다. 중금리 시장은 애매하게 비어 있었다. 그런데 최근 지방 은행인 전북은행이 P2P 업체인 피플펀드와 손잡고 이 시장에 진출했다. 피플펀드론이라고 이름 붙인 이 상품은 기존 P2P 업체들이 자금 여유가 있는 개인과 자금이 필요한 개인을 직접 연결하고 연 7~9% 정도의 이자를 챙기던 사업 모델에 은행이 참여하여 안정성을 높인 것이다. 전북은행은 이 사업을 위해 'P2P대출투자금관리서비스' 특허를 취득한 것으로 알려져 있다. 머지않은 장래에 은행을 대체할 것이라고 금융 전문가들이 예측하는 핀테크FinTech, 'financial'과 'technology'의 합성어로, 금융과 IT기술을 결합한 금융서비스 기업들이 시장 진입을 하는 것도 자신들의 장점을 발휘할 수 있는 '중금리' 독점 공간을 타깃으로 하고 있는 것이다.

고객이 원하는 공간으로 가라

브랜드가 힘을 발휘하는 것은 해당 제품이나 서비스 영역의 질이 떨어져 있을 때다.

맥도날드는 세계 최고의 브랜드 파워를 자랑한다. 이들이 세운 매뉴얼 경영의 장점 역시 여전히 힘을 발휘하고 있다. 하지만 2015년 맥도날드의 매출은 254억 달러로, 2014년 281억 달러에 비해 10% 이상 줄었다.[6] 영업이익도 하락세다. 맥도날드는 실적 부진을 견디지 못하고 매출이 부진한 중국, 한국, 일본 등의 나라에서 직영점을 대리점으로 전환하며 탈출을 꾀하고 있다. 맥도날드의 브랜드 파워가 여전한데도 이렇게 고전하는 이유가 뭘까?

외식 전문가들은 지역 음식들의 수준이 발전한 것에 이유를 둔다. 1980년대 이후 맥도날드가 파죽지세로 세계로 뻗어나갈 때 각 지역 대부분의 음식점은 질이 떨어지는 식재료를 쓰고 불결했기 때문에 세련되고 청결한 이미지를 가진 맥도날드의 상대가 될 수 없었다. 하지만 지

— 이탈리아 시칠리아의 동네 가게들. 저마다의 매력을 가지고 있다.

금은 청결은 기본이고 로컬푸드만이 줄 수 있는 독특한 레시피와 아이디어로 무장한 업소들이 다윗처럼 맥도날드에게 치명적인 돌팔매를 날리고 있다. 맥도날드는 브랜드 독점의 성공과 쇠락의 전형적인 스토리를 보여준다.

앞서 밝힌 것처럼, 제품과 서비스의 품질을 신뢰할 수 없을 때 사람들은 다소 비싸더라도 브랜드의 제품을 구입한다. 브랜드는 잘못된 선택을 하지 않을까 하는 소비자의 두려움을 줄여주는 진통제 역할을 한다. 최고의 대학이 브랜드로 명성을 떨치는 이유도 기업의 운명을 좌우할 직원들의 능력을 기업들이 확신할 수 없기 때문이다. 후진국일수록 일류 대학이 더욱 명성을 떨치고, 갖가지 인증제도가 증가하며, 대학 졸업의 보상이 큰 것도 이와 관련이 있다.

럭셔리업계의 대부 베르나르 아르노는 30년이 걸리더라도 브랜드를 구축하는 것은 의미가 있다고 했다. 브랜드가 비즈니스의 갖가지 외풍으로부터 기업을 지켜줄 것이라는 이유 때문이다. 하지만 브랜드도 언젠가는 힘을 잃는다. 그리고 그 순간은 주변 제품들의 품질이 향상될 때다. 브랜드가 지속적인 젊음을 유지하는 방법 중의 하나는 품질이 떨어지는 분야로 진출하여 해당 섹터의 수준을 올림으로써 회사의 성장까지 이루어내는 것이다. IBM이 이러한 사례를 보여주었다.

한 CEO가 회사 직원들과 가진 간담회 자리에서였다. 직원들이 업계 1위인 회사의 동향을 신경 써야 한다고 이야기하자, 그는 귀를 만지작거리며 말했다. "아, 그 회사요? 물론 지금까지 가장 큰 회사이긴 하죠. 아직 죽지는 않았지만, 걱정할 필요 없는 회사입니다."

이 CEO는 오라클Oracle의 래리 엘리슨이었고, '걱정할 필요 없는 회사'는 IBM이었다. 래리 엘리슨의 말대로 IBM은 정말 오래지 않아 죽었을지도 모른다. '루'라고 불리는 한 남자가 없었다면 말이다.

IBM은 한때 무적이었다. 사람들은 IBM의 품질과 약속을 믿었고, IBM은 이러한 신뢰관계 속에 성장했다. 하지만 그들이 방심하는 사이 경쟁자들은 빠른 속도로 역량을 키워나갔고, 어느새 IBM만큼 뛰어난 기업들이 속속 등장했다. 위기에 빠진 IBM을 '루'가 살리러 온다고 했을 때 사람들은 이렇게 비아냥거렸다. "그는 감자 칩과 컴퓨터 칩도 구별하지 못하는 남자라네."

IBM에 새로 부임한 CEO 루이스 거스너는 미국 최대의 식품회사 나비스코Nabisco 출신이다. 비록 과자를 팔다가 IBM이라는 최첨단 사업 분야의 회사로 옮겼지만 루이스 거스너는 병든 공룡을 치료하는 방법은 과

자회사나 IT회사나 같다는 것을 보여주었다. 그는 직원들이 사용하는 언어에서 조직의 병을 진단해냈다. 그리고 전 직원 워크숍에서 향후 IBM에서 쓰지 말아야 할 금지어와 대체어를 설명하는 데 엄청난 시간을 들였다. 다음은 루이스 거스너가 당시 사용한 차트의 일부다. 그가 내세운 대체어는 IBM을 고객의 공간으로 이동시키기 위한 '지침서'라 평가할 수 있다.

제품(주안점)	고객(주안점)
내 방식을 따르라	고객 스타일을 따르라
도덕 경영	성공 경영
과거의 교훈과 신화에 기초한 의사결정	사실과 데이터에 기초한 의사결정
관계 중심	성과 중심
순응적(정책에 맞게)	아이디어와 의견의 다양화가 중요
사람 공략	프로세스 공략
규정 중심적	원칙 중심적
개별 평가(부서 이기주의)	집단 평가(협동주의)
분석 마비(100프로 입증되어야 행동)	신속히 판단하고 전진하라
모든 것을 지원한다	우선순위를 정한다

이렇게 조직을 고객지향적으로 되돌려놓은 뒤 루이스 거스너가 한 다음 조치는 IBM의 브랜드가 역량을 발휘할 수 있는 독점 공간으로 이동하는 것이었다. 당시 IBM은 추락하는 거인이었다. PC 시대가 열렸는데도 대형 컴퓨터 시장만을 고집하고, 마이크로소프트에 PC의 OS 라이선스를 허용하며, 오라클의 관계형 DB 사업을 방관하는 등 래리 엘리슨의

조롱을 받을 만했다. 하지만 전성기의 IBM은 업계 총수익의 95%를 차지할 정도로 위상이 대단했다. 이것이 바로 경쟁자와 품질이 지지부진한 분야에서 탁월한 브랜드가 갖는 위력이다.[7]

그렇다면 위기에 처했던 IBM이 부활한 사례를 보면 생명이 다해가는 브랜드가 어떻게 다시 일어설 수 있는지를 알 수 있다. IBM은 경쟁 업체들의 추격으로 컴퓨터 사업에서 갈수록 위상이 추락하자, 제품 생산에서부터 시스템까지 연결되었던 수직적인 체인을 분리시키고 PC 제조와 같은 하부구조에 해당되는 것들을 매각했다. 그리고 자신들은 고객의 니즈가 증가하는 반면 아직 서비스 품질이 떨어지고 브랜드가 존재하지 않는 영역, 즉 하이엔드 성향의 컨설팅과 시스템 통합 사업으로 이동했다. 중요한 것은 그들이 새로운 독점 영역으로 이동하면서 자신들이 가진 역량이 아니라 고객들의 니즈에 따라 움직였다는 사실이다. 이 새로운 독점 공간으로의 성공적인 이동으로 말미암아 IBM은 다시금 거인의 면모를 갖추게 되었다.

세 번째 城

품질
Quality

위겔에피스의 독점 공간 개척

1946년의 히로시마. 1년 전 떨어진 원자폭탄으로 시는 완전히 폐허가 되었다. 영혼까지 오염된 듯 사람들은 절망에 빠져 있었다. 그때 멍하니 길거리를 걷던 한 남자가 갑자기 땅바닥에 털썩 주저앉았다. 그러고는 바닥의 흙을 조심스럽게 걷어내기 시작했다. 갑자기 남자는 환희의 탄성을 질러댔다. 사람들이 웅성이며 남자 주위로 몰려들었다. 남자가 내려다보고 있는 것은 눈을 의심하게 만드는 초록색의 귀여운 떡잎이었다. 이 저주받은 땅에 식물이 자라려면 수십 년은 걸릴 것이라며 좌절하고 있던 히로시마 사람들에게 환희의 기쁨을 안겨준 떡잎의 주인공은 쇠뜨기였다.

양치식물 목인 쇠뜨기는 생물도감에서 늘 앞쪽 지정석을 차지할 정도로 경로우대를 받지만 봄이 되면 가장 재빠르게 움직이는 것으로 유명하다. 쇠뜨기는 생식줄기와 영양줄기 두 개의 줄기 대를 가지고 있는데 봄이 되기 무섭게 생식줄기부터 우선 키워 올린다. 다른 풀들이 자라기 전에 어떤 식물보다 먼저 씨앗 포자를 퍼뜨리기 위해서다. 먼저 나온 생식줄기가 소나 짐승들에게 뜯어 먹히면서 씨앗을 퍼뜨리면 말라비틀어진 생식줄기를 뚫고 영양줄기가 올라온다. 생존을 위한 과감한 투 트랙 two track 전략이다.

그런데 원시시대의 쇠뜨기는 지금의 작고 왜소한 모습과는 달리 거인 같은 존재였다. 전성기라고 할 수 있는 3억 년 전 석탄기 때의 쇠뜨기는 높이만 30미터에 육박하는 거대한 군락을 형성하여 학자들이 석탄기를 양치식물의 시대Age of Fern라고 명명할 정도였다. 하지만 이 거대 식물은 어느 순간 갑자기 멸절해버렸다. 한때 숲의 지배자로 전성기를 구가했던 쇠뜨기의 운명은 왜 이렇게 극과 극으로 갈라지게 되었을까? 석탄기는 기후가 매우 온화했기에 식물들이 자라기에 최적의 환경을 갖추고 있었다. 따라서 큰 수고 없이 양분과 물을 섭취하며 위로 쑥쑥 자랄 수 있었다. 하지만 이처럼 우호적인 환경이 오히려 멸종을 불러왔다. 온실 속에 커왔던 쇠뜨기는 지상으로 보이는 덩치만 컸을 뿐 뿌리가 약하고 저항성도 약했던 것이다. 갑자기 기후가 변하고 홍수가 나기 시작하자 쇠뜨기는 거대한 자신의 몸을 주체하지 못한 채 집단으로 죽음을 맞았다. 우호적인 환경만 믿고 나약하고 허술하게 살아온 대가였다. 당시 지상 위로 키를 키웠던 전략은 처절한 실패를 맛보았기에 살아남은 쇠뜨기의 후손들은 정반대의 전략을 구사하기로 한다.

자손 쇠뜨기가 들고 나온 전략은 지상 전략과 완전히 반대되는 땅속 전략이었다. 지상으로는 불과 몇 십 센티미터만 키를 올리고, 땅 밑의 뿌리로 승부를 보는 전략을 썼다. 그 뿌리가 얼마나 길었으면 한번 뻗은 뿌리가 지옥까지 뻗어가서 염라대왕이 화로의 부젓가락으로 사용한다는 우스갯소리가 생겼을까. 땅 밑의 쇠뜨기 뿌리는 그 길이가 어마어마해서 뿌리째 박멸하는 것이 사실상 불가능하다. 한 번의 치명적인 멸종 위기를 영원히 번영할 수 있는 전화위복의 계기로 삼은 이후 쇠뜨기의 이 땅 밑 전략은 다른 식물의 벤치마킹 대상이 되었다. 사막의 메스키트 나무는 지하 30미터까지 곧은 뿌리를 내려 산에서 내려오는 지하수를 섭취한다. 식물학자인 딤 메르이는 나무상자에 옥수수 한 포기를 심어 124일 뒤에 해체하고 뿌리의 길이를 재었는데 그 길이가 무려 623km였고, 뿌리의 총 표면적은 테니스장의 2.4배에 해당하는 639m²나 되었다고 한다. 메스키트 나무와 옥수수는 쇠뜨기의 뿌리 전략을 흉내 내어 생존의 수단으로 삼았던 것이다. 이처럼 시련은 그 자체로는 답이 아니지만 가장 좋은 답을 알려준다.

와인의 역사에도 시련에서 답을 찾아 우뚝 선 브랜드가 있다. 1639년에 창업한 프랑스 알자스의 포도주 명가 위겔에피스Hugel & Fils의 기업 슬로건은 '완전에 가까워지도록 매일 노력해야 한다'이다. 위겔에피스의 역사를 보면 그들이 지금까지 살아남은 것이 신기할 정도다. 포도주를 만들기 시작한 1639년에는 신교도와 구교도 간의 30년 전쟁이 진행 중이었고, 이후 프랑스 대혁명, 나폴레옹 전쟁을 거치면서 시대의 격동기를 겪었다. 그리고 1870년에는 프랑스-프로이센 전쟁으로 알자스 지역이 짓밟혔다. 이것이 끝이 아니다. 해충과 포도병균이 아예 포도나무를 모두 파괴해버려 알자스는 이전의 모든 격동을 합친 것보다 더 치명적인 타격을 입었다. 그나마 살아남은 포도나무로 겨우 값싼 포도주를 만들어 팔며 명맥을 유지하던 중 또 다시 1차 세계대전이 터졌다.

이러한 상황에서 알자스의 농장주들은 무언가 새로운 대책을 세워야 했다. 그들은 자신들을 알아주는 고객들에게 돌아가기로 했다. 이전에 알자스의 영광을 만들었던 고유 품종을 바탕으로 최고급 포도주를 만들어 자신들을 알아주는 고객들에게로 돌아가는 것이 유일한 탈출구였다. 자연히 공급량이 줄고 가격은 높아질 수밖에 없었다. 고가의 포도주가 팔리지 않는다면? 다른 길은 없었다.

절체절명의 위기 상황에서 위겔에피스가 만들어낸 포도주에 사람들은 격찬을 보냈고 위겔에피스의 과거 팬들은 '왕의 귀환'을 열렬히 환영했다. 그리고 위겔에피스는 세계적 명성의 포도주를 생산하는 11개 명문가로 구성된 회원제 클럽 프리멈 파밀리에 비니Primum Familiae Vini에 초대되기에 이른다.

위겔에피스의 명성은 하늘을 찌르지만 와인을 재배하는 그들의 자세는 낮고도 낮다. 위겔 가문의 장 조르주 위겔은 자신들의 제품 중심 철학을 단 몇 마디 말로 요약한다. '포도 농장주가 취한 모든 행동은 긍정적이거나 부정적이거나 항상 포도 속에 나타나고 종국에는 소비자가 마시는 잔 속에 나타난다.', '우리의 광고와 선전은 병 속에 다 들어 있다.'[8]

위겔에피스의 성공비결은 ①위기의 상황에서 본연의 아이덴티티를 찾은 것에 있다. 위겔에피스는 포도나무 재배에 농약은 물론 비료조차 쓰지 않는다. 수확량이 적을 수밖에 없다. 하지만 과감하게 양을 포기하고 질로 승부하는 전략으로 인해 위겔에피스의 명성은 굳건히 뻗어 오르기 시작했다. ②와인 본연의 맛으로 승부를 걸기로 한 후 자신들의 와인

프랑스 리옹에 있는
요리사 폴 보퀴즈의 식당 벽에 있는 미슐랭 스타

을 알아주는 고객들에게 마케팅을 집중했다. 위겔에피스는 품질 우선 전략을 택하고 그 판매처로 미슐랭 가이드 레스토랑을 택했다.[9] "미슐랭 가이드 3성급 레스토랑에는 모두 위겔의 포도주가 있습니다." 그들의 전략은 이 한 마디에서 드러난다.

또 다른 와인 브랜드 안티노리 Antinori 역시 품질에 경영의 초점을 맞추었다. 이탈리아 와인 장인 가문 중 하나인 안티노리의 25대손 피에로 안티노리는 아버지 니콜로 안티노리가 경영권을 넘기자마자 포도 재배, 발효, 마케팅, 유통 전 부문의 혁신에 나섰다. 피에로는 품질이 나아지는 것에 한계는 없다는 철학을 갖고서 향상되는 품질이 자신들의 안정성을 보장해주는 독점 고객을 확보하는 유일한 방법이라 확신하고 앞으로 나아갔다. 이를 위해 40년 동안 배당을 하지 않고 이익을 전부 재투자한 것으로 유명하다.

피에로는 자신이 와인에 대한 모든 것을 안다고 생각하지 않았기에 당시 쓴 소리를 잘하는 것으로 소문나 사람들이 꺼리는 자코모 타키스를 영입하여 와인 제작 전반을 감독하도록 했다. 자코모는 자신을 알아주는 피에로에게 화답하듯 슈퍼 토스카니 와인이라는 와인 장르를 만들어 이탈리아 와인의 전성기를 열었다.[10] 오늘날 슈퍼 토스카니 와인은 사시카이아Sassicaia와 티냐넬로Tignanello, 솔라이아Solaia 등의 대표선수를 통해 전 세계를 호령하고 있다.[11]

안티노리 가문의 후손들은 지금도 1800년대 중반 이탈리아 통일에 기여하고 '마르케시Marchesi, 후작' 작위를 받은 선조의 유지를 잊지 않고 있다. 마르케시 안티노리는 가문의 문장紋章을 만들면서 그 안에 가문이 영원히 추구해야 할 단 한 문장을 새겨 넣었다. '뛰어난 품질을 추구하라 Te Duce Prolicio'

2016년 2월에 작고한 자코모는 안티노리의 품질과 가격의 비례성에 대해 피력하면서 고가의 비싼 와인이 와인 브랜드의 생명력을 보장해주지는 않는다고 단언했다. "진정한 와인 생산자라면 에르메스와 같은 패션 명품들과 손잡는 것에 혈안이 되어 고속도로를 내달리는 대신 자신의 포도밭으로 돌아와서 일해야 합니다. 이제 소비자들은 값비싼 와인이 높은 품질을 보장하지 않는다는 점을 알고 있습니다." 자코모의 이 말은 가격은 품질의 결과이지, 품질이 가격의 결과가 될 수 없다는 점을 상기시킨다.

품질을 이끈 자코모와 경영을 이끈 피에로 안티노리는 그 생각조차 복제한 듯 꼭 닮았다. 피에로 안티노리에게 한 기자가 물었다. "사람들은 성공하면 손에 흙을 묻히기 싫어하는데, 그런 생각은 안하십니까?" 피에로는 조금도 망설이지 않고 답했다. "와인뿐 아니라 어떤 일이라도 흙을 묻히지 않고 성공하는 법은 없습니다. 잘하려면 모든 측면에 관여해야 합니다."

아마존이 오프라인 서점을 여는 이유는

IT기업 비아이씨엔에스의 박주성 대표는 인건비의 상승을 도무지 따라갈 수 없다고 털어놓으면서 이렇게 말했다. "더 이상 수익을 올리기 어렵습니다. 지금의 제품 수준으로는 말이죠. 같은 수준의 제품을 계속 납품하다 보니 10년 전과 납품 단가가 같아요. 아니, 어떤 제품은 10% 더 떨어졌어요. 그런데 같은 기간에 인건비는 30%가 올랐어요. 유지가 힘들 정도예요." 그가 부딪힌 문제는 대한민국 전체가 고민하는 문제이기도 하다. "예전에는 3명이 일해서 15명이 먹고살았어요. 그런데 지금은 13명이 일해도 남은 2명을 못 먹여 살립니다. 그러면 15명이 모두 일해야 한다는 소린데, 그건 현실적으로 불가능하잖아요. 지원해야 하는 인력도 필요하고." 그는 답도 가지고 있다. "답은 명품화밖에 없어요. 제품의 수준과 대접이 달라지지 않으면 이 상황을 타개할 수가 없습니다."

박 대표가 말하는 명품화란 새로운 가치를 생산하여 차별화함으로써 미래 성장을 위한 수익을 확보하는 것을 말한다. 이러한 현실은 IT 유통 혁명을 주도하는 거인 아마존도 피해가지 못했다.

아마존은 2014년 10월 뉴욕과 샌프란시스코에 오프라인 매장을 열었다. 온라인의 절대강자가 굳이 오프라인에 진출할 필요가 있을까?

아마존은 다른 기업들이 따라올 수 없는 물류 시스템과 저가 판매 프로세스를 통해 차별화 포인트를 만들어내려고 하고 있다. 그간 적자를 내다가 흑자를 내기 시작했지만, 그것은 온라인 쇼핑 부문 때문이 아니라 아마존 클라우드 서비스Amazon Web Services, AWS가 선전한 덕분이다. 아마존은 저가에 따른 저마진 또는 역逆마진으로 고심하고 있다. 이에 대

일본 지하철에서 광고 중인 아마존의 특별 배송 서비스

한 돌파구로 아마존은 수익률을 높이기 위해 프라임 나우Prime Now를 개시했다. 프라임 나우는 미국의 경우 이틀이면 주문한 물건을 받을 수 있는 특급 배송 서비스다. 미국은 국토 면적이 넓어 일반 배송으로는 수일 이상 걸리는 경우가 많기 때문에 이틀이면 물건을 수령할 수 있는 프라임 서비스는 소비자에게 상당히 매력적이다. 연간 99달러를 내면 무제한으로 프라임 서비스를 이용할 수 있다. 이 서비스는 미국뿐만 아니라 해외 시장에도 적용할 움직임을 보이고 있는데, 실제로 일본에서 지하철을 타면 아마존 프라임 서비스에 대한 광고가 곳곳에 붙어 있는 것을 볼 수 있다.

아마존은 프라임 나우를 통해 온라인 쇼핑 시장에서 압도적인 1위를 구축한 뒤에 새로운 차별화 무기로 오프라인 매장이라는 카드를 빼들었다. 시애틀의 쇼핑몰 유니버시티 몰에는 아마존의 첫 오프라인 서점이 있다. 아마존 오프라인 서점의 특징은 '온오프가 철저하게 함께 움직인다'는 점이다. 한국 서점의 경우 온라인 사이트와 오프라인 서점의 연계가 미흡하지만 아마존의 오프라인 서점은 아마존이라는 서점의 카테고리 안에서 하나의 퍼즐처럼 움직인다.

또 하나 특이한 것은 아마존의 오프라인 서점에서는 책이 옆으로 꽂혀 있는 것이 아니라 표지 전면이 고객을 향하고 있다는 점이다. 진열된 책들은 온라인 서점에서 이미 검증을 받은 것들이나. 5점 만점에 4점 이상의 평점을 받은 책들로 구성되어 있으며 온라인 사이트에 올라온 고객 리뷰와 평가가 POP 형태로 적혀 있어 책의 질을 쉽게 알아볼 수 있다. 또 책에는 정가 표시를 하지 않는다_{아마존 온라인 몰은 정가와 할인가를 같이 명시해 자신들이 제품을 싸게 판매하고 있다는 인상을 소비자에게 심었다}. 한국의 대형 서점들이 온오프 가격을 차등 책정하는 것과는 달리 아마존의 온오프 도서 가격은 같기 때문에 어디서 살지 고민할 필요가 없다.

가격 정보 사이트 루트는 정가와 세일가를 함께 표시하던 전통을 가진 아마존이 정가 표시를 없애고 있는 제품이 70%에 이른다고 밝혔다. 이는 아마존이 20여 년 전 창립할 당시에 꿈꾸었던 자신만의 영역으로 진입하고 있음을 알리는 신호로 받아들여진다. 아마존은 〈뉴욕 타임스〉로부터 노동 착취를 고발당할 만큼 공격적인 노동문화를 갖고 있었다. 한 직원은 무려 96시간 동안 잠을 자지 않고 일했다고 밝혀 대중의 공분을 사기도 했다. 이처럼 생존을 위해 치열하고도 험난한 여정을 거친 아마존이 배송의 품질 향상과 고객지향적인 온오프 서점 모델을 제안하는 것은 '착한 가격'의 영역이 아니라 '차별화된 서비스'라는 품질 영역에서 자신의 공간을 공고히 하기 위한 전략의 일환이다. 박리다매 전략을 펴면서, 경쟁사 이베이의 수익률이 20%인 데 반해 1~2%의 수익률밖에 올리지 못하면서도 아마존이 진격에 진격을 거듭했던 이유는 자신들만의 성으로 가야 한다는 절대적 사명 때문이었다. 이제 상처투성이였던 21년간의 진격 끝에 마침내 아마존의 미래가 배달되었다.[12]

품질 독점의 방법

제품의 품질을 높이기 위해 흔히 쓰는 방법은 품질에 영향을 미치는 요소를 구체적으로 세분화하는 것이다. 와인 명가 안티노리의 사례를 보면 와인의 질과 심미적 가치를 좌우하는 요소들을 오크통, 포도 품종, 발효, 유통 채널, 마케팅 메시지 등으로 세세하게 분류한 후 이를 모두 업그레이드하는 방법을 택했다. 이때 중요한 것은 오버스펙이 발생하지 않는지 세심하게 체크해야 한다는 것이다. 소비자가 굳이 필요로 하지 않는 요소들까지 업그레이드시키면서 에너지를 쏟는 것은 어떤 측면에서는 아무것도 하지 않는 것보다 나쁘다. 소비자가 진정 필요로 하는 부문에 쏟아야 할 에너지를 소진시켜버리는 동시에 소비자는 별로 신경 쓰지 않는 부문을 과도하게 업그레이드시킨 후 자아도취에 빠질 수 있기 때문이다. '왜 소비자들은 우리 제품이 월등하다는 사실을 몰라주는 거지? 우리 제품을 다른 회사들 제품과 같이 취급하잖아.' 이런 말을 하고 있다면 쓸데없이 과도한 노력을 기울이는 징후라고 《성장과 혁신》의 저자 크리스텐슨 교수는 경고한다.

일반적으로 기술의 진보가 소비자의 활용 능력보다 훨씬 더 빠르기 때문에 고객이 느끼지 못하는 수준까지 기술은 폭주기관차처럼 질주해나간다. 이때 생산자는 뛰어난 기술이 탑재되었기 때문에 제품에 더 높은 가격을 지불하라고 요구하지만, 소비자는 그럴 생각이 없다. 소비자들은 '그렇게까지 뛰어난 기능'을 필요로 하지 않기 때문이다. 어쩌면 적은 '더 좋은 품질'일지도 모른다. 이제 품질이 떨어져서 잘 안 팔리는 경우는 드물다. 왜냐하면 품질의 평준화가 거의 실현되었기 때문이다. 심지어 중국산도 이제는 쓸 만한 수준까지 올라왔다. 아마도 10년 징도 지닌 뒤에는 메이드 인 차이나가 더 이상 저품질의 대명사가 아닐 것이다.

그렇다면 품질 독점은 어떤 단계를 거칠까?

외주 업체들의 제작 능력을 신뢰할 수 없는 사업 초기에 기업은 생산과 마케팅까지 모든 것을 내부화하여 자체적으로 해결한다. 오늘날에도 최고의 품질을 요구하는 명품들은 모든 공정을 자체적으로 진행하고 있다. 샤넬의 경우, 프랑스의 작은 공방들을 인수해 제작을 맡기면서도 모든 공정을 지배해 핵심 기술을 보호한다. 그러다가 시간이 흐르면 내부 조직보다 더 창의적이고 적극적으로 문제를 해결하는 외주 업체가 출현하고 이때 제조와 기획이 분화되며, 제조 공정 역시 부문별로 나뉘는 모듈화modularity가 진행된다. 모듈화의 장점은 신속성이다. 요약해보면, 사업은 기능적으로 상호의존하고 통합된 형태에서 모듈로 쪼개져 분절적이고 비통합적인 형태로 이동한다. 통합에서 비통합으로 넘어간 기업이 상위 시장이나 새로운 시장으로 이동하여 성능과 품질이 중요한 상황이 되면 다시금 품질 보존과 향상을 위해 통합의 형태를 취하게 된다.

그런데 품질 독점의 최상위 단계에 있는 '품질'은 분석할 수 있는 것이 아니다. 최상의 품질은 '심미적estetic인 단계의 아름다움' 그 자체다. 이때의 아름다움은 그저 예쁜 디자인으로 한정되지 않는다. '아름다움이란 단순한 아름다움 이상을 의미한다. 외관, 느낌, 영혼들이 완벽하게 결합함으로써 진정한 차이를 내는 것. 아름다움은 단지 표면이 아니라 모든 것의 진수다.'[13]

그럼 품질이라는 말의 궁극적인 의미는 도대체 무얼까? 삼성그룹의 품질 혁신을 주도한 바 있는 삼성경제연구소 류한호 전무는 '품질'을 '원래 목적에 부합하는 정도'라고 정의한다. 고품질은 목적에 아주 부합할 때, 저품질은 목적에 부합하지 못할 때를 말한다. 변질, 악질도 있다. 변질이란 원래 목적과 다르게 쓰이는 경우를 일컫는다. 구두를 신을 때 쓰라고 만든 구두주걱을 말썽쟁이 아이를 혼낼 때 쓴다면 그건 변질이다. 악질이란 원래의 목적 자체가 나쁜 것이다. 마약을 아무리 잘 만들어도 양질이라고 하지 않는 것은 그 목적이 나쁘기 때문이다.

그런데 만약 이런 경우라면 어떻게 될까? 어떤 물건의 목적이 변한다면?

예를 들어 원시시대의 옷은 추위를 막아주고 몸을 가려주는 것이 원래 목적이었다. 그런데 현대에 들어서면서 옷에는 패션과 정체성 표현의 수단이라는 목적이 더해졌다. 최근에는 재미, 기분전환이라는 목적까지 보태졌다. 새로운 옷을 입고 기분을 전환하는 것을 추위와 더위를 막는 것보다 더 중요하게 여기는 사람들이 많아졌다. 목적이 바뀌면 목적에 맞게 부합하는 것이 양질이 된다.

패스트 패션fast fashion, 최신 트렌드를 재빠르게 반영하여 제작하고 유통시키는 의류은 옷감의 질이 좋지 않다. 품질이 좋지 않다고 소비자들은 대놓고 이야기한다. 그런데도 품질이 떨어지는 옷이 잘 팔리는 이유가 뭘까? 그것은 새로운 옷이 소비자들의 욕구를 채워주기 때문이다. 이러한 소비자들에게는 추위를 막아주고 디자인이 좋으며 이름난 브랜드의 옷이 질 좋은 옷이 아니라, 재미있고 기분을 전환시켜주고 남들이 갖지 못한 나만의 옷이라는 목적에 부합하는 것이 질 좋은 옷이다. 자라Zara코리아의 이봉진 대표는 자라에게는 영혼보다 소비자가 더 소중하다고 이야기한다. "우리에게는 영혼이 없습니다. 우리는 단지 소비자를 위한 파이프라인일 뿐입니다. 소비자가 가격을 원하면 가격을, 디자인을 원하면 디자인을, 재미를 원하면 재미를 대령해주는 것이 우리의 사명입니다. 우리는 이 파이프라인 안에 어떤 것이라도 집어넣을 각오가 되어 있습니다."

품질 경영이란 스스로 대단한 것을 만들어놓고 뿌듯해하는 것이 아니라, 소비자가 요구하는 목적에 맞추어가는 것이다.

네 번째 城

변방
Frontier

변화는 항상 끝에서 시작된다

해남에 땅끝마을이 있다. 그곳 출신 지인은 때때로 서울에 자리 잡은 자신은 팍팍하게 사는데 고향에 남아 농사를 짓는 친구들은 여유롭게 산다며 푸념을 늘어놓고는 한다. '땅끝'이라는 이름값 때문이란다. 땅끝 사과, 땅끝 고구마, 땅끝 쌀처럼 '땅끝'이라는 브랜드가 붙는 순간 물건이 별다른 것도 아닌데 잘 팔린다고 한다. '땅끝'이라는 말에 마법과 같은 힘이 숨어 있는 걸까? 왜 우리는 '땅끝'이라는 말에 매료될까? 영국 최대의 광고회사 사치앤사치Saatchi & Saatchi의 CEO 케빈 로버츠의 말에 힌트가 숨어 있다. "종의 변화는 항상 그 종의 끝에서 시작된다."

광고계의 기린아 케빈 로버츠의 집은 뉴질랜드에 있다. 남극과 가까운 육지의 끝이다. 로버츠가 하필 이 외딴 곳에 집을 얻은 이유가 뭘까? 끝이 주는 힘을 알고 있기 때문이다. 끝은 변방 중의 변방이다. 끝은 방치되고 버려지며 외면당한다. 하지만 그렇기 때문에 변화의 자유를 얻는다.

끝과 관련된 이미지를 떠올려보자. 최첨단, 아슬아슬한 곳, 극한, 처절함, 죽음, 희망 등 원초적이고 극단적으로 상반되는 의미들이 동시에 떠오른다. 케빈 로버츠는 이렇게 말한다. "끝에선 중심부의 정통성이 힘을 잃는다. 이곳은 공식과 규칙에서 벗어나 번창할 수 있고, 위대한 업적이 이미 다 이루어졌다는 믿음에서 자유롭다."

중심부의 생각은 하나다. 생활도 하나다. 중심부의 혁신이 다양해 보여도 실제로는 한 가닥으로 꼬인 도긴개긴이다. 그래서인지 신의 한 수와 같은 독점 공간은 종종 버려진 끝에서 모습을 보인다.

이태원 파출소를 끼고 돌아 300여 미터를 내려가면 멕시코의 여류화가 프리다 칼로와 그녀의 '나쁜' 남편 디에고 리베라를 오마주한 칼로앤디에고가 나온다. 여기가 이른바 '장진우 거리'의 시작이다. 이 거리를 만든 청년 장진우는 절대 망하지 않는 사업비결을 잘 알고 있다. 그것은 바로 '머슴 같은 주인'이다.[14] "주인이 무조건 일을 많이 해야 해요. 주인이 가장 머슴같이 일을 해야 하고요." '머슴 같은 주인'이란 더럽고 낮은 일까지도 내가 하겠다는 변방의식이 시퍼렇게 살아 있는 사장을 말한다. "가게가 조금만 잘되면 손 털고 골프 치러 가는 분들이 있어요. 그러면 그 가게는 망해요. 처음 시작했을 때처럼 주인아주머니가 일하고 아저씨가 계산하고 열심히 움직이는 가게는 살아요. 그게 유일하게 살아남는 비결이에요." 가게나 기업이 잘나갈 때도 오만한 주인의식이 아니라 거친 변방의식을 갖는 것이 생존을 보장하는 보루인 셈이다.

모노폴리언은 변방에서 출발해 가장 높고 안전한 곳까지 오른다. 모노폴리언은 변방에서 찬이슬을 맞은 경험이 있기 때문에 그 시절을 잘 안다. 하지만 그 시절을 기억하는 방식은 두 가지다. 몸서리쳐지도록 지겨우니 잊자는 것과 그렇게 여기까지 왔으니 절대 잊지 말자고 생각하는 것. 지겨우니 그만 잊자고 하는 순간 나만의 다음 성을 찾아가는 모노폴리언의 여정은 멈춘다.

불황에도 여전히 건재한 세계적인 할인점 중 하나인 코스트코의 창업주 제임스 시네걸의 직함은 그냥 '직원'이다. 그의 티셔츠 명찰에는 '직원'이라고 적혀 있으며, '직원 제임스 시네걸'은 창업 이후 수십 년이 지난 지금도 일반 직원들처럼 매장을 돌아다닌다. 코스트코는 유통업계의 불황에도 생동감 넘치는 분위기를 유지하며 소비자들의 사랑을 받고 있다. 미국의 오바마 대통령은 코스트코를 '최고의 직장'이라고 극찬했고, 한국에서도 타의 추종을 불허하는 인기를 누리며 양재 코스트코는 전 세계 매장 중 매출 1위를 기록했다.

그렇다고 '주인'이 늘 현장에만 붙어 있을 수는 없다. 사업은 계속 성장해야 한다. '주인'이 해야 할 일은 바깥을 돌아다니면서도 현장을 잊지 않고 새로운 미래를 꿈꾸는 것이다. 수면학자들은 인간이 경험하고 본 것만 꿈을 꿀 수 있다고 말한다. 꿈에 나온 이미지는 그 사람이 실제로 보고 뇌에 저장한 것만으로 구성되기 때문에 경험하지 않고 보지 않은 것은 꿈꿀 수 없다. 이와 비슷하게 모노폴리언은 현장과 미래 두 가지 모두를 잡기 위해 최선을 다한다. 직원들을 키우고 권한을 위임하며 탄탄한 현장을 만든 다음 더 넓은 세상을 접하면서 정보를 얻고 사업을 키울 방법을 찾는다.

고아로 자란 코코 샤넬은 패션 아이디어를 얻기 위해 다양한 사람들과 폭넓은 교류를 하면서도 반드시 잠은 자신의 숙소에서 잤다. 그녀의 방에는 항상 밀 다발이 놓여 있었다. 샤넬의 비서는 늘 밀 다발을 신선한 것으로 준비해야 했다. 매일 밤 샤넬은 싱싱한 밀 다발을 만지면서 빵조차 먹지 못하고 지냈던 불우한 시절을 떠올렸고, 하루하루를 마지막처럼 살았다. 정상은 변방에서 잉태된 것이었다.

해남에 갔을 때였다. 어스름이 내리는 저녁에 국도를 달리다가 주유소에 들렀다. 간판에는 '땅끝 주유소'라고 적혀 있었다. 그 간판을 본 순간 감상적인 기분에 보통은 잘 하지 않는 "가득!"을 외치고 말았다. 기름이 채워지는 동안 차에서 내려 해남의 바람을 맞았다. 커피를 마시면서 파란색의 간판을 보았다. 땅의 끝에서 나는 기름을 넣고 있다. 끝에서 어디로 간단 말인가. 세차게 바람이 몰아치는 '끝'에서 기름을 가득 채우고 싶었던 이유를 비로소 깨달았다. 끝은 시작보다 먼저 태어난 이름이다. 끝은 운명이 결정되지 않은 미래이고 그래서 중심보다 강하다.

나는 가능한 한 가장 극단의 끝에 머물고 싶다. 끝에 서면 중심에서 볼 수 없었던 것들을 볼 수 있기 때문이다.

_커트 보니것(미국 작가)

샤프까지 집어삼킨 폭스콘의 독점 전략

1974년 한 청년이 어머니가 보태준 자금으로 작은 플라스틱 공장을 차리고 기러기처럼 대양을 날아가겠다는 뜻으로 회사 이름을 홍하이鴻海라고 지었다. 청년의 꿈은 결국 이루어져 그는 대만 최고의 부자가 되었다. 그는 대외적으로는 폭스콘Foxconn이라는 자회사로 더 유명한 홍하이 그룹의 회장 궈타이밍이다. 2006년 그는 일본을 대표하는 전자기업이자 일본 제조업의 자존심이라고 불리는 샤프를 인수하며 세상을 놀라게 했다. 세상 사람들이 폭스콘의 샤프 인수를 놀라워하는 가장 큰 이유는 하청 기업이 상청원청 기업을 집어삼켰기 때문이다. 하지만 이번 사례는 사이즈가 남달라 세인의 주목을 끌었을 뿐, 하청 기업이 원청 기업을 잡아먹은 것이 처음은 아니다.

떡갈비와 햄버거 패티의 아이러니가 있다. 고기의 함량과 제조 방법을 달리하면 떡갈비가 되기도 하고 햄버거 패티가 되기도 하지만 같은 공장에서 만든다. 그런데 떡갈비와 햄버거를 판매하는 회사는 망해도 가장 싸게 떡갈비와 패티를 잘 만드는 제조 공장은 오히려 망할 확률이 낮다.

한국의 TG앤컴퍼니는 3년간 사용자 경험을 분석해서 유려한 디자인의 핸드폰을 40만 원대의 놀라운 가격에 출시했다. 루나폰이다. 핸드폰 가게의 진열대에서 루나폰은 아마도 아이폰을 형이라고 부르고 있을지도 모른다. 출생지가 아이폰과 같은 폭스콘 공장이기 때문이다. 이들뿐만이 아니다. 스마트폰 사업에 재시동을 건 노키아와 블랙베리 스마트폰의 고향도 폭스콘이다.

폭스콘은 전형적인 '생산 독점 전략'을 쓴다. 미국, 일본, 유럽, 한국 등의 기업들은 제품 개발과 디자인을 맡고 생산은 폭스콘이 독점하는 방식이다. 궈타이밍 회장은 낮은 생산 비용으로 최고의 품질을 만들어내는 것으로 애플 등 까다로운 회사들을 고정 고객으로 확보했다. 저가 외주 생산 지대를 독점함으로써 폭스콘은 안정적인 수익을 창출하고 있다. 언론들은 고용 직원이 123만 명에 이르는 폭스콘을 '고용 기계' 또는 '세계의 공장'이라고 부른다.

폭스콘은 마진이 낮지만 안정적인 생산 독점 지역에 머물면서 수면 아래의 악어처럼 원청 기업을 노리고 있다가 원청 기업이 시장 경쟁에서 미끄러지기라도 하면 때를 놓치지 않고 달려들어 인수하는 것으로 유명하다. 폭스콘이 원청 기업을 인수하면 그동안 생산하던 하청 물량을 더욱 안정적으로 확보할 수 있기에 독점력은 더욱 상해신다. 이 생산 독점이 바로 폭스콘을 하청 전문 업체에서 IT업계의 기린아로 만든 비결이다. 애플은 여러 번 폭스콘 이외의 대체방법을 찾았지만 번번이 실패로 돌아갔다고 한다. 그만큼 저가 생산 지대에서의 폭스콘은 강력한 경쟁력을 보이고 있다.

구글, 애플까지 제친 기업의 타깃은 '버려진 서민'

구글과 애플까지 제친 혁신 1위 기업이 있다. 선진국인 미국의 기업도, 일본 기업도, 유럽 기업도 아니다. 아프리카 케냐의 엠페사M-pesa다. 엠페사는 모바일 금융 결제 시스템을 제공하는 핀테크 기업이다. M은 모바일, pesa는 스와힐리어로 '돈'을 뜻한다. 엠페사가 세계 최고의 혁신 아이콘으로 불리는 이유는 이들이 철저하게 자신들만이 소유할 수 있는 독점적 서비스로 시장을 사로잡았기 때문이다.

세계 거의 모든 금융 기업들이 너나 할 것 없이 선진국에 집중되는 상황에서 케냐에는 기본적인 송금조차 원활하지 않는 금융 사각지대가 있었다. 케냐의 은행들조차 이 지대를 돈이 안 된다는 이유로 차갑게 외면했다. 역설적으로 엠페사는 이렇게 버려진 케냐 서민들의 시장이 거대하고 매력적인 독점 시장임을 간파하고 냉소를 뒤로한 채 서비스를 시작했다. 오늘날 엠페사의 거래 규모는 440억 달러한화 약 47조 원로, 케냐 경제의 3분의 1을 처리하는 거대 기업으로 성장했다. 케냐인들은 엠페사를 통해 생필품을 구입하고 공과금을 납부하며 항공권을 예약하는 등 거의 모든 금융 업무를 해결한다. 엠페사는 케냐에서의 성공을 기반으로 인근 국가인 모잠비크, 탄자니아, 이집트 등으로 사업을 확대하고 있다.

엠페사가 유럽 진출을 모색하고 있다. 만약 당신이 엠페사의 CEO라면 유럽의 어느 국가로 가겠는가? 엠페사가 선택한 답은 헝가리다. 헝가리는 유럽 국가 중에서 거의 유일하게 뱅킹 서비스가 낙후된 지역으로, 케냐형 모델과 닮았기 때문이다.

엠페사의 시장 진출 기준은 시장의 사이즈가 아니다. 얼마나 소외되어 있느냐가 중요하다. 필요한 곳으로 가고 버려진 곳으로 가서 시작한다는 모노폴리언의 원칙은 음악계에서도 유효하다.

못난이 제품이 길을 열어준다

'아이돌 시스템은 사실상 용도 폐기된 쇼 비즈니스 형태다.'

한국이 약진하고 있는 아이돌 시스템에 대한 그간의 평가다. 청소년들을 수년 동안 훈련시켜 데뷔시킨 뒤 사업 수명이 짧으면 1년, 길어도 5년을 넘기기 힘든 아이돌 시스템은 쇼 비즈니스가 발전한 선진국에서는 사업성이 없다고 외면당한 시장이었다. "메탈 밴드나 그룹사운드의 경우에는 자체적으로 오랜 연습 기간을 거쳐 음악성이 숙성되었을 때 본격적으로 상업적인 시장으로 들어서기에 포장만 잘하면 됩니다. 설령 첫 번째 음반이 히트를 치지 못한다고 해도 상관없어요. 두 번째든 세 번째든, 아니면 네 번째든 하나만 히트하면 그 앞의 음반은 따라서 팔리니까요. 예를 들어 너바나 같은 록그룹이죠."

음악성을 인정받을 경우 그룹사운드의 음반은 스테디셀러가 된다. 특별한 육성 프로그램이 필요하지 않기에 초기 비용도 거의 없다. 영국 밴드 비틀스도 독일 함부르크에 있는 카이제 켈러 클럽에서 자욱한 담배연기를 맡아가며 연주 역량을 키운 다음 상업 시장으로 진입했다. 당연히 수익률이 좋다. 하지만 아이돌은 다르다.

'아이돌은 치명적인 한계를 가지고 있다. 주요 타깃이 10~20대 초중반, 게다가 남자 아이돌이면 그중에서도 팬층이 여성으로 한정된다. 1~2년 정도의 수명을 가지고, 종국에는 팬 유입이 중단되면서 사라진 아이돌이 수없이 많다.' 준비 기간까지 최소한 5년 이상을 공들여서 데뷔를 시킨 뒤 고작 수명이 1~2년이라면 수지가 맞을 수 없다.[15] 게다가 밴드라면 클럽 공연이라도 하면서 버틸 수 있지만 예비 아이돌은 기획사의 지원이 없으면 버틸 수 없다. 음악적 기반이 약하고 수요층이 빈약하기 때문에 아이돌 시장은 버려진 시장이었다.

그런데 여기에 기회가 있었다. 아이돌의 수요는 분명히 존재하지만 수익성이 떨어진다는 평가 때문에 한국만이 진입하여 독점적으로 공급을 했고 그 때문에 독보적인 위치를 차지할 수 있었던 것이다. 사실상 전 세계 아이돌 시장은 K-Pop 아이돌 빼고는 무주공산이다. 세계 음악계는 K-Pop이 경쟁의 진공상태에서 질주하는 것을 지켜볼 수밖에 없었다. 이렇게 K-Pop은 외면당했던 변두리 시장에서 전형적인 모노폴리언 전략으로 성장했다.

정리해보면 이와 같다. 남들이 외면하는 못난이 제품, 못난이 시장은 다음의 조건을 가지고 있다. 첫째, 수익성이 떨어진다. 제품의 차별화가 어렵고 경쟁이 치열하며 고객들조차 양질이 아니다. 둘째, 고객이 중요하게 생각하지 않는 과도한 서비스나 성능이 제공되고 있는 시장이다. K-Pop을 선호하는 층은 연주 역량이나 사운드의 질을 따지는 고객들이 아니었다. 심지어 애드리브 여부도 그들에게는 별로 중요치 않다. 그들이 원하는 것은 비주얼과 비트 그리고 댄싱이다. 예를 들면 항공기의 경우에도 이런 불필요한 거품이 발생했다. 그다지 중요하지 않다고 생각되는 기내식 및 기타 서비스를 패키지 형식으로 묶어 고가에 제공하는 것이다. 이동만을 중요시하는 고객들은 불만을 가질 수밖에 없다. 이 시점에 등장한 회사가 바로 저가 항공사다. 못난이 시장은 아프리카, 아시아 같은 지역적 변방에도 있지만, 기존 시장 안에도 엄연히 존재한다.

미니밀은 '미니'가 아니었다

미니밀mini-mill이라는 제철 공장이 있다. 기업의 이름이 아니라, 용광로로 대신 전기를 이용해 소규모로 철을 생산하는 업체를 통칭하여 부르는 용어다. 아이 장난감 같은 수준의 제품을 만들어내는 미니밀이 등장하자, 한국의 포항제철과 일본의 신일본제철 같은 종합제철 기업은 콧방귀를 뀌었다. 아니, 정확하게 말하면 오히려 반겼다. 왜냐하면 종합제철소가 계륵처럼 여기던 하위 시장을 미니밀이 맡아주었기 때문이다.

미니밀은 콘크리트와 함께 벽에 묻혀버리는 콘크리트 철강 분야부터 사업을 시작했다. 이렇게 철근과 콘크리트를 함께 시공하는 것을 건설업계에서는 SRC라고 하는데S는 steel(철), RC는 reinforced concrete(철근 콘크리트)의 약자다, 철강을 세우고 그 사이에 콘크리트를 채우는 방식으로 작업이 진행된다. 이 경우 철근의 가격이 공사비의 중요한 관건이기 때문에 건설업체들은 가격을 따질 수밖에 없다. 제품 차별화가 힘들면서도 돈이 안 되는 사업 모델이라 종합제철소들은 미니밀이 등장하자 홀가분하게 손을 털고 상위 시장에 주력했다.

그런데 미니밀 기업들이 다음 단계로 발을 들여놓은 시장은 상위 시장인 앵글 철강 시장이었다. 앵글 철강은 H형, I형 모양의 철근 구조를 만드는 것으로 기술력이 꽤 요구되는 부문이기 때문에 그간 종합제철소들은 미니밀이 만들기에는 불가능하다고 여겼다. 하지만 피 말리는 가격 경쟁에서 돌파구를 찾아야 했던 미니밀 업체들은 결국 이 시장에 진입하는 방법을 찾아내 야금야금 상위 시장을 잠식하더니, 결국 종합제철소들에게 타격을 가하기 시작했다. 그러자 종합제철소들은 미니밀 업체들에게 앵글 철강의 자리를 일부 내주었다. 종합제철소에게 가장 높은 수익을 안겨주는 시장은 구조형 철강 부문이다. 만약 미니밀 업체들이 여기부터 공략했다면 즉각적인 반격으로 미니밀은 성장도 하기 전에 꺾였을 것이다.

모노폴리언 전략을 쓰려고 한다면 기존 업체들이 핵심 시장으로 여기는 부문부터 진입하는 것에 극도로 신중해야 한다. 기존의 강자가 목숨처럼 생각하는 핵심 시장은 제아무리 덩치가 큰 기업이라도 진입하는 것이 쉽지 않다. 규모가 큰 제일제당이 조미료 시장에서 중소기업이었던 미원에게 연패했던 것도 미원이 핵심 시장으로 지배하고 있던 조미료 부문에서 승부를 걸었기 때문이다. 반대로 IBM의 붕괴는 기업용 메인프레임이라는 주력 시장이 아니라, 그들이 무시했던 개인용 PC 시장에서 시작되었다.

전기자동차 업계의 맹주인 테슬라Tesla 역시 모노폴리언의 법칙을 충실히 따랐다. 테슬라가 전기자동차를 만들 때 대부분의 전기자동차 생산업체들은 크기가 작고 가격 부담이 낮은 보급형 전기자동차를 만들고 있었다. GM의 볼트, 닛산의 리프 등이 모두 저가의 범용 가격대를 지향했다. 하지만 테슬라는 이들과 전혀 다른 고가의 스포츠카 시장으로 곧바로 진입했다. 스포츠카업체들에게는 전기자동차를 만들 노하우가 없었고, 전기자동차를 생산하던 업체들에게는 목표 시장이 아니었기에 모두 방관할 수밖에 없었다. 그 틈을 타 테슬라는 급성장하며 10년 만에 흑자를 달성했다. 자동차업계 역사상 10년 만에 흑자를 달성한 기업은 현재까지 테슬라가 유일하다.

도쿄의 테슬라 매장

변방이 정상을 기약한다

변방은 나만의 성을 찾아 나서도록 만드는 필요조건이자 충분조건이다. 자신의 성을 갖지 못해 떠돌아본 사람, 추위에 몸서리쳐본 사람만이 성의 중요함을 알게 되기 때문이다. 어쩌면 결핍은 사서라도 가져야 할 요소인지도 모른다.

세계에는 세 개의 극점이 존재한다. 수평의 극점인 북극과 남극 그리고 수직의 극점인 에베레스트다. 우연히 세 극점을 정복한 사람들에 대해서 알아보다가 이들에게 공통점이 있다는 사실을 알게 되었다. 이 세 곳 모두 '중앙' 출신이 아니라 '변방' 출신들에 의해 정복되었다는 점이다. 특히 세계 최고봉 에베레스트의 정복 스토리는 변방과 바닥이 반전을 일구어낸 드라마의 결정판이다. 결론부터 말하자면, 에베레스트를 정복한 에드먼드 힐러리는 엘리트 계층이 아니라 꿀벌을 키우던 양봉업자였으며, 게다가 영국 본토가 아닌 식민지 뉴질랜드 출신이었다.

영국이 에베레스트 정복에 나섰을 때, 이미 북극은 1909년 피어리에게, 남극은 1911년 아문센에게 정복된 상태였다. 영국은 지구상에 단 하나 남은 극점 정복에 뜨거운 의지를 불태웠다. 대영제국의 영광이 서서히 저물어가는 세계 정세 속에서 영국은 분위기를 반전시킬 이벤트가 필요했고 그 목적에 가장 부합하는 것이 바로 극점 정복이었다. 이미 남극에서 한 차례 분루를 삼킨 적이 있었기에 영국은 더욱 절박했다. 게다가 영국에게는 불세출의 산악인 조지 말로리가 있었다.

1953년, 영국은 존 헌트를 리더로 한 에베레스트 정복팀을 출발시켰다. 1950년 프랑스가 안나푸르나를 초등했고, 1953년에는 독일이 세계

9위봉 낭가파르바트에 올랐다. 하지만 세계 최고봉을 등정한다면 모든 것을 한 번에 뒤집을 수 있었다. 1953년 5월, 에베레스트에 베이스캠프를 친 영국 등반대는 곧장 정상 정복에 나섰다. 당시 등반대에는 뒤늦게 팀에 합류한 에드먼드 힐러리가 있었다. 힐러리는 꼭 10년 전이었던 1943년에 에베레스트에 도전했다가 실패한 경험을 갖고 있었다. '에베레스트여, 너는 자라지 못한다. 그러나 나는 자랄 것이다. 나의 힘도 능력도 자랄 것이다. 또 내가 구비한 장비도 더 나아질 것이다. 나는 다시 돌아오겠다. 기다려라. 나는 다시 산에 오를 것이다.'

영국 등반대는 영국인으로만 구성된 2개 팀을 올려 보냈지만, 모두 실패하고 말았다. 이에 대장이었던 헌트는 마지막으로 뉴질랜드 양봉업자 출신인 에드먼드 힐러리와 네팔인 셰르파 텐징 노르가이에게 등정을 명한다. 그리고 1953년 5월 29일 11시, 드디어 세계 최고의 극점 에베레스트는 힐러리와 노르가이에게 정상을 허락한다. 영국은 엘리자베스 2세 여왕의 대관식이 열린 6월 2일 전 세계에 이 소식을 타전했다. 〈런던 타임스〉는 대영제국의 영광을 세계만방에 알리고 여왕의 즉위식에 가장 값진 선물을 했다고 극찬했다. 하지만 정작 힐러리가 가슴에 품고 에베레스트까지 가져갔던 것은 조국 뉴질랜드의 국기였다.

신영복 교수는 《변방을 찾아서》에서 변방의 미학을 이야기했다. 오리엔트의 변방이었던 그리스와 로마, 그리스와 로마의 변방이었던 합스부르크와 비잔틴, 근대사를 열었던 네덜란드와 영국, 그리고 영국의 식민지였던 미국에 이르기까지 인류의 문명은 끊임없이 그 중심지가 변방으로 이동해온 궤적을 보여준다는 것이다. 신영복 교수는 우리가 갇혀 있는 틀을 깰 수 있게 해주는 변방의식을 새 영토를 찾아가는 '탈주脫走'에

비유한다. 그리고 그는 스테판 에셀의 《분노하라》에 나오는 구절을 인용하여 '변방은 저항과 창조의 공간'이라고 결론 내린다. 오늘의 변방이 곧 내일의 중심이다.

다섯 번째 城

역방향
Reverse

역방향 독점의 방법

스테파니 조앤 앤젤리나 제르마노타Stefani Joanne Angelina Germanotta. 사람 이름이다. 더군다나 세계적으로 대단히 유명한 사람의 이름이다. 들어본 적 없다고? 그럼 이렇게 불러보자. 레이디 가가Lady GaGa. 그렇다. 이 긴 이름의 주인공은 21세기 팝의 여제 레이디 가가다.

전 세계를 휩쓴 레이디 가가의 광풍은 '기괴함'에서 시작됐다. 그녀의 취향은 대중이 신기하게 여기기는 하지만 쉽게 따라 하기 힘들기 때문에 'bad taste'라 불릴 정도다.

대부분의 여가수는 여성적인 매력을 어필하는 전략을 취한다. 인터넷 방송 아프리카TV의 3대 '여신' BJ 중 한 명으로 꼽히는 디바 제시카는 자신이 섹시함으로 알려진 이유에 대해서 이렇게 말한다. "세계적으로 섹시코드 마케팅은 실패한 적이 없는 것 같더군요. 전 그걸 이용한 거구요." 레이디 가가가 그걸 몰랐을까? 하지만 그녀는 스스로 고백하듯, 섹시함에 있어서는 그다지 탁월하지 못하다. 155cm의 키에 얼굴도 몸매도 미인이라 말하기는 힘들다. 아무리 생각해도 대중적인 인기를 누리기에는 좋은 조건이 아니다. 그녀도 다른 가수들과 같은 방식으로 해서는 승산이 없다는 사실을 잘 알았다. "가가는 왕따였죠. 그래서 패션이 자신의 방패막이라고 생각한 듯해요." 친구들은 그녀를 약간은 뒤떨어진 아이로 기억한다.[16]

2010년 MTVMusic Television 뮤직어워드의 레드카펫 주위에 몰려들어 있던 사진기자들은 레이디 가가의 등장에 뒤로 나자빠질 뻔했다. 그녀가 몸에 두른 것은 역사상 한 번도 본 적이 없는 '고기 드레스'였기 때문이다. 사람들은 질색했지만, 레이디 가가는 이 고기 드레스 퍼포먼스로 인해 전 세계에 자신의 이름을 알렸다. 이후 수많은 안티팬이 양산되었지만 특이한 반응이 나타나기 시작했다. 가가의 패션에 대해 온갖 해석과 추측이 난무하면서 반향이 커졌던 것이다. 가가가 보여준 기괴함의 힘이었다. 모두가 예쁘고 섹시한 모습으로 스포트라이트 앞에 설 때 혼자서 괴상함이라는 흥행의 암흑지대로 달려간 바로 그 선택이 그녀를 최고 가수의 반열에 올려놓았다.

레이디 가가는 연인이었던 테일러 키니와 몸에 물감을 묻힌 채 캔버스 위에서 사랑을 나눈 흔적을 그림이랍시고 자선행사에 내놓아 엄청난 논란을 일으키기도 했다. 그것도 모자라 그녀는 인터뷰에서 미국의 표현주의 화가 잭슨 플록의 그림을 연상하면서 '작업'을 했다고 밝혀 또 다시

세인들의 입방아에 올랐다.

어떻게 보면 레이디 가가는 화제를 불러일으키는 것에 혈안이 되어 있는 것처럼 보이지만, 실제 그녀는 자신만의 방향을 잃지 않기 위해 엄청난 노력을 기울이는 것으로 알려져 있다. 자신이 벌어들인 돈의 대부분을 의상 연구와 음악에 쏟아부으며 자신만의 기괴함을 만들어내고 유지하기 위해 최선을 다하는 것이다.

경쟁자들이 자신들만의 논리에 빠져 유사한 전략을 습관적으로 반복할 때 '역방향 독점'은 효과를 거둔다. 거의 모든 공급자가 유사한 전략에 매몰되어 있을 때 반대로 달려가는 행보는 '나'라는 존재를 뚜렷이 각인시키는 좋은 방법이다. 비즈니스 세계에서의 역방향 독점은 기존의 업체들과 선을 긋듯 자신을 분리시키는 이분화 포지셔닝을 구사함으로써 획득할 수 있다. 성공하기만 한다면, 이 이분화 포지셔닝은 그 효과가 상당히 오랫동안 지속되며 하나의 트렌드로까지 인식되어 업계 전체의 흐름을 바꾸기도 한다. 한때 레이디 가가를 무시했던 제니퍼 로페즈 등의 일류 가수들이 나중에 '가가 따라 하기'에 여념이 없었던 것도 같은 맥락이다. '예쁜 것은 그저 예쁘고, 못생긴 것은 그저 못생긴 것이지만, 기괴한 것은 오브제가 된다.'

넥센, 반대 방향에서 길을 찾다

2008년 경제위기 직후, 세계 경제의 여진이 계속되어 모두가 잔뜩 움츠리고 있을 때 매출액보다 많은 자금을 들여 공장을 짓겠다고 나선 기업이 있었다. 그것도 인건비가 싸지도, 땅값이 저렴하지도 않은 한국의 경남 창녕에 말이다. 공장 건설비용은 무려 1조 5천억 원. 원가 절감을 위해 너도 나도 중국과 동남아로 생산기지를 옮기고 있을 때 이 청개구리식 접근법은 위험하기 그지없어 보였다. 당시 이 계획을 밀어붙였던 회사의 사장은 이제 웃으며 이야기한다. "긴가민가해하는 바이어들을 최신식 창녕 공장에 데리고 오기만 하면 게임 끝입니다. 무조건 타이어를 사겠다고 합니다."

2009년 공장 착공 당시 이 회사의 매출액은 9,662억 원이었지만, 2015년에는 1조 7,587억 원으로 5년 만에 2배 가까이 성장했다. 내수시장 점유율은 8%에서 25%로 3배 이상 뛰었다.[17] 세계 타이어업계가 전반적으로 고전 중인데도 승승장구하고 있는 이 기업의 이름은 넥센Nexen이다.

넥센은 동종 업종 다른 업체들의 순이익이 최대 50% 이상 감소하는 최악의 상황 속에서도 홀로 매년 순이익이 증가하면서 사상 최대 실적을 경신하고 있다. 이와 같은 넥센의 성장비결은 하이엔드 전략에 기반을 둔 독점 전략에 있다.

기업 조건으로 보면 넥센은 다른 경쟁 업체들에 비해 생산량이 적고 직원 수도 열세다. 그렇기 때문에 다르게 싸워야 한다. 넥센은 상대적으로 규모가 작은 생산시설 때문에 상품 수를 줄이고 소수 고객을 타깃으로 하는 제품 생산에 집중했다. 넥센이 생산하는 엔페라 AUS, 엔페라 RUS, 엔블루 등은 모두 고급 세단과 SUV를 위해 만들어진 프리미엄 타이어 제품이고, 한국에서는 주로 외제 승용차에 장착되는 런플랫 타이어run-flat tire, 펑크가 나도 그대로 달리는 타이어와 자가봉합 타이어 등 기술력이 집중되어 독점적 이익을 장기간 누릴 수 있는 UHPUltra High Performance 타이어도 생산하고 있다.

넥센이 처음부터 하이엔드 전략을 썼던 것은 아니다. 한국타이어와 금호타이어라는 강자가 버티고 있는 시장에 중저가로 도전했지만 고전했다. 그러던 중 2010년 프로야구팀 넥센 히어로즈의 스폰서가 되면서 상황이 반전되기 시작했다. 브랜드 이미지가 올라가면서 가격 전략이 아니라 가치 전략으로 선회하며 영역 구축에 나섰다. 수출 대상을 잡는 것도 기존 업체들과는 다른 길을 걸었다. 한국의 주요 타이어업체들이 미국에서의 치열한 시장 경쟁을 피해 유럽과 중국으로 진출할 때 넥센은 오히려 주요 수출국으로 미국을 선택했다. 브릿지스톤, 미쉐린 등의 글로벌 강자들이 즐비하지만, Made in Korea라는 이미지를 앞세워 나름의 독점 영역을 만들어나가는 중이다. 마케팅과 홍보 채널도 마찬가지다. 기존 업체들은 그간 레이싱에 주력했지만, 넥센은 일반 마케팅 채널을 택했다. 영국에서는 맨체스터 유나이티드를, 한국에서는 넥센 히어로즈를 지원하는 식이다.

넥센의 청개구리식 독점 전략을 정리해보면 다음과 같다.

기존 업체의 공간	넥센의 독점 공간
전제품 생산	기술적 독점력을 발휘할 수 있는 소수 제품
일반 제품	수익성이 높은 프리미엄 제품
유럽, 중국 등 비주류 시장	주류 시장인 북미 직접 공략
F1 레이싱 등 타이어와 직접 연관된 프리미엄 스포츠 후원	축구, 야구 등 대중이 좋아하는 스포츠 후원

넥센은 브랜드와 규모의 열세를 자신들만의 독점 공간을 창출함으

써 이겨낸 대표적인 사례다. 이들의 독점 전략에는 기술 독점과 고객 독점이 절묘하게 결합되어 있으며, 이를 브랜드 독점으로 적절히 연결시키고 있다.

고객이 원하는 가격을 계속 탐색하라

가격을 정할 때 보통 두 가지 가격산정법을 따른다. 시장거래가격법과 원가법이 그것이다.

시장거래가격법은 유사 제품이 시장에서 보통 얼마에 거래되는지를 보고 가격을 설정하는 것이다. 원가법은 재료비, 인건비 등의 원가를 계산해서 가격에 반영하는 것이다. 기업에서 가격을 정할 때는 대개 이 두 가지 방법을 적당히 혼합해서 쓰게 된다. 하지만 이렇게 가격을 정해도 주변이 신경 쓰이게 마련이다. 다른 곳에서는 이 정도니까 더 내려야 하나? 이렇게 가다 보면 결국 이도 저도 아닌 평범한 가격대에 그냥 파묻히게 된다. 고객에게 강하게 어필하려면 가장 적절한 가격을 제시해야 하지만 이 가격을 알기란 쉽지가 않다. 하지만 원칙은 분명하다. 고객이 지갑을 열도록 만드는 가격이어야 한다는 것이다.

화장품회사 미샤Missha가 3,300원의 저가 화장품을 선보이게 된 것은 이벤트 때문이었다. 화장품을 공짜로 주는 마케팅을 진행하려 했는데, 고객에게 이벤트 상품을 보내는 택배비까지 부담하기에는 비용이 너무 컸다. 고심 끝에 미샤는 택배비를 고객에게 부담시키기로 했는데, 그럼에도 고객들의 요청이 폭발했다. 미샤는 이때 3,300원이라는 가격이 고객의 지갑을 열 수 있는 적정 가격이라는 사실을 알아냈다. 이렇게 3,300원짜리 화장품이 탄생했고, 미샤는 한동안 저가 시장을 석권했다. 미샤는 시장과 소통하는 과정에서 예기치 않게 Trial & Error시행착오를 통해 고객의 심리 속에 숨어 있던 가격을 알아낸 것이다.

인도의 타타그룹은 인도 고객들의 경제 상황과 차를 구입할 때의 고민을 깊이 이해했다. 인도인들은 자동차를 무척 원했지만 그들의 소득으로는 형편이 닿지 않았다. 타타그룹은 인도인들을 위한 자동차를 만들기로 하고, 인도 국민이 지불할 수 있는 가격을 찾았다. 타타가 알아낸 가격대는 PC 한 대 가격인 200만 원대 초반이었다. 판매할 자동차의 가격을 정한 타타의 눈물겨운 고군분투가 시작되었다. 동시에 조롱도 시작되었다. 특히 그때까지만 해도 인도에서 가장 저렴한 자동차 마루티 800을 판매하고 있던 일본 스즈키 모터스의 오자무 스즈키 회장은 대놓고 타타를 비아냥거리기까지 했다.

타타는 가격을 맞추기 위해 제로베이스에서 자동차를 재설계했다. 이렇게 탄생한 것이 나노Nano. 나노에는 없는 것이 많다. 라디오, 에어컨, 파워 윈도우가 없고, 사이드미러도 운전석 쪽에 하나만 달았다. 선바이저 역시 운전석에만 있다. 이런 것도 갖추지 않고 이게 무슨 자동차냐고 하는 사람도 있겠지만, 자신의 자동차를 타는 것만으로도 행복감을 느끼는 사람들에게 나노는 축복이었다. 시장을 이해함으로써 새로운 패러다임을 제시한 사례는 이외에도 많다. 유통 분야의 혁명적인 변화를 일으킨 마셜필드Marshall Field & Co. 역시 그 주인공이다.

유통업체들은 먼저 마진을 정한 뒤 이를 가격에 반영한다. 마진은 재고회전율과 밀접하게 연결되어 있는데, 사업 운영에 필요한 총 마진을

타타의 초소형 자동차 나노 ©paul prescott

맞추기 위해서는 마진을 올리거나 상품을 많이 팔아야(재고회전율을 높여야) 한다. 그런데 불행히도 마셜필드가 사업을 전개할 당시에는 불황으로 유통업체들마다 부진한 판매 실적 때문에 고전하고 있었다. 그래서 유통업체들은 부족한 판매량을 메우기 위해 제품에 높은 마진을 붙여 팔았다. 이로 인해 고객도 업체도 고통을 받고 있다고 생각한 마셜필드는 과감하게 마진을 합리적으로 낮춘 뒤 이를 더 많이 팔아 메우는 사업 구조를 다시 짜기 시작했다. 조직은 총력을 다해 판매에 힘을 기울였고, 마셜필드는 기업 활동이라는 것이 결국 고객이 받아들일 수 있는 가격과 상품 구조를 정한 뒤 이 가혹한 시험대에 스스로를 세우고 달성해내는 프로세스라는 사실을 깨달았다. 반복 구매하는 일상 제품의 경우 가격이 중요한 요소라는 것을 정확히 짚어낸 결과였다.

손님이 줄을 서는 일본의 한 스시 가게에서는 주방장이 새로 오면 딱 한 가지 요청하는 것이 있다. 원가 생각은 잊으라는 것이다. 주방장의 머릿속에 이건 얼마, 저 생선은 얼마라는 원가 공식이 있으면 손님에게 마음껏 내주는 것을 망설이게 된다. 고객이 그 찰나의 순간을 놓치지 않는 것도 문제가 되지만 더욱 중요한 것은 원가 생각을 함으로써 업의 본질을 잊어버리게 되기 때문이다. 요식업의 본질은 즐거움을 주는 것이다. 그런데 어떻게 하면 고객에게 즐거움을 줄까 고민하는 것이 아니라 어떻게 하면 이익을 조금이라도 더 남길까를 생각하는 순간 이미 최고의 서비스는 물 건너가는 것이다.[18] 《장사의 신》이라는 책으로 유명한 우노 다카시는 고객에게 퍼주는 것이 한 사람 한 사람을 생각하면 당장 손해일지는 모르나 손해 보며 판다는 소문에 손님이 늘어나면 손실이 줄어들고 결국 이익이 남게 된다고 설명한다. 손해의 역설이다.

여섯 번째 城

이미지
Image

20대 청년을 호텔업계의 기린아로 만든 비결은 :
주아 디 비브르

한 청년이 아무도 없는 한 호텔의 수영장에 멍하니 앉아 있었다. 청년은
중개업자에게 속아 이 호텔을 덜컥 사들였고—그는 어설프지만 투자계
획서를 만들어 주변에 돌린 덕에 겨우 자금을 모았다—지금 텅 빈 호텔
안을 둘러보며 후회 중이었다. 계약하기 전 호텔을 가득 채웠던 여자들
은 알고 보니 모두가 콜걸이었다. 이전 주인이 매각을 앞두고 눈속임을
하고자 그녀들에게 방을 내준 것이었다. 콜걸들이 떠나버린 호텔은 텅
비었고 찾아오는 사람은 없었다. 하루하루 실의에 빠져 지내던 청년의
머릿속에 불현듯 한 가지 아이디어가 떠올랐다.

그즈음 연예인과 공연기획자, 예술가들은 호텔에 적지 않은 불만을 품고 있었다. 자신들의 독특한 취향과 욕구를 호텔이 충족시켜주지 못하기 때문이었다. 불만을 갖기는 호텔도 마찬가지였다. 연예인과 예술가들은 호텔 홍보에 도움이 되는 존재였으나, 일반 투숙객과 달리 자유분방하고 튀는 생활 때문에 골칫거리이기도 했다. 청년은 연예인들의 취향과 욕구를 채워줄 수만 있다면 자신의 호텔이 업계에서 독특한 위치를 차지할 것이라 확신했다. 청년의 생각은 맞아떨어져 그는 자신이 예상한 것보다 훨씬 큰 성공을 거두었고, 그의 호텔은 운영 3년 만에 미국에서 가장 주목받는 호텔의 반열에 올랐다. 주아 드 비브르Joie de Vivre, JDV, 프랑스어로 '삶의 기쁨'이란 뜻의 이 호텔은 캘리포니아에서 첫 번째, 미국에서 두 번째 큰 부티크 호텔 체인으로 성장했다. 청년의 이름은 칩 콘리. 그의 독점 전략을 좀 더 자세히 들여다보자.

칩 콘리는 연예인들을 자세히 관찰했다. 연예인 시장은 일반인 시장과는 여러모로 달랐다. 그들은 일반인이라면 크게 중요하게 여기지 않는 요소에 강한 니즈를 느꼈다. 예를 들어 공연 무대에 서는 가수라면 숙소에 돌아왔을 때 목을 관리해줄 사람이 있다면 큰 힘이 될 것이다. 또 연출가라면 호텔에서 단순히 숙박만 하는 그 이상의 경험을 통해 영감을 얻기를 원할 것이다. 댄서들은 격렬한 동작에 따른 몸의 피로를 풀 수 있다면 무척 행복할 것이다. 또 그룹사운드 멤버라면 시원한 맥주를 홀짝거리면서 음악 영화를 보는 것이 최고의 휴식일지 모른다. 생각이 든 순간 칩 콘리는 당장 실행했다. 가수들을 위해 이비인후과 의사를 배치했고, 공연 연출가들을 위해 진귀한 미술 작품으로 벽을 장식했으며, 댄서들을 위해서는 최고 수준의 마사지사를 대기시켰다. 밴드 멤버들을 위해서는 전 세계 뮤지션들이 출연하는 비디오를 구비해두었다.

칩 콘리는 주아 드 비브르의 역할을 '정체성 재창출identity refreshment'이라고 말한다. 예술인 고객은 호텔에 묵으면서 단순히 숙박을 하고 휴식만 취하는 것이 아니라, 자신들의 예술성을 더욱 풍부하게 해줄 새로운 자극을 원한다. "그들이 JDV에 대해 말하는 단어들은 그들 자신을 표현할 때 쓰는 말과 같아요. JDV는 그들과 코드가 맞는 흥미 있는 존재인 거죠."[19]

주아 드 비브르는 자신들만의 과학적인 데이터사이코 그래픽스 기법를 통해 고객의 특성을 추출한 후 이를 호텔 콘셉트와 인테리어에 반영한다. 아티스트들은 자신의 속마음을 핀셋처럼 잡아낸 서비스를 제공하는 주아 드 비브르를 강력하게 지지했다. 이 특이하고도 지금까지 세상에 없던 형식의 호텔은, 여느 호텔이라면 십 년이 지나도 힘들다는, 〈피플〉지에 소개되는 영광을 누림으로써 전국적인 유명세를 타기 시작했다.[20]

주아 드 비브르 산하의 부티크 호텔들은 부티크 잡지들을 영감의 원천으로 활용함으로써 특이한 콘셉트를 만드는 나름의 방식을 갖고 있다. 피닉스 호텔은 록음악 전문지 〈롤링스톤〉을, 렉스 호텔은 〈뉴요커〉, 아반떼 호텔은 〈와이어드〉에서 호텔의 특성을 추출해낸다. 이러한 이미지들은 같은 취향을 공유한 투숙객들의 소속감을 형성하도록 이끄는 역할을 한다.

이미지를 바꾼 타겟의 조커, PB

어느 날 스티브 잡스는 생뚱맞게도 유통업체인 타겟Target의 임원 론 존 슨을 스카우트한다. 명품 IT기업 애플에서 왜 유통업체의 임원을 스카우 트했을까? 잡스가 존슨에게 물었다. "세계 최고의 고객 서비스를 제공하 는 곳은 어디입니까?" 존슨이 지목한 것은 의외의 기업이었다. "업종을 불문하고 대답하라고 한다면 단연 포시즌스 호텔Four Seasons Hotel입니다." 이 말을 들은 잡스는 포시즌스 호텔의 서비스에 착안해 애플만의 고품격 고객 서비스인 컨시어지Concierge와 지니어스 바Genius Bar를 만들어내 마 니아 고객층의 강력한 지지를 끌어냈다. 그러고 보면 난데없이 포시즌 스 호텔을 추천한 론 존슨은 탁월한 조언으로 애플의 브랜드 파워를 크 게 올려놓은 공신인 셈이다. 그것은 그가 IT산업과는 관계가 먼 유통업 체 타겟 출신이어서 가능했다.

타겟은 1960년 미국 북중부 미네소타 주의 미니애폴리스에서 문을 열 고 회사를 키워간 변방형 기업으로, 월마트가 가격으로 승부할 때 '가치 를 창조하라Creating Value'라는 모토로 경쟁사들을 하나둘 굴복시키고 자 기만의 성을 쌓았다. 할인점이 다루는 대부분의 제품들은 대동소이하다. 어디서나 찾아볼 수 있는 유사한 제품들을 다루다 보니 자연스럽게 기업 의 관심은 가격으로 향한다. 이때의 경쟁력은 얼마나 납품업체를 쥐어짜 느냐와 얼마나 관리·유통 분야의 인건비와 비용 절감을 실현할 수 있느 냐에 달려 있게 된다. 하지만 두 가지 다 바닥으로 가는 레드오션형 경주 로 이겨도 열매가 씁쓸하다. 타겟은 이런 전략으로는 영원히 답을 찾을 수 없다고 확신했다. 그들은 고객에게 새로운 가치를 줄 수 있는 방법을

— 도쿄의 애플 매장

찾았다. 타겟은 모든 업체들이 다 파는 제품들이 아니라 자신들만이 팔수 있는 PB 상품을 히든카드로 내세웠다. 다음은 타겟이 PB를 활용해 펼쳤던 가치 창조 전략 프로세스다.

1. 가격 이외의 가치를 줄 수 있는 수단은 무엇인가

타겟은 새로운 가치를 창출하기 위해서는 통제권을 행사할 수 있어야 한다고 생각했다. 자신들이 매입하는 기존 제조사들의 제품들로는 가격이나 진열 방법만으로 소비자에게 어필할 수밖에 없었다. 방법을 찾던 타겟은 PB에 주목했다. PB 상품은 자신들의 브랜드를 통해 제품의 기획부터 유통, 가격까지 얼마든지 자유롭게 정할 수 있었다. 당시에 PB 상품은 가격을 더 낮추어 고객을 유인하는 초저가형 제품이 대부분이었지만 타겟에는 다른 노림수가 있었다.

2. PB 제품을 가격이 아니라 가치를 주는 전략 무기로 바꾸어라

타겟은 PB가, 가치를 주어 수익률의 주도권을 다시 가져오는 전략무기가 되기를 원했다. 그들은 뉴욕에서 뜨는 디자이너 아이작 미즈라히와 컬래버레이션을 하여 스토어 내에 '아이작 미즈라히 포 타겟' 코너를 열었고, 연이어 분야별로 독특한 PB 제품을 내놓기 시작했다. 아동용품은 에이미 코어, 생활용품은 마이클 그레이브스와 손을 잡아 타겟의 PB는 수준과 안목이 다르다는 인식을 소비자들에게 강하게 심어주었다.[21]

3. 가치를 알아주는 소비자를 불러 모아라

타겟의 출발은 할인점이었다. 따라서 새로운 시도는 기존의 가격지향 소비자들이 완전히 소화하기에는 무리라는 판단이 섰다. 따라서 타겟은 자신들의 가치 전략을 알아줄 수 있는 고객을 불러 모으기 위해 할인점으로서는 파격적으로 〈뉴요커〉, 〈보그〉, 〈엘르〉 같은 고품격 잡지에 광고를 시작했다. 당시 대부분의 할인점들은 전단광고에 의존하고 있었다. 새로운 제품에 새로운 소비자들이 모여들기 시작하자, 타겟은 유니크하고 핫한 할인점으로 독점적인 지위에 오를 수 있게 되었다.

타겟이 가치 전략을 강력하게 밀고 나가자, 경쟁자들은 하나둘 견뎌내지 못하고 퇴출되었다. 첫 번째 희생양은 보스턴의 백화점 필레네스였다. 타겟이 2001년부터 두 자릿수 성장을 계속하는 동안 시카고의 백화점 몽고메리 워드 역시 경쟁에 뒤처지면서 문을 닫았고, 할인점 넘버 투였던 K-마트도 파산했다. 1872년에 설립된 몽고메리 워드는 메일오더라는 혁신적인 판매방식으로 인기를 끌었지만, 그들에게는 자신들만의 무기가 없었고 소비자들의 냉담한 반응 속에 몰락했다. K-마트는 가격과 가치, 양쪽에서 자신만의 지대가 사라지고 있다는 사실을 알아차리지 못했다. 월마트가 확실한 가격 독점 전략으로 폭풍처럼 밀어닥칠 때도 타겟만은 자신만의 가치 독점 지대로 진입하여 살아남았고, 종국에는 시장을 양분하면서 월마트와 자웅을 겨룰 수 있게 되었다.

오늘날 창고형 할인점 역시 독점 영역 싸움으로 가고 있다. 코스트코는 PB 브랜드인 커클랜드와 압도적인 제품 구색 그리고 먹다 남은 제품까지도 환불해준다는 과감한 환불징책으로 회원들을 유인하고, 이마트 트레이더스는 가입 회비가 없다는 점을 내세워 코스트코의 유료 회원제에 불만을 품은 고객들을 끌어들이고 있다. 롯데의 빅마트는 다양한 편의시설로 가족 단위 고객을 흡인하는 전략을 쓰고 있다. 방법은 제각각이지만 지향하는 방향은 하나다. 자신만의 무기로 자신만의 고객층을 확보해나가는 것이다.

타겟은 또한 자신들의 이미지를 유지하기 위해 나름의 판매해법을 찾았다. 세일은 유통업체의 대표적인 무기다. 재고가 쌓이고 매출이 부진할 때 어김없이 빼드는 카드가 세일이다. 문제는 세일이 끝난다고 해도 끝난 것이 아니라는 사실을 소비자들이 더 잘 알고 있다는 점이다. 실제 소매점에서 세일을 하면 어디선가 손님들이 숨어 있다가 나오는 것 같다는 이야기가 돌기도 한다. "손님들에게 이번 주에 세일을 마감한다고 말씀드리면 손님들은 '다음에 또 할 거잖아요'라고 얘기합니다." 소매 유통업체들의 이러한 푸념은 하루 이틀의 일이 아니다. 실제로 다음 번 세일 때 이번에 남은 재고를 다시 내놓을 수밖에 없기 때문에 가격을 더 떨어뜨리는 일이 반복된다. 그래서 패션업계에서는 '한정 세일'이라는 해답을 찾아냈다.

타겟은 실력 있는 디자이너의 제품을 한정 기간 선보이는 'International Flight of Fashion'을 실시하여 세일에 길들여진 소비자들의 지갑을 여는 방법을 택했다. 영국 출신 디자이너 루엘라 바틀리의 제품을 시작으로 90일 동안의 한정 세일을 진행함으로써 언제든 할인 가격에 제품을 구입할 수 있다는 소비자들의 관념을 깨뜨렸다. 일정한 기간이 지나면 제품을 구입할 수 없다는 사실을 각인시킴으로써 고객의 즉시 구매를 유도한 것이다. 이러한 전략을 통해 타겟은 유니크하고 희소한 제품을 다룬다는 이미지를 획득해 자신들만의 영역을 구축할 수 있었다.

엑소, 감성적 독점의 가치는 어느 정도일까?

2015년 7월, 서울 YMCA는 공정거래위원회에 대형 연예기획사인 SM, YG 등에 대한 조사를 요청했다. 이들 기획사들이 자사에 소속된 연예인 관련 상품을 과도하게 비싼 가격에 판매했다는 이유였다. "엑소가 착용한 이어폰은 123만 원, 선글라스는 27만 8천 원이나 합니다. 카드, 지갑 등은 56만 원에 이르기도 하죠." 명품 제품과 거의 같은 가격대다. 이는 특정 연예인에게 감정적으로 휩쓸리지 않는 사람들에게는 터무니없는 가격이지만, 팬들에게는 다르게 나가간다. 해낭 제품을 구입한 팬들은 그 제품에서 물건 그 이상의 가치를 체험한다. 이처럼 평범한 제품이 감성적 독점 상황에 이르면 오랜 시간 브랜드 파워를 쌓아온 명품과 필적할 수 있음을 이 사례는 보여준다. 심지어 다 기울어가던 브랜드도 감성적인 영역으로 진입한다면 언제든 부활할 수 있다는 사실을 할리데이비슨이 증명했다.

97%를 이긴 3%의 감성고객

'할리는 할아버지나 타라고 하세요.'

1903년에 세워져 미국 모터사이클계를 호령했던 거인, 할리데이비슨 Harley-Davidson. 하지만 젊은이들은 할리데이비슨을 이제 고리타분한 브랜드로만 여겼다. 품질도 문제였다. '할리를 꼭 사야 한다면 두 대를 사라. 한 대가 고장 날 테니까.' 소비자들의 냉소가 끊이지 않았다. 결국 할리데이비슨은 실적악화를 견디지 못하고 시장에 매물로 나왔다. 그런데 이 시체 같은 브랜드를 지켜보던 할리데이비슨의 경영진은 이상한 고객들에게 주목했다. 기계적 완성도가 놀랍도록 뛰어난 혼다와 야마하 등 일제 오토바이들이 저가에 인기를 끄는 상황에도 전혀 흔들림 없이 할리데이비슨을 타는 마니아 고객들이 여전히 버티고 있다는 사실이었다.

할리데이비슨은 야마하를 비롯한 일제 오토바이에 몰려 점유율이 3%까지 추락했다. 97대 3. 수치로 보았을 때, 할리데이비슨이 망하는 것은 시간문제였다. 그런데 통계만으로는 알 수 없는 '3%의 진실'이 있었다.

이 숫자는 오토바이 시장 자체가 커진 것에 기인한다. 97%의 고객에는 이전까지 모터사이클을 타지 않았지만, 가볍고 싸며 튼튼한 일제 오토바이가 등장하자 비로소 구매에 나선 신규 고객들이 다수 포함되어 있었다. 할리데이비슨이 혼다와 야마하에 밀려 3위까지 떨어졌다가 다시 1위로 올라설 수 있었던 것은 바로 이 3%의 고객들이 왜 할리데이비슨을 사는지에 대한 이유를 알아내고 그 가치에 집중했기 때문이다.

할리데이비슨은 할리데이비슨만이 가진 독점 공간이 있었다. 일제 오토바이가 큰 소음 없이, 또 잔 고장 없이 잘 달릴지는 몰라도 그르렁거리는 할리데이비슨만의 애니멀 사운드는 흉내 낼 수 없다. 모든 바이크가 거리를 달려 슈퍼마켓으로, 직장으로 향할 때 할리데이비슨은 자유와 일탈이라는 목적지로 내달리는 유일한 바이크였다.

할리데이비슨의 경영진이 주목한 것은 기계적 완성도를 넘어서는 바이크의 세계였다. 라이더들은 바이크를 탈 때 크게 '혼자 즐기기', '같이 타기', '함께 즐기기'라는 3가지 상황에 놓인다는 것을 알았고, 그 상황에 자신들만이 줄 수 있는 감성적인 코드를 세련되게 집어넣었다.

바이크를 '혼자 즐기는' 라이더에게 어필하는 할리데이비슨의 매력은 V트윈엔진과 '할리 사운드'다. 할리데이비슨 마니아들은 야수의 포효 같은 할리 사운드를 통해 길들여지지 않는 어떤 원시성을 추구하고자 한다. 결국 실패하기는 했지만, 할리데이비슨은 할리 사운드를 특허 내기 위해 각고의 노력을 기울이기도 했다. 또한 라이딩을 하면서 찍은 사진을 출품하게 한 뒤 포인트를 적립해 할리데이비슨 로고가 담긴 기념품을 증정하기도 한다. '같이 타기'와 '함께 즐기기'를 원하는 라이더들은 할리데이비슨의 가치를 누군가와 공유하고 무리를 지어 다니기를 좋아하는 성향을 갖고 있다. 이를 위해 할리데이비슨은 자신들이 진출한 나라마다 HOGHarley Owners Group라는 클럽을 결성해 라이더들이 정기적으로 라이딩을 즐길 수 있는 기회를 제공하고 있다. 할리데이비슨 동호회라고 할 수 있는 HOG는 자연보호 등의 각종 행사를 통해 건전한 유대의식을 강화한다. 또 할리데이비슨은 '함께 즐기기'를 원하는 소유자들의 가족까지도 팬으로 확보하고자 한다. 할리데이비슨을 타는 아빠와 가족들은

— 라이딩을 즐기는 폴란드의 HOG 멤버들 ©Piotr Zajac

할리데이비슨 뮤지엄에서 할리데이비슨을 테마로 한 볼거리를 즐길 수 있다. 할리데이비슨 뮤지엄을 소개하는 영상의 첫 화면에는 이런 문구가 뜬다. '모터사이클, 맞아요. 그러나 할리데이비슨은 그 이상이랍니다. 우리의 세계가 얼마나 멀리 꿈꾸는지 한번 보시겠어요?Motorcycles, yes. But Harley-Davidson is so much more. See how far our world reaches.'

뮤지엄에서 할리데이비슨 가족들은 먹고 탐험하고 물건을 산다. 바로 이것이 이들이 가치를 부여하는 방식이다. 그리고 무엇보다도 할리데이비슨은 서부 개척 시대의 이미지를 덧씌움으로써 미국인의 뇌리 속에 각인된 향수를 건드린다.

가격과 성능 등 모든 것을 다 가지고서도 일제 오토바이는 그 이상의 세계를 보여줄 수 없었기에 결국 할리데이비슨에게 패했다. 일본은 이때의 패배로 쓰라린 교훈을 얻었고, 바이크에서의 실패를 자동차에서 만회했다.

도요타가 렉서스로 미국의 럭셔리 카 시장을 공략할 때 이들은 자동차 그 이상의 세계를 보여주기 위한 전략을 구사했다. 우선 렉서스는 대리점을 살롱 또는 컨트리클럽처럼 꾸몄다. 그리고 소문이 퍼져나갔다. '렉서스는 검사를 할 때 직원이 차를 직접 픽업하기 위해 온다'더라, '고장이 나면 자동차를 그냥 교환해준다'더라, '정비를 끝내면 정비사가 직접 연락을 한다'더라……. 이 '하더라 통신'이 작동하기 시작하면서 렉서스는 서서히 명품 반열에 진입했다. 또 수많은 미국인은 스포츠 경기장을 찾았을 때, 렉서스 전용 주차장에서 주차 도우미들이 늘씬한 렉서스를 발레파킹해주는 것을 부러운 시선으로 지켜보았고, 이들은 곧 렉서스 대리점으로 달려갔다.

렉서스에 관한 '하더라 통신'의 주된 내용은 자동차 자체에 대한 이야기가 아니었다. 소비자들에게 어떤 가치를 줄 것인가를 고민하고, 그것을 어떤 방식으로 제공할 것인가에 대한 이야기였다. 그리고 소비자는 기업이 이와 같은 고민을 할 때 기쁘게 반응한다.

서점에서 싱글몰트 위스키를 파는 사연

일본 츠타야 서점Tsutaya Bookstore에서는 책만 팔지 않는다. 책은 테마일 뿐이다. 2층 라운지의 북 아트 카페 안진Anjin을 지나다가 싱글몰트 위스키를 판다는 사실을 알게 되었다. 책과는 동떨어져 있다고 생각하면서도 멋스러운 위스키 바의 모습에 반해 들어가서 일본의 싱글몰트 위스키를 한 잔 시켜보았다. 그런데 바텐더가 위스키를 준비하는 모습이 심상치 않았다. 냉장고를 열고 무언가를 꺼내는데 싱글몰트 전문섬에서나 볼 수 있는 둥근 아이스 볼이었다. 아이스 볼을 잔에 넣더니 위스키를 붓고 정성스럽게 한참을 돌린 뒤 적당히 차가워지자 세련된 트레이에 담아 내왔다. 예상 밖의 반전 매력에 놀랄 수밖에 없었다. 잔을 받아 코로 가져가니 위스키의 향긋함이 코를 기분 좋게 자극한다. 생각지 못한 선물을 받는다는 게 이런 거구나 하고 기분 좋게 앉아 있는데, 옆 자리에 단체 손님이 왔다. 그때 품위 있어 보이는 한 여성 스태프가 다가와 이야기한다. 눈치로 보아하니 자리를 옮겨달라는 뜻 같았다. 가방을 주섬주섬 챙겨 들고 자리를 옮긴 뒤 동행했던 지인이 싱긋 웃으며 이야기했다. "저 분분명 호텔리어였을 거야. 표현 방법이 상당히 세련되었던데?" 그 여성 스태프가 한 말은 이랬다. "기왕 귀한 시간을 내어 이곳에 오셔서 향긋한 위스키를 깊이 음미 중이신데, 옆에 단체 손님을 받게 되어 방해가 되실 것 같습니다. 자리를 옮겨드리려고 하는데 괜찮으십니까?"

당시 시간은 아직 낮이었지만 츠타야 서점의 카페에서는 위스키가 커피나 책처럼 시간을 즐기는 하나의 기호로 여겨지는 분위기였다. 서점 카페의 스태프들은 위스키를 마시는 사람들이 즐기는 것은 술이 아니라 여유로운 시간이라고 생각했기 때문에 그 시간을 온전히 느끼게 해주기 위해 자리를 옮겨준 것이었다. 츠타야 서점에서의 싱글몰트 위스키 한 잔은 그 향기만큼이나 진한 여운을 남겨주었다.

럭셔리 마케팅 전문가이자 파리공립경영대학원의 장 노엘 카페레 교수가 내리는 럭셔리의 정의를 되새겨보자. '럭셔리 오브제제품는 항상 서비스를 수반하거나 서비스를 표현한다. 따라서 럭셔리 제품은 오브제와 서비스가 하나의 세트다.' 눈에 보이는 제품과 눈에 보이지 않는 서비스까지 동시에 제안할 수 있을 때 비로소 총체적인 경험의 세계가 열린다.

한 외국인 친구가 한국의 레스토랑에 대해서 이런 평가를 내렸다. "한국에서는 5성급 서비스를 느끼려면 반드시 5성급 호텔에 가야 하는 것 같아요." 그는 한국의 발전상에는 늘 감탄하지만 일반 가게와 식당에서 느끼는 서비스의 수준은 아직도 너무 아쉽다고 말한다. 급격한 경제발전으로 한국의 하드웨어는 이제 최고의 수준에 올랐다. 지금부터 중요한 것이 보이지 않는 소프트웨어다. 그 소프트웨어가 경험으로 이어지고 이미지를 좌우하기 때문이다.

독점 시장의 확장은 어떻게 이루어질까?

펜으로 시작한 몽블랑Montblanc은 현재 향수까지 만들고 있다. 럭셔리 제품 사업은 진입이 쉽지 않은 것으로 유명하다. 그런데 몽블랑은 진입이 어려운 사업 영역으로 어떻게 성공적인 확장을 할 수 있었을까?

몽블랑의 영역 확대는 연관 이미지를 연결하는 면밀한 작업을 통해 이루어졌다.

첫째, 몽블랑은 펜으로 확실한 이미지의 성을 구축하고 있었다. 몽블랑의 역사는 만년필로부터 시작한다. 이들은 만년필의 품질과 브랜드 정체성을 확실히 구축함으로써 새로운 사업의 대양으로 뻗어나갈 멋진 항구를 마련해놓은 셈이었다. 몽블랑 스타Montblanc Star와 배틀링 볼드Battling Bold체가 어우러진 몽블랑 로고가 만들어내는 이미지는 제품 라인을 확산할 때 구심점이 된다. 핵심 제품의 아이덴티티는 언제든 부활의 피를 돌게 하는 브랜드의 심상이자, 길을 잃었을 때 길을 밝혀주는 등대이며, 위기에는 몸을 의탁할 고향이다.

둘째, 펜과 연관된 사무실용품으로 제품 라인을 확장했다. 1단계에서 필기구로 범위를 좁혀 성공한 다음 펜과 어울리는 사무용품으로 서서히 영역을 확대한 것이다. 이때 몽블랑 스타 로고가 또 한 번 확장의 연결고리로 힘을 발휘했음은 물론이다. 마니아들에게 몽블랑 제품임을 알림으로써 만년필과 같은 역사와 품질을 보증한다는 신뢰를 심어주었다.

셋째, 가슴 포켓에 꽂고 다니는 펜의 속성과 연결선상에 있는 제품으로 확대했다. 지갑, 서류가방 등 손에 들거나 몸에 지니고 다니는 제품으로 자연스럽게 제품 라인을 확대해 새로운 제품에 대한 소비자의 반감을 최소화했다.

넷째, 펜, 지갑, 서류가방 등의 제품에서 '몽블랑을 즐기는 품격 있는 인간'으로 이미지를 확장했다. 지적인 이미지의 몽블랑 아이콘을 활용하여 커프스링크, 시계 등의 보조적 이미지가 연결되는 명품 영역으로 확대하는 데 성공했다.

다섯째, 명품 이미지가 더해지자 향수 등의 본격적인 명품 라인업으로 진입했다.

　위에서 살펴본 바와 같이 몽블랑은 마치 잉크가 번져나가듯 브랜드의 정체성을 그대로 간직한 채 제품 이미지의 유사성을 바탕으로 이웃한 영역으로 제품 라인을 서서히 넓혀나가는 전략으로 시장을 확대했다.

몽블랑은 만년필로부터 시작된 이미지의 연결고리를 통해 제품 라인을 확산시켜나갔다.

일곱 번째 城

가격
Price

나만의 가격 공간을 소유하라

월마트는 역사상 가장 큰 소매점으로, 오랫동안 '저가'라는 영역을 독점적으로 확보하고 있다. 이전의 독점업자들은 모두 반독점법에 의해 해체되는 운명을 겪었지만 월마트는 예외였다. 록펠러의 스탠더드 오일은 1911년 대법원 판결에 의해 30개 회사로 분할되었고, 같은 해 미국 담배 시장의 95%를 차지하고 있던 아메리칸 토바고 역시 16개 회사로 분리되었다. 전화통신의 독점 기업이었던 AT&T 역시 제소를 당해 1977년에 22개 지역 전화회사로 분리되었다. 이에 반해 월마트는 창업주 샘 월튼 이 창안한 '지역 독점' 전략에 따라 기업을 성장시켰다. K-마트를 비롯한 대부분의 유통기업들이 대도시로 몰려가 치열하게 경쟁할 때 월마트만은 인구 5만 명 이하의 소도시에 매장을 열면서 그 지역을 완전히 석권하는 전략을 썼다. 지역 독점 전략을 썼지만 샘 월튼의 월마트는 반독점법의 제지를 받지 않았을 뿐만 아니라 오히려 칭송을 받았다. 미국의 조지 부시 전 대통령이 민간인에게 주는 최고의 영예인 '자유의 메달'을 샘 월튼에게 수여했을 정도였다. '독점'이라는 전략은 유사한데, 왜 월마트는 다른 대접을 받았을까?

그 이유는 월마트가 끊임없는 혁신과 고객 중심 운영으로 인해 고객이 동의하는 자발적인 독점 기업이 되었다는 데 있다. 샘 월튼은 유일한 권력자는 고객이라고 말한다. "이봐, 고객은 CEO부터 아르바이트생까지 모두 해고할 수 있는 유일한 사람이야." 그는 고객지향적인 기업이 되지 않는 날이 올 때 월마트가 쇠락할 것이라며 늘 고객을 사고의 중심에 놓았다.

그럼 여기서 샘 월튼과 월마트를 모방 불가의 존재로 만든 그들만의 법칙을 들여다보자.

1. 룰을 정해놓으면 고민이 필요 없다

샘 월튼은 숫자로 원칙을 정해놓고 쓸데없는 고민을 줄였다. 마진율은 어떤 제품도 예외 없이 30%를 붙인다는 것이 한 가지 사례다.

어느 날 한 직원이 2달러짜리 물건을 50센트에 매입했다고 보고하면서 이 물건을 1달러 25센트에 팔겠다고 제안했다. 샘 월튼은 망설이지 않고 즉시 말했다. "그럴 수는 없네. 얼마에 샀는지는 중요하지 않아. 우리는 단지 원가에 30%만 붙이는 거야. 나머지 이익은 고객에게 돌려줘야 하네." 이후 월마트에서는 얼마에 구매했으니 얼마에 팔자라는 고민이 불필요했다. 그저 '30% 룰'만 지키면 되었다.

또 월마트는 인건비를 매출의 2%로 규정하고 있었는데, 이는 다른 소매상들이 매출의 4% 정도를 인건비로 책정하는 사실을 안 샘 월튼이 더욱 줄여서 결정한 룰이었다. 그러자 인력 채용에 들어가는 시간도 줄었다. 2% 예산 내에서 채용한다는 심플한 룰이 정해지자 인력 숫자로 인해 벌어지는 내부의 불필요한 실랑이가 줄어든 것이다.

2. 수비가 아니라 공격을 하라

어떤 스포츠 경기에서든 결코 승리를 거둘 수 없는 팀이 있다. 오로지 수비만 하는 팀이다. 샘 월튼은 마케팅판촉을 공격으로, 내부 관리경영를 수비로 보았다. 그는 누차 사람들에게 힘주어 말한다. "성장을 원한다면 판촉에 주력해야 한다.", "상품 판매에 심혈을 기울이는 사람은 언제든지 경영을 위해 노력할 수 있다. 하지만 경영에 주력하는 사람은 안정을 찾으려고 하고 타락하기 시작한다."[22]

일본 전문가인 서울대학교 김현철 교수는 저성장기에 돌입하는 한국기업에 영업의 중요성을 주문한다. "저성장기 기업의 사활은 영업에 달려 있다. 판매되지 않으면 모두 재고나 손실이다. 손익계산서의 맨 앞 항목은 매출액이고 이 매출액은 영업이 만든다. 영업이 매출액을 만들지 않으면 모조리 손실이다."

3. 회사의 상태를 알기 위해 할 수 있는 모든 것에 손을 댄다

"샘이 소중히 여기는 시간은 토요일 새벽이었지요."

토요일 아침은 전체회의가 있는 날이다. 가족과 지인들은 샘 월튼이 매주 토요일 새벽 2~3시에 일어나 경건한 마음으로 한 주간의 모든 수치들을 꼼꼼히 샅샅이 살펴본다고 전한다. 그들의 말대로 샘 월튼은 각 상점들의 운영 상황을 손 안에 쥘 수 있을 정도로 정확히 파악했다.

월마트의 직원들은 매주 가장 잘 팔리는 상품에 대한 보고를 해야 했는데, 그들은 보고서에 정성을 기울일 수밖에 없었다. 적당히 했다가는 샘 월튼이 직접 점포의 동향을 파악하러 올 것이 확실했기 때문이다. 그는 점포의 실제 상황을 알아내기 위해 시간과 수단을 가리지 않았다. "나에게 방식은 없다. 솔직히 내 방식은 제멋대로다." 그의 이런 고백은 경영의 신이라고 불리는 미국의 기업가 헤럴드 제닌의 말과 유사한 면이 있다.

헤럴드 제닌은 미국 굴지의 제조사 ITT를 세계 최고의 회사로 만들었다. 그는 성격이 무척 꼼꼼했지만 뜻밖에도 가장 싫어하는 사람으로 '책상이 깨끗한 사람'을 꼽았다. 깨끗한 책상은 깨끗하고 고상한 일만 하겠다는 선언과 다름없다는 것이 그의 생각이었다. 사업은 진흙탕에서 벌어지는 싸움이며 바닥까지 들어가겠다는 전투적인 자세가 필요하다. 경영이란 깨끗한 법칙과 모양새로 이루어지는 것이 아니기 때문이다. 진흙탕 같은 현장에 언제든 몸과 마음을 내던질 수 있는 사람만이 진정한 리더라고 제닌은 생각했다.

4. 서로 비교하기 쉽게 모든 정보를 공개하고 통일한다

샘 월튼은 경영정보를 전면적으로 공개하는 것이 직원들에게 책임감과 소속감을 갖게 해준다고 말한다. 하지만 쉽지 않은 일이다. 대부분의 경영자들은 경영정보를 공개할 경우 엉뚱한 부작용을 일으킬 수 있다고 생각하기 때문이다. 하지만 월튼은 정보 공개의 범위를 상점의 구매 가격, 매출액, 가격인하 금액까지이며 그 대상은 파트타임 고용인까지라고 명확하게 정했다. 그는 정보 공개에 따른 장점이 정보의 유출로 인한 부정적인 점보다 훨씬 더 크다고 믿는다. 그 장점에는 건전한 경쟁도 포함되어 있다. 상품비용, 운송비용, 판매이익 등의 정보를 공개하면 잘하는 기업과 자신의 기업을 비교할 수 있다. 경쟁하는 롤모델이 존재할 때 조직은 가진 역량을 최고로 발휘하는 속성이 있다.

AT&T는 한때 경쟁 업체이자 회계 부정으로 파산한 월드컴의 '도움'을 받은 적이 있다고 고백했다. 가격을 내리면서도 늘 수익률이 높아지는 월드컴에 감탄하면서 노력하다 보니 4년 동안 무려 8조 원약 70억 달러의 원가를 절감하여 업계 최고의 이윤을 올릴 수 있었다는 것이다. 회계 부정으로 만들어낸 허상이 월드컴에게는 사약이 되었지만 오히려 따라가는 기업들에게는 보약이 된 셈이다.

5. 작게 생각하면 크게 이룬다

성경 구절 가운데 '충만하라, 정복하라 그리고 다스리라'라는 구절이 있다. 정복하고 다스리는 것은 충만하고 난 이후다. 내 땅을 단단히 다지고 나야 그것을 딛고 앞으로 나아갈 수 있다. 월마트는 가장 작은 경영 단위인 점포에 모든 것을 집중함으로써 비약적으로 성장했다. 이들은 '작게 생각하라'를 회사의 방침으로 삼고 있다. 상점 하나를 강하고 완벽하게 고객지향적으로 키우고 실적을 최대치로 올린 다음 세포분열을 하듯 퍼져나가는 것이 월마트의 방식이다.

현대그룹 창업주 정주영 회장도 이러한 '작은 생각'의 신봉자였다. "나는 거창하게 국가에 기여하겠다는 생각으로 사업을 시작하지 않았다. 그저 잘 먹고 잘살겠다고 내 앞가림만 하겠다고 열심히 하다 보니 국가에 보국하게 된 것일 뿐이다." 작게 생각한다는 것은 시대와 상관없이 큰 꿈을 꾸는 모든 사람이 가슴에 새겨야 할 슬로건이다. 월마트를 세계 최대의 할인점으로 만든 것은 자신만의 지역을 알고 그를 통해 고객들에게 가장 이로운 가격 공간을 찾아 끊임없이 나아간 행보에 있다.

1개의 계곡, 100개의 정상, 어디로 갈 것인가

"품질 좋게 만들어서 싸게 팔면 잘되지 않겠어?"

사업을 시작할 때 흔히들 하는 생각이다. 하지만 이 말에는 엄청난 리스크가 숨어 있다. 좀 현실적으로 풀어보자.

첫째, 품질을 좋게 만들려면 원재료 가격이 높아지고 시간도 많이 들어갈 수밖에 없다. 원가와 R&D 비용, 게다가 가장 소중한 시간이 엄청나게 들어간다는 뜻이다.

둘째, 싸게 팔겠다는 말은 쉽게 뱉어서는 안 되는, 실로 무시무시한 말이다. 싸게 팔려면 많이 팔아야 하는 것이 기본이다. 이것은 아주 많은 잠재고객이 있고 그들을 불러들일 마케팅 능력이 있다는 것을 전제로 해야 한다. 또 엄청난 재료비와 재고 부담이 발생하고, 불만 처리와 A/S 등 고객들을 응대하기 위한 직원들도 많이 필요하니 인건비가 올라가는 것도 각오해야 한다.

요약하면 '좋게 만들어서 싸게 팔겠다'라는 말에는 원재료 좋은 것 쓰고, 시간 많이 들여서 제품 개발하고, 광고비도 더 많이 지출하며, 직원도 많이 고용하고, 엄청난 재고까지 감수하겠다는 뜻이다. 이렇게 하는 것은 장기적으로 딱 망하기 좋은 방만 경영의 전형이다. 이처럼 저가격은 아무나 갈 수도, 가서도 안 되는 공간이다. 저가격은 오직 굳건히 자리를 잡은 대기업만이 할 수 있는 전략이다. 게다가 저가격이라는 계곡에서는 결국 고객이 물처럼 계속 아래로 흘러 가장 싼 한 기업만 살아남는 치킨게임의 숙명을 피할 수 없다. 왜 가격인하라는 손쉬워 보이는 방법이 절대 해답이 될 수 없는지는 이처럼 명확하다. 신생 기업이나 작은 기업들이 살아남는 방법은 오직 하나다. 자신 있게 내놓을 수 있는 품질의 제품을 감당할 수 있을 만큼 만들어서 가능한 한 비싸게 파는 것이다.

많은 기업가들이 아직도 많은 수익을 내는 것을 부도덕한 것으로 여기는 불필요한 죄책감에 시달린다고 한다. 하지만 수익 속에는 미래에 더 좋은 제품을 만들기 위한 연구개발비와 더 좋은 서비스를 만들기 위한 교육비, 직원들의 복지비 등 단순 이익 이상의 항목이 포함되어 있다는 사실을 잊으면 안 된다. 수익이 확보되어야 미래에 더 좋은 제품을 만들어낼 수 있다. 이것은 궁극적으로 소비자에게도 이롭다. 가격의 계곡에서 가치의 정상으로! 이것이 저성장기에 살아남는 유일한 방법이다.

이탈리아에 갔을 때 그 나라 사람들의 개성에 대해서 들은 이야기가 있다. 한국인은 비슷한 옷을 입으면 동질감과 안도감을 느끼지만, 이탈리아인은 다른 사람과 같은 옷을 입거나 유사한 차를 타면 수치심을 느낀다는 것이다. 이탈리아 사람들의 삶에서는 개성 표현이 중요한 비중을 차지한다. 개성의 세상에서는 최고도 최하도 없다. 가격이라는 세계는 단 한 사람의 승자와 모든 나머지 패자로 구성되지만, 가치와 개성의 세상에서는 모두가 승자일 수 있다.

지금 사업이 힘들고 수익성이 떨어지는 저가격의 계곡에 빠져 있다면 답은 단순하다. 계곡을 벗어나 나만의 정상으로 올라가는 것이다. 당장 떨어진 세일 가격을 정상화하고, 높은 가치의 고가격 제품을 내놓아야 한다. 고객이 원하고 내가 원하는 대로 서비스를 하기 위해서는 어느 정도의 가격을 매겨야 하는지 냉정하게 찾아야 한다. 그런데 가격을 올려야 한다고 하면 대부분의 사업가들이 자신 없어 한다. '그나마 있던 손님들도 떠나버리면 어떡해?' 하지만 꼭 그렇지만은 않다.

가격을 올려야 하는 이유

가격을 올리면 당연히 손님이 떨어져나간다. 하지만 궁극적으로는 오히려 살 길이 열린다. 한 가격 컨설턴트의 말이다. "가격을 올리게 되면 제품을 팔기 위해 그 제품을 정성을 다해 알리게 됩니다. 그래서 마케팅 역량이 강화됩니다. 또 가격이 오른 만큼 당연히 판매수량이 줄어듭니다. 수량이 줄어드니 조직에 여유가 생기겠죠. 그 여유를 신제품 개발과 혁신에 투입할 수 있게 됩니다."

즉, 높아진 가격으로 인해 판매수량은 감소하지만 수익성이 높아지고 조직에 여유가 생겨 제품 개발과 서비스 개선으로 이어질 수 있다는 것이다. 가격인상의 장점은 크게 3가지다. ①시간이 확보되고, ②여유가 생기며, ③품질이 확보된다.

누구나 자신의 제품과 서비스의 가격을 올리고 싶다고 할 것이다. 그렇다면 어떻게 올릴 수 있을까? 무슨 준비를 얼마나 해야 할까? 놀랍게도 그 방법은 그다지 어렵지 않다.

여러 전략이 있지만 가장 쉽게 쓸 수 있는 방법은 '가격 레이어_{가격층}'를 설정하는 것이다. 경기가 어려운 상황이 지속되었으므로 대부분 기업들의 제품 평균 단가가 떨어져 있을 가능성이 높다. 따라서 현재의 제품을 가장 싼 가격대에 두고 위의 두 단계, 즉 미들 프라이스, 하이 프라이스의 제품을 내놓으면서 가격의 전선을 상향시키는 조치가 필요하다.

매년 가격을 올려서 지탄을 받는 핸드백이 있다. 바로 샤넬 백이다. 그런데 샤넬 백 가격의 진실을 아는가? 수백만 원대의 샤넬 백 가격이 올라가면 샤넬 립스틱과 샤넬 향수가 잘 팔린다. 이는 가장 비싸고 상징적인 제품이 전체 브랜드의 이미지를 유지하기 때문이며, 이 비싼 제품은 하위 제품들이 가격 저항 없이 팔리게 하는 든든한 지원군 역할을 한다.

잡스가 가장 싫어했던 두 단어, 마케팅 그리고 브랜딩

스티브 잡스가 평소에 싫어한 두 단어가 있었다. 하나는 마케팅, 또 하나는 브랜딩이다. 세계 최고의 마케터라고 불렸던 잡스가 마케팅을 싫어했다니, 언뜻 이해가 가지 않는다. 사람들이 물었다. "잡스, 그렇다면 당신이 신제품을 내놓을 때마다 했던 그 전설적인 론칭 행사는 마케팅이 아니고 뭔가요?" 잡스의 답은 이렇다. "그건 마케팅이 아니고 교육입니다."

그의 말에 따르면 팔로알토에서 열렸던 그 역사적인 애플의 언팩unpack 행사들은 모두 교육이었다는 것이다. 그는 '사용자들이 애플 제품을 사용하면서 느끼게 될 사용자 경험을 이해시키는 대규모 교육'이라고 언팩 행사를 정의했다. 잡스가 일생 추구했던 것은 돈이 아니었다. 여기서 제대로 파는 것의 답이 나온다. '제대로 알려라'이다.

"진정성 있게 진심을 다해 팔면 언젠가 고객들이 알아주겠죠."

맞는 말이다. 문제는 그 '언젠가'이다. 최고의 제품을 만든 기업들이 그 '언젠가'의 순간까지 가지 못하고 수없이 무너졌다. 그러니 중요한 것은 알리는 것이다. 그리고 그 '언젠가'의 오아시스로 가기 위해 오늘이라는 사막을 살아가는 중요한 방법 중의 하나가 바로 가격을 제대로 받는 것이다. 할인으로 떨어졌던 가격을 정상화하라. 대신 해야 할 일이 있다. 가격을 제대로 받으려면 소비자가 그 가격을 지불할 요소를 찾아 제품에 담아야 한다. 그리고 주인이 나서서 고객에게 왜 이 제품의 가격이 이런지 죽기 살기로 알려야 한다.

1995년부터 지금까지 방영되고 있는 〈TV 진품명품〉이라는 프로그램이 있다. 이 프로그램의 백미는 천덕꾸러기 신세였거나 전혀 기대하지 않았던 물건이 예상 밖의 대박을 치는 데 있다. 광주에서 고서점을 운영하던 한 우표수집가 혹시나 하는 마음에 편지봉투에 붙은 옛날 우표를 내놓았다. 그런데 대박이 났다. 1996년 당시 2,300만 원이라는 거액의 감정 결과가 나온 것이다. 그런데 더 뜻밖이었던 것은 그 감정가를 받은 주인공이 우표가 아니라 우표가 붙어 있던 편지봉투였다는 사실이다.

봉투에 찍힌 소인이 지금은 거의 찾아볼 수 없는 1896~97년 사이에 찍힌 것이어서 그런 감정가가 나온 것이었다. 또 한 고철상은 고로에 집어넣기 일보 직전이었던 고철 속에서 특이한 모양의 고철 하나를 건져냈고 이를 출품했다. 감정 결과, 그 고철은 17세기에 만들어진 소백자 총통으로 밝혀졌고 1천만 원이 넘는 감정가가 나왔다.

쓰레기통에 버려질 운명이었던 봉투 하나, 용광로에서 사라질 뻔했던 고철 하나가 팔자가 바뀐 이유는 단 하나다. 그 봉투와 고철의 가치가 알려졌기 때문이다. 알게 됨의 힘은 이렇게 대단하다.[23]

루이비통 백의 부활을 이끈 일본의 예술가, 무라카미 다카시는 성공비결을 묻는 기자에게 이렇게 이야기했다. "내가 비싼 이유는 작품의 가치를 정성을 다해 설명하기 때문입니다."

미래에는 유럽 명품들이 고전할 것이라고 예상하는 이유가 바로 이 '알게 됨'의 부족 때문이다. 앞으로 떠오를 거대한 세계 시장은 아시아다. 그런데 이 아시아에서 프랑스 루이 14세, 나폴레옹, 캉봉 거리Rue Cambon 등과 연관된 샤넬과 루이비통의 역사를 온전히 이해시키고 고개를 끄덕이게 할 수 있을까? 반면 한국과 중국 같은 아시아 문화권은 역사적으로 많은 부분 공통항을 가지고 있다. 이 역사의 교차점이 최고의 명품이 탄생하는 교육의 장이 되어줄 것이다. 따라서 향후에는 이러한 역사적 배경을 공유하는 아시아의 명품들이 대거 쏟아질 것으로 예상된다. 한국 화장품이 아시아에서 맹위를 떨치는 가장 중요한 이유는 바로 문화를 공유하기 때문이다. 한방韓方이라는 문화, 같은 피부색이라는 동질감, 유교라는 거대한 문화의 흐름에 대한 상호이해가 '알게 됨'을 자연스럽게 만들어낸다.

한 브랜드의 인수를 검토하던 사모펀드가 인수 목전에 갑자기 인수를 포기했다. 이유가 좀 엉뚱하다. 그 브랜드의 짝퉁이 없어서였다. 언뜻 이해가 가지 않지만 설명을 들으면 고개가 끄덕여진다. 짝퉁은 모조품인 것을 알면서도 진품을 살 여유가 없는 사람들이 구입한다. 뒤집어보면 진품을 갖기를 원하는 사람들이 그만큼 많다는 뜻이다. 즉 짝퉁이 존재해야 진정한 명품이라는 이상한 역설이 성립하는 것이다. 알려짐의 힘은 이처럼 생존을 좌우할 만큼 강하다.

저원가와 가치, 두 마리 토끼를 잡다

국내 최고 호텔 체인의 전략회의에 참석해 발제 강의를 한 적이 있다. 그런데 그 호텔에서 자신들의 주요 경쟁자 중 하나로 다른 호텔이 아닌 숙박 중개 사이트 에어비앤비Airbnb를 꼽고 있어서 놀랐다. 실제 에어비앤비를 이용해보면 그들만의 독특한 강점을 알 수 있다.

한번은 도쿄에 가면서 에어비앤비를 통해 숙소를 알아보았다. 도쿄 숙소의 주인은 미국에서 공부를 하고 돌아와 일본에서 창업을 한 사람이었다. 글로벌 감각이 있는 만큼 에어비앤비를 활용한 수익 모델을 쉽게 이해했고, 자신의 오피스텔을 에어비앤비에 등록한 것이었다. 도쿄에 머무는 내내 실제로 일본인이 거주하는 곳에 머문다는 느낌이 좋았다. 그리고 일본 동네가 주는 독특한 분위기를 만끽할 수 있었다. 떠나올 때 일본인 주인은 "한국에 가면 우리 소주 먹어요"라고 말했고 우리는 친구가 되었다. 이처럼 에어비앤비는 여행지의 생생한 체험까지 전해주는 공유

경제의 대표 기업이다.

에어비앤비가 불법 판결을 받았다고 한다. 비즈니스호텔의 가장 큰 적은 같은 호텔이 아니라 바로 에어비앤비와 같은 저가 숙박 모델이다. 며칠 집을 비우면서 여행자에게 대여해줄 때는 큰 비용을 요구하지 않는다. 사실 없어도 되는 돈이니까. 때문에 현재 존재하는 그 어떤 호텔도 개인의 집보다 더 싸게 내줄 수는 없다. 호텔 측이 좋든 싫든 고객들에게는 에어비앤비의 요금이 일종의 기준이 될 수도 있다. 에어비앤비를 막을 수는 있겠지만, 유사 저가 숙박업이 대세로 자리 잡는 것 자체를 막을 수는 없다. 에어비앤비를 막는다 해도 에어비앤비에 필적할 수준까지의 가격 출혈 경쟁은 계속될 것이다. 따라서 향후 호텔업계는 저원가와 차별화라는 두 마리 토끼를 모두 잡아야 하는 상황에 직면할 것이다.

할인 제품과 명품을 같이 만들 수 없다는 것은 비즈니스 세계의 상식이다. 심지어 두 가지 물건을 같은 공간에 두는 것조차 용납되지 않는다. 마트 카트에 들어가 있는 구찌 핸드백을 상상해보라.

하버드 대학교의 경제학자 마이클 포터는 중요한 것은 '다른 회사와의 경쟁이 아니라 고객이 돈을 소비할 수 있는 다양한 방법을 찾아내는 것'이라고 말했다. 그는 부연 설명을 통해 진정한 경쟁력은 간단하게 말해서 '저원가'와 '가치' 두 가지를 실현할 수 있을 때 얻을 수 있다고 한다.

1. 보다 저렴한 비용으로 제공할 수 있을 때
2. 프리미엄 가격을 부과할 수 있을 때
3. 혹은 두 가지 요소가 모두 가능한 경우

마이클 포터는 3번의 경우는 좀 힘들다고 말했다. 하지만 만약 싼 것도 잘 만들어 팔면서 비싼 것도 잘 만들어 파는 회사가 있다면 어떨까? 그 기업은 정말 매력적이며 투자 가치가 있을 것이다. 하지만 지금까지 이런 유형의 기업은 현실적으로 존재할 수 없다고 알려져 왔다. 이유는 저원가를 달성하기 위한 조직의 모습과, 차별화된 제품을 만드는 조직의 모습이 완전히 상이하기 때문이다.

저원가를 추구하는 조직은 ①단순한 조직체계를 선호하고, ②세세하게 나누어 작업 지시를 하며, ③원가 절감에 대해 장려하고 포상한다. 하지만 제품 차별화를 추구하는 조직은 ①복합적 기능의 팀을 선호하고, ②조직원의 창조적 자율성을 중시하며, ③창조적 발상에 대해 포상한다. 추구하는 가치가 다른 두 조직은 명백히 다른 양극단의 요소를 강조하기에 두 가지 가치를 동시에 달성하기가 어렵다.

하지만 두 가지 모두를 잡으려는 시도가 없었던 것은 아니다. "저원가와 고품질 두 가지를 동시에 잡아보려고 하는 시도는 많았지만, 보통 그런 회사들은 이것도 저것도 아닌 어중간한 상태stuck in the middle에 빠졌지요." 전문가들은 두 가지를 같이 추구하다가는 그저 그런 상태가 되어버릴 가능성이 높다고 이야기했다. 이렇게 논란은 일단락되는 듯했다.

시간이 흘러 MIT의 몇몇 학자들은 이 전통적 이론이 여전히 들어맞는지 다시 한 번 연구해보기로 했다. 그들은 70여 개의 자동차 공장을 골라 원가와 품질 수준을 측정했다. 그런데 그 사이 이론과 실제가 달라져 있었다. 놀랍게도 조사 대상인 70여 개의 공장 중 6개의 공장이 저원가와 차별화 두 가지 모두를 해내고 있었던 것이다. 학자들은 불가능한 줄로만 알았던 일을 해낸 공장들을 심층 조사하기 시작했다. 그리고 이 6개의 공장은 여타 공장들과 다음과 같은 사실이 달랐다.

1. 시간과 장비의 낭비를 최소화하고 있었다
이 공장들은 불필요한 작업 시간과 자원 낭비를 최소화하기 위해 레이저 설비, 로봇 등 최신 시설을 갖추고 있었다 최신 설비가 핵심이 아니다. 불필요하게 시간과 자원을 낭비하지 않는다는 사실이 중요하다.

2. 개인이 아니라 팀으로 협동했다
경영참여제도와 팀 생산, 전사적 품질관리 등의 분야에서 그룹이나 팀이 하나가 되어 협동할 수 있는 문화가 있었다.

3. 공정함에 대한 신뢰가 있었다
이 6개 공장의 직원들은 공정하게 대우받고 있다고 생각했고, 때문에 애사심과 충성도가 뛰어났다.

이케아를 참패시켜 쫓아내버린 일본 가구업체 니토리의 니토리 아키오 회장은 저가격에도 품질을 양보하지 않는다. 그는 품질과 저가격은 별개라고 명확히 선을 긋는다. 양쪽을 다 잡은 이 괴물 기업 니토리의 영업이익률은 저가격에도 불구하고 16%가 넘는다. 니토리는 이 이익을 더 좋은 제품과 싼 제품을 만들기 위한 R&D와 공정혁신에 쏟아붓는다. 두 가지를 다 해낼 수 있으려면 회사 차원의 강한 전략과 실행이 뒷받침되어야 한다.
사업을 완성된 그림이라고 한다면, 공정함과 애사심, 충성도는 도화지다. 이 도화지가 준비되어야 비로소 그림을 그릴 수 있다. 다음은 시간이다. 불필요한 작업을 줄이고 집중하는 제품들의 개수도 줄여야 진정 중요한 서비스와 고객에게 집중할 수 있다. 그러므로 시간은 붓이고 화가는 직원들이다. 각기 나누어진 직원들이 아니라 각자 다양한 의견과 아이디어를 가지고 함께 의논하는 팀이 그림을 완성한다. 저성장기는 불가능해 보이는 조건들을 조화시킴으로써 원가는 물론 품질까지 자유자재로 그려내는 모노폴리언의 시대다.

여덟 번째 城

상황
Situation

콜라를 먹은 사과

"진정한 세계적 음료회사는 코카콜라뿐이다. 그들이 그렇게 된 것은 고이주에타의 위대한 아이디어 덕분이다."

워런 버핏은 진정한 고객 독점 기업의 사례로 코카콜라를 자주 언급한다. 여기서 말하는 '위대한 아이디어'는 어느 날 코카콜라 CEO 로베르트 고이주에타의 머릿속에 번뜩 떠오른 질문에서부터 시작되었다. 펩시콜라는 연일 공세의 수위를 높이고 있었고, 회사의 이사진과 주주들은 시장점유율을 유지하기 위해서라면 무슨 짓이라도 해야 한다고 생각하고 있었다. 이 사이에서 하마터면 고이주에타도 균형을 잃을 뻔했다. 하지만 그는 문제의 본질에 대해 다시 생각해보았다. 그는 묻고 또 물었다. 코카콜라만의 시장은 어디에 있는가? 악화되는 수익성이라는 문제와 맞물리자 그 물음은 더욱 어려워졌다. 그래서 그는 보다 근본적인 질문으로 돌아갔다. 소비자들은 콜라를 어디에서 사는가? 질문의 답은 세가지로 압축되었다. 하나는 소매점과 슈퍼마켓, 두 번째는 레스토랑, 세번째는 자판기였다. 자료를 좀 더 깊이 뒤지고 토론을 거듭하자, 의미 있는 통찰이 찾아왔다.

소비자들은 같은 콜라를 다른 가격에 구입하고 있었다. 소매점에서 1,000원가량에 사는 콜라를 자판기나 레스토랑에서는 적게는 몇 백 원을 더 주거나 많게는 2배 이상 비싼 가격을 지불하고 있었던 것이다. 그는 원인을 파고들었다. 이윽고 이유가 '독점 상황'에 있다고 결론 내렸다. 소매점에서는 수많은 콜라 중에서 고르지만, 레스토랑에서는 그곳에서 취급하는 콜라를 그냥 마신다. 자판기에서도 소비자들은 자판기 업자가 넣어놓은 음료 가운데 골라서 마신다. 즉, 레스토랑과 자판기에서는 선택권이 소비자에게 있는 것이 아니라 공급자에게 있다. 결국 콜라를 소비자에게 공급하는 중간 판매상들이 가장 큰 독점 고객층이 되는 것이다. 고이주에타는 중간 판매상들이 키를 쥐고 있다는 사실을 간파하고 이 상황 독점자들에게 집중하는 전략을 발전시킨다. 코카콜라는 글로벌 시장에 진출할 때 다수의 작은 판매상들을 통제하는 것이 아니라, 소수의 대규모 핵심 판매상을 선택하여 더 많은 이익을 창출했다. 애플이 다국적 시장으로 진출할 때 코카콜라의 전략을 벤치마킹했는데,[24] 애플은 아이폰을 보급할 당시 각 나라에서 하나의 사업자만을 선택했고 일본의 경우 소프트뱅크. 한국은 SK텔레콤이었다, 이 같은 전략을 통해 큰 수익을 만들어냈다. 이처럼 어떠한 상황에서는 상황의 힘이 제품의 힘을 능가한다. 이때 제품의 힘은 상황의 힘까지 고려해야 한다.

앱솔루트, 도시와 bar라는 상황을 독점하다

이태원의 글램처럼 핫한 클럽에 갔다고 상상하자. 테라스로는 바깥의 인
파들이 보이고 클럽 안에는 쿨한 트렌드세터들이 앉아 있다. 용케 자리
를 잡았다. 그렇다면 어떤 술을 시키겠는가? 만약 보드카만을 시켜야 한
다면 아마도 당신은 별 고민 없이 앱솔루트Absolut를 주문할 가능성이 높
다. 다른 모든 보드카가 다만 맛있고 유서가 깊다는 점을 이야기할 때 앱
솔루트는 도시의 세련된 화이트칼라를 위한 보드카임을 강조했다. 실제
로 세련된 바라는 콘셉트의 술집에서는 어김없이 앱솔루트를 메뉴판에
올려놓는다. 가정이나 선술집에서 싼 맛에 즐기던 앱솔루트는 세련된 도
시의 바에서 안목 높은 전문직 종사자들이 먹는 보드카라는 콘셉트가 덧
씌워지면서 특정 고객층과 문화를 독점했다.

앱솔루트는 광고대행사 TBWA와의 도시 연작 시리즈를 통해 미술 작
품과 디자인에 열광하는 전문직 종사자들의 심리를 정확히 저격했다. 이
것이 바로 무색무취무미의 제품을 가지고 세계를 석권한 앱솔루트의 도
시 상황 독점이다. 상황 독점은 의외로 강력한 힘을 발휘한다. 평소 막걸
리를 즐기지 않는 사람도 파전에는 막걸리라는 상황 설정에는 순순히 따
른다. 삼겹살에 소주라는 결합도 마찬가지다.

상황의 매력을 강화시키는 것은 다차원에서 이루어질 수 있다. 다양한
감각을 자극하여 상황의 힘이 커질 때 고객들의 만족도는 더욱 높아진

다. 하이엔드 오디오 시스템을 판매하는 영업 직원들은 이렇게 이야기한
다. "오디오가 좋으면 커피 시킬 분이 와인을 시킵니다." 고품질의 사운
드를 통해 감성이 자극되는 '상황'에서 객단가가 올라간다는 것이다. 상
황을 통제하고 자극하는 노력들은 이처럼 구체적 성과로 나타난다.

상황의 힘은 같은 자리에서 상황이 바뀔 때도 발휘되지만, 상황 그 자
체가 갖는 힘도 있다. 어떤 지역에 갔을 때 그곳의 특산물을 찾는 것도
바로 상황 독점 때문이다. 외국 관광객을 대상으로 하는 우리나라 일부
음식점의 문제는 '백화점식 메뉴'를 내놓는 것이다. 삼계탕에서 부대찌
개까지 모든 것을 팔아서는 한국이라는 상황 독점의 이점을 전혀 누릴
수 없다. 사실 관광객들은 돈을 쓸 준비가 되어 있다. 독점적 관광 요소
를 잘 활용하는 호주의 경우 관광객 1인당 지출액이 490만 원으로, 한국
에서의 1인당 지출액인 150만 원의 3배 수준이다. 한국의 기존 관광 명
소들이 욕구를 채워주지 못하자, 중국 관광객들은 이제 노량진 수산시장
같은 곳으로 몰려가고 있다. 그곳에 가서 중국에서는 찾아보기 힘든 개
불, 멍게 등을 먹는다. 〈별에서 온 그대〉와 같은 한류 드라마에 등장했다
는 표면적인 이유도 있지만, 한국의 서울에서만 접할 수 있는 상황이라
는 유인 요소가 훨씬 강하게 작용한다. 이태원의 고기집에 가면 외국인
이 많다. 예전의 외국인 관광객들은 고기만 먹었지만, 요즘 관광객들은
김치찌개와 된장찌개도 잘 먹는다. 외국인들은 한국의 삼겹살 코스 문화
가 재미있다고 이야기한다. 삼겹살 코스 문화? 한국인인 나로서도 생소
한 이야기다. "외국인들이 보는 인터넷 사이트에 들어가면 삼겹살 코스
소개가 있어요. 첫 번째는 앞치마를 두르라고 합니다. 두 번째는 물수건
으로 손을 닦죠. 세 번째는 고기를 굽습니다. 잘 구워지면 쌈 채소를 펴고

고기를 올린 뒤 파를 넣어서 쌈을 쌉니다. 그리고 내가 먹거나 다른 사람에게 먹여줍니다." 고기를 먹은 뒤 밥을 볶는 것도 그들에게는 하나의 코스다. 해답은 어쩌면 그들이 먼저 알려주고 있는지도 모른다. 독점적 상황의 힘은 생각보다 흥미진진하고 흡인력이 강하다는 사실을 말이다.

일본의 경우에는 즉석라면 박물관, 치킨라면 팩토리 등 해당 지역의 스토리가 살아 있는 상황 전략을 잘 쓴다. 예를 들어 오사카에서 처음 발명된 치킨라면을 직접 조리해서 먹을 수 있도록 하는 방식이다. 소스가 스며들어 있어서 별도의 열을 가하지 않고 뜨거운 물을 부어서 먹는 치킨라면은 거기에 담긴 스토리와 함께 오사카만이 줄 수 있는 독점적 경험을 선사한다. 상황 독점 전략을 잘 쓰는 일본은 관광객의 재방문율이 70%에 육박한다. 반면 한국은 30%에 머무르고 있다.

할렘 가에 사는 남자의 차에 무작정 오르다

1998년 포드가 링컨 내비게이터Lincoln Navigator라는 대형 SUV를 출시하자, GM은 허겁지겁 급조하여 대응 차종을 내놓았다. 차의 이름은 캐딜락 에스컬레이드Cadillac Escalade. 캐딜락 로고를 붙이자 모양새는 괜찮아 보이는데 자동차 마니아들은 이 차를 만드는 데 참여한 기술자들이 '이 1세대를 머릿속에서 지워버리고 싶을 것'이라고 야유를 보냈다. '에스컬레이드는 부유한 중년 백인 남성을 타깃으로 합니다'라고 큰소리쳤지만, 오랜 준비를 거쳐 출시된 내비게이터와는 비교가 되지 않았다.

하지만 이 우스운 출발을 뒤로하고 수년 뒤 에스컬레이드는 놀랍게도 시장의 폭발적인 반응 속에 경쟁의 가시덤불인 대형 SUV 부문에서 챔피언의 자리에 오르게 된다. 에스컬레이드를 베스트셀링 카로 만든 수훈갑은 원래 타깃으로 삼았던 중년 백인 남성층이 아니라, 엉뚱하게도 흑인 힙합 팬들이었다. 차의 디자인 책임자인 존 매누기언에게 물었다. "정말 대단합니다. 어떻게 에스컬레이드가 힙합 문화의 아이콘이 될지 알았나요?" "나도 그렇게 될지 전혀 예상 못했어요." 대신 매누기언은 한 가지 일화를 들려주었다.

어느 날 회사에 출근하여 모닝커피를 마시며 에스컬레이드의 판매 추이를 살펴보던 매누기언은 자신에게 익숙하지 않은 어떤 고객군이 에스컬레이드를 사들이고 있다는 것을 짐작하게 되었다. 그는 폭발적인 판매량을 기록하고 있지만 미국에서 치안이 불안한 지역 중의 한 곳인 디트로이트 할렘으로 무작정 달려갔다. 그는 거리를 어슬렁거리며 무언가를 기다렸다. 그리고 에스컬레이드가 눈에 띄자 득달같이 달려가 자신을 운전자에게 소개하고 이렇게 말했다고 한다. "죄송합니다만, 저를 태우고 일을 보시면 어떻겠습니까? 조용히 타고만 있겠습니다."[25]

뒷좌석에 앉은 매누기언은 멀미를 참아가며 에스컬레이드 오너의 일상을 낱낱이 들여다보았고, 에스컬레이드의 앞에는 전혀 새로운 에스컬레이터가 깔려 있다는 사실을 확신하게 되었다. 그 에스컬레이터의 이름은 '힙합'이었다. 하지만 그는 무조건 힙합 팬들을 좇아가지 않았다. 종종 꼰대 같은 기업의 노골적인 구애가 팬들의 마음을 차갑게 식혀버린다는 것을 알고 있었기 때문이다. 매누기언은 고객의 차를 얻어 타고 힙합 공연장을 헤집고 다닌 덕에 에스컬레이드에 힙합 코드를 심는 방법을 알게 되었다. 예를 들어, 캐딜락 ESV 플래티넘 에디션 에스컬레이드 5,000

대를 생산하면서 힙합 세대가 좋아하는 20인치 바퀴와 탈부착이 자유로운 DVD 스크린을 장착하는 등 힙합 마니아들이 좋아하는 요소를 은근히 집어넣는 방식이다.

후발주자였던 에스컬레이드는 힙합이라는 작지만 독점적인 시장에서 불이 붙었다. 이후 에스컬레이드는 힙합 스타 에미넴, 뉴욕 힙합의 대부 제이지 등의 애마로 이름을 날렸고, 골프 스타 타이거 우즈의 이혼을 촉발한 자동차라는 가십의 스포트라이트를 받기도 했다우즈의 불륜 스캔들이 터지자 그의 아내가 골프채를 들고 달려들었고, 겁을 먹은 우즈는 차를 타고 황급히 도망치려 했지만 아내의 골프채에 차가 엉망이 되고 말았다. 그때 우즈가 타고 있던 차가 에스컬레이드였다.[26] 미국 힙합 뮤지션들 사이에는 성공의 상징으로 간주될 정도로 인기가 폭발적이어서 '자동차 도둑들이 가장 훔치고 싶어 하는 차 1위미국 인명손실데이터연구소'에 단골로 선정될 정도였다. 이에 에스컬레이드 개발자들은 도난 방지를 위한 첨단 모션센서 감지 기능을 추가하고, 내부금고 비밀번호 시스템을 도입하는 등 갖가지 방법을 동원했지만 이 엉뚱한 인기를 막지 못하고 있다.[27]

독점 시장은 고객의 하루 속에 있다. 에스컬레이드는 힙합이라는 상황 코드를 잡음으로써 새로운 역사를 쓰게 되었다.

아홉 번째 城

새로움
New

페라리의 디자이너는 강아지 집을 디자인한다

페라리의 디자이너인 마르코 모로시니는 트렌드를 놓치지 않는 자신만의 방식이 있다. 그는 열심히 디자인 작업을 하기는 하지만 결코 자동차에 많은 시간을 할애하지는 않는다. "작업 시간의 절반 정도는 핸드백, 허수아비 의상, 강아지 집을 디자인하는 데 씁니다."[28] 모로시니가 괴짜라서 그런 걸까? 그가 강아지 집에 집착하는 이유가 있다.

"최신 트렌드는 여성들이 끌고 가는데, 여성들을 따라가지 못하면 제아무리 페라리라도 자동차 디자인을 리드할 수 없습니다." 모로시니가 강아지 집을 디자인하는 이유는 전혀 새로운 자동차 디자인을 내놓기 위해서다. 다른 자동차의 디자인을 연구해서는 절대 자동차를 뛰어넘는 디자인이 나오지 않기 때문이다. 사람들은 늘 새로운 것을 원한다. 따라서 최신을 독점할 수 있다는 것은 대단한 능력이자 매력이다.

한 브랜드가 만약 100년 이상 이어가고 있다면 그 비결이 뭘까? 그 비결은 옛것을 유지하면서 최신을 추가하는 역설적인 밸런스의 조화에 있다. 기존 고객들의 눈높이를 맞추면서도 신규 메뉴를 개발하여 신규 고객을 끌어들이며 계속 신규 독점 시장을 창출해나가는 것이다.

100년을 넘는 가게들은 '새로움'이 주는 위력을 잘 알고 있다. 140년의 역사를 자랑하는 뉴욕 최고의 스테이크하우스 올드 홈스테드Old Homestead, 112년 동안 프랑스 초콜릿의 역사를 매일 써내려온 이르상제르Hirsinger, 192년의 역사를 자랑하는 터키 이스탄불의 디저트 명가 카라쾨이 귤류올루Karakoy Gulluoglu. 이들은 모두 역설적인 밸런스를 모토로 태생에서부터 현재까지 기나긴 생명력을 이어오고 있다.

올드 홈스테드의 사장 그레그 셰리는 손님 테이블에 앉아 미디엄 웰던으로 잘 구워진 스테이크를 먹기 좋은 사이즈로 썰어 서빙한다. 그는 손님의 입에 스테이크가 들어가기를 기다렸다가 속삭이듯 이렇게 이야기한다. "우리 가게에는 4가지 음식이 있습니다. 첫 번째 소고기, 두 번째 소고기, 세 번째도 소고기, 네 번째도 소고기입니다." 입 안에 증거를 가지고 있으니 그저 감탄하며 고개를 끄덕일 수밖에 없다. 그레그 셰리는 힘주어 덧붙인다. "우리는 오늘도 내일도 140년 전처럼 변함없이 스테이크를 구울 겁니다." 하지만 이들의 말을 그대로 믿어서는 안 된다. 140년의 역사는 반복만으로 만들어질 리가 없기 때문이다.

1988년 서울 올림픽이 열릴 때 올드 홈스테드는 일본산 소고기를 수입해 비장의 신메뉴를 선보였다. 바로 고베 버거다. 고베 버거의 동그란 소고기 패티는 굽기 전의 선홍빛 빛깔을 보는 것만으로도 탄성이 절로 터져 나온다. 문제는 가격이었다. 1988년 당시 햄버거 하나의 가격이 무려 15만 원. 사람들은 올드 홈스테드가 미쳤다고 수군거렸다. 하지만 이 '미친 가격'은 이유가 있었다. 일본에서 소고기를 직수입해온 탓에 재료 가격이 무려 50%에 육박했던 것이다. 하지만 트렌디한 뉴요커들은 올드 홈스테드의 이 미친 도전에 열광적인 반응을 보였고 미국 전역이 들썩였다. 이 화려한 데뷔 이후 고베 버거는 현재 자국산 소고기로 패티를 교체했고, 매일 200개 이상의 패티를 구워내면서 쌓인 숙련도를 바탕으로 가격을 3분의 1로 내렸다. 고베 버거와 같은 새로운 메뉴는 140년 전 오픈 첫날부터 구워냈던 설로인 스테이크sirloin steak와 같은 전통적인 상품과 잘 어우러져 올드 홈스테드의 생명력을 더욱 생동감 있게 만든다.

프랑스의 수제 초콜릿 명가 이르상제르의 사장인 에두아르 이르상제르는 시간이 날 때마다 산과 들을 쏘다닌다. 고객에게 한 약속을 지키기 위해서다. "매년 1가지 신제품을 선보여야 합니다. 그건 약속이자 소명입니다." 에두아르가 개발하는 신제품의 목표는 단 하나다. 이제까지 없던 맛을 고객들에게 선보이는 것. 이르상제르는 50가지의 막강한 초콜릿 라인을 보유하고 있지만 매년 1가지의 신무기를 장착함으로써 늘 새로운 브랜드력을 쌓아간다. 이런 점은 이스탄불에서 디저트의 지존이라고 불리는 카라쿄이 귤류올루도 마찬가지다.

사회주의 색채가 강한 터키에서 정권을 잡은 군사정부는 맛은 있지만 가격이 비싼 카라쿄이 귤류올루의 대표 메뉴 바클라바Baklava의 가격을 절반으로 내리라고 일방적으로 명령했다. "밤을 새워 고민했지만 가격을 반으로 내리면 품질이 떨어질 것이 분명했습니다." 카라쿄이 귤류올루의 사장은 바클라바를 만들지 않기로 결정한다. 군사정부는 언젠가 물러날 것이지만 고객의 신뢰는 영원한 것이라고 생각했기 때문이다. 카랴쿄이 귤류올루는 다른 디저트를 팔면서 1년을 버텼다. 마침내 고객들의 원성과 항의를 이기지 못한 당국의 조치로 다시금 바클라바를 팔 수 있게 되었다.

이처럼 카랴쿄이 귤류올루는 대표 메뉴인 바클라바만으로도 충분히 가게를 유지할 수 있지만 새로운 메뉴 개발에 열심이다. 대표적인 사례가 아침 메뉴인 뵤렉Böreği이다. 같은 가게를 찾는다 할지라도 아침 손님과 점심 손님의 속성은 완전히 다르다. 간판메뉴인 바클라바는 주로 점심 이후에 팔린다. 아침 손님들은 가게 문이 열리기를 기다렸다가 빵을 먹고 출근하기에 반복 필수재 구매의 성격이 강하고, 점심 이후의 손님들은 기호 구매의 성격이 강하다. 카랴쿄이 귤류올루는 그 품질 그대로를 선호하는 수준 높은 신규 고객 독점군을 개척하기 위해 끊임없이 고민했고 그 결과가 신제품 개발로 나타난 것이다.

최신을 독점하라 : 미래에셋

미래에셋Mirae Asse은 소규모 자산운용사로 출발했다. 하지만 판매사가 아닌 펀드매니저의 이름을 내건 펀드 상품을 최초로 선보이면서 투자자들의 시선을 끌었고, 이 최초의 상품으로 독점적 우위를 누렸다. 그 파급효과는 엄청났다. 업계에서 크게 주목을 끌지 못하던 회사가 업계 1위였던 대우증권을 집어삼키는 결과를 불러왔으니 말이다. '박현주 펀드 1

호'가 대표적이다.

"박현주 펀드는 펀드매니저의 이름을 내건 최초의 펀드였어요. 대성공이었죠. 재빨리 선두 회사들도 펀드매니저의 이름을 내건 펀드를 내놓았지만 그만큼 재미를 못 봤습니다. 그만큼 미래에셋의 능력이 대단했던 거죠." 업계 관계자의 전언이다. 시장은 이 새로운 포인트로 맹렬하게 전진하는 신생 회사에 매력을 느꼈다.

당시 여의도에 있었던 터라 미래에셋의 마케팅을 생생히 지켜보았다. 대우, 현대, LG와 같은 대형 증권사들은 대부분 자산운용사를 가지고 있었기에 미래에셋 같은 신생 업체를 상대해주지 않았다. 정확하게는 상대할 수 없었다고 보는 편이 맞다. 자신들의 상품을 운영해주는 전담 운용사를 의식해야 했기 때문이다. 당시 업계 1위 대우증권은 서울투신운용을 가지고 있었고, 현대증권 역시 현대투신운용이 있었다. 미래에셋은 대형 회사가 아니었지만, 대신 소비자가 강하게 신뢰하던 삼성 브랜드를 가지고 있던 삼성증권을 독점 판매처로 삼았다. 또한 고객들이 미래에셋 같은 신설 회사에 자금을 맡긴다는 것을 불안해하는 것을 알고는 고객 자금을 맡는 수탁기관을 한국주택은행으로 정했다. 해당 업계 최고의 브랜드력을 가지고 있는 회사들을 우군으로 삼아 마케팅 레버리지를 높인 것이다. 또한 당시 금융 감독기관이었던 금융감독위원회는 새로운 투자 개념의 뮤추얼 펀드를 판매하는 것을 하나의 업적으로 여겨 1998년 12월 14일에 미래에셋의 뮤추얼 펀드 등록에 대해 자랑스럽게 보도 자료까지 작성해 배포했다. 최신이라는 키워드가 정부의 암묵적 지원까지 이끌어냈던 것이다.

1단계_신선함이라는 키워드 독점

신생 업체의 신선함(박현주라는 이름 사용)

+ 뮤추얼 펀드라는 새로운 투자 개념 제시(금융 감독기관의 암묵적 응원)

2단계_안정성 부각

삼성증권, 주택은행(現 KB국민은행)과의 연대 강조

3단계_투명성 키워드 부각

당시 펀드들의 불투명한 운영에 대한 불만을 뮤추얼 펀드라는 구조적인 장치로 해결

한다는 점을 부각

당시 미래에셋증권의 박현주 펀드 1호에는 독점적으로 적용되는 개념들이 적어도 3개 이상 배치되어 있었다. 신선함, 안전성, 투명성이라는 키워드는 이전까지 업계에서는 제시하지 못했던 하이엔드 콘셉트였다. 이 모방 불가한 콘셉트가 미래에셋 뮤추얼 펀드라는 초유의 신생아를 잉태한 자궁이었다.

국내 최초라는 타이틀 역시 이목을 끌기에 충분했다. 뮤추얼 펀드, 인덱스 펀드, 개방형 뮤추얼 펀드, 적립형 펀드까지 새로운 콘셉트로 계속 시장을 독점하면서 미래에셋은 최초의 상품으로 만들어낸 공간을 독식

해갔다. 초기 시장 진입, 그리고 그에 따른 초기 독점, 그것이 미래에셋이 성장한 실제 비결이다.

새로운 것은 사업의 피를 돌게 한다

"장사의 본질이 무엇일까, 고민에 고민을 거듭했습니다."

《나는 스타벅스보다 작은 카페가 좋다》의 저자이자 카페 허밍을 운영하는 조성민 대표는 카페를 열기로 하고 이런 근본적인 고민에 빠졌다고 했다. 그 질문에 답을 하지 못한다면 카페 사업은 실패할 것이 뻔할 거라는 강단을 갖고서 이 물음에 매달리고 또 매달렸다. 그는 수십 권의 책을 읽고 수많은 멘토를 찾아가 묻고 또 물었다. 그리고 나름의 답을 찾아냈다. "결국 장사의 본질은 '재방문'이라는 결론에 도달했습니다."

그는 '재방문'이라는 화두를 품고서 자신의 카페를 한 번 찾은 고객들이 다시 찾을 수 있도록 모든 노력을 다했다. 회원 명예의 전당도 그중 일부다. 마신 커피가 500잔을 넘고 1,000잔을 넘으면 명예의 전당에 이름을 올린다. 별것 아니지만 어느 정도 숫자가 넘어가면 왠지 그 카페의 주인이 된 것 같고 뿌듯해지는 기분에 중독이 된다고 한다. 명예의 전당에 이름을 올린 단골 중에는 1,300잔을 마신 고객도 있다. 조 대표는 정확히 알고 있다. 기존 고객 독점이라는 가장 단순한 프로세스가 모든 사업의 기본임을 말이다. 서비스를 잘해야 하는 이유, 좋은 제품을 만들어야 하는 이유, 더 새로운 것들을 내놓아야 하는 그 모든 이유가 바로 한 번 인연을 맺은 고객과 다시 만나기 위해서다. 한 번의 소개팅이 아니라

십 년의 동거를 하기 위해 뼈를 깎는 노력을 하고 날로 새로워지려는 것이다. 그의 이처럼 피나는 노력은 유명 항공사의 마일리지 마케팅 방향과 그 목적이 같다. 작은 카페나 거대한 항공사나 사업의 기본은 마찬가지다. 사업 성공이라는 단어는 단골 만들기라는 말과 동의어다.

얼마 전 아침에 한 프랜차이즈 빵집에 들렀다가 식빵을 샀다. 그랬더니 직원이 "식빵 쿠폰을 드릴까요?" 하고 물었다. 이미 그 빵집의 포인트 앱을 쓰고 있어서 그게 뭐냐고 물었더니 순전히 식빵을 살 때만 따로 도장을 찍어주는 것이라고 한다. 빵을 즐기는 사람은 매일 또는 이틀에 한 번은 식빵을 먹을 수 있다. 식빵을 사러 왔다가 그것만 사서 가지는 않는다. 식빵 쿠폰 역시 기존 고객들을 더욱 자주 보기 위한 구애다.

시흥시 삼미시장에서 '오빠네 과일가게'를 운영하는 김건우 대표의 기고객 독점을 위한 전략은 특히 전투적이다.

오빠네 과일가게는 특이한 배달 서비스를 제공한다. 가게에서 과일을 사기만 하면 다른 곳에서 산 물건까지 몽땅 합쳐서 배달을 해준다. 따라서 나이가 든 고객이나 여성 고객 그리고 단골 고객은 쇼핑을 하고 마지막에 이 가게에 들러 과일을 사는 것이 코스가 되어버렸다.

패스트 패션 자라는 한 해에 2만여 개가 넘는 제품을 글로벌 시장에 내놓는다. 매주 월요일과 목요일이 되면 매장에는 새로운 제품이 나오고, 이 제품들은 트렌드 헌터들의 관심을 끌 수밖에 없다. 자라가 이렇게 새로운 제품에 승부를 거는 이유는 알고 보면 단순하다. 사업은 정확히 객단가와 구매 횟수의 공식으로 이루어지기 때문이다. 새로운 제품이 나오게 되면 기존의 고객들이 새롭게 구매 의욕을 가진다. 따라서 재고회전율이 높아진다. 패스트 패션은 대표적으로 재고회전율을 중시하는 업종이다. 매주 새로운 제품을 내놓음으로써 고객이 다시 방문하게 만들고 이를 통해 매출액을 올려가는 것이다.

의류나 제품에만 재고회전율 개념이 있는 것이 아니다. 일본의 사업가 사카모토 다카시가 운영하는 오레노라는 식당은 서비스업임에도 불구하고 치열한 재고회전율로 승부를 본다. 오레노는 극장식이다. 문이 열리면 들어가서 식사를 하고 2시간이 지나면 나와야 한다. 꽉 채우기만 하면 무조건 하루 4회전이 보장된다. 확실한 테이블 회전율이 보장되므로 원가율을 88%까지 올려도 흑자가 나는 구조를 가질 수 있다. 오레노에 가면 고급 프렌치 레스토랑에서나 맛볼 수 있는 푸아그라가 놀랍도록 저렴한 가격에 제공된다. 단가를 잡을 것인지, 회전율을 잡을 것인지에 답이 있다고 할 수 있는데, 우리가 지금부터 맞이할 IT세상, 경험 우위의 세상에서는 높은 회전율 창출이 충분히 가능하다.

도쿄 디즈니 리조트에 처음 갔을 때 디즈니랜드를 보고서는 약간 실망했다. 1980년대에 건설된 도쿄 디즈니랜드는 그다지 감동을 주지 못했던 것이다. 급기야 나올 때쯤에는 에버랜드가 훨씬 낫다는 생각이 들었다. 그렇게 하룻밤을 자고 다음 날 근처에 있는 디즈니 씨Disney Sea를 찾았을 때, 입구에서부터 무언가 심상치 않은 느낌을 받았다. 입구를 들어서면 바로 보이는 자그만 투어 열차에 올라타면서부터 완전히 넋을 잃었다. 넓은 대지에 화산이 폭발하고 화약이 펑펑 터지고, ET와 공룡들이 돌아다니는 디즈니 씨는 그간 알고 있었던 테마파크의 인식을 완전히 바꾸어놓았다. 그날 밤, 추운 밤 기온에도 불구하고 쪼그리고 앉아 디즈니 씨의 중간에 위치한 호수에서 벌어지는 공룡 테마의 스토리가 있는 퍼레이드를 보면서 탄성을 질렀던 기억은 지금도 생생하다.

도쿄의 디즈니 씨

원래 디즈니랜드의 타깃 고객층은 유소년과 청소년이었다. 하지만 인구가 줄어들고 이미 디즈니랜드를 경험한 아이들이 나이가 들어 더 이상 찾지 않는 일이 당연한 일이 되어버렸다. 한마디로 회전율이 급감하는 상황이 벌어진 것이다. 이때 디즈니 리조트 경영진이 꺼낸 히든카드가 바로 디즈니 씨다. 디즈니 씨는 독점 고객층이 이동하는 위기에 대응하는 절묘한 신의 한 수였던 셈이다.

실제 디즈니 씨의 맥주와 칠면조 구이는 정말 환상적인 조합을 이루고 있으며, 인어공주가 있는 머메이드 라군은 세파에 찌들려 감성이 무뎌진

성인조차 환상에 빠지게 하는 마력을 지니고 있다. 디즈니 리조트가 놓은 신의 한 수는 완전히 먹혀들었다. 현재 디즈니 리조트의 재방문율은 90%다. 경이적인 수치다. 한 번 온 사람이 최소한 한 번은 더 온다는 것인데, 구전효과 등 홍보를 고려하면 실제 효과는 100% 이상이다.

전원이 현장에서 답을 더듬어라

"소비자는 더 나은 것을 원하는 것이 아닙니다. 새로운 것, 재미있는 것을 원하죠." 패션어패럴업계의 선두 주자인 한 회사의 CEO는 지금의 소비자들에 대해 이렇게 말한다. 그렇다면 그들은 어떻게 대응하고 있을까? "우리는 우리를 이렇게 말합니다. 패션물류회사fashion logistics company 라고요."

그들은 스스로를 파이프라인으로 생각한다. 그 파이프라인을 통해서는 어떤 것이라도 보낼 수 있다. 이런 상황에서 제품은 목적이 아니라 수단이 된다. 때문에 이 브랜드는 소비자의 마음을 그 자신들보다 더 잘 읽고 맞추어주는 것에 포커스를 집중한다. 파이프라인 경영에서 중요한 것은 파이프와, 이 파이프에 어떤 것을 흘려보낼지를 결정하는 센싱sensing 능력이다. 파이프에 흘려보낼 제품을 결정하는 것은 파이프의 끝에 있는 사람들이다. 그렇다면 그들은 누구일까?

"직원 전원입니다. 우리 회사의 본사 직원들은 현장으로 출근해 현장에서 퇴근하는 경우가 많습니다. 전원이 현장 앞으로 가 있어야 합니다." 이 회사는 성장과정에서 우리가 아는 상식과 전혀 다른 패러다임에 어떻게 적응해야 하는지에 대한 나름의 해답을 얻었다. "결론적으로 역량은 성과와 별 상관이 없었습니다." 그렇다면 무엇이 성과를 좌우하는가. "태도라고 볼 수 있죠. 그 태도는 그저 낙관적인 태도를 말하는 것이 아닙니다. 좋고 나쁜 것을 가리는 것, 되고 안 되는 것을 가리는 태도가 문제가 됩니다." 태도? 그 단순한 태도가 성과와 관련한 제일 중요한 요인이라는 건 언뜻 이해가 가지 않는다. 하지만 이 회사는 인력의 질과 성과의 연계성에서 기존의 고정관념을 깨뜨리는 실증 사례를 가지고 있다.

회사의 창립 초기 멤버들은 전반적으로 우수한 인재들이었다. 이 시절에는 점장들의 역량에 따라 성과가 크게 달라졌다. 판매율이 크게 차이가 났고, 따라서 우수 점장에 대한 포상을 실시하고 점장들의 역량을 끌어올리기 위한 교육 등이 실시되었다. 점장의 능력에 따라 점포별 격차는 더욱 크게 벌어졌고 회사의 HR팀에서 내린 결론 역시 역량이 뛰어난 인재가 우수한 성과를 낸다는 것이었다. 하지만 실상은 그 이후에 전혀 다른 모습을 드러냈다.

"어떤 계기로 우수 인재들이 집단 퇴사를 했습니다. 이상한 일은 그 이후에 벌어진 거죠." 새로 합류한 멤버들은 어패럴에 대해서는 전혀 들어보지도 알지도 못하는, 한마디로 신참 인력들이었다. 그런데 이해가 가지 않는 것은 이들이 만들어내는 성과였다. 처음에는 좀 고전한다 싶었지만 이내 이전 매출액을 따라잡기 시작했던 것이다. 상승 추세는 계속됐고 지금은 이전 베테랑 점장들이 있을 때보다 더 높은 실적을 나타내고 있다. 매출액이 40%가량 늘었고, 더 중요한 상품 완판율은 98%까지 올라갔다. 그 담당자는 그 이유에 대해 직접 점포에서 목격한 경험을 술회했다. "역량이 떨어지는 직원들이 어떻게 완판을 시키는지 너무 궁금했습니다. 근처 점포에 가서 봤죠." 그는 그 자리에서 무언가 이전과는 다르다는 것을 바로 눈치 챘다고 한다. "아침에 옷이 들어 있는 박스가 점포에 도착하면 직원들이 분류 작업을 하거든요. 그런데 여기에서 이전 점장들과는 다른 행동을 보였습니다."

역량이 뛰어난 점장들은 자신들의 능력을 믿고 있었고, 자신이 소비자들의 기호를 잘 안다고 생각했다. 그들이 아침에 옷 박스를 받는다고 생각해보자. 이들은 그 옷들을 일단 자신의 안목대로 분류하기 시작한다. 팔릴 옷, 안 팔릴 옷을 정하는 것이다. 이 첫 번째 박스 오픈 단계에서 박스를 누가 열었는지에 따라 옷들의 운명이 결정된다. 문제는 이 단계에서 안 팔릴 옷이라고 분류된 옷들은 디스플레이 등 마케팅에서도 계속 소외되는 것이다. "이전 점장들은 아침에 박스를 열 때부터 스트레스를 받았습니다. 오늘은 좋은 옷이 왔네, 안 왔네 하면서 하루를 시작합니다. 잘 팔릴 것 같은 옷은 좋은 자리에 걸고, 안 팔릴 것 같은 옷은 안 좋은 자리에 걸죠. 문제는 그러한 판단이 판매 태도에도 이어진다는 겁니다. 이미 마음속으로 열등하다고 찍어버린 제품에 대해서는 자신 있게 고객에게 권하지 못하는 거죠."

그런데 새로 뽑힌 직원들은 이런 구별을 하지 않았다. 그들은 자신들이 물건을 잘 모른다고 생각했기 때문에—실제로 잘 몰랐다—모든 옷들을 평등하게 대했다. 실제로 안 팔릴 것 같은 옷이 있으면 디스플레이를 바꾸고 위치를 바꾸는 등의 마케팅 행위를 하면서 아무 생각 없이 그저 옷을 팔았다. 그랬더니 팔리지 않을 것 같은 옷들이 팔리기 시작했다. 블라우스처럼 하늘거리는 꽃무늬 탱크톱의 고객은 누구일까? 의외로 50대 여성이 심심찮게 사간다고 한다. 어디서 입는지는 알 수 없다.

중요한 것은 전혀 의외의 고객이 엉뚱한 상품을 구매한다는 사실을 알게 된 것이었다.

"중요한 건 태도였습니다. 소비자들의 기호가 워낙 다양하기 때문에 안 팔릴 것 같은 옷들도 팔린다는 걸 이전 점장들은 인정하려 하지 않았죠." 안 팔리는 제품은 품질이 열등해서가 아니라, 안 팔릴 거라고 생각한 판매직원들의 '심리적 낙인' 때문이었던 것이다. 이러한 자의적인 심리적 낙인은 생각보다 큰 장애를 초래할 수 있는데, 미국 플로리다 대학의 크리스 야니셰프스키 교수의 '물건 선호 실험'을 통해 이런 현상을 알 수 있다.

그는 학생들에게 물건을 정리하는 일을 시키면서 지금 진열대에 올릴 제품과 나중에 팔아야 하기에 올리지 말아야 하는 제품을 분류하도록 했다. 학생들 입장에서는 제품을 지시에 따라 기계적으로 분류했을 뿐이다. 그런데 이후 조사 결과, 학생들은 지시에 의해 진열대에 올린 제품에 비해 올리지 말아야 했던 제품을 좋아한다고 하는 비율이 현저히 낮았다. 특이한 것은 일이 바쁘면 바쁠수록 이런 불합리한 선호현상이 더 뚜렷하게 나타났다는 점이다. 이는 아무런 생각 없이 배제되어온 것들이 어떻게 계속 배제되는가에 대한 이유를 제시한다.

한국에서 고정관념이 유독 위세를 떨치는 이유는 '빨리 빨리' 문화 때문이다. 빨리 결정하고 빨리 나아가야 하니까 이전에 가지고 있던 기준으로 신속히 판단해야 한다. 지역감정, 학력차별 등의 요소가 아직까지 고질병처럼 반복되는 것도 바로 이런 이유다.[29]

오늘날의 고객들은 직원들보다 훨씬 더 다양한 방식으로 제품정보를 접하기에 원하는 제품 역시 많다. 이들이 집단이 될 때는 더 가공할 존재가 된다. 빠르게 실시간으로 상품에 대한 정보와 점포에 대한 평가를 공유하면서 집단지성을 갖춘 올마이티한 존재로서 소비를 하는 것이다. 이런 현실에서는 한 개인인 직원이 소비자들을 앞서서 예측하는 것이 불가능하다. 판단하지 않고 소비자들에게 빨리 묻고 방향을 수정하는 것만이 정답을 알아내는 단 한 가지 확실한 방법이다.

　명심하라. 정답은 우리도 소비자도 알지 못하는, 살아 움직이고 이 순간에도 시시각각 바뀌는 미지의 중간 영역에 존재한다. 이런 경우 관건은 스피드가 된다. 스피드는 스피드이되 '빨리 빨리'의 그 스피드가 아니다. 신속히 검증하고, 아니면 다시 다른 답을 제공하기 위한 스피드다. AI가 뛰어난 것은 스피드를 통해 이런 시행착오를 신속히 반복하면서 답을 찾아가기 때문이다. 그보다 중요한 것은 섣불리 안 된다는 심리적 낙인을 찍지 말아야 한다는 것이다. 지레 낙인찍고 안 된다고 포기하기에 발견하지 못하는 영역이 생각보다 많다. 저성장기의 나의 성 찾아가기는 섣불리 단정하지 않고 일단 고객이라는 바다에 돌을 던져보는 실험정신과 작은 단서 하나라도 놓치지 않는 센싱 능력에 달려 있다.

열 번째 城

원조
Origin

피자 세계 챔피언 2관왕의 가게는 왜 그렇게 허름할까

유명한 집이라 했다. 그래서 기대하고 갔다. 그런데 이런, 실망이다. 도쿄 나카메구로 역에서 걸어서 5분 정도 거리에 있는 피자집 다이사_{Da Isa}에 갔을 때 받은 나의 첫 느낌이다. 다이사는 일본 외식업계에서 돌풍을 일으키고 있는 오레노의 창업주 사카모토 다카시가 직접 찾아가 벤치마킹을 했다고 알려진 피자집이다.

　우선 내 심기를 건드린 것은 형광등 불빛이었다. 가정에서도 형광등이 퇴출된 지는 오래다. 업소들은 분위기를 살리기 위해 밤 8시만 넘으면 전체 조명을 끄고 스탠드만 켜는 극성들을 부리는데, 세상에 조명 천국인 일본에서, 그것도 도쿄에서 가장 유명하다는 피자집에 이런 낡은 형광등이라니! 무엇을 기대했을까? 클래식이 흐르고 샹들리에가 있는 피자집? 아니면 엔카가 나오는 일본식 피자집? 생각해보면 사전에 원했던 이미지는 없다 싶었다. 뚱하게 들어가서 그냥 앉았다. 그저 허름한 피자집에 간 느낌이었다. 별로 사진을 찍고 싶은 생각도 없었다. '뭐 이래?'라는 생각만 들 뿐이었다. 이색적인 장면이라면 가게의 벽에 걸린 잡지 사진 속의 남자가 실제로 화덕 앞에 있다는 사실 정도? 그는 허연 밀가루가 묻은 곤색 티셔츠와 청바지를 입고서 열심히 화덕에 삽을 넣어 피자를 뒤집고 있었다.

"저 주인장이 일부러 이렇게 해놓은 거예요." 피자가 나오자 일행 중의 한 분이 한 조각을 순식간에 해치우고는 말했다. "설마 저 사람이 돈이 없겠어요? 여기 되게 촌스럽잖아요? 근데 여기는 이탈리아 피자집 바로 그대로라는 게 포인트예요."

이 가게의 주인인 야마모토 씨는 이탈리아 나폴리에서 열린 세계피자선수권대회에서 2007년과 2008년 2년 연속 종합우승 트로피를 차지한 화제의 인물이다. 트로피의 주인공은 태양이 지글거리는 지중해 연안의 나폴리 피자집에서 태양보다 더 뜨거운 화덕 열기에 피자를 구우며 아마도 그런 생각을 했을 것이다. 내가 여기서 제대로 배워서 진짜 피자를 일본 사람들에게 맛보여주리라. 그런 생각을 한 야마모토에게는 샹들리에가 피자보다 더 고급지게 군림하는 조명 벌건 고급 피자집이 어색했다. 그가 배우고 일하고 느낀 그 소박한 나폴리 피자집이 그에게는 세계 최고의 피자집이었다. 그래서 그는 낡은 형광등에 지저분한 피자집, 하지만 진짜 나폴리 피자집을 일본 도쿄 한가운데에 가져다놓은 것이다. 그러고 보니 벽에는 상을 받는 모습을 포착한 사진이 어지럽게 걸려 있다. 고이즈미 전 일본 수상, 심지어 빌 클린턴이 방문했을 때 찍은 사진도 걸려 있다.

다이사는 예약이 기본이며 예약 없이 갈 때는 30분 이상 줄을 서야 한다. 피자집은 많고 인테리어가 좋은 집은 더 많지만, 나폴리라는 피자의 고향을 가져온 피자집과 주인은 도쿄에 '다이사' 이외엔 없다.

진정한 하이엔드는 본질을 보는 것이다. 본질은 고객의 칭찬에도 감탄에도 매상에도 있지 않다. 본질은 내가 가고자 하는 마음과 그 마음을 그대로 전하는 솔직함, 그리고 누가 뭐래도 변하지 않는 우직함에 있다. 오늘도 2관왕 트로피 주인장은 여전히 혼자 화덕 불 앞에 서서 피자를 뒤집는다. 저렇게 매일 구워서 뭐하지? 돈 벌어서 쓸 데도 없겠다. 피자만 냠냠 먹고 나가면서 왠지 2관왕 트로피에게 미안해졌다. 그와 그의 가게는 진짜다. 피자를 먹으면서도, 먹고 나와서 드는 생각도 그저 그런 생각밖에 없었다.

일본 도쿄의 정통 피자집 다이사

잘나가는 '에어쿠션'도 원조가 강하다

한국 아모레퍼시픽Amorepacific의 에어쿠션이 히트를 치자, 짝퉁 천국인 중국에서도 에어쿠션 유사 상품이 쏟아졌다. 하지만 아모레퍼시픽의 아성은 견고하다. 중국인들은 면세점에 가서도 에어쿠션만 찾는다. 이유는 에어쿠션은 한국, 그중에서도 아모레퍼시픽이 원조라는 독점적 이미지를 가지고 있기 때문이다. 실제로 중국 소비자는 '원조'라는 단어에 상당히 민감한 것으로 알려져 있다.[30]

중국 소비자들은 가격이 다소 비싸더라도 원조인 한국의 아이오페Iope 에어쿠션을 사기 위해 해외직구, 면세점, 온라인 등의 채널을 가리지 않고 쇼핑을 하고 있다. 아모레퍼시픽은 전형적인 특허 독점의 전략을 강하게 구사한다. 3초에 하나씩 팔린다는 에어쿠션에는 무려 7개의 특허가 적용되어 있는 것으로 알려졌다. 아모레퍼시픽은 2015년까지 9,354건의 상표권을 등록한 것으로 알려져 삼성전자6,517건를 누르고 한국 기업 가운데 특허 등록 부문에서 압도적인 1위를 기록하고 있다.[31]

기존 글로벌 강자들도 심상치 않은 인기세에 맞불을 놓기 시작했다. 랑콤이 미라클 쿠션으로 카피를 시작하자, 디올, 지방시, 입셍로랑, 비오템 등의 화장품 브랜드들도 쿠션 파운데이션을 출시하고 있다.[32] 랑콤은 '엉크르 드 뽀 쿠션'을 내놓았고, 지방시는 '지방시 뗑 꾸뛰르 쿠션 파운데이션'을 카피 출시하여 쿠션 파운데이션 시장에 진출했다.[33] 화장품 종주국으로서의 자존심도 버린 것인데, 이 코스메틱cosmetic 골리앗들이 쿠션 파운데이션 시장에 파고들어오면서 철저히 다윗과 같은 방식을 쓴다는 것이 주목할 만하다. 중국, 동남아 등 아모레퍼시픽에 이미 밀리는 시장은 내주고 유럽, 북미 등 자신들의 인지도가 높은 시장으로 들어가는 전략이다. 이 시장에서는 소비자들이 아모레퍼시픽을 카피한 명품 화장품업체의 제품이 진짜라고 여긴 채 구입할 수 있기 때문이다. 이곳에서는 아모레퍼시픽의 원조 이미지가 먹히지 않을 수도 있다. 명품 업체들이 내놓은 카피 파운데이션의 가격은 아모레퍼시픽 제품의 대략 2배 이상이다.

아모레퍼시픽이 쿠션 파운데이션이라는 파괴적 혁신으로 치고 들어왔을 때, 기존 명품 업체는 이를 카피해 로엔드 방식으로 대응했다. 이는 자신들이 강점을 가지고 있는 시장까지 내주지는 않겠다는 대응 전략이기도 하다.

아모레퍼시픽 에어쿠션(혁신적 제품) → 아시아 시장에서 돌풍 → 기존 유럽·미국 시장에 안착할 경우 화장품 명품 업체들의 기존 이미지가 흔들림 → 선두 기업들이 아모레퍼시픽 카피 제품으로 대응

언론들은 한국의 화장품기업이 프랑스의 거대 화장품업체인 랑콤에 법적 소송을 거는 초유의 일이 벌어질 것이라고 보도했다. 타 기업, 그것도 한국 기업의 제품을 랑콤이 베꼈다는 혐의만으로도 놀랄 만한 일이라는 반응이 이어졌다. 아모레퍼시픽은 이제 어떻게 대응할까?

이미 한국 시장과 아시아 시장에서 하이엔드 이미지를 쌓은 아모레퍼시픽에게 남은 시장은 당연히 프리미엄 고가격 시장이다. 아모레퍼시픽은 기존 글로벌 코스메틱 거인들과의 소송을 불사하면서 그 시장으로 진입하는 방법밖에 없으며 이것이 랑콤 등 글로벌 기업들이 가장 두려워하는 시나리오다. 이는 현대자동차가 한국에서 출발해 구미의 저가 시장,

그리고 중국, 인도, 중동 등 변방을 장악하고 이제 제네시스로 벤츠와 BMW가 장악하고 있는 프리미엄 시장으로 진입한 것과 같은 순서다.

향후 세계 화장품 전쟁에서 아모레퍼시픽이 천명하는 한방화장품 전략은 '오리진origin'이라는 이미지 독점 전략에서 상당한 역할을 할 것이다. 이 독점 전략의 성공 여부는 앞으로 성장해오는 중국 화장품기업에 대한 전략에서도 여전히 유효한 방패 역할을 할 수 있을 것이다. 아모레퍼시픽은 기존 화장품업계의 독점 영역을 깨면서 자신만의 성을 쌓아올리는 이중 전략을 써야 할 시점에 이르렀다.

실제로 원조, 즉 오리진을 기억해야 하는 이유는 그 영역이 가장 강력한 힘의 원천이 되기 때문이다. 미키마우스로 시작한 디즈니의 애니메이션 역량은 여전히 강력해서 지금도 동물이나 사물의 의인화에서 탁월한 표현력을 보여준다. 시대에 맞춰가는 것도 중요하지만 나를 잊지 말아야 하는 것은 그것이 가장 강력한 힘의 원천이기 때문이다. 원조의 힘을 가장 잘 아는 것은 명품 업체다. 그들은 광야를 헤매다가도 그 뿌리로 돌아간다. 돌아갈 성이 있다는 것이 명품과 일반 제품의 차이다.

버버리 여걸이 151챕터를 쓰겠다고 한 이유는?

2014년 미국에서 가장 연봉을 많이 받은 여성인 안젤라 아렌츠. 그녀가 버버리의 CEO로 부임하자 버버리의 직원들은 웅성거렸다. 그도 그럴 것이 아렌츠는 이전에 명품 업계에서 일한 경험이 없었다. 게다가 그녀는 전통과 명예가 무엇인지 아는 영국인이 아니라, 소비지향적인 문화에 콜라와 햄버거의 고장 미국 출신이 아닌가. 그녀는 미국 인디애나에서 중산층 가정의 6남매 중 셋째로 태어났고, 대학교도 그저 평범한 볼 주립대학교를 졸업했을 뿐이다.

버버리에 간 첫 날, 안젤라 아렌츠는 고향인 인디애나 주 델라웨어 카운티의 모습을 떠올렸다. '1981년 졸업했으니 학교를 졸업한 지 20년이 넘었어.' 인디애나의 시골 처녀인 안젤라는 이제 꿈에서나 그리던 버버리의 CEO로 오게 되었다. 그녀는 이 과분한 축복에 감사하며 더욱 겸손하게 일할 것을 다짐했다. 그녀는 자신의 관심사가 오로지 하나였다고 훗날 인터뷰에서 고백했다. '어떻게 하면 프랑스의 럭셔리업체들과 차별화하지?'

하지만 미국인 안젤라 아렌츠가 부임하자 직원들은 불안해했다. 그간의 CEO들과는 너무나 이질적인 인물이었기 때문이다. 그들이 촌뜨기라고 평가하는 미국 출신에 명품을 잘 알지도 못하는 사람. 하지만 얼마 지나지 않아 버버리 사람들은 안젤라가 그들을 잘 이해하고 있다는 사실을 알게 되었다. 안젤라 아렌츠는 취임 일성으로 "나는 버버리의 챕터 151을 이어서 쓸 것"이라고 이야기했다. 안젤라 아렌츠가 버버리에 부임한 2006년, 버버리는 창사 150주년을 맞았다. 역사와 전통을 중시하겠다는 자신의 철학을 강하게 선언함으로써 버버리 사람들의 마음을 안정시킨 것이다.

외부에서 CEO으로 영입되었을 때 직원들의 동요를 막기 위한 가장 중요한 조치는 회사의 근본적인 가치관이나 도덕적 기준 같은 요소들이 앞으로도 흔들림 없을 것임을 공표하는 것이다. 근간이 되는 뿌리에 대한 존중은 조직원들에게 큰 안정감을 준다. 이와 관련해 버거킹의 CEO 존 다스버그는 다음과 같이 이야기한다. "위기 전환에서 정말 중요한 건 현상황에서 그 기업의 전략적 자산이 무엇인지 밝혀내고, 잘못된 것이 무엇인지를 알아내는 겁니다. 잘못된 것이 무엇인지 알아내고, 효과가 있으리라고 생각하는 전략적 자산을 활용하는 능력이죠."

안젤라 아렌츠는 버버리의 자산이 전통에 있다는 것을 정확히 캐치했다. 그리고 그녀는 그 전통을 되살려 튼튼히 함과 동시에 새로운 영토로 진출하기로 결심했다. 안젤라 아렌츠의 이 '151챕터 이어 쓰기 전략'은 버버리의 잠재력에 기반한 가장 위대한 부활 전략으로 밝혀졌고 이후 버버리는 가장 성장률이 높은 럭셔리 브랜드라는 왕관을 받았다.

아렌츠는 두루뭉술하게 전략을 세우지 않았다. 되살려야 할 전통은 버버리의 역사와 트렌치코트라고 꼭 집어냈다. "저를 무시했는지 어떤지 모르겠지만……." 잠시 당시 기억에 사로잡혔던 아렌츠는 이내 밝게 웃으며 말한다. "첫 회의 때 들어왔던 임원 중에 그 누구도 버버리 코트를 입고 있지 않더군요." 이미 버버리의 임원들마저 무의식중에 외면할 정도로 버버리의 트렌치코트는 잊히고 있었다. 하지만 잘못되었다는 것은 알았다. "자신들도 입지 않는 옷을 팔 수는 없어요. 그건 기본 중의 기본이죠." 안젤라 아렌츠는 버버리의 개혁을 단행했다. 안젤라의 개혁은 버버리의 내부 법칙에 따르는 것은 아니었지만 사람들은 이후에 안젤라 아렌츠가 버버리의 중심을 정확히 파악하고 행동했다고 회고했다.

버버리의 부활공식

자신의 독점 콘셉트를 다시 끄집어내어
가장 힘겨운 상대와 싸워라

1. 자사의 브랜드가 독점하고 있는 콘셉트를 다시 끄집어냈다

버버리에게는 '극한' 그리고 '영국적 엘레강스'라는 이미지가 있다. 2003년 크리스토퍼 베일리는 입사하자마자 최고급 라인인 버버리 프로섬을 론칭했고, 이를 통해 버버리가 환골탈태했으며 본연의 모습을 돌아갔음을 전 세계에 알렸다.

2. 자신들이 가장 처음 시작하고,
자신들만이 가지고 있는 상품의 독점적 영역으로 회귀했다

버버리에게는 버버리 코트와 버버리 체크라는 외형적 이미지가 있다. 핵심 상품을 통해 기존 버버리 마니아들의 열광을 받으면서 다시 브랜드 충성도가 높은 고객층을 결집시켰다. 버버리는 맞춤 코트 라인인 버버리 비스포크를 론칭해서 고객들이 온라인에서 스스로 코트의 색상과 원단 등을 고를 수 있게 했다.

3. 버버리를 가장 싫어하는 젊은 층에게 정면 승부를 걸었다

버버리는 한때 고급 백화점들로부터 입점 거부를 당했을 정도로 퇴물 취급을 받았다. 버버리는 젊은 층에게 할머니의 브랜드쯤으로 인식되었다. 버버리는 이들에게 다가가기 위해 명품 업체들이 질색하던 디지털 마케팅을 시작했다. '혁신적인 디지털 경험(Innovative digital experience)'을 내세우고 페이스북, 트위터를 통해 수백만 명의 팔로워를 거느리기 시작했다. 버버리는 '아트오브트렌치(Art of the trench)'라는 소셜 네트워크 사이트를 운영했다.

버버리 코트를 되살려 주력상품으로 내세움으로써 버버리가 다시 돌아왔음을 알리는 확실한 신호탄을 쏜 아렌츠는 새로운 역사를 시작해야 할 때라고 생각했다. 디렉터 크리스토퍼 베일리는 안젤라의 뜻에 따라 버버리의 업그레이드 변형 모델을 디자인하여 버버리를 젊은 감각으로 완전히 새롭게 부활시켰다.

"당시 매출의 대부분은 의류에서 나오고 있었어요. 액세서리 매출은 25%에 불과했죠. 액세서리는 주력상품으로 들어가는 입구 역할을 합니다. 액세서리 매출을 45%까지 확대할 계획을 세웠습니다."[34] 액세서리는 꿈의 조각이다. 꿈의 조각을 가진 사람은 온전한 꿈을 갖기를 소망하는 법이다. 게다가 메인 제품과 액세서리와의 상호 시너지는 갈수록 확대되고 있다. 일례로 액세서리와 본 제품이 가장 극명하게 연결된 애플의 경우 액세서리 매출이 아이폰 5 출시 첫 주 1억 9,500만 달러였지만, 아이폰 6 출시 때는 2억 4,900만 달러로 큰 폭의 증가세를 나타냈다.[35]

안젤라 아렌츠는 전격적으로 새로운 영토로 진출하기로 선언했다. 액세서리 또한 올드한 버버리의 이미지를 쇄신하기 위해 그간 가지 않았던 온라인 공간으로 진출하기로 결심했다. 이후 버버리는 온라인을 활용한 디지털 마케팅의 선두주자로 돌풍을 일으켰다

버버리의 부활은 잊어버렸던 버버리 코트라는 자신만의 영토를 다시 찾은 것에서 시작됐다. 자신들의 영토를 망각한 것은 영국의 버버리만이

아니다. 한국도 마찬가지다.

흔히 향기의 대국으로 프랑스를 꼽는다. 하지만 진정한 향기의 대국은 한민족이 아닐까? 조선 시대 양반들은 향낭이라는 향기가 나는 주머니를 차고 다녔다. 특히 임금을 알현해야 하는 고위 관료의 경우 이 향낭에 대한 관심이 지대했다. 이 향낭은 신라 시대부터 쓰이기 시작했는데, 조선

스페인 바르셀로나의 버버리 매장

시대에 이르면 특히 왕을 가까이했던 승지는 무조건 향낭을 차고 다녀야 했다. 향수를 뿌리지 않는 여자에게 미래는 없다고 샤넬이 말했는데, 향기가 나지 않는 내관에게는 출세라는 미래가 없었던 것일까? 한민족의 화장품만 해도 역사가 유구하다. 5세기에 그려진 고구려 벽화에서부터 연지가 눈에 띈다. 신라 시대에는 아예 남자인 화랑이 예쁘게 화장을 했다는 기록이 보일 정도다. 귀를 뚫는 귀걸이 관습도 조선 시대까지 극성이어서 선조가 신체발부수지부모를 논하며 귀를 뚫는 것을 금지시켜야 할 정도였다.[36] 그러고 보면 아름다움에 대한 한민족의 동경은 유별났다. 네덜란드인 하멜은 《하멜 표류기》에서 '조선 사람들이 우리를 보고 못생겼다 하지 않고 오히려 우리의 흰 피부를 부러워했다'는 표현이 있을 정도니 말이다. 원조 전략을 구사한다는 것은 자신을 가장 잘 알고 있을 때 가능하다. 역사의 강점들은 문화 DNA에 남아 유구한 세월 동안 그 민족의 장점을 승화시키는 데 도움을 주기 때문이다.[37]

샤넬의 오리진, 10개의 아이콘

"이것으로 고르겠어요."

몇 달 동안 실험실에 처박힌 채 코가 먹먹할 정도로 씨름하며 개발한 새로운 향수가 정해지는 순간이었다. 마담 샤넬은 5번째 시약병을 골랐다. 조향사 자크 엘루는 고개를 끄덕였다. 그도 샤넬과 뜻이 거의 일치했기 때문이다. 하지만 그 뒤의 말이 자크 엘루를 당황하게 만들었다. "향수병도 이대로 출시하는 게 좋겠군요." "마드무아젤, 이 병은 실험실에서

나 쓰는 병입니다." 엘루는 알 수 없다는 듯 샤넬을 쳐다보며 다음 말을 기다렸다. "지금은 누구나 향수병에 돈을 들이고 예쁘게 꾸미려고 애써요. 하지만 향수의 본질은 병이 아니라 향수입니다. 우리는 본질로 돌아가야 해요. 그리고 이 병이 최고로 예쁘지 않을지는 모르지만 제일 독특하고 솔직하잖아요." 결국 가브리엘 샤넬의 뜻대로 샤넬의 첫 번째 향수는 단순하게 'No.5' 그리고 시약병 형태 그대로 출시되었다.

독특한 시약병 모양은 No.5라는 향수 이름과 더불어 대히트를 기록하는 브랜드 아이콘이 되었다. 이처럼 샤넬은 브랜드의 독점적 위치를 확보하기 위해 다양한 브랜드 아이콘을 전략적으로 사용했다. 브랜드의 아이콘들은 마치 샤넬의 분신처럼 거리에서, 백화점에서, 그리고 고객을 통해 자연적으로 재노출되면서 사람들의 관심을 환기시킨다. 따라서 샤넬을 독보적으로 만든 10개의 보석과 같은 브랜드 아이콘 전략은 하이엔드 마케팅에서도 유용한 팁이 될 것이다.

제품 아이콘

1. 샤넬 수트

"직업상 수없이 많은 옷을 집했지만 샤넬의 패턴과 공정은 거의 과학 수준입니다. 패턴을 한 번 해체한 후에 그대로 조립해서 봉제해본 적이 있는데, 처음의 입체 상태로 돌아가지 않았어요. 몇 번 다시 시도했지만 결국 되지 않았고 이유는 끝내 알 수 없었죠."(스타일리스트 서은영)

샤넬 수트는 그 자체로 응축된 디자인과 과학의 역사다. 샤넬은 재킷을 만들면서 디자인은 기본이고 '어디서든 팔을 자유롭게 올릴 수 있어야 한다'며 등근육과 팔 관절의 움직임을 세세히 연구했다. 또한 소재 면에서도 어떤 디자이너도 생각지 못했던 '트위드(Tweed)'를 선택했는데, 샤넬은 트위드가 주는 다양한 빛의 반사와 거친 외관에도 촉감이 부드러운 반전 매력에 푹 빠졌기 때문이었다. 여성 재킷에 처음 채택된 트위드 소재는 샤넬 수트의 독특한 스타일과 어우러져, 멀리서도 한눈에 샤넬임을 알아보게 하는 브랜드 대표 아이콘이 되었다.

2. 리틀 블랙 드레스

샤넬은 여성들에게 늘 자유를 주고 싶어 했는데 LBD(Little Black Dress)도 그 일환이다. 리틀 블랙 드레스는 낮에는 조신하게 일터에서 근무하며 입고 있다가 밤에 백만 바꿔들어도 근사한 파티룩이 될 수 있는 큰 장점이 있었다. 이 LBD에 대해서 미국의 〈보그〉는 '샤넬이 만든 포드'라고 이름 붙였는데, 헨리 포드가 '모델 T'를 통해 상류층의 전유물이었던 자동차를 미국 보통의 노동자들에게 선물한 것처럼 샤넬도 누구나 편하게 입을 수 있는 드레스를 평범한 여성들에게 선사했다는 뜻이었다. 이는 소수의 특권층만이 아니라 누구나 자신만의 드레스를 즐길 권리가 있다고 생각한 샤넬의 신념을 대변한 말이었다. 샤넬은 왜 하필 검은색이냐는 질문에 이렇게 대답했다. "검정은 모든 색을 품고 있으니 아름다울 수밖에 없어요."

상중에만 입던 검은색을 과감하게 일상으로 끄집어내자, 샤넬의 혁신성은 또 다른 아이콘이 되어 거리를 활보하게 되었다.

3. 숄더백

매년 가격을 올려 한국에서는 뉴스의 집중 포화를 받는 샤넬 숄더백. 독특한 퀼팅(quilting) 무늬는 경마 기수의 재킷에서 따왔다고 한다. 종종 샤넬 백을 모방해 퀼팅 백을 선보이는 타 브랜드가 있는데 여성들은 이런 가방을 'OOO가 만든 샤넬 백'이라고 불러 해당 브랜드를 맥 빠지게 만들기 일쑤다. 그만큼 퀼팅 샤넬 백의 이미지 위력은 강력하다.

4. 체인

체인은 샤넬 수트와 샤넬 백에도 등장한다. 샤넬 수트 안에 등장하는 체인은 옷의 균형을 잡아주는 역할을 하고, 샤넬 백의 체인은 가죽과 함께 꼬여 있어 디자인과 견고함을 동시에 획득하고 있다.

5. 바이컬러 슈즈

투톤 슈즈라고 불리는 바이컬러(bicolor) 슈즈 역시 단일 색상의 구두 일색이던 거리에 일대 혁신을 불러일으켰다. 구두코의 색깔을 다르게 함으로써 구두 끝이 더러워질 것을 신경 쓰지 않고 다닐 수 있는 자유를 주었고, 살색인 베이지와 짙은 색을 섞어 씀으로써 다리가 길어 보이거나 발이 작아 보이는 등 신체 결점도 커버해주었다.

로고, 심벌 아이콘

6. 브랜드 로고 : CC 마크

샤넬의 CC 마크는 모르는 사람이 거의 없을 정도로 인지도가 높다. 유래에 대해서는 코코 샤넬의 이니셜에서 왔다는 설, 할아버지의 사인이 C였기 때문이라는 설, 샤넬이 수녀원에 있을 때 기도를 올리다 올려다본 스테인드글라스 창문에서 영감을 얻었다는 설 등 분분하다. 오히려 이 모호함을 샤넬은 즐겼던 듯하다. 샤넬은 자신의 출생이나 성장 환경 등을 사람들이 물어볼 때마다 답이 달랐다고 한다. 미천한 출신이라는 것에 대한 핸디캡이었다고 하는 사람도 있으나 어쨌든 정확하지 않은 실체가 오히려 궁금증을 불러일으켰다. 샤넬의 더블 C 로고는 이후 브랜드들이 자신들을 표현하는 수단으로 많이 참고한 모델 사례다.

7. 심벌 : 카멜리아

카멜리아(동백)는 꽃이 피는 것도 아름답지만 지는 것이 더 인상적인 꽃이다. 같은 시기에 피는 목련이 눈부시게 하얗게 피었다가 질 때는 잎이 누렇고 쭈글쭈글해져 말라비틀어지는 것과는 대조적이다. 동백은 끝까지 피어 있다가 그 모습 그대로 송이째 낙화한다. 떨어진 동백꽃을 들어 올려 보면 피어 있을 때와 거의 같은 모습이다. 샤넬은 여성들이 죽는 그 순간까지 여성으로서의 고고함과 아름다움을 잃지 않기를 원했다.

샤넬은 남자친구였던 보이 카펠에게서 받은 꽃다발에서 아이디어를 얻었는데, 샤넬 브랜드에서 쓰는 카멜리아는 흰색이다. 코르사주, 머리 장식, 드레스 심지어는 전용 쇼핑백에까지 응용되어 브랜드를 한층 우아하게 만든다.

기타 아이콘

8. 원단 : 트위드와 저지

트위드는 원래 스코틀랜드어로 'Tweel'이었지만, 한 상인이 강 이름인 Tweed river의 Tweed로 착각하는 바람에 트위드로 굳어졌다는 재밌는 에피소드를 가지고 있다. 샤넬은 현재 영국 린튼의 제품을 쓰는데 샤넬 트위드로 알려져 다른 브랜드들도 많이 쓰는 것으로 알려져 있다.

또한 저지(jersey)는 원래 남성의 속옷으로 쓰이던 원단이었는데 아침에 일어나 남자친구의 속옷을 만져보던 샤넬이 그 촉감에 반해 겉옷 소재로 사용했다고 한다. 살갗에 바로 닿는 원단인 만큼 부드럽고 편하기 이를 데 없으나 출시 당시에는 남성들이 자신들의 속옷 원단으로 만든 이 드레스에 경악했다고 전해진다. 표면이 거칠어 보이는 점 때문에 수트에는 전혀 어울리지 않는 트위드, 속옷 용도로 쓰이던 원단 저지를 통념을 뒤집어 의상에 적용했기에 사람들의 시선을 한몸에 받았고 독특한 브랜드 아이콘으로 샤넬을 상징하게 되었다.

9. 색채 : 하양, 검정, 베이지

도쿄 긴자에 있는 샤넬의 레스토랑 이름은 '베이지'다. 베이지는 샤넬이 가
장 사랑했던 색 중의 하나라고 전해지는데 이유는 사람의 살색이기 때문이
었다. 또한 수녀원에서 고아 시절을 보낸 샤넬이 수녀들의 색깔인 하양과
검정을 옷에 채용했다는 설도 정설처럼 받아들여진다. 이유야 어떻든, 보
통의 브랜드들이 잘 선택하지 않는 색을 강하게 밀고 나간 덕분에 샤넬만의
색채는 브랜드 아이덴티티를 세우는 데 큰 도움을 주었다.

10. 역사 : 나선형 계단

샤넬 컬렉션에는 종종 나선형 계단이 등장한다. 보통 런웨이가 펼쳐지기
전에 어떤 브랜드의 쇼인지 알 수 없을 때가 많지만 샤넬의 경우에는 나선
형 계단을 통해 금방 알 수 있다. 파리 깡봉(Cambon)에 위치한 샤넬의 아파
트에도 있는 나선형 계단은 샤넬이 패션쇼에서 자신의 모습을 숨기고 쇼를
감상하는 데 쓰였다고 한다.

나선형 계단은 그녀가 12살 때 버려졌던 수녀원에도 있었다. 샤넬은 의도
적 망각이 의심될 정도로 과거를 지우고 싶어 했지만 그 교훈은 가슴에 새
겨두었다. 그녀는 수녀원을 모티브로 디자인을 하여 쓸쓸하고 불우했던 공
간을 기억했고, 그녀의 아파트에 밀 다발을 늘 가져다두고 보면서 배고픈
시절을 떠올렸다. 샤넬은 나선형 계단을 타듯 파리 사교계의 가장 높은 곳
까지 올라갔지만 그 계단의 시작이 수녀원이라는 것을 잊지 않았다. 즉 나
선형 계단은 샤넬을 나타내는 본질의 아이콘이다.

기술과 철학을 녹여 넣는 것은 중요하다. 하지만 거기까지가 끝이 아니다. 수많은 불면의 밤과 치열한 낮의 노력들을 어떻게 표현하여 아이콘으로 만들 것인가가 끝이다. 아이콘을 통해 브랜드를 느끼는 법이기 때문이다.

WELLS FARGO
ORENO
GOOGLE
IBM
CHANEL
COCA
COLA
VIVO
PRADA

APPLE
MONTBLANC
HERMÈS
GUCCI
ALIBABA
ZARA
AMAZON
DYSON
FOXCONN
7-ELEVEN
HANSSEM

CHAPTER 5

이제 모노폴리언의
갑옷을 짜라

STARBUCKS
TORY   BURCH
LADY   GAGA
COSTCO
OPPO   NATION
AUTO
MERCEDES BENZ
VICTORIA SECRET
THE DAILY RECORD
MIRAE BURBERRY ASSET
ABSOLUT   ANJIN
MARY KAY
NEXEN TIRE
UNIQLO   CASPER
DISNEYLAND LOUIS VUITTON

License   Space   Quality   Frontier   Reverse   Image   Price   Situation   New   Origin

1

오래된 갑옷은
벗어던져라

샤워기에 길들여진 원숭이들

우리에 갇힌 원숭이 다섯 마리가 있었다. 어느 날 우리 가운데에 먹음직
스런 바나나가 매달렸다. 원숭이들은 침을 삼키며 사람들이 우리에서 나
가기만을 기다렸다. 이윽고 사육사가 나가고 바나나와 원숭이들만 남았
다. 어떤 녀석이 먼저랄 것도 없이 일제히 바나나를 향해 돌진했다. 그
런데 그 바나나에는 장치가 숨겨져 있었다. 바나나를 건드리면 샤워기가
작동하면서 물이 쏟아지도록 되어 있었던 것이다. 아무것도 모르는 원숭
이들이 바나나를 건드리자마자 차가운 물이 쏟아졌다. 두 번째 원숭이가
또 다시 바나나를 조심스럽게 건드리자 다시 물이 쏟아졌다. 가뜩이나
물을 싫어하는 원숭이들은 얼음장같이 차가운 물을 여러 차례 뒤집어쓰

고 나서는 바나나 근처에 얼씬도 하지 않게 되었다.

그렇게 며칠이 지났다. 과학자들은 의도적으로 다섯 마리의 원숭이 중 한 마리를 내보내고 새로운 원숭이 한 마리를 우리에 들였다. 아무것도 모르는 신입 원숭이가 먹음직스런 바나나로 돌진하는 순간 나머지 원숭이들이 으르렁거리며 달려들어 새 원숭이를 두들겨 패기 시작했다. 영문도 모른 채 신입 원숭이는 바나나를 건드리려 했다는 이유만으로 흠씬 두들겨 맞았다. 이후에도 몰래 여러 번 시도를 하다가 처절한 응징을 당한 그 원숭이는 바나나에 대한 나쁜 기억을 갖게 되어 바나나 먹는 것을 시도할 생각조차 하지 않았다. 이렇게 한 마리가 나가고 다시 한 마리가 들어오는 식으로 결국 처음 물을 뒤집어썼던 원숭이들은 모두 없어졌고 새로운 원숭이 다섯 마리만 우리에 남았다. 새로운 원숭이로 모두 바뀌자, 과학자들은 원숭이들이 보는 앞에서 샤워기를 제거했다. 하지만 장애물이 없어졌는데도 어떤 원숭이도 바나나를 건들지 않았다. 혹 바나나를 따려고 하는 원숭이에게는 집단 폭력이 가해졌다. '바나나를 따려 해서는 안 된다'는 것이 불문율이 되었고 원숭이들의 행동을 정하는 규칙이자 문화가 되어버렸다.[1]

이처럼 되는 것과 안 되는 것들이 대를 이어 전승되면 하나의 문화로 고정된다. 그런데 한번 돌아보자. 과거에 안 되던 것들이 우리도 모르는 사이 '문화'가 되어버렸다면 왜 그런 문화가 자리 잡았는지 뜯어볼 필요가 있다. 과거의 유산인 금기와 좌절을 학습하지 않을 때 자유로운 미래가 열린다. 우리의 무의식 속에 뿌리박힌 편견이나 고정관념이 많다. 이 사실이 샤워기에 길들여진 원숭이들과 어떤 연관이 있는지를 알면 처방도 찾을 수 있을 듯하다.

우리가 나와 우리의 행동을 어떻게 심리적으로 선택하는지에 대한 한 심리학 실험이 있다. 실험은 도전, 재미, 모험 같은 단어들과 안전, 편안, 유지, 안락 같은 단어들을 섞어놓은 뒤 시작되었다. '나'를 떠올리라고 한 후 단어를 보여주고 고르게 하면 사람들은 도전, 재미 등 진취적인 의미의 단어를 골랐지만, 가족을 떠올리게 한 뒤 단어를 고르게 했더니 안전, 편안과 같은 안정 지향적인 단어를 골랐다고 한다.[2] 한국인을 비롯한 아시아인들은 유독 가족의식이 강하다. 특히 한국인들은 가족에 내한 책임감 때문인지 연대와 인정을 추구하는 경향이 두드러지는데 이는 언어에서도 나타난다. 남편이 '우리 아내our wife'라고 말해서 외국인들을 기겁하게 만드는 것도 그 한 사례다. 유교의 영향으로 아버지는 가족들을 먹여 살려야 한다는 부양의 책임감을, 어머니는 아이들을 잘 키워야 한다는 양육의 책임감을 과도하게 지고 있다. 심리적으로 도전을 회피하게 만드는 문화 구조다.

사업가들은 부양과 책임, 회사 등의 심리적 압박에서 벗어나 때때로 이기적이고 개인적인 관심을 좇는 것이 조직 전체에 이로울지도 모른다. 모노폴리언이라면 바나나 위의 샤워기 같은 입증되지 않은 제약 조건을 무의식중에 받아들이고 있지 않은지 스스로 검증할 필요가 있다.

이 세상에는 도전정신을 제약하는 고정관념이 덫처럼 널려 있다. 철학자 프랜시스 베이컨은 이를 4대 우상편견론으로 정리했는데, 종족의 우상, 동굴의 우상, 시장의 우상, 극장의 우상이다. 이 4개의 우상 중 모노폴리언들이 주의해야 할 두 가지는 바로 극장의 우상과 동굴의 우상이다.

극장의 우상이란, 자신의 소신을 따르지 않고 전통적으로 내려오는 관넘이나 권위를 그대로 받아들이는 데서 발생하는 오류를 말한다. 비즈니스 세계에서 이러한 오류는 내가 직접 모든 것을 할 수 없기에, 시간이 없어서, 인정하기 싫어서, 또 나의 게으름 때문에 현장을 직접 경험하지 않고서 이론으로 떠돌아다니는 지식을 받아들이는 형태로 나타난다.

한 증권사에 새로 취임한 CEO는 변화를 모토로 내걸고 직속 전담 부서까지 만들어 변화를 추진했다. 이를 위해 외국에서 학위를 딴 우수한 인력을 스카우트해서 직속 부서를 통해 경영에 이롭다는 이론이란 이론은 죄다 전사적으로 적용시키려 했다. 이 과정에서 정확한 지침을 요구하거나 반대 의사를 피력하는 사람들은 모두 저항 세력으로 매도되었다. 수년이 흐르는 동안 무언가에 바쁘게 매달리기는 했지만 정작 회사에서 이루어진 것은 별로 없었다. 거창한 구호 일변도의 변화 시도가 별 효과를 보지 못한 채 아까운 시간과 에너지만 낭비하는 동안 회사를 지킨 것은 신임 CEO가 내세운 이론이 아니라, 회사의 철학과 고객과의 관계를 지키기 위해 한결같이 헌신해온 일선 직원들이었다. 보기 좋게 포장된 이론은 백이면 백 현장에서 왜곡된다. 따라서 현명한 모노폴리언은 이론을 현장과 충돌시켜 나에게 맞게 튜닝시킨다. 나에게 맞게 조정된 이론일 때만이 어려운 환경을 헤쳐 나가는 훌륭한 도구가 된다.

명망가들의 말을 실제 적용해보고 조정함으로써 이론에 사로잡히는 극장의 우상에서 벗어난 뒤에는 스스로의 부족함과 한계를 인정하는 단계로 넘어가야 한다. 이로써 편견에 사로잡히는 동굴의 우상에서 자유로워질 수 있다.

영화 〈소년 파르티잔〉은 동굴의 우상에 빠지고 또 그것을 파괴하는 것에 관한 영화다. 주인공 소년 알렉산더의 아버지는 청부살인 단체를 결성하고 알렉산더를 암살자로 훈련시킨다. 알렉산더는 절대적인 힘을 상징하는 아버지의 철학과 삶과 규칙이 무언가 잘못되었다는 불온한 의심을 하면서 새로운 깨달음의 세계로 나아간다. 소년을 지배한 동굴은 아버지였다. 동굴의 우상은 개개인의 특수한 사정과 환경에 의해 사실을 있는 그대로 보지 못하고 편견을 갖게 되는 것을 말한다. 이러한 우상은 타인과 자신의 생각, 경험을 비교하고 정정함으로써 무너뜨릴 수 있다.

한 실험에서 두 집단을 나눈 뒤 한 그룹에는 물건을 보여주면서 그 물건이 무엇인지 정의해주었다. 이것은 고무 장난감, 이것은 펜, 이것은 물병 같은 식으로 말이다. 다른 그룹에는 애매하게 말해주었다. 이건 고무 장난감일 수도 있고 아닐 수도 있다는 식으로. 잠시 후 물건들의 이름을 썼다가 지워야 하는 상황이 발생했다. 무엇으로 지울까? 고무 장난감으로 지우면 된다. 그런데 물건을 정확하게 단정해준 그룹에서는 오직 1명만이 그 생각을 해냈고, 애매하게 정의해준 그룹에서는 6명이 고무 장난감을 지우개로 활용했다. 이것을 '정답의 역설어떤 답이 정해지면 그 이상에 대해서는 생각하거나 찾으려고 하지 않는 심리 현상'이라고 한다.[3] 때로는 '정답'이라고 규정된 것들이 우리의 미래와 창의를 억압하는 족쇄로 작용한다.

> 교활한 자는 학문을 경멸하고, 단순한 자는 학문을 늘 찬양하지만, 현명한 자는 학문을 이용한다. 학문은 학문을 이용하는 법을 결코 알려주지 않는다. 학문의 용도를 알려주는 것은 관찰과 경험에 의해 획득한 학문 이상의 지혜다.
>
> _프랜시스 베이컨, 〈학문에 대하여〉

모노폴리언은 지식을 이용하되 지식에 얽매일 수도 있다는 위험성을 자각한다. 우상에 현혹될 수 있다는 사실을 인정하고 경계할 때 비로소 새로운 공간이 보인다.

실패하는 CEO의 7가지 습관

고성장기에는 호황과 불황이 반복된다. 예전에 삼성 임원들에게서 "삼성은 30년째 위기"라는 말을 자주 들었다. 하지만 위기는 잘 넘어갔고 매년 보너스도 잘 나왔다. 돌이켜보면 위기가 지속되었다기보다는 불황과 호황이 반복되었다는 기억이 훨씬 강하다. 주식과 부동산 역시 바닥을 확인하고는 다시 더 오르고는 했다.

고성장기에는 호황일 때 바짝 당기고 불황일 때 견디면 다시 호황이 왔을 때 만회할 수 있다. 하지만 저성장기는 다르다. 기업의 체질이 부실한데 좀 버티면 좋은 날이 오겠지, 라고 기대하는 것은 오히려 독이다. 외부 환경의 덕을 보면서 묻어갈 방법도 없다. 기업 자체의 실력으로 헤쳐 나가지 않고 환경에 의존할수록 더욱 힘들어진다. 쨍 하고 해 뜰 날은 당분간 오지 않는다. 해를 보고 싶으면 백열등을 구해서라도 내 등은 내가 켠다는 각오로 임해야 한다.

또 한 가지 고민해야 할 것이 있다. 고성장기에 성공을 누린 기업들은 저성장기에는 저성장기의 룰에 맞추어 사고방식을 바꿔야 한다는 것이다. '밀어내기'나 '안 되면 되게 하라' 식의 방법은 은폐와 회피를 조장하고 종국에는 구성원들의 이탈을 부른다.

호황기에는 다소간의 부침이 있더라도 경제는 계속 성장했다. 글로벌 경제위기 와중에도 큰 폭으로 성장했다. 문제는 이 시기에 익숙해 있던 많은 기업들이 기나긴 밤을 견뎌낼 경험과 맷집을 갖추지 못한 채 저성장기를 맞았다는 사실이다. 가장 안타까운 파이터는 무모하게 달려드는 이가 아니라, 바뀐 룰을 모르는 채 싸우는 자다. 고성장기의 룰은 이제 버려야 한다. 본격적인 저성장기에 나만의 정상을 찾기 위해서는 강점을 찾는 것만큼이나 약점을 버리는 것도 중요하다. 그럼 실패를 부르는 리너CEO들의 대표적인 습관을 몇 가지 들여다보자.

실패를 부르는 습관 : 자신이 환경을 지배한다고 생각한다

여러 번 힘든 상황을 이겨내고 성공한 리더들은 어려움을 호소하는 부하 직원들의 상황보고를 엄살이라고 폄하하는 경향을 보인다. 과거의 기억과 성공 경험에 사로잡혀 무의식적으로 자신이 지배할 수 있는 범위를 과대평가하고, 성공을 부른 우연과 주변의 우호적 환경에 대해서는 과소평가하는 심리적 오류를 갖게 되는 것이다. 이를 피하기 위해서는 먼저 개인과 조직의 역량에 대한 착각을 경계해야 한다. 그간의 성공을 전적으로 리더와 조직의 탁월한 능력 때문이었다고 과신하는 순간 재앙은 시작된다. 환경의 변화를 놓치지 않기 위해 주목하고 연구하기보다는 스스로 통제할 수 있다고 낮추어 보기 때문이다.

히말라야에 오르는 산악인들은 산을 정복의 대상으로 보지 않는다. 그들은 산에 오를 수 있는 것은 '산이 허락하기' 때문이라고 받아들인다. 위대한 산악인들이 때때로 산에서 생을 마감하는 것은 기술이 부족해서가 아니다. 그들의 기술은 최고의 경지에 이르렀지만, 그들이 마주한 것은 인간의 기술과 능력으로 통제하기에는 너무나 거대한 자연이었다. 정복은 일방향이지만, 허락은 쌍방향이다. 내가 대시를 해도 허락되지 않으면 성공할 수 없다. 최선의 노력을 기울여 진인사盡人事하되, 성공의 여부는 천명天命에 맡기는 자세가 필요하다.

실패를 부르는 습관 : 중요한 장애물을 과소평가한다

성공한 CEO들은 자신이 중요하게 생각하는 문제가 해결되면 모든 일이 다 잘되리라는 생각에 빠지고는 한다. 예를 들어, 기술 개발에 능한 CEO는 기술만 완벽하게 구현하면 마케팅도 알아서 잘될 것이라고 생각하는 식이다. 하지만 기술 문제를 해결했는데도 마케팅의 진척이 없어 뒷골을 부여잡게 되는 일이 다반사다. 내가 모르는 분야에 대해서는 다른 사람들의 의견을 폭넓게 수용하고 각 사업의 모듈에 골고루 전력을 다할 때 비로소 전체 사업이 순조롭게 진행될 수 있다.

칭기즈칸은 평소에 "내 귀가 나를 만들었다"고 부하들에게 이야기했다. 칭기즈칸의 게르몽골의 이동식 주택는 동서남북 네 방향으로 문이 나 있어서 누구든 들어와 칸에게 고할 수 있었다. 칭기즈칸은 문맹이었지만 널리 들음으로써 세계를 지배할 수 있었다. 만년 적자로 파산 일보직전까지 갔던 회사를 대규모 흑자 기업으로 변모시킨 하이닉스 박성욱 사장의 주특기 역시 '듣기'다. 주변 사람들은 그가 말수가 적은 대신 잘 듣는다고 평가한다.

하찮게 여긴 장애물이 생각보다 심각한 문제로 커질 때 성공한 CEO들은 오히려 더 크게 베팅을 하는 경향을 보인다. 자신이 내린 어떤 결정이 실패할 조짐을 보일 때, 그 결정의 실수를 만회하고 보호하기 위해 추가적으로 자원과 자금을 투입하는 것이다.

M&A 과정에서 가장 경계해야 할 것 중의 하나가 바로 인수 결정이 가져오는 심리적 족쇄라고 한다. A회사가 B회사를 인수하기 위해 알아보는 중이다. 그런데 이 사실이 회사 내외부에 알려지고 언론에 보도되면 A회사의 오너는 좀처럼 인수를 철회하기 어려워진다. 따라서 실제로 퇴로 없는 전진만이 이어져 인수 단가가 높아지고 인수 조건이 악화되어 결국 승자의 저주에 빠지게 되는 것이다. 이러한 일은 비단 M&A에서만이 아니라, 비즈니스 전반에 걸쳐 일어난다. 현명한 CEO는 이 심리적 족쇄로부터 의도적으로 자유로워지기 위해 애써야 하며, 장애물이 출현하면 그것이 크든 작든 경험의 잣대가 아니라 제로베이스에서 새롭게 진단하고 측정해야 낭패를 면할 수 있다.

실패를 부르는 습관 : 모든 해답을 자신이 쥐고 있다고 생각한다

신이 아닌 이상 CEO가 모든 문제의 답을 알기란 불가능하다. 그럼에도 많은 CEO가 스스로 해답을 제시해야 한다는 강박관념을 갖고 있다.

가장 심각한 경우는 불확실한 상황에서 내린 결단이 요행히 성공을 가져다주었거나, 자신의 판단을 보완해준 참모들의 역할을 CEO가 망각하는 것이다. 이러한 경험이 쌓이면 그 CEO는 정말로 자신이 모든 답을 알고 있다고 착각한다. 모든 현장에 있을 수도 없고, 모든 문제 상황을 볼 수도 없는데 모든 해답을 가지고 있다고? 자신만이 답을 가지고 있다고 착각하는 CEO는 다른 답을 내놓는 사람을 믿지 않고 모든 상황을 자신의 통제 아래 두려고 한다. 결국 직원들은 위기라는 빙산이 다가오는 것을 빤히 보면서도 두 손이 묶인 채 입술만 달싹거리다가 충돌에 직면하고 만다.

　세븐일레븐의 스즈키 도시후미 회장은 편의점에서 근무한 적이 한 번도 없다. 흠이 될 수도 있을 것 같은데 그는 담담하게 이 사실을 굳이 자신의 책에까지 써놓았다. 대신 그는 숫자를 통해 정확히 조직을 진단하고, 퇴근 후에 세븐일레븐을 필히 둘러보면서 고객의 입장에서 현장의 분위기를 세심하게 살핀다. 진단을 하기는 하지만, 답의 처방과 조제는 현장에 일임한다.

　앞서 스즈키 회장이 경영 기업의 하나로 가설경영을 제시했다고 밝혔다. 가설경영이란 말 그대로 가설을 세우고 그 가설을 현장에 적용하면서 실패 요인은 제거하거나 보완하고 성공 요인은 지속적으로 추가하는 것을 말한다. 나는 사진 촬영을 배우면서 가설의 중요성을 깨달은 적이 있다. 사진을 잘 찍고 싶어서 카메라 회사가 운영하는 아카데미에 다녔지만 만족스럽지가 않았다. 그런데 한국사진협회 정회원인 권순섭 작가는 단 2시간 만에 깨달음을 주었다. 권 작가의 사진 철학이 바로 가설촬영이다. 사진을 찍기 전에 어떻게 찍을 것인지 머릿속으로 가설을 세우고, 사진을 찍은 뒤 그 결과를 확인하는 것이다. 어떻게 찍었는지를 알아야 다음에 그렇게 찍을 수 있고 그래야 비로소 발전이 있다는 것이 가설촬영의 철학이다. 세븐일레븐 역시 가설경영을 추구한다. 매일매일 고객들이 제기한 문제에 대해 가설을 세우고 적용해 해결책을 찾고, 모든 팀장과 매니저들이 화요일 전체회의에서 이 해결책을 제시하고 공유한다. 앞서 언급한 하이닉스의 박성욱 회장도 '스마트하고 독하게' 일하는 인재상을 요구하는데 이 역시 가설을 세우고 파고들어가는 스마트함이 기본이다. 문제가 있다면 스마트하게 찾아내고 해결책에 대해서는 책임감을 갖고 독하게 풀어나가라는 것이다. 박성욱 사장은 스마트하고 독한 직원의 숫자가 조직의 미래를 좌우한다고 단언한다.

실패를 부르는 습관 : 과거에 성공했던 것을 고집한다

성공한 CEO들은 누구나 성공을 부른 결정적 순간을 무용담이나 훈장처럼 뇌리에 새기고 있다. 그래서 무의식중에 그 결정적 순간을 재현하려는 욕망에 사로잡힌다. 문제는 이러한 결정적 순간이 통하지 않는 '단 한 번'이다.

증권회사의 신입사원 시절 왜 대부분의 상사들이 집을 가지고 있지 않을까 궁금했다. 사무실에서는 거의 매일 한 명씩 상한가를 찍는 '잭팟'을 터뜨리는데도 말이다. 그런 날은 어김없이 축하 회식이 열렸다. 그런데 한참 후에 알았다. 상한가는 알려지지만 하한가는 알려지지 않는다는 사실을, 상한가는 입술에 묻지만 하한가는 가슴에 묻는다는 것을. 수십 번 승전의 기록이 단 한 번의 패전으로 도로 아미타불이 되는 일은 먼지만큼 흔하다. 승전은 '초기의 소액', 패전은 '후기의 거액'이므로 다수의 승리를 한 방에 날려버리는 일도 비일비재하다. 성공을 경험한 리더들이 특히 조심해야 할 것이 바로 이 '한 방의 역설'이다.

역사상 최고의 군주로 추앙받는 페르시아 제국의 키루스 대왕이 쓴 전술은 한니발을 비롯한 명장들의 교과서이다시피 했다. 하지만 이 위대한 군주의 신화는 단 한 번의 패배로 막을 내렸다.

용맹한 여왕 토미리스의 영도 아래 카스피 해 연안에서 마사게타이 부족이 기세를 떨치자, 키루스는 토미리스에게 사신을 보내 정중하게 청혼했다. 얼마 전 여왕의 남편이 죽었다는 사실을 염두에 둔 외교 전략이었다. 하지만 여왕 토미리스는 콧방귀를 끼었고, 누가 오고 가는지는 중요하지 않다며 키루스의 사자에게 이렇게 말했다. "어떤 선택을 하든 실컷 피 맛을 보게 해주겠다고 전해라."

키루스는 여왕을 치기 위해 출격했다. 여왕의 아들을 죽이는 등 연전연승을 거듭한 키루스는 승리에 도취된 나머지 여왕의 영지에 너무 깊숙이 들어갔다가 그만 적군에게 포위되고 말았다. 군사는 전멸했고, 키루스는 사로잡혔다. 여왕은 키루스의 목을 베었고, 그 목을 피가 가득 담긴 염소가죽 부대에 담갔다. 약속대로 실컷 피 맛을 보게 해준 것이다. 키루스는 평생 전쟁에서 수없이 이겼고, 치명적인 패배는 말년에 딱 한 번이었다. 하지만 그 한 번의 패전에서 목이 잘렸다. 키루스의 비극은 지금 승자의 위치에 있는 어느 누구에게나 일어날 수 있는 일이다. 만약 키루스처럼 지금까지의 성공 법칙으로 계속 문제를 풀어간다면 바뀐 상황 속에서 풀리지 않는 문제로 언젠가 큰 낭패를 볼지도 모르는 일이다.

과거 성공의 결정적 순간이 가져다주는 특별한 위험은, 그 성공의 순간 때문에 적절하지도 않을 뿐 아니라 본질적으로 매우 위험하고 성급한 대체 전략을 이끌어낼 수 있다는 점이다. (성공한 CEO들은) 배울 수 없어서가 아니라 하나의 교훈을 너무도 잘 배웠기 때문에 실패한다.

_시드니 핑켈스타인, 《실패에서 배우는 성공의 법칙》에서

실패한 CEO들의 일곱 가지 습관

1. 자신과 기업이 환경의 발전에 대응할 뿐 아니라, 환경을 지배한다고 생각한다.

2. 기업과 자신을 지나치게 동일시하여 개인적 이익과 기업의 이익 간의 경계가
   모호하다.

3. 모든 해답을 쥐고 있는 듯이 보이며 종종 당면한 사안을 다루는 빠른 속도와
   결단력으로 사람들을 현혹시킨다.

4. 모든 사람들이 확실히 100퍼센트 지지하도록 하며 어떤 사람이든 자신의 노력을
   약화시킬 수 있으면 무자비하게 제거한다.

5. 기업을 완전하게 대변하려고 최대한 노력하여 기업의 이미지 관리와 개선에
   헌신한다.

6. 어려운 장애가 닥치더라도 그것을 쉽게 제거하거나 극복할 수 있는 일시적인
   방해로 생각한다.

7. 과거에 자신과 기업을 성공으로 이끈 전략과 수단으로 주저하지 않고 회귀한다.[4]

리스크(risk)는 '매일 매일의 양식'

위기危機라는 단어에는 위험과 기회라는 뜻이 함께 있다. 위험을 뜻하는 risk의 어원은 아랍어 rizq리스크인데, 그 뜻이 자못 의미심장하다.

　rizq = 일용할 양식

힘들더라도 오늘 위험을 무릅쓰는 사람은 밥벌이를 하고 있다는 것이며, 반대로 어제와 같이 오늘도 편안하게 그저 그렇게 살고 있는 사람은 언젠가 밥벌이를 못하게 될 가능성이 높다. 하지만 월급을 받는 사람들은 안전한 것이 최고라고 이야기한다. 물론 맞는 말이다. 하지만 조금의 리스크도 지지 않으려는 조직과 구성원은 결국 도태되고 만다. 배의 속도가 빨라질수록 물의 저항은 커진다. 배가 움직이면 배가 흔들리거나 침몰할 가능성이 당연히 증가한다. 하지만 움직이지 않으면 배는 결코 목적지에 닿을 수 없다. 움직이는 모든 사물에는 그늘이 있다. 그늘이 없는 순간은 그 어떤 것의 뒤에 몰래 숨어 있을 때뿐이다.

세계 최초의 음악 전문 방송 MTV를 론칭한 워너의 공동 창업주 스티븐 로스는 고민에 빠졌다. 지금까지 전혀 없던 방송을 만들어내야 하는데 그가 데리고 있던 기존의 워너 직원들은 전혀 그럴 자세가 갖추어져 있지 않았다. 전통이라는 시원한 그늘 뒤에 머물러 있으려 했고, 새로운 저항을 불러낼 신사업으로의 출항에는 전혀 관심이 없었기 때문이다. 이대로 가다가는 절대 MTV라는 미지의 신대륙에 발을 들여놓을 수 없을 것이 분명했다. 이러한 사실은 창업 멤버였던 레스 갈랜드의 말에서도 나타난다. "우리가 MTV를 시작한 당시에는 24시간 방송 비디오 채널에 대한 개념 자체가 없었어요. 그런 생각조차 파격적이었죠. 만일 외부 업체에 아이디어를 조사시키는 형식의 구태의연한 방식으로 접근했다면 아마 MTV는 세상에 등장하지 못했을 거예요."[5]

로스는 상상할 수 없는 세계로 가기 위해서 상상치 못한 충격요법을 쓸 수밖에 없다고 결론 내렸다. 그의 충격요법이 먹혔는지 MTV는 컬트 방송으로 위세를 떨치며 방송업계의 기린아가 되었다. 이 남자는 어떻

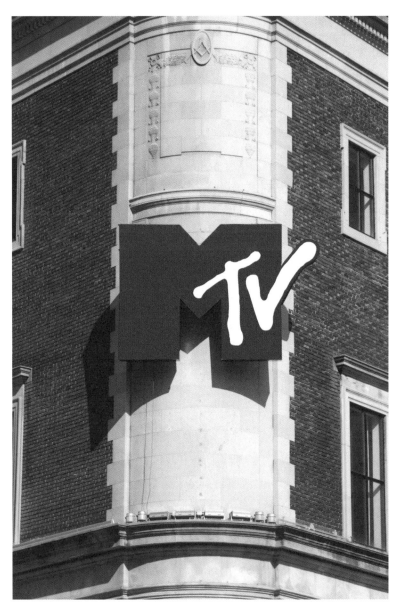

게 했을까? 먼저 로스는 인사 담당 임원에게서 전 직원의 근무기록이 담긴 파일을 건네받았다. 며칠 지난 뒤 인사 담당 임원은 로스의 호출을 받았다. "이 사람들을 해고해야 하겠네." 임원은 로스가 지목한 사람들을 살펴보았다. "보스, 이 사람들은 근무를 잘하는 직원들입니다. 큰 과오도 없고요." 로스는 단호하게 말했다. "그것이 이 사람들을 해고하는 이유네."[6]

로스의 리스트에 있는 사람들은 실수를 저지른 적조차 없는 안정 지향적인 직원들이었다. 실수라는 그늘이 없다는 것은 그들이 피 말리는 뙤약볕의 전장에 나선 적이 없다는 뜻이 된다. 도전의 횟수가 강점으로 평가되지 않고 실수의 횟수가 약점으로 발목을 잡으면, 회사는 움직이지 않는 공룡으로 전락한다. 로스는 MTV의 직원들이 모두 그들처럼 한다면 사업은 시작도 못하고 실패할 것이 명확하다고 생각했다. 마침내 그 직원들은 해고되었고 이후 MTV의 직원들은 도전하지 않으면 해고라는 최악의 상황에 처한다는 명확한 메시지를 깨닫게 되었다. 이후 MTV의 문화는 급변했다.

스티븐 로스가 리스크의 어원인 리즈크의 뜻을 알았으리라 생각되지는 않지만 그가 했던 말은 놀랍도록 그 말에 담긴 뜻과 유사하다. "이 회사에서 일을 하다 실수를 했다고 잘리는 일은 없을 것이다. 그러나 만약 실수를 전혀 하지 않고 있다면 해고될 가능성이 높다고 볼 수 있다. 이는 새로운 시도를 전혀 하지 않고 있다는 뜻이며 그 방식은 이 회사의 방향과 전혀 다르기 때문이다."

실패에도 조건이 있다

스티븐 로스가 실패를 장려했다는 것은 실패를 좋아해서가 아니다. 시간이 지나도 결코 변하지 않는 한 가지 사실은 성공의 어머니는 '시도'이며 성공의 형제는 '실패'라는 것이다. 성공은 실패로부터 물과 기름처럼 분리해낼 수 없다. 그렇다고 마냥 실패만 부추기는 것도 현실과는 어긋난다. 실패의 조건이 있다.

등반가 에드먼드 힐리리는 에베레스트를 초등했다는 명예에 못지않게 등정을 그만둔 뒤의 삶으로 인해 더욱 큰 명예를 얻었다. 그는 조국 뉴질랜드로부터 '가장 위대한 키위'라는 영예로운 별명을 받았고, 네팔에 120여 차례 이상 드나들면서 네팔의 발전에 몸 바쳤다. 그는 평소 살아 돌아오는 것까지가 등정의 완성이라는 철학을 가지고 있었기에 평지에서의 영예로운 삶까지가 그의 목표였다.

실패는 살아남았을 때 의미가 있다. 따라서 실패는 리스크가 관리된 상황 안에서 진행되어야 하며, 최대 데미지의 범위도 계산되어야 한다. 이브자리 고춘홍 회장의 창업론은 실패의 관리라는 측면에서 모범적이다. 산행 마니아인 고 회장은 '리스크는 감수보다 계산이 먼저'라며 관리된 실패의 중요성을 강조한다. "위험한 곳을 올라갈 때면 어디까지 떨어질 것인지를 늘 계산하고 올라가야 합니다. 떨어질 곳을 머릿속에 두고 올라간다면 설혹 실패시에도 등정은 계속될 수 있습니다."

만화 〈딜버트〉의 작가 스콧 애덤스는 전직 은행원이었다. 애덤스는 대출을 해주면서 떼이는 일이 없어 회사로부터 능력을 인정받고 승진을 거듭했는데 그 이유는 그의 상사로부터 전수받은 비밀스러운 대출 노하우 때문이었다. 그의 상사가 늘 했던 말은, 스포츠광이 스포츠용품점을 연다고 하면 절대 대출해주지 말라는 것이었다. 그럼 어떻게 해야 하느냐는 질문에 상사는 이렇게 말했다. "만약 그 스포츠맨이 세탁소 운영 계획을 가져오면 대출해줘도 돼. 절대 떼이지 않아."[7]

부동산 억만장자이자 미국의 45대 대통령에 오른 도널드 트럼프에게 인생에서 감수했던 가장 위험했던 사업이 뭐냐고 물었을 때 그는 이렇게 대답했다. "어프렌티스The Appentice!" 〈어프렌티스〉는 부동산이나 사업체가 아니라 TV 쇼의 이름이다. 트럼프가 제작과 진행자로 참여한 프로그램이었는데 트럼프가 "You're fired!"라고 외치는 장면이 화제를 낳으면서 대히트를 쳤다. 트럼프는 〈어프렌티스〉가 위험했던 이유로 TV 쇼의 성공률을 든다. 그에 따르면 새로운 TV 프로그램이 성공할 확률은 5%에 불과하다. 게다가 TV 프로그램은 부동산과 달리 담보도, 실체도 없어서 위험을 막을 아무런 수단이 없다. 그의 투자 관행에 따른다면 어떤 위험관리도 되지 않는 투자여서 실행하지 않아야 했지만 그를 살렸던 것은 오히려 이 '기댈 것 없는 상황'이었다. "심리적 압박을 받으면 일을 아주 망치는 사람이 있는가 하면, 최선의 결과를 내는 사람도 있죠. 저는 더 강해지고 결단력이 생기는 편입니다." 그는 쇼의 착상을 믿었고 그곳에 모든 것을 베팅했다. 그를 살렸던 것은 바로 5%의 확률에 모든 것을 건 과감함이었다.

사업을 할 때는 적당하게 자금을 집어넣고 언제라도 발을 뺄 수 있게 리스크를 관리하라고 조언하는 사업가들이 있지만 실제 사업에서 가장 안전한 상황은 확률에 기대는 상황이 아니라, 자신의 전부를 걸었을 때다. 앞서 스포츠광이 세탁소를 운영하겠다고 했을 때는 아주 오랜 고심이 묻어난 상황일 것이다. 적당히 해서는 안 되는 낯선 사업에서 끝장을 보겠다는 각오와 더불어 치밀한 조사를 진행했을 것임을 미루어 짐작할 수 있다. 세탁소에서 실패한 스포츠광은 더 이상 갈 곳이 없다. 그래서 전부를 걸 수밖에 없다.

미국의 성공한 사업가 중의 한 사람인 존 헌츠먼은 거실에 있는 청동 조각상 하나를 보면서 늘 흐뭇해한다. 조각상이 아름다워서가 아니다. 그 조각상은 석유기업 쉘Shell의 경영진이 그에게 선물한 것이다. 쉘은 모든 것을 걸고 사업을 진행하는 힌츠먼에게 감복해 그에게 이 조각상을 선물했고, 사업가였던 헌츠먼은 늘 사람들에게 이 청동상을 훈장처럼 자랑한다. 헌츠먼이 사업을 안정적으로 운영하는 원칙은 하나다. '전 재산 쏟아붓기'다. 전 재산에는 단지 물질만 들어 있는 것이 아니다. 영혼과 미래까지 모두 다 쏟아붓는 것이다. "전 재산을 걸었는지는 투자액 자체보다 더 중요하게 받아들여집니다. 나의 모든 것을 걸면 투자자가 믿게 되고 그러기에 오히려 사업은 적당히 걸었을 때보다 훨씬 더 안전해지는 것이죠."[8]

우리는 흔히 사업을 확률게임이라고 한다. 그리고 자본의 게임이라고도 한다. 그래서 돈이 돈을 번다는 말을 하기도 한다. 사업은 타이밍이다. 사업은 동업하지 마라 등등 사업에 대한 충고도 넘쳐난다. 그런데 이런 건 어떨까?

물러설 수 없음을 무기로 삼는 것. 절박한 사람에게는 느긋한 사람에게는 보이지 않는 실낱같은 기회가 보인다. 그들의 눈에 도는 사생결단의 절박함은 고스란히 고객에게 전해진다. 《보물섬》을 쓴 스티븐슨은 이런 말을 남겼다. "우리는 매일 누군가에게 무언가를 팔면서 산다." 세일즈의 최고 달인 조 지라드는 또 이렇게 이야기했다 "고객은 신이다." 두 가지 말을 조합해보자. "우리는 매일 신에게 무언가를 팔면서 산다."

성경에 이런 말이 있다. '무엇을 하든 사람에게 하는 것이 아니라 하나님에게 하듯 하라.' 우리는 식당에 갔을 때 주인이라는 명찰이 없어도 누가 주인인지 귀신같이 맞힌다. 고객에게는 오로지 진실만으로 호소해야 한다. 가장 큰 진실의 힘은 절박함이며 목숨을 건 처절함이다.

절박함은 과연 어떤 힘을 주는가. 일반적으로 창업 3년 후까지의 생존율은 38% 정도로 나타난다. 10명 중에 4명 정도가 살아남는 것이다. 그렇다면 보통보다 조건이 훨씬 더 열악한 저소득·저신용자의 경우는 어떨까? 신용불량자들에게 재기의 기회를 주고자 만든 미소금융재단의 사업 생존율 보고서를 보자. 미소금융재단의 대출 대상은 은행에서 버림받고 2금융권에서조차 기피 대상으로 낙인찍힌 금융의 주홍글씨들이다. 재단은 2010~2011년 대출을 해준 대출자들을 대상으로 3년 뒤 생존율을 조사했다. 벼랑 끝까지 몰려 미소금융대출로 사업을 시작한 이 '주홍글씨'들이 3년 후 써놓은 생존율은 놀랍게도 '71.2%'다. 일반 창업자 생존율의 무려 2배에 달한다. 물러설 곳 없이 절박하게 스스로의 힘만을 믿은 보상이다.[9]

조직과 직원이 하나가 되는 보상법

모노폴리언을 꿈꾸는 회사라면 오랜 시간이 지나가도 변함없는 단단한 조직 프레임을 세워야 한다. 가장 중요한 프레임 중의 하나는 조직원들이 로열티와 과업에 지속적으로 몰입할 수 있는 환경을 만드는 것이다. 보상의 조건은 기술이 아니라 마음이다. 단순히 임금을 지급하는 수준을 넘어 진정으로 그들이 회사에 헌신할 수 있는 방법이 무엇인지 찾아야 한다. 그래야 로마인이 삼니움을 흡수했듯 회사와 직원을 하나로 만들 수 있다.

적절한 보상으로 직원들의 마음을 잡지 못하면 조직은 외부의 자극만으로도 스스로 붕괴할 수 있다. 역사적으로 페르시아 제국이 그랬다. 페르시아는 기루스 대왕 이후 크세르크세스 1세 때 전성기를 구가했다. 하지만 이 거대한 제국은 알렉산더와 치른 단 두 번의 전투, 이수스 전투와 가우가멜라 전투에서 패배한 것만으로 무너져 내렸다. 사가史家들이 밝힌 이유 중의 하나는 페르시아의 식민정책이다. 페르시아는 점령지에 대해 관대한 정책을 취했기 때문에 제국이 큰 반발 없이 확산할 수 있었다. 하지만 본질에서는 그렇지 못했다. 페르시아는 점령지의 종교와 문화는 인정했지만 식민지인을 자신들과 똑같은 지위에 올려놓지 않았다. 페르시아는 열린 제국이긴 했으나 주인은 여전히 페르시아인이었다. 주인국 페르시아가 두 번이나 패전하자, 노예국들의 연대는 와해되었고 새로운 승자인 알렉산더 밑으로 일제히 몰려갔다.

카르타고의 한니발은 페르시아를 무너뜨린 알렉산더의 전략을 모방하여 로마를 멸망시키고자 했다. 그는 로마군을 연파한 후에 페르시아처럼 로마 연방이 와해되기만을 기다렸다. 하지만 치명적인 연패가 계속되는데도 이상하게 로마는 와해되지 않았다. 한니발은 갈수록 초조해졌다. 그가 몰랐던 것이 있었다. 로마의 식민정책은 페르시아의 그것과 중대한 차이가 있었다. 로마인은 정복지의 이민족을 자신들과 똑같이 대했다. 페르시아가 정복민을 정복민으로만 대한 반면 로마는 시민권을 부여함으로써 정복민에게도 주인의 자리를 내어주는 적극적인 동화정책을 폈다. 따라서 이민족들에게 로마는 정복국가가 아니라 자신의 나라였다. 로마가 얼마나 파격적인 동화정책을 폈는지는 삼니움족에 대한 사례로 알 수 있다.

로마는 삼니움족과 3차에 걸친 삼니움 전투를 통해 무려 40년간을 싸웠다. 특히 기원전 295년 센티눔 전투에서는 삼니움의 격렬한 저항에 부딪혀 로마군이 전멸 위기에까지 몰리기도 했다. 무수히 많은 로마 군사들의 희생을 딛고 그들을 겨우 굴복시켰지만 로마는 삼니움족에 대해 전혀 원한을 품거나 복수를 하지 않았다. 오히려 삼니움족의 전투 방식을 배워 로마의 전투력을 더욱 업그레이드했다. 동화정책은 더 파격적이었다. 삼니움족이 로마에 합병된 지 20년이 지난 뒤에는 로마 최고의 권력자인 집정관에 삼니움족 출신 오타릴리우스 크라수스가 임명될 정도였으니 삼니움족은 곧 로마인이었던 것이다.

적절한 보상은 구성원들의 마음을 잡아두는 가장 기본적인 장치다. 하지만 사업을 시작한 초기나 규모가 작은 기업의 경우 충분한 보상을 하기가 쉽지 않다. 어쩔 수 없는 사정으로 인해 충분한 보상이 주어지지 않을 때는 어떤 문제가 생길까? 대부분의 회사들이 직원들이 원하는 만큼 급여를 지급하지 못하는 것이 현실이므로 구체적인 부작용을 알고 대응해야 한다.

호텔 체인 홀리데이 인Holiday Inn의 멜 로렌첸은 보상에 대해 이렇게 말한다. "빈 자루는 서 있을 수가 없습니다." 그는 부족한 보상으로 인해 불거지는 조직 내 문제점을 그간의 현장 경험으로 정확히 알고 있다.[10] "보상이 부족해지면 회사에 대한 마음이 옅어집니다. 일한 만큼 월급을 받지 못한다고 느끼는 생각들이 누적되면 착취당한다는 비아냥거림을 서로 이야기하게 되고 이러한 것들은 점차 개인을 넘어 조직 전반으로 확산되죠. 옅어진 충성심은 느슨한 일처리와 회사 내 관계로 이어져 결국 일의 효율이 떨어집니다."

회사에 대해서 이런 문제가 있다면 동료에 대해서는 어떤 문제가 생길까? "보상이 충분하지 못하면 주위를 둘러보게 되고 자신보다 월급을 많이 받는다고 생각하는 동료에 대한 시기와 질투가 지언스레 싹트게 됩니다. 서로 돕지 않는 것이 일반화되고, 결국에는 어떤 일이 일어나도 돕기보다는 멀찍이 떨어져 그저 관망하는 분위기가 확산되는 것이지요." 결국 보상이 충분치 못하면 동료들끼리 사이가 나빠지고 협력이 이루어지지 않는 분위기가 확산되는 것이다.

다른 측면에서는 또 어떤 것들이 있을까? "직속 상사에 대한 태도가 나빠집니다." 멜 로렌첸에 따르면 보상이 충분하지 못할 때 비록 그것이 회사의 사정 때문이라도 직원들은 직속 상사가 자신을 저평가하거나 회사 내 영향력이 약하다고 느끼는 등 상사에 대한 존경과 신뢰가 흔들리게 된다는 것이다. "결국 회사에서 상사에게 보상할 권리는 주지 않고 일을 요구할 권리만 주었다는 생각이 들게 되니 상사가 일을 주어도 따르지 않게 되는 것이죠."

그렇다면 분열을 막고 직원들이 업무에 몰입하도록 만드는 보상 방법은 무얼까?[11] 단 하나만 말하라고 한다면 바로 '공정한 보상'이다. 설령 회사의 상황으로 주어지는 보상이 적더라도 공정성이 지켜진다면 문제의 확산을 상당 부분 줄일 수 있다.

1. 내·외부를 망라해 공정성을 확보한다

보상에 있어서 공정함이란 두 가지 측면으로 나타난다. 하나는 내부적 보상이다. 직원들 간에 회사가 공정하게 보상을 한다고 느끼도록 하는 것이다. 두 번째는 외부적 보상이다. 같은 업종의 같은 분야에서 일하는 사람과 자신을 비교했을 때 상대적 박탈감이 느껴지지 않도록 해야 한다. 공정한 보상이 중요한 것은 보상이 업무의 몰입에 미치는 영향을 차단하기 위해서다. 보상이 공정하지 않다고 느끼면 자꾸 주변을 두리번거리게 되고 업무에 몰입할 수 없다.

2. 평균 이상 지불하도록 노력한다

미국 연방준비제도이사회 의장인 재닛 옐런은 학자 시절에 진행한 연구를 통해 높은 성과를 내는 회사들은 업계 평균 이상의 임금을 직원들에게 지불하는 경우가 많다는 사실을 발견했다. 분석 결과, 이는 매우 영리한 보상정책임이 밝혀졌다. 직원들은 회사의 보상정책을 신뢰했고, 이는 탁월한 성과의 바탕이 되어 결국 투자 이상의 이익을 회사에 가져다준 것으로 나타났다.

3. 광범위하고 적절하며 조작할 수 없는 측정표를 만든다

보상의 지표를 매출이나 이익과 같은 숫자로 단순화할 경우 직원들은 단순 지표를 달성할 수 있는 모든 노력을 다하지만 다른 것에는 신경 쓰지 않는다. 이를테면, 회사의 장기 성과, 신제품 개발, 동료들의 만족도, 개인 역량 개발 등은 도외시하는 것이다. 이런 사항들이 당장에는 중요하지 않은 것처럼 보이지만 중장기적으로는 업무 외적인 환경들이 악화

됨으로써 결국 본 업무에도 영향을 미치게 된다. 따라서 회사가 장기적으로 번영할 수 있도록 세세한 항목이 포함된 측정표를 만들어 측정하게 되면 직원들은 여러 항목을 달성하기 위해 몰입하는 것만으로도 적절한 보상이 주어지고 회사도 장기적으로 발전한다.

위에서 살펴본 바와 같이, 보상은 보상의 양뿐만 아니라, 공정함과 합리성을 확보하는 것 또한 매우 중요하다.

'용두사미'보다 나쁜 '용두무미(龍頭無尾)'

저성장기에 조심해야 할 또 하나의 사항은 기운을 낭비하는 것이다.

"사람들이 의욕이 별로 없어요. 일을 한다 해도 그저 하는 둥 마는 둥이죠." 중견 기업에서 일하고 있는 한 직장인이 회사 동료들에 대해서 하는 말이다. "가장 일반적으로 벌어지는 상황은 성공하거나 실패하는 것이 아니라 그냥 없어지는 거예요. 일은 위에서 만들어내니까 회의에 참석하기는 하는데, 뒷마무리가 되는 경우가 별로 없어요. 챙기는 임원도 없고 담당자도 바쁘니까 그냥 일이 없어져버리는 거죠. 이런 일을 몇 번 겪다 보면 솔직히 새로운 프로젝트가 생기고 회의에 참석하라 해도, 또 시간만 잡아먹겠구나 하는 생각만 들죠."

저성장기에 가장 무서운 것은 성공도 실패도 아닌 '용두무미龍頭無尾'다. 시간과 노력을 투입했는데 결실 없는 과정이 반복되면 조직과 직원들은 '무력함 증후군'에 빠진다. 열악한 처우만큼이나 일의 재미가 없어지는 것이 상황을 더욱 악화시킨다. 영국 버진그룹Virgin Group의 회장 리처드 브랜슨이 "중요한 것은 월급이 아니라 재미"라고 말하는 것도 연결된다. 성공은 짜릿하고 실패는 아프기라도 하지만, 이도 저도 아닌 '그저 없어지는 것'은 시간과 에너지가 무의미하게 사라지고 만 것이라 더 안타깝다.

삼성경제연구소 김은환 상무는 저성장 시대의 인력 운영에 있어 가장 큰 어려움은 경험 부족이라고 이야기한다. "성장기에는 기회가 많기 때문에 성공이든 실패든 경험이 쌓입니다. 하지만 저성장기에는 결실을 맺기가 힘듭니다. 작은 성공의 경험이 모여 큰 성공으로 이어지는 법인데 이런 경험을 쌓기가 힘들기에 큰 성공도 이루기 어려운 것이죠."

저성장기에는 정확히 해야 할 일을 정했다면 그 일을 소중한 경험의 기회로 생각하고 전 조직이 달려들어 반드시 결실을 내야 한다. 실패를 했으면 배워서 다음을 기약할 수 있고, 성공을 거두면 앞으로 나아갈 수 있다는 인식을 공유할 수 있다. 일본에서 주목받는 생활용품기업 에스테ㅜエステー, S. T. Corporation는 아주 극단적인 결실 전략을 쓴다. 1년에 신제품을 딱 하나만 만드는 것이다. 기존에 있던 제품과 새로 만든 딱 하나의 제품을 가지고 죽기 살기로 판다.

의료계의 원로이신 박재갑 초대 국립의료원장은 고령에도 불구하고 엄청난 에너지로 본업인 의술 외에 취미활동에도 열정을 쏟는다. 취미 영역은 야생화 사진, 그림, 자전거를 거쳐 이제는 '새'로 넘어갔다. 야생화를 찍기 시작할 때는 아예 구청과 전시회 일정까지 잡았다. 사진을 찍으면 어떻게든 전시회를 열고, 그림을 배우기 전부터 전시회와 화보집을 발간할 계획을 세워두니 늘 뿌듯하게 손에 잡히는 것이 있다. 새는 SNS 시대에 발맞추어 페이스북에 사진 전시 페이지를 만들어두고 사람들이 들어와서 감상할 수 있게 했다. 이렇게 무슨 일을 시작하면 작든 크든 결실을 맺으니 항상 신이 난다. 반드시 결실까지 연결하는 '끝장 정신'이 의료계의 큰 업적과 더불어 취미생활에서도 큰 성과를 거두게 만든 밑바탕이다.

근대의 세계적 경제공황을 거친 불황의 역사에도 변함없는 한 가지 사실이 존재한다. 그것은 남보다 더 많이 훈련시키고, 더 많이 혁신하고, 더 많이 팔고, 더 큰 시장을 확보하기 위해 치열하게 움직이는 기업이 움츠리고 있는 기업보다 더 많은 고객과 매출을 치지해 결국 승리한다는 사실이다.[12]

> 탁월한 농부는 씨를 뿌린 뒤에는 더욱 맹렬하게 농작물에 매달린다. 농부의 발자국은 최고의 비료다.
>
> _카를 페트루스

큰 성과로 자라날 씨앗을 뿌리고 맹렬하게 싹을 틔우기 위해 노력하는 것, 그것만이 변함없는 성공비결이다.

2

지켜야 할 것

보상받지 못하는 시간이 가장 큰 보상이다 :
배고픈 예술가가 대박을 치는 이유

1960년대 초, 시카고 예술대학교의 2~3학년 학생들을 대상으로 한 실험이 이루어졌다. 실험 내용은 '어떤 일에 대한 내재동기자신 스스로의 동기와 외재동기외부의 요인에 의한 동기의 영향력'에 관한 것이었다. 단기적으로 어떤 일을 할 때 스스로 하는 것과 외부의 압력에 의해 하는 것은 어떤 성과 차이를 보이는지 알아보는 실험이었다. 그로부터 20년이 지난 뒤 도서관에서 이 실험에 관한 논문을 뒤지던 한 연구자에게 문득 궁금증이 생겼다. '그때의 이 학생들은 지금 무엇을 하고 있을까?' 그는 내재동기와 외재동기가 장기적으로는 어떤 영향을 미치는지 알아보고 싶었다. 학적부

빨리 가려면 혼자 가라. 멀리 가려면 함께 가라.

빨리 가려면 곧장 가라. 깊이 가려면 굽이 돌아가라.

외나무가 되려거든 혼자 서라. 푸른 숲이 되려거든 함께 서라

_마사이족 속담

를 조회해 당시의 실험 대상이었던 이들을 추적 조사했다. 그리고 놀라운 결과를 얻었다. "당시의 학생들 중 외부동기가 적은 학생일수록 졸업 후 전문 예술 분야에서 더 많이 성공해 있었습니다."

외부동기, 즉 금전이나 사회적 성공 등 예술 이외의 동기를 좇았던 학생보다는 그저 예술 자체가 주는 기쁨에 몰입했던 학생들이 이후에 더 큰 성공을 거두었던 것이다. 외부적 보상을 기대하지 않았던 이들이 결과적으로 가장 큰 외부적 보상을 받은 '보상의 역설'이 이 실험을 통해 입증되었다.[13]

자, 여기 백과사전을 만들겠다고 하는 두 개의 벤처기업이 있다. 당신은 벤처캐피탈리스트로 두 곳 중 하나에 투자를 할 예정이다. 어디에 투자를 하겠는가? 첫 번째 벤처기업의 창업자는 한눈에 보기에도 스마트

하고 모범생 스타일로 똑똑해 보인다. "저희 회사는 이미 마이크로소프트가 투자를 했습니다. MS의 경영진이 저희 작업 스케줄을 살피고 필요한 모든 관리상의 지원을 해줍니다. MS가 구성한 전문 필진은 물론 그들이 가진 모든 자원을 무제한으로 지원받기로 협약을 맺었어요. 또 온라인 백과사전을 만들고 나면, MS가 시디롬을 만들 것이고, 그들이 가진 전 세계 영업망을 활용해서 판매를 하기로 했습니다." MS가 투자를 했단 말이지? 당신은 첫 번째 벤처 창업자에게 마음이 간다. 몇 가지 질문을 하고 다음에 만나자는 약속을 하고 나서 다음 벤처 창업자를 들어오라고 한다.

두 번째 벤처 창업자는 뭔가 허술한 인상을 준다. "자, 사업 계획을 설명해보세요." "네, 저희는 백과사전을 만들 것입니다." 당신은 고개를 갸웃하며 다시 묻는다. "그건 알고 있어요. 어떻게 만들 것인지, 누가 투자했는지, 어떻게 판매할 것인지 등등에 대한 계획을 듣고 싶습니다." "투자요? 투자 같은 건 없었습니다. 이곳이 첫 번째예요." 벤처캐피탈리스트인 당신은 얼굴을 찡그린다. 두 번째 창업자는 머뭇거리면서 말을 이어간다. "우리는 전 세계에 흩어져 있는 백과사전 사용자들이 자연스럽게 참여하는 백과사전을 만들 예정입니다." "잠시만요, 개발 인력들이 누구죠? 프로필은 있나요?" "개발 인력은 없습니다. 누구나 참여할 수 있으니까요. 무급으로요." "그러니까 아무런 대가도 받지 않고 자발적으로 참여할지 안 할지 모르는 그 누군가들과 백과사전을 개발하겠다는 말인가요?" 당신은 말을 하면서도 자신이 바보 같다고 느낄 수 있다. '더 이상 들을 필요도 없겠군.'

당신은 최대한 정중하게 두 번째 창업자에게 미소를 지으며 다음에 또

보자는 의미 없는 말을 남긴다. 두 창업자가 모두 돌아가자, 이미 마음으로 정한 첫 번째 창업자에 대한 리포트를 작성하기 시작한다. 곧 첫 번째 벤처에게 투자가 이루어질 것이다. MS가 투자했으니 1대 주주가 되지는 못하겠지만 투자액을 좀 더 늘려서 더 많은 지분을 확보하는 것이 좋을지도 모른다.

이성적인 사람이라면 누구나 캐피탈리스트인 당신의 행동이 당연하다고 여길 것이다. 두 번째 창업자의 계획은 도무지 현실성이 없으니 말이다. 하지만 첫 번째 벤처를 택했다면 당신의 투자는 완전한 실패로 끝날 것이다.

이 가상의 스토리에 나오는 첫 번째 벤처의 결과물은, 실제로 마이크로소프트가 야심차게, 또 줄기차게 밀어붙였던 백과사전 MSN 엔카르타Encarta다. 실제 MSN 엔카르타는 MS의 전폭적인 지원을 받으며 무려 16년간 개발에 심혈을 기울였지만 결국 실체도 불분명한 존재에게 밀려 두 손을 들었다. 바로 위키피디아Wikipedia다. 눈치 챘겠지만 이 위키피디아가 바로 퇴짜를 맞은 두 번째 벤처다. 위키피디아는 생성된 지 겨우 8년 만에 260개의 언어로 표제어가 1,300만 개가 넘는 거대한 백과사전으로 성장했다. 그것도 아무런 대가도 받지 않는 순수한 아마추어들의 자발적 참여만으로 만들어졌으니 더욱 놀랍다. 이 작업에는 채찍도 당근도 없었다. 그저 다른 사람에게 지식을 나누어주고픈 순수한 동기 그것만으로 세계에서 가장 큰 백과사전이 탄생한 것이다.

한국의 세계적인 빙상 스프린터 이상화 선수는 언젠가부터 중국 선수에게 밀렸다. 상대는 장홍이었고, 이상화는 다시는 부활하지 못할 것처럼 보이기까지 했다. 하지만 2015년 시즌부터 이상화는 잠시간의 휴식

위키피디아 홈페이지 화면

같은 부진을 끝내고 화려하게 다시 부활했다. 2015년 세계선수권에서 금메달을 딴 이상화 선수에게 기자가 물었다. "지난번 크리스마스 때 뭐했나요?" 이상화 선수가 심드렁하게 말했다. "크리스마스요? 그냥 보통 때랑 같았는데요. 그날도 운동화 신고 훈련하러 갔어요." 이상화에게 장흥은 없었다. 그저 자신과 하기로 했던 훈련 약속을 매일매일 지켜나갔고 운동에 대한 순수한 열정이 그녀를 크리스마스에도 빙상장으로 불렀다. 부활의 비결은 자신이 자신에게 주는 뜨거운 동기 하나뿐이었다.

수많은 무승부에 격려를

〈미스터 베이스볼Mr baseball〉1992은 미국의 야구 스타였던 잭이 일본에 가서 야구를 하게 되면서 좌충우돌 겪는 에피소드를 그린 영화다. 영화에서 잭은 연장전 끝에 무승부가 선언되자 고래고래 소리를 지른다. "야구에 무승부가 어디 있어?"

실제 미국 야구는 무승부 없이 밤을 새서라도 승부를 가른다. 그렇다면 한국과 일본은 왜 무승부를 인정할까? KBO에서 무승부를 승률에서 빼는 방안을 도입했다고 한다. 승패율이 동률일 때 무승부가 많은 쪽이 이기게 되니 불합리하다는 것이다. 일견 일리가 있다.

2008년까지 한국도 무승부 없이 연장제도가 있었다. 하지만 연장전을 해보니 부작용이 속출했다. 일단 TV 중계를 계속하기도 안 하기도 애매했다. 또 한다고 해도 보는 사람이 점점 없어지고, 오랜 시간 진을 뺀 선수들은 다음 경기에서 제대로 뛰지를 못했다. 무승부 하나 없애자고 죽기 살기로 덤비다 보니 실제 야구의 질이 떨어진 것이다. 아직까지 야구에서 무승부가 있어야 하니 없어야 하니 하는 논란은 계속되고 있다. 아마도 야구가 존재하는 한 이 논란은 사라지지 않을 것이다.

그런데 이런 고민은 현실에도 존재한다. 실제 비즈니스의 세계에서 성공과 실패처럼 화끈한 승부가 매일매일 일어날까? 아마도 그렇다면 그 조직은 스트레스를 이기지 못해 폭발할 것이다. 비즈니스에서 절체절명의 승부가 이루어지는 시간은 일 년으로 치면 몇 날 안 된다. 나머지 기나긴 기간은 승부를 위해 준비하거나 현상을 유지하고 큰 사고가 날 것을 막아내는 무승부형 시간이다. 아마도 저성장기에는 이런 무승부가 즐비하게 양산될 것이라고 생각된다. 지금까지의 고도 성장기에는 화끈한 승부 사례가 즐비하니 우리도 승부를 가려보자고 생각할 수도 있었다. 하지만 앞으로의 시대는 압도적으로 이기고 폭발적으로 성장하는 산업이 극히 제한된다. 그렇다고 비관적일 필요는 없다. 생존하는 것만으로 위대하고, 무승부만 한다고 해도 많은 것을 가지게 될 수 있으니 말이다. 문제는 조직의 경영진이다. 기업에 있는 사람들이 가장 억울해하는 말이 "지금까지 뭐했어?"다. 회의도 참석하고 기획안도 내고 열심히 바깥으로 뛰어다니고 부지런히 했는데 이렇게 한마디로 지난 세월을 정리해버리면 당사자는 당연히 억울할 수밖에. 설령 뛰어난 전과가 없어서 보너스에 반영하지 못하더라도, 경영진은 이 무승부의 형태를 잘 보아야 한다. 열심히 뛰어 큰 사고를 막은 경우, 또 새로운 것에 도전해 큰 성과는 거두지 못했지만 경험과 실제 사업 관련 정보를 획득한 경우의 생산적 무승부는 경영진이 예리하게 관찰해야 한다.

도박자들의 행동을 관찰하다 보면 특이한 현상이 나타난다.

도박 승부에서 이기거나 지거나 하는 경우가 아닌 무승부가 났을 경우(베팅을 하지 않고 물러서는 경우), 도박사들은 자신이 게임을 적게 했다고 생각하는 경향이 있다. 심리적으로 무승부는 게임을 하지 않은 것으로 간주한다.

_김경일 교수(아주대학교)

도박자의 궁극적인 목적은 돈이다. 돈으로 시작해 결국 과정에 중독된다. 어쨌든 도박 중독자들에게는 가정도, 자신의 삶도, 어떤 인간적인 감정도 없다. 그저 돈과 승부만이 있을 뿐이다. 사업의 목적을 오직 매출과 사업의 성패로만 재단하게 되면 사업 중독 현상이 발생할 수도 있다. 생산적 무승부와 복지부동은 외견으로는 같아 보이지만 속살은 완전히 다르다. 타석에 들어서서 배트를 휘두른 타자는 내일 홈런을 칠 가능성이 있으니 다른 타석에 세워주어야 한다. 하지만 빙빙 돌며 숨어 있거나 배트 한번 휘두르지 않는 벤치워머는 강력한 경고를 통해 일단 타석에 세워야 한다. 평가는 그 다음이다. 삼진 아웃당한 타자와 벤치워머를 구별해내주지 않으면 회사는 결국 타석의 공포를 회피하는 후보 선수로 가득 차게 될 것이다.

　폭발적인 성장이 아니라 하더라도 현재의 시장을 방어하면서 치열하게 도전해나가는 생산적 무승부를 격려하라. 무승부를 통해 어떤 직원들에게 어떤 역량이 학습되었는지를 잘 파악한 후 학습된 직원을 성공할 수 있는 전투에 내보낸다면 무승부의 의미는 다시금 부활할 것이다.

행복한 직원이 저성장기를 견딘다

대체 불가의 경지로 가기 위한 기나긴 여정은 100미터 달리기가 아니라 마라톤에 가깝다. 단거리에서는 순간적인 속도로 상대를 속일 수 있지만 거리가 길어지면 실력이 그대로 노출된다. 저성정기를 맞은 모든 조직은 풀코스 마라톤과 같은 장거리 경주를 견뎌내야 한다.

　고성장기 기업은 남보다 빨리 움직여 실적을 올리고 단번에 도약하는 생존 패턴을 보인다. 마치 축구 경기에서 순간 스피드가 뛰어난 선수가 골을 넣는 것처럼 말이다. 하지만 축구가 전후반 합쳐서 10km를 달리는 것에 비해 마라톤은 그 4배의 거리를 뛴다. 따라서 저성장기에는 직원들의 심리적·육체적 상태를 잘 관리해 지치지 않게 하는 것이 중요하다.

미국 클렘슨 대학의 준 필처 교수는 잠을 잘 자지 못해 피곤이 누적된 사람은 일을 선택할 때 어렵고 도전적인 일보다 쉬운 일을 선택하는 경향이 증가한다고 밝혔다. 또한 피곤해서 결정 능력이 손상되면 유해한 중독에 저항하는 힘이 약해져 도박, 과소비, 게임 등에 빠질 가능성이 커진다고 한다. 그다지 중요하지 않는 일에 시달려 피곤해진 조직원은 반조직적인 행동을 별 죄책감 없이 하게 되는 확률이 늘어나는 것이다. 에너지가 방전된 조직원들이 조직을 장기적으로 위험한 상태로 몰아넣을 수도 있다.

저성장기에 특히 중요한 것은 자발성이다. 상품과 서비스는 더욱 세밀해져야 하고, 개인별로 맞춤화되어야 한다. 센싱 능력이 고도로 발달한 조직만이 미묘한 고객의 심리와 행동을 파악해낼 수 있다. 이것은 그저 압박한다고 되는 것이 아니다. 노스웨스턴 대학교의 클라우디아 하세 교수는 행복감과 자발적 동기의 관계를 연구했는데, 행복한 경험을 한 실험 대상자들은 그 뒤에 어떤 일을 하고자 하는 자발적 동기가 증가하는 것으로 밝혀졌다. 사실 단기적으로는 행복의 경험이 일을 잘하게 만들지는 않는다. 이 때문에 리더들은 직원의 행복감이 업무와 성과에 별 영향을 미치지 않는다고 생각하기 쉽지만 주목해야 할 것은 바로 장기적인 태도다.[14]

행복한 직원들은 자발적 노력을 하므로 장기적인 관점에서 조직에 큰 도움이 된다. 결국 저성장기의 리더는 구성원의 건강과 행복을 경영의 중요한 요소로 생각하고 살펴야 한다. 행복한 직원이 결국 모험을 하게 되는 법이니 말이다. 직원의 행복감은 단순히 월급으로만 채워지지 않는다. 아니, 오히려 월급이 다소 적더라도 직원들이 원하는 것을 줌으로써 행복감을 증대시킬 수 있다.

‘또 행복 타령이야?’라고 타박을 놓는 분들이 있을지도 모르겠다. 나 역시 회사 조직 안에서 그런 말을 많이 들었다. 관리자로 있을 때 구성원의 행복 운운하는 말을 들으면, ‘그럼 우리 직원들이 불행하다는 건가?’ 하는 생각이 들었다. 월급 잘 나오고 보너스도 괜찮고 복지도 여느 회사에 뒤지지 않는데 뭐가 불행하다는 거지? 하지만 ‘그럼 행복한가?’라는 질문에 선뜻 그렇다고 대답하기가 힘들었다. 이런 상황에서 잘 쓰는 말이 있다. 배부르고 등 따시니깐 별 소리 다한다는……. 하지만 이것은 분명하다. 행복한 상황과 배부르고 등 따신 상황은 분명 다르다는 점이다.

배부르고 등 따신 것은 엄밀히 중립적인 상황이다. 불행하지도 행복하지도 않다. 열심히 노력해서 거기까지 온 것만도 대단한 일이다. 실제로 많은 기업들이 배고픔도 해결하지 못하는 상황에 놓인 것이 현실이기 때문이다. 하지만 기본적인 안락함을 해결한 기업이라면 반드시 행복한 상황까지 좀 더 나아가야 한다. 결국 행복한 상태에 도달한 직원들이 스스로 먹거리를 찾아내기 때문이다.

자질이 아니라 경험이 생존을 결정한다

거장 리들리 스콧 감독이 자신의 영화 〈마션〉에 가장 큰 영향을 끼친 것으로 꼽는 작품이 있다. 〈필사의 도전〉1983년이다. 이 영화의 원제는 'The Right Stuff올바른 자질'다. 사람들은 올바른 자질에 대한 동경이 있다. 자질이 있는 사람이 결국 그 일을 해낼 것이라는 믿음 또한 강하다. 신망이 있고 부지런하며 솔직한 리더라면 어려운 일도 결국 일을 성공시킬 것이라는 당위적 믿음이다. 그런데 비즈니스의 영역에서는 그 올바른 자질이라는 것이 실제 경험과 동떨어졌을 경우에는 별 도움이 되지 않는다. 주로 성품을 의미하는 올바른 자질은 문제에 대한 해결책을 내려줄 수 없기 때문이다.

증권회사에서 재직할 때 유독 우리 부서만 부서장 보직 변경이 잦았다. 기록을 보니 부서장이 거의 6개월 만에 한 번씩 계속 바뀌었다. 5번쯤 바뀌었을 때 이제 이력이 붙어 부서장을 판단하는 방법을 알게 되었다. 그 방법이란 새로 부임하는 부서장의 이력을 보는 것이었다. 경력이 영업 쪽이거나 마케팅 쪽이면 거의 영업 실적 우선주의로 몰고 갈 확률이 높았다. 그럴 경우 예산은 차후의 문제다. 하지만 관리직이거나, 회계·재정 쪽의 근무 경력이 있을 경우는 방향이 반대로 갔는데 성과보다는 비용 절감이 주요 방향이었다.

본인의 경험에 의거한 방향 설정은 특히 회사의 경영상황이 어려워질 때나 갑자기 예상치 못한 일이 닥쳤을 때 더욱 강하게 나타났다. 위기상황이 되면 영업 경험을 가진 리더는 실적 향상으로 이를 돌파하려고 하고, 관리 경험을 가진 리더는 움츠리고 비용을 통제하면서 리스크를 관리하여 돌파하려고 했다. 이것은 지방에서 상경했지만 애써 서울말로 생활하던 사람이 갑자기 급해지면 고향의 사투리가 툭 튀어나오는 상황과도 같다. 사람은 위기시에 자신이 가장 익숙한 경험의 해법대로 문제를 푸는 경향이 있다. 하지만 돌파든 수성이든 명확한 해법으로 확실히 밀고 가는 리더는 어떤 식으로든 사태를 해결해낸다. 문제는 사람도 좋고 자질도 좋은데 해답이 없는 리더다.

세븐일레븐을 세운 스즈키 도시후미는, 리더는 반드시 해답을 가지고 있어야 한다고 말한다. "해답을 가지고 있는 리더는 강하게 부하들을 압박합니다. 답을 알고 있기에 그냥 넘길 수 없는 거죠. 하지만 해답이 없는 리더는 부하들이 부진해도 그저 인간적으로 이해하려고만 합니다. 다른 방법이 없지요. 자신에게 답이 없으니까요. 이런 해답 없는 리더가 결국 자신과 부하, 그리고 회사를 망칩니다."

리더가 답이 있으면 문제에 부딪혀 후퇴하려는 직원들을 강하게 압박할 수 있다. 자신만의 답이 있기에 자신 있게 압박하면서 끌고 갈 수 있는 것이다. 결국 부하 직원은 힘이 들지만 문제해결 이후에 더욱 성장한다. 하지만 답이 없는 리더는 그저 좋은 사람인 척한다. 경기가 힘들다, 고객들이 상황이 어렵다, 라는 말에 쉽게 수긍하며 이해해주는 태도를 보인다. 부하 직원들은 자신의 어려움을 이해해주는 상사에게 고마움을 느낀다. 하지만 문제는 해결되지 않을 것이고 부하 직원은 성장하지 않으며 결국 회사의 실적은 뒷걸음질 친다.

모노폴리언의 영역은 자신만의 독점 영역을 감지하고 독하게 파고들어가야 하는 힘겨운 게임이 이루어지는 곳이다. 많은 경우 지금까지와는 전혀 다른 방법 또는 존재하지 않았던 초식으로 문제를 풀어야 하기에 해답을 리더가 제시해야 할 경우가 많다. 따라서 자질을 갖춘 잠재력이 있는 리더보다는 곧바로 답을 낼 수 있는 경험이 있는 리더가 더 바람직하다. 독점 시장을 찾는 데는 같이 울고 웃을 친구가 필요한 것이 아니다. 그 시장으로 가이드해줄 수 있는 셰르파와 같은 리더가 되어야 한다. 결국 필요한 것은 자질보다 경험인 것이다.

모방이 가장 어려운 자원은 사람

"아악!"

아침에 일어나 방문을 열어본 왕자는 몸을 부들부들 떨었다. 복도에는 그의 둘도 없는 친구가 목 없는 시신으로 널브러져 있었다. 평소 그를 계집애라고 면박을 주던 부왕이 한 일이 분명했다. 복도에서 친구의 시체와 마주한 '계집애 왕자'는 온갖 핍박과 수모를 견뎌내고 결국 왕이 되어 조국을 반석 위에 올려놓았다. 그가 바로 프로이센의 프리드리히 2세다. 그의 성장사는 암울하다. 부왕 프리드리히 1세는 무척 광폭한 사람이어서, 예술과 음악을 좋아하고 여성스런 성향마저 있는 아들 프리드리히를 괴롭혔다. 심지어 프리드리히는 아버지의 명령으로 더러운 구두에 입을 맞추기까지 해야 했다. 도저히 참지 못한 프리드리히가 영국으로 탈출하다 잡히자, 그는 아들과 함께 탈출을 시도했던 친구 카터의 목을 자른 뒤 아들이 볼 수 있도록 동강난 시체를 복도에 가져다놓기까지 한 것이다. 심리적, 육체적으로 너무도 힘든 나날들이었지만 이를 견뎌내는 동안 프리드리히 2세는 강해졌다. 훗날 그는 어린 시절에 학대당한 경험이 자신을 강하게 만들었다고 술회했다.

견뎌낼 수 있는 모든 고난은 사람을 강하게 만드는 법이다. 마침내 부왕 프리드리히 1세가 죽고 왕위에 올랐을 때 프리드리히 2세는 핍박받던 왕자 시절에 보고 느꼈던 부조리한 것들을 모두 바로잡은 뒤 새로운 프로이센을 건설했다. 프리드리히 2세가 훗날 '대왕'으로 불릴 만큼 위대해질 수 있었던 것은 그를 학대했던 아버지의 유산 중에서 훌륭한 것을 잘 살려 계승했기 때문이다. 그는 아버지를 증오했지만 아버지가 강력한 긴축정책으로 재정을 튼튼하게 하고, 군사를 훈련시켜 질서정연한 정예군이 양성된 것을 높게 평가했다. 프리드리히 2세는 아버지의 부국강병책에서 한 발 더 나아갔다. 그는 아버지가 키워놓은 상비군 8만여 명을 두 배 이상인 19만 명까지 키웠다. 그는 국가의 부가 국력 신장의 열쇠라는 중상주의 신념을 가지고 경제를 키웠고 국토 확장이 국력 확장이라는 신념하에 영토 확장 전쟁을 벌였다.

프리드리히 2세가 프랑스 소설 읽기를 좋아하는 등 마초적 기질에서 부왕에게 뒤졌던 것은 사실인 듯하다. 하지만 그는 아버지가 가지지 못한 '인재에 대한 안목'이 있었다. 당시 오스만투르크가 지배한 지역에서는 종교를 차별하지 않았지만, 이후 유대인들을 가둬놓은 게토^{유대인 거주} ^{지역}처럼 정해진 지역에 거주해야 하는 등의 제한조치가 있었다. 이를 본 프리드리히 2세는 이렇게 말했다. "여기에 모인 모든 이들은 각자 자신에게 최선이라고 생각하는 방법으로 구원을 찾을 수 있다." 프리드리히 2세의 포용 덕분에 프로이센의 수도 베를린에는 유대교, 가톨릭, 장로교, 프로테스탄트는 물론 이슬람교까지 종교를 가리지 않고 모든 사람들이 모여들었다. 인종차별을 당하고 박해를 받으며 쫓겨 다니던 모든 양질의 인적 자원들이 프로이센으로 몰려들었고, 그 인적 자원을 독점한 것이 프로이센을 강국으로 만드는 기반이 되었다. 그는 유럽에서 몰려든 양질의 인적 자원을 베를린 아카데미와 같은 국가적 R&D 기관에 투입하는 등 잘 활용하여 국가의 역량을 기본부터 강하게 키워나갔다.

컨설팅기업 맥킨지의 에드 마이클스는 77개 기업에 종사하는 600명의 경영자를 대상으로 연구한 후 이렇게 밝혔다. "가장 중요한 것은 인력이다. 양질의 인력을 확보하면 승리의 지름길을 알고 있는 것과 같다." 하지만 양질의 인력을 뽑았다고 해서 그대로 힘이 발휘되는 것은 아니다. 고기가 물을 떠나서 살수 없듯 조직이라는 물이 적합할 때 승리를 향해 강한 지느러미 질을 할 수 있는 법이다. 마치 좋은 인재가 몰려드는 호수 같은 사회 분위기를 만든 프리드리히 2세처럼 말이다. 버거킹 CEO 존 다스버그는 이러한 분위기 조성에 대해 "조직 구조에 대한 사전 정보를 제공해야 새로운 인재를 뽑을 수 있다"고 표현했다.

유능한 전문가들은 자신이 어떤 조직 구조에서 최고의 효과를 내는지 알고 있다. 유능한 인재가 어떤 회사를 선택하지 않는 많은 이유 중에 조직 구조가 자신에게 맞지 않아서라는 대답하는 경우가 의외로 많다. 다스버그가 말하는 조직의 구조란 바로 맥락을 말한다. 맥락이란 어떠한 주체가 놓여 있는 환경이다. 멀쩡한 사람이 정상적이지 않은 활동을 할 때 그 비정상적인 활동을 탓하기 전에 살펴야 할 것은 바로 그 사람이 처한 맥락이다. 사람은 환경에 순응한다는 사실을 유능한 리더는 잘 알고 있기 때문에 누군가 비정상적인 행동을 할 때 그 사람의 주변 맥락을 살핀다. 영입해온 인재 역시 조직의 맥락 속에서 움직이게 된다. 따라서 그들이 움직일 수 있는 조직적 '맥락'을 만들어주려는 노력이 중요하다.

여기까지는 누구나 동의하는 바다. 하지만 인력의 중요성에 대한 다른 이유는 잘 알려지지 않았다. 맥킨지의 에드 마이클스가 인력이 가장 중요하다고 한 다른 이유는 바로 경영전략과 달리 인력이 가진 능력은 쉽게 '모방될 수 없기 때문'이라는 것이다.[15] 여기에서 형광펜을 쳐야 할 단어는 인력도 능력도 아닌 '모방'이라는 단어다. 모방이 힘든 자원은 가장 중요한 경영자원 중의 하나다. 그렇다면 이렇게 확보한 인력들을 어떻게 활용해야 회사의 미래를 열어가는 주요인물로 커나갈까?

독점한 인력들이 최대한 자신의 삶을 즐기면서 몰입하게 하기 위한 방법에는 다음과 같은 것들이 있다.

1. 기준선 보상 기준을 정한다

공정하고 적절한 '기준선 보상baseline rewards' 원칙을 정하고 강하게 밀고 나가야 한다. 기준선이란 월급, 계약금, 복지 혜택을 비롯한 갖가지 특전의 합이며 이 수준이 생활하기에 큰 어려움이 없도록 정하면 된다. 보통 기준선 보상은 업계의 기준에 비해 조금 높게 정하면 된다. 기준선 보상이 충분하지 못하면 부당한 처우와 환경에 온 신경이 팔려 직원들이 고객을 위한 혁신에 집중할 수 없다. 기준선 보상에 대한 신뢰가 확보되면 직원들은 안심하고 업무에 몰입한다. 그런데 유의해야 할 것은 기준선 보상이 충족된 뒤에는 금전적 보상을 포함한 보상 조치가 역효과를 발휘할 수 있다는 점이다.

댄 에리얼리 등 네 명의 경제학자가 인도에서 보상과 업무수행의 연관성을 연구했다. A그룹에는 가장 낮은 인센티브를, B그룹에는 중간 수준, C그룹에는 가장 높은 인센티브를 약속했다. 어느 그룹의 업무수행도가 가장 높았을까? 가장 낮은 인센티브를 제시한 A그룹이었다. 가장 많은 보상을 약속한 C그룹은 꼴찌를 했다. 예상 밖의 실험결과를 정리한 후 연구자들은 미연방준비은행에 이렇게 보고했다. '최대의 금전적 보상이 최악의 결과수행을 초래했다.' 높은 보상이 반드시 뛰어난 결과를 만드는 것은 아니라는 사실이 이 연구를 통해 밝혀졌다.(※기준선 초과시의 적절한 보상책은 3번을 참고하라)

2. 자율성을 부여한다

높은 지위와 풍부한 대가에도 불구하고 많은 변호사들이 불행하다고 느낀다. 사회과학자들은 몇 가지 조사를 통해 행복하지 못한 변호사들의 심리적 원인을 알아냈다. 가장 큰 이유로 밝혀진 것은 변호사들에게는 자율성이 없다는 점이었다. 시간 단위로 수임료가 책정되고 판결 결과에 따라 인센티브를 받기 때문에 모든 것이 대가로 이루어진다. 따라서 본인의 자율보다는 의뢰인의 요구에 따라 움직이기 십상이다. 또한 법정에는 인간사人間事에서 자주 나타나는 윈윈과 상생게임이 없다. 이기는 편이 있으면 지는 편이 반드시 있는 독한 제로섬 게임이다. 자율성 제한과 패배를 안겨야 승리를 얻는 경쟁 구조가 완벽한 몰입을 계속 저해하기 때문에 변호사들이 느끼는 행복감이 저하되는 것으로 밝혀졌다.

3. '만약 하면 ~' 방식이 아니라 '~했으니 즐기자' 방식으로 준다

누구나 주인공이 되고 싶지, 말이 되고 싶어 하지 않는다. 당근은 말에게나 주는 것이다. 당근을 보여주면서 앞으로 뛰라고 할 때 사람은 당근의 맛을 떠올리기보다는 굴욕감을 느낀다. 나폴레옹에게 용병의 비법을 물었을 때 그는 "병사들의 영혼에 말을 걸어야 한다"고 했다. 사람을 진정 움직이는 것은 물질이 아니라 영혼이라는 것이다.

흔히 어떤 목표를 이루면 인센티브를 주겠다는 방식을 실적 달성의 도구로 쓰는 경우가 많다. 하지만 어떤 기준 이상의 성과를 달성하고자 할 때 흔히 쓰는 이런 당근식 보상으로는 영혼에 말을 걸 수 없다. 하지만 보상 없이 신념만으로 언제까지 갈 수 있다고 믿는 것도 어불성설이다. 그래서 보상을 주되 부작용을 최소화하는 가장 효과적인 보상 방식은 조건 없이 성취한 다음 즐길 수 있는 예기치 못한 보상을 주는 것이다. 바로 '잘했으니 즐기자' 보상이다. 생각지 못한 피자 한 판, 통닭 한 마리, 회사의 해외연수, 예상 밖의 보너스 등은 조건이 없지만 쏠쏠한 일의 재미를 느끼게 하는 중요한 계기가 된다.

미디어 황제 루퍼트 머독은 직원들에게 가혹하기로 유명했다. 같이 일하다가도 돌연 해고통보를 하기 일쑤였다. 하지만 이런 변덕에도 그가 최고의 미디어그룹을 이룰 수 있었던 것은 한 가지 원칙이 분명하게 지켜졌기 때문이었다. 직원들은 한결같이 말했다. "머독은 언제나 최고들과 일한다."

선택된다면 최고라는 뜻이고, 버려진다는 건 최고가 아니라는 뜻이었다. 해고된 직원들은 오히려 이런 심플한 원칙에 동의했다고 한다. 언제든 최고가 되면 다시 머독이 불러줄 것이라는 믿음이 있었고, 이해할 수 없는 정치와 감정이 자신들의 미래를 좌우한 것이 아니라는 신뢰가 있었기 때문이다. 머독이 주었던 것은 프로라면 언제든 있는 힘껏 뛰어볼 수 있는 '현장'이라는 보상이었다.

왜 그 학생은 그냥 일어나서 가버렸을까?

일본의 지하철에서 노인이 탔을 때 이미 앉아 있는 학생은 어떻게 해야 할까? 답은 '안 일어서도 된다'이다. 정말로 노인들이 타도 일본 젊은이들은 별 미동이 없다. 노인들도 젊은이들에게 부담을 주지 않으려고 서성이지 않는다. 그런데 정말 몸이 불편해 보이는 노인이 타서 양보해주고 싶을 때 이 기특한 학생은 어떻게 할까? 두 번째 퀴즈의 정답은 '아무 말 없이 그냥 쌩하니 사라져버린다'이다. 자, 여기에 일본과 한국의 차이가 있다. 일본에서는 내가 누군가의 호의를 받았다면 그 호의에 대해 반드시 보답을 해야 한다는 의식이 있다. 그런데 호의를 베푼 사람에게 무언가를 돌려줄 수 없는 상황이라면 마음의 빚이 남지 않겠는가? 특히 지하철처럼 한 번 보고 마는 곳에서라면 더더욱 어쩔 방법이 없다. '받아도 부담'이라는 말이 한국에도 있지만, 일본에서는 더 심하다. 일본 젊은이가 일어나 쌩하니 가버리는 것은 자리를 양보받은 것을 미안해하지 않도록 하는 그들만의 배려 방식인 것이다.

일본 전문가이자 별명이 '나고야 박사'이신 지인과 에비스 비어 하우스에 갔을 때였다. 500cc 맥주 한 잔을 마시고 내려놓자마자, 저쪽에서 여배우 우마 서먼을 닮은 여직원 한 명이 쏜살같이 와서는 맥주를 한 잔 더 마시겠느냐고 물었다. 당연히 한 잔 더 주문했다. 같이 간 지인이 이야기해주었다. "아까부터 주시하고 있다가 맥주가 비는 것을 보고는 다가와서 물은 거예요." 정말일까? 그래서 한번 실험을 해봤다. 마침 나고야 박사의 잔이 비어서 나도 두 번째 잔을 비웠다. 그런데 그 여직원은 다가오지 않았다. 대신 이상한 반응을 보였다. 우리가 보일 만큼 가까운 곳에 온 것까지는 좋았는데 아주 자연스럽게 곁의 직원과 잡담을 하는 것이었다. 내가 목소리를 낮춰 말했다. "저 '우마 서면' 좀 아닌 것 같아요. 아까 우리를 주시하고 있다고 했잖아요. 그런데 저 직원, 지금은 손님 보는 데서 잡담 중이에요."

뜻밖의 상황에 나고야 박사도 할 말을 잃었지만, 우리는 그 이유를 나중에야 알았다.

나고야 박사의 추정은 이렇다. 일본의 이름난 맥줏집이 그렇게 허술한 곳이 아니니, 아마도 그 여직원의 잡담도 매뉴얼에 들어 있을 것이란 거다. 첫째 잔이 비면 안주가 있을 경우 두 번째 잔을 주문할 확률이 거의 90% 이상이다(아마도 에비스는 좋은 맥줏집이기 때문에 그런 통계가 있을 것이다). 추가 주문을 할 확률이 90%를 넘어가는 것으로 예측되는 손님에 대해서는 그 손님의 다음 행동을 미리 예측해 서비스를 하는 것이 진정한 배려다. 그래서 두 번째 잔은 바로 와서 주문을 받았다. 하지만 두 잔을 비우고 세 잔째는 선택이며, 50% 수준 정도로 주문 확률이 떨어진다. 그때 손님에게 다가가서 또 주문할 거냐고 묻는 것은 압박이고 실례다.

그런데 홀은 넓고 탁자에 벨은 없다. 한 잔 더 마시려면 두리번거리면서 직원과 눈이 마주치기를 기대해야 한다. 손님이 미어터지는 한국의 여느 식당이나 가게에서는 자주 이런 일이 생긴다. 자, 그러면 손님이 한 잔 더 시킬 확률이 반반인 상황에서 손님이 두리번거리지 않도록 하는 방법은 무엇일까? 손님이 보이는 곳에 서 있는다? 답이 아니다. 무지 부담스럽다. 한 잔 더 시키거나 나가라는 말 아닌가? 그렇다면 선택은 하나다. 손님의 눈에 띄는 곳에서 손님이 부담스러워하지 않도록 잡담을 하는 척하면서 대기하다 부르면 즉시 손님에게로 가는 것, 바로 그

것이다. 그 우마 서먼을 닮은 여직원의 잡담은 매뉴얼에 있었던 거다. 결론을 짓고 나서 문득 이런 생각이 들었다. '너무 오버해서 생각한 건 아닐까? 설마 그런 것까지?'

그때 나고야 박사가 신빙성 있는 근거를 제시했다. 세계적으로 널리 알려진 맥도날드의 경악할 만한 햄버거 매뉴얼을 만들어낸 곳이 바로 일본 맥도날드라는 사실! 아, 그렇군.

기분이 묘했다. 훌륭한 서비스를 받은 것이긴 한데, 부처님 손바닥 안이라니……. 생각해보니 매뉴얼 손바닥 안 고객이었던 거다. 하지만 대단하다는 사실은 변하지 않았다.

배려는 이렇게 곳곳에서 묻어난다. 거기 가면 두리번거리지 않아도 두 번째 잔이 나오고 세 번째 잔도 곧바로 주문할 수 있고, 무언가 계속 잘 흘러가는 것을 경험한 고객은 다른 곳에서는 무언지 모를 불편함을 느낄지도 모른다. 그리고 그제야 마음이 편안한 곳을 찾아가게 되는데, 그곳이 바로 '우마 서먼'이 있는 맥줏집인 것이다.

지금은 사라졌지만, 이태원에도 그런 바가 하나 있었다. 바에 앉아 맥주를 마시면서 〈호텔 캘리포니아〉를 자주 요청했더니, 나중에는 내가 들어가서 앉으면 그냥 〈호텔 캘리포니아〉가 흘러나오던 곳. 그 집에 갈 때마다 과음을 했던 이유가 바로 그런 것들이었다.

일본은 일본이고, 한국은 한국이다. 문화가 다르니 지하철의 상황도 다를 수 있다. 하지만 한국, 일본 어디서도 변하지 않는 인간사의 도리가 있다. 받은 사람은 응당 돌려주어야 하고, 또 주는 사람은 상대가 편하게 받을 수 있게끔 배려하는 것이 진장한 매너라는 사실 말이다. 그 매너가 바탕에 깔린 서비스가 근간을 이룰 때 고객은 마치 자신의 집에 있는 것처럼 편안해지는 법이다.

새것이 아니라 헌것이 더 중요하다

새로운 시장을 찾는 것은 기업의 자연스러운 생리다. 하지만 그 시장을 찾는 동기가 과연 개척과 진출인지 아니면 도피인지 냉정하게 따져보아야 한다.

추가적인 진출은 어떤 시장에서 압도적인 위치를 점해서 더 이상 갈 곳이 없을 때 이루어진다. 예를 들어, SPC그룹이 파리바케트로 국내 베이커리 시장을 석권한 뒤 던킨도너츠나 배스킨라빈스 31을 도입한 경우다. 베이커리 출점이 막히자 해외 브랜드 도입이라는 다른 시장을 찾아나섰다. SPC는 뉴욕 센트럴파크에서 시작하여 유명세를 획득한 쉑쉑버거를 도입하기도 했다. 또 SPC는 국내의 압도적인 점유율을 딛고 밖으로 나갔다.

2014년 7월, 파리 중심가 중의 하나인 샤틀레 지하철역 인근에 프랑스 1호점인 샤틀레점을 오픈했다. 나름 탄탄해지자 파리 오페라 지역에 2호점인 오페라점까지 열었다. 형태는 매장에서 빵을 바로 먹는 베이커피 카페 방식이다. 국내에서는 입증된 방식이지만 프레임만 가져가고 나머지는 철저하게 현지화로 진행하고 있다. 기본 베이스는 프랑스인이 좋아하는 페스트리, 샌드위치 종류로 가되 한국만의 크림빵, 단팥빵 등을 만들어 차별화 전략을 쓴 것이 성공비결이다. 나의 성이 단단하기에 바깥 시장도 여유 있게 공략할 수 있는 것이다.

일본 도쿄의 쉑쉑버거 매장. 한국에서와 마찬가지로 인기가 있다.

　일본의 경우, 많은 기업이 국내 시장의 포화를 이유로 해외로 나갔다. 하지만 밖으로 나갔던 수많은 기업들의 실제 이유는 '도피'였다. 국내 시장에서 자신이 없으니 밖으로 나가는 선택을 '진출'로 포장한 것이었다. 일본 전문가들은 국내의 신시장 성공에 3년이 걸리고, 해외 신시장 성공에는 그 4배인 12년이 걸린다고 이야기한다. 그만큼 시간이 걸린다는 이야기다. 하지만 국내 시장 점유율이 무너져 내리면서 해외로 도피한 기업들은 시간이 없다. 그래서 그만큼 조급하다. 조급하게 일을 추진하니 일이 잘될 리가 없다. 계속 파견 인력을 교체하고 닦달을 하지만 결국 사업은 망해서 돌아온다. 이것이 저성장기 일본 기업들의 해외 진출 역사였다. 또한 빨리 수익을 내야 하니 일본의 시스템과 상품을 그대로 해외에 이식했다. 그들은 세계 1위인 일본에서 성공한 시스템이니 해외에서도 그대로 통할 것이라고 생각했지만 완전히 난센스로 밝혀졌다. 일본에 특화된 시스템에 현지 시장이 거부반응을 일으키면서 또 한 가지 실패의 중요한 원인이 되었다.

세븐일레븐은 중국 시장에 진출하면서 그 파괴력 있는 POS 시스템과 전산 시스템을 모두 버렸다. 스즈키 회장은 '전표 하나까지 수기로 쓰면서 제로베이스에서 중국 시장에 맞추기 시작했다'라고 이야기한다.

3

이제는
여정의 시대

성장의 마인드셋

사업 그 자체보다 사업하는 사람이 먼저 성장하면 사업은 무리 없이 순항한다. 문제는 사업 성장의 속도가 사람의 속도를 넘어설 때다. 이때 사업하는 사람은 자신의 능력을 뛰어넘는 무리수를 두게 되고, 때문에 좌초의 위험성이 커진다. 따라서 끊임없이 사람이 성장하게 하는 성장의 마인드셋mindset이 있느냐 없느냐가 사업의 성공 여부 못지않게 중요하다. 마인드셋이란 좀처럼 변하지 않는 의식구조 또는 사고방식을 뜻한다. 따라서 '성장의 마인드셋'은 성장을 지향하고 갈망하는 마음가짐 내지는 생각이라고 말할 수 있다.

수렵 시대 인간은 지금보다 훨씬 더 장대했다고 한다. 산을 헤매고 온

몸으로 자연과 부딪쳤던 드라마틱한 삶이 지금보다 더 큰 체구를 가능하게 했다. 정착을 한 호모사피엔스에 비해 야생의 환경을 돌아다녔던 네안데르탈인들이 훨씬 체구가 컸다. 그들은 자신들을 죽음으로 이끌 독초가 아니면 모두 먹어보았고 여러 가지를 시도하면서 야생에서 배웠다. 그래서인지 채집을 주로 했던 네안데르탈인들은 자연에 대한 방대한 정보를 기억했고 호모사피엔스보다 두뇌가 훨씬 컸다. 한곳에 정착하고 밀과 쌀 등 탄수화물이 주가 되는 식사가 확대되면서 인류의 체구는 작아졌나. 안정과 획일성이 성장을 막은 것이다. 성장은 마인드와 습관이라는 개인적 요소와 시스템과 생태계라는 외부 요소의 결합이 만들어내는 결과물이다. 모노폴리언의 길은 계속 앞으로 나아가는 여행과도 같다. 따라서 이 여행을 지속적으로 이끌어갈 성장 마인드가 필요하다.

운명순응형 vs 성장추구형, 마인드가 결과를 만든다

인간의 의식구조는 체질과 유사하다. 몸의 체질이 맞지 않아서 받아들일 수 없는 음식이 있는 것처럼 어떤 마음가짐마인드셋을 갖고 있느냐에 따라 상황을 흡수하고 그 상황을 영양분으로 바꾸는 정도의 차이를 보인다. 마인드가 얼마나 중요한지를 알려주는 실험이 있다.

두 종류의 그룹이 있다. 하나는 운명순응형 그룹, 다른 하나는 성장추구형 그룹이다. 운명순응형 그룹에 속한 사람들은 재능은 타고나는 것이라 믿어서 성공하는 사람 역시 정해져 있다는 생각을 가지고 있다. 성장추구형 그룹에 속한 사람들은 그 반대다. 그들은 재능은 노력에 의해 얼마든지 계발될 수 있으며 운명도 바꿀 수 있다고 믿는다. 두 그룹의 사람들은 마인드셋이 다를 뿐 지능과 능력은 거의 비슷하다.

이들에게 난이도가 낮은 문제부터 주어진다. 쉬운 문제는 두 그룹 다 잘 풀었다. 하지만 어려운 문제가 주어지기 시작하자 반응이 달라졌다. 운명순응형 그룹의 사람들은 곧바로 자신감을 잃었다. "운명순응형 그룹은 자신의 실패를 지능 탓으로 돌려버렸어요. 그래서 자신감을 바로 잃어버렸죠. 하지만 성장추구형 그룹은 달랐어요. 아무것에도 탓을 돌리지 않았습니다. 그들은 실패한 이유에 집중하지도 않았어요. 그저 어떻게 풀까만을 생각했죠. 결국 같은 지능을 갖고 있었지만 운명순응형 그룹이 어려운 문제에 좌절하고 있을 때 성장형 그룹은 훨씬 더 어려운 문제까지 풀었습니다." 스탠퍼드 대학교의 심리학자 캐럴 드웩 교수는 이 실험을 통해 사고방식이 삶에서 얼마나 큰 비중을 차지하는지 밝히고 이렇게 결론을 내렸다. "결과의 차이에 가장 큰 영향을 주는 것은 동기와 재능이 아니라, '사고방식의 차이'다."[16]

마음가짐과 사고방식을 성장추구형으로 바꾸는 가장 좋은 요소는 노력에 대한 반복적이고 지속적인 칭찬, 즉 비물질적 보상이다. 이들의 목표는 노력을 다하는 것에 있기 때문에 문제가 어려운 것과 결과는 크게 문제가 되지 않는다.

두 번째 성장 요소는 일을 분리해내는 습관이다. 거의 모든 일은 내가 할 수 있는 것과 할 수 없는 것으로 구성되어 있다. 성장하는 사람은 하나로 뭉뚱그려져 있는 일에서 '내가 할 수 있는 것'들만 골라내서 거기에 집중한다.

그리스 철학의 유파 중 하나인 스토아학파는 평정심을 가장 중요한 덕목으로 여겼다. 그들은 평정심을 유지하기 위해 어떤 일을 함에 있어 과정과 결과로 나누었다. 일의 과정은 인간의 영역에 속하지만 결과는 신의 영역으로 간주한 것이다. 스토아 철학자가 일주일 뒤에 축구 시합을 앞두고 있다. 시합에서 반드시 이겨야 한다고 생각하면 불안하고 초조하여 평정심을 잃어버리기 쉽다. 하지만 이 스토아 철학자는 축구 시합에서 결과와 연습을 분리한 뒤 연습 계획을 치밀하게 짠다. 그리고 매일매일 혼신의 힘을 다해 준비한다. 그렇게 시간이 지나고 드디어 시합에 나섰다. 이 철학자 축구선수의 마음은 놀랄 만큼 가볍고 기쁨으로 차 있다. 그는 전날까지 자신이 할 수 있는 모든 준비와 연습을 다했고, 그것으로 그는 이미 이겼다. 시합에서 이기고 지는 것은 그의 영역이 아니다. 그는 지는 시합에서도 이기는 시합에서도, 축구에서도 야구에서도 늘 행복할 것이다. 삶의 행복은 이기기 위해 나의 전력을 다하는 노력 자체로 결정된다. 탁월한 성과를 내는 사람들을 연구한 《베스트 플레이어》의 저자 매슈 사이드는 이렇게 말한다. "성장형 사고방식은 베스트 플레이어가 지니기에 적합한 태도이며 고정형 사고방식은 평범하게 살기에 제격이다. (…) 당신이 만약 베스트 플레이어가 되기로 했다면 성장형 사고방식을 지니는 것이 좋다. 고정형 사고방식에서 발화된 불꽃은 실패한 기색이 보이면 바로 꺼져버리기 때문이다."

성장형 사고방식을 가진 사람들의 습관이 또 하나 있다. 자기 손에 주어진 패에 대해 왈가왈부하지 않는다는 것이다. 우리가 아는 도전의 결과는 딱 두 가지인데, 성공 아니면 실패다. 하지만 도전의 진정한 결과는 따로 있다. 바로 '성장'이다.

에디슨은 생전에 실패라는 말을 무척 싫어했다. "나는 실패하지 않았다. 다만 효과가 없는 1만 가지 방법을 알아냈을 뿐이다." 잘못된 모든 시도는 전진을 위한 도전이다. 매번 성공을 거두는 것처럼 보이는 사람들이 있다. 하지만 그 성공의 법칙은 간단하다. 실패하더라도 성공할 때까지 계속하는 것이다. 일본에서 경영의 신이라고 불리는 마스시타 고노스케도 실패를 비슷하게 정의한다. "나는 실패한 적이 없었다. 성공할 때까지 계속한다면 실패란 존재하지 않는다. 성공만 있을 뿐이다. 실패를 하는 이유는 실패한 채로 중단해버리기 때문이다." 이처럼 성장추구형 사고방식을 가진 사람은 도전을 실패와 성공이 아니라 숙련이라는 일종의 성장 지표를 통해 성공과 연계하는 습관이 있다.

안드레 아가시는 역사상 가장 운 좋은 럭키 가이 중 하나다. 그는 US 오픈, 윔블던, 프랑스 오픈, 호주 오픈을 석권하여 테니스 선수 최고 영예인 그랜드슬램을 달성했고, 1996년 애틀랜타 올림픽 금메달을 딴 뒤 명예의 전당에 헌액되었다. 사생활도 화려하여 세계 최고의 미녀였던 브룩 쉴즈와 결혼했고, 이혼 뒤에는 세계 최고의 여자 테니스 스타인 슈테피 그라프와 다시 결혼했다. "안드레, 나는 운 따위는 믿지 않아." 그를 훈련시킨 아버지는 종종 어린 아가시에게 이렇게 이야기했다. "하루에 공 2,500개를 치면 매주 17,500개를 치게 되지. 이렇게 1년 뒤면 100만 개의 공을 치게 된다. 세상엔 테니스를 잘 치는 수만 명의 아이들이 있지만 매년 100만 개의 공을 친 아이는 천하무적이 될 거야." 훗날 안드레 아가시는 자신을 스타로 만든 것은 그의 아버지가 강조한 숫자의 철학이라고 이야기한다. 그는 숫자를 채우면서 성장했다. 이것이 바로 숙련의 힘이다.

숙련이 열정을 열매로 만든다

'열정은 현재이며 희망은 미래다. 젊은이들은 누구나 계획이 있다. 몇 년 뒤 몇 살 때가 되면 이루고 싶은 희망사항이 많다. 그러니 젊음의 기준은 나이가 아니라 계획과 희망의 여부다. 나이 40이 되면 무엇을 시작하고, 60이 되면 무엇을 시작하고, 70이 되면 무엇을 시작하겠다는 이런 희망을 가진 사람은 나이에 상관없이 청년이다.'

IT 사업 분야에서 두각을 나타내는 비아이씨엔에스 박주성 사장의 희망론이다.

일본의 외식 프랜차이즈 와타미그룹의 와타나베 미키 회장은 열정에 대해 말하면서 '지속성'을 강조한다. 오래 타는 열정이 진짜 열정이라는 것이다. 생각해보라. 1,000도의 불이라도 1초 만에 꺼져버리면 라면 하나 끓일 수 없지만, 연탄불은 약해도 밤새도록 타면서 곰국을 끓여낸다. 오래 타는 불, 즉 끈기 있는 열정은 수십 년에 걸친 숙련으로 쌓이고 그 숙련이 결국 따라올 수 없는 차이의 원천이 된다.

그리스 아테네에 사비누스라는 부자가 있었다. 재력은 상당했지만 지식이 부족했던 그는 학식이 많은 것처럼 보이고 싶어 했다. 궁리 끝에 사비누스는 시장에 가서 12명의 노예를 구한 다음 각각 다른 유명 작가의 책을 쥐어준 후 작품을 암송하도록 시켰다. 한 노예에게 호메로스를, 다른 노예에게는 헤로도토스의 인상적인 글귀를 암송하도록 시키는 식이었다. 그 후 그는 식사를 할 때마다 그 노예들을 옆에 서 있도록 하고선 인용하고 싶은 구절이 있으면 고개를 돌려 물어본 후 마치 자신이 아는 것처럼 읊었다고 한다. 사람들은 그 앞에서는 대단하다고 칭찬했지만 뒤에서는 비웃었다. 입으로 나오는 말은 같을지라도 아는 것을 말하는 것과 어딘가에 있는 것을 생각 없이 말하는 것은 분명 다르다. 사업도 마찬가지다. 자신만의 철학이 담긴 전략과 그저 베껴온 전략은 분명 다르다.[17] 비즈니스 세계에서의 숙련은 곧 사업의 숙성을 일컫는다.

행동 과학자들의 연구에 따르면 숙련은 다음의 법칙에 따라 이루어진다.[18]

1. 숙련은 마음가짐이다

런던 빈민가의 소년, 다리우스 나이트가 에시슨이라는 코치를 만났을 무렵, 그는 비참한 상황의 바닥에 있었다. 아버지는 가족을 떠나버렸고 소년에게는 아무런 희망이 없었다. 거리를 헤매며 악동 짓을 하고 다니다가 운명처럼 탁구를 만났다. 그는 무언가에 홀린 듯 에시슨을 찾아갔다. 거리를 헤매는 것은 더 이상 탈출구가 되지 못했다. 다리우스는 더 격렬한 것으로 자신의 응어리를 발산해야 했다. 학교를 마치면 버스를 타고 20분을 걸어 에시슨 코치가 있는 창고로 향했다. 소년은 거기서 몇 시간씩 스텝과 스매싱을 연습했다. 탁구를 잘하는 것은 소년의 목표가 아니었다. 소년은 그저 탁구를 하면서 자신이 발산되는 것을 느꼈다. 그리고 점점 더 탁구를 잘하게 되는 것에 큰 쾌감을 느끼기 시작했다. 에시슨은 최고의 코치는 아니었지만 행복한 선수를 만드는 방법을 알고 있었다. 에시슨은 다리우스가 열심히 하는 모습 그 자체를 칭찬했다. 그가 발전하는 모습을 칭찬했고, 그가 성장하고 있는 것에 집중하게 했다. 성공과 실패는 에시슨과 다리우스가 주고받는 스매싱 속에 존재하지 않았다. 지난 공보다 더 잘 치는 것, 지난 시합보다 더 발전하는 것, 오로지 그것이 목표였다. 실패도 하고 쓰러지기도 했으며, 생각만큼 실력이 늘지 않을 때는 화도 났다. 하지만 그 모든 것이 발전에 꼭 필요한 요소라는 본능적인 확신이 있었다. 다리우스는 진정으로 매일매일 행복한 선수였다.

불행이 시작된 것은 다리우스가 세상에 알려지면서부터였다. 후미진 창고에 기가 막힌 탁구선수가 있다는 말에 언론사 기자들이 줄지어 다리우스를 찾아내어 보도하기 시작했고 마침내 영국에서 최고로 손꼽히는 훈련기관에서 그를 키우겠다고 결정했다. 이런 창고에서 이런 실력을 갖출 수 있었다면, 최고의 기관에서는 더 말할 것도 없다는 것이 그를 지켜본 사람들의 확신이었다. 다리우스도 꿈에 부풀었다. 이제 제대로 해보는 거야.

끝내주는 최신식 시설에서의 훈련이 시작되었다. 코치들은 다리우스에게 갖가지 스킬을 가르쳤고, 다리우스에게 너는 위대한 선수가 될 것이라면서 그의 장점 하나하나를 핀셋처럼 끄집어내어 칭찬하기 시작했다. 모든 것이 다리우스에게 맞춰진 최적의 환경이었다. 하지만 그즈음 다리우스는 무언가 불편한 것을 느끼기 시작했다. 운동도 이전만큼 즐겁지 않았다. 모든 사람들이 대단한 선수라고 칭찬하니 더 이상 땀 흘려 연습하는 것이 무의미하게 느껴졌다. 다리우스는 점차 탁구 연습을 게을리 했고, 이전의 활기차고 행복했던 소년의 모습에서 멀어져갔다. 이상한 일이었다. 더 좋은 환경에서 왜 이런 일이 일어났는지 그도 알 수 없었다.

다리우스는 우울한 마음에 다시금 에시슨의 창고를 찾아갔다. 그리고 창고 귀퉁이에 앉아 에시슨이 소년들과 즐겁게 탁구를 치는 모습을 흐뭇하게 지켜보았다. 그랬었지, 저때는 무척 행복했어. 돌아오는 길에 그는 에시슨과의 즐거웠던 한때를 떠올렸다. 무엇이 잘못되었을까. 실타래처럼 모든 것이 엉망으로 엉킨 기분이었다. 하지만 다시 에시슨의 창고로 되돌아갈 수는 없었다. 절망스러웠다.

만약 다리우스가 이때 스틴 한센을 만나지 못했다면 그는 반짝 재능을 보였던 선수로 끝났을지도 모른다. 스틴 한센 코치는 다리우스가 무척이나 방황하던 때를 떠올리며 웃으며 말한다. "기술은 나무랄 데가 없었는데요, 문제는 다리우스의 사고방식이었어요. 그는 승부가 아니라 발전하는 것에 관심을 가진 전형적인 성장형 선수였어요. 대성할 자질을 가진 거죠. 다리우스는 과정과 노력에서 기쁨을 얻는 스타일이었어요. 그런데 이곳 하이퍼포먼스센터의 코치들이 다리우스의 노력이 아니라 그가 이룬 성과와 재능을 칭찬하기 시작하자, 발전이 멈춘 거예요."

스틴 한센은 코치들에게 더 이상 다리우스의 재능을 칭찬하는 말이나 행동을 하지 말 것을 주문했다. 스틴 한센은 다리우스의 심리상태를 면밀하게 관찰하면서 하이퍼포먼스센터의 뛰어난 시설과 창고에서의 에시슨식 격려를 접목시켰다. 결과가 아니라, 하루하루의 최선을 다한 노력을 격려받기 시작하면서 다리우스는 다시금 행복한 선수가 되었다. 스틴 한센의 세심한 지휘 아래 다리우스 나이트는 14세에 성인 탁구 리그에 데뷔했고, 이후 탑 5에 들었다. 그리고 18세 때는 전 영국 탁구 랭킹 2위에 오르며 기염을 토하게 되었고 수많은 리그에서 우승했다. 그는 이제 최고의 탁구선수를 꿈꾸는 청소년들의 롤모델이 되어 프리미어리그 포스포츠The Premier League for Sport, 탁구 케어 캠페인the Ping Pong Care Campaign 및 꿈 키우기 재단Ambition Charity 등에서 청소년들을 위한 봉사활동까지 활발하게 하고 있다.

숙련의 정상은 반드시 미숙이라는 평지에서 출발한다. 따라서 미숙에서 숙련으로 갈 때는 계단과 같은 오르막을 반드시 올라야 한다. 그 오르막에서 발생하는 어려움을 넘어서기 위해서는 한 발짝 한 발짝 나아갈 때의 즐거움, 미래의 모습, 잠시 땀이 식을 때의 뿌듯함, 뻐근한 근육의 쾌감과 같은 과정이 주는 천연의 감미료를 느낄 수 있어야 한다. 결과의 설탕만큼 강하지 않을지 모르나 과정이 주는 아련한 쾌감은 지난한 과정을 거쳐 숙련의 정상으로 다가가는 유일한 방법이다.

2. 숙련은 고통이다

한국계 경영 컨설턴트 앤젤라 리 더크워스는 '사람들이 성공을 거두게 하는 열쇠가 과연 있을까? 있다면 무엇일까?'라는 의문을 가졌다. 그녀는 수년 동안 다양한 배경과 다양한 환경, 그리고 다양한 꿈과 동기로 성공을 향해 힘차게 달려가는 수많은 사람들을 인터뷰하고 관찰했다. 그리고 그녀는 마침내 성공의 유일한 열쇠 하나를 발견했다. 그것은 돈도 재능도 지능도 피부 색깔도 남녀 성별도 지역도 아니었다. "모든 사람들에게서 관찰된 성공의 유일한 열쇠는……." 그녀는 잠시 말을 멈추었다가 확신에 찬 눈빛으로 힘주어 말한다. "투지Grit였습니다."

투지는 비가 오나 눈이 오나 그저 계속하는 것을 말한다. 투지는 주변의 조롱이나 비아냥거림에도 결코 멈추지 않는다. 투지는 단거리 100미터의 경기가 아니다. 투지는 마라톤이다. 하루가 한 달, 한 달이 아니라 몇 달, 몇 달이 아니라 몇 년이 되더라도 계속하겠다는 단호한 결단이다. 투지는 육체적·심리적 고통을 무릅쓰고 전진하는 용기이자, 행동이다. 고통을 무릅쓴 투지는 때론 생각 이상의 거대한 결과를 불러오기도 한다.

한 겹의 천으로 몸을 가리고 앙상하게 뼈만 남은 간디가 인도 국민들에게 강하게 주문했던 것이 바로 이 '투지'였다. "처음에 그들은 우리를 무시할 것이다. 그 다음 우리를 비웃을 것이다. 그래도 우리가 계속 전진한다면 이제 그들은 앞길을 가로막을 것이다. 하지만 그 다음에 우리는 승리할 것이다." 숙련은 고통을 이겨내는 투지에서 오는 승리다.

3. 숙련은 점근선이다

1980년대 일본산 전자시계가 전 세계의 시계 시장을 석권할 때, 사람들은 이제 스위스의 기계식 시계는 끝났다고 생각했다. 무브먼트Movement와 투르비용Tourbillon이라는 단어로 설명되는 스위스 시계는 매일 태엽을 감아야 했고, 그럼에도 불구하고 중력 때문에 틀리기 일쑤였다. 가끔씩 매장에 들러 시계를 점검해야 하는 번거로움도 단점으로 언급되었다. 물론 현재 많은 사람들이 전자시계를 차고 다닌다. 하지만 여전히 스위스 시계는 그 불완전하고 번거로운 약점을 가지고도 많은 사람들의 사랑을 받고 있다. 세상에 완전한 것이란 없다. 완전이란 인간에게 허용되지 않은 영역이다. 인간에게 허용된 것은 완벽이라는 '경지'가 아니라 완벽으로 가까이 가기 위한 길에 존재하는 '상태'다. 인간의 손으로 만들어낸 기계장치로 세상에서 가장 소중한 시간을 정확히 표현하기 위해 분투하는 스위스 시계는 인간의 모습에 가장 가깝다. 사람들은 완성된 사람에게 박수를 보내는 것이 아니라 완성되기 위해 죽을힘을 다하는 모습에서 감동을 느낀다.

숙련은 점근선漸近線, asymptote이다. 인간의 삶이란 선은, 절대 완성이란 선과 만날 수 없다. 하지만 인간은 완성된다. 완전과 현실 사이의 남은 영역은 그래도 하겠다는 눈물겨운 의지와 죽을 때까지 멈추지 않는 두 발로 인해 접착제처럼 이어지기 때문이다. 더 나은 경지를 위해 혼신의 노력을 다하는 상태를 '몰입'이라 한다. 심리학자들은 인간은 몰입 상태에서 완전한 행복을 경험한다고 말한다. 인간은 완벽한 몰입을 통해 완전해질 수 있다. 미국의 심리학자 미하이 칙센트미하이는 몰입을 영혼의 산소라고 불렀다. 놀랍게도 몰입은 놀 때가 아니라 자신의 일에 몰두할 때 훨씬 더 많이 이루어진다. 이유는 일이 '목표 설정→도전→즉각적인 피드백실패, 성공, 기타 감정적 보상'이라는 사이클로 구성되어 만족감을 느끼기에 적합한 구조로 되어 있기 때문이다. 일이 이렇게 되어가는 것에 대해 조직과 상사가 가로막지만 않는다면 모든 일은 쾌감으로 귀결된다.

2016년 미국 음반협회는 지금까지 음반 시장의 흐름에 완전히 역행하는 보고서를 발표했다. 미국 내 LP 판매가 증가하고 있고, 어쩌면 CD를 추월할지도 모른다는 전망을 내놓은 것이다. 미국 내 LP 매출은 전년 대비 50%가 늘었다. 흥미로운 사실은 매출 증가를 끌어낸 고객층이 예상 밖이라는 점이다. 50대 추억의 올드팬이 아니라 엄연히 신곡에 밝은 20대다. 그들이 좋은 디지털 음원과 CD를 마다하고 LP 음반을 사는 이유는 뜻밖에도 잡음 때문이다. 0과 1로 녹음된 음악이 깔끔해 보이지만, 생각지 못한 부작용이 있다. "미세하지만 딱딱 끊어지는 디지털 음이 신경을 불편하게 하기 때문에 정서 안정에는 자연음인 아날로그가 더 좋습니다." 국내 최고 하이엔드 오디오 업체 톤의 정진수 대표의 말이다. 완벽하다는 것은 어쩌면 이상에만 존재하는 건지도 모른다. 노이즈가 있어도 자연음이 훨씬 인간에게 좋다는 것은, 그것이 삶의 순리이기 때문이 아닐까.

현재에 작용하여 미래를 바꿔라

미래 예측에 관한 보고들은 알아두면 좋을 지식일 뿐 굳이 믿어야 할 이유는 없다. 사람들이 미래의 모습을 받아들일 이유도 없다. 앞날을 내다보는 사람들이 제시하는 미래는 조건이 선행된다. '어제와 같이 한다면', '지금처럼 노력한다면' 등이다. 이 조건 가운데 하나만 틀어져도 미래는 바뀐다.

만약 한 나라의 국민들 모두가 어제와 다르게, 어느 나라의 사람보다 부지런히, 모두가 더 나은 미래를 위해 영웅처럼 뛰었다면 미래가 바뀔 수 있음을 보여주는 나라가 있다. 한국이다. 식민지배와 6.25 전쟁으로 폐허가 된 한국에 왔던 세계인들은 완전히 망가진 이 나라가 일어나려면 수백 년이 걸릴 것이라고 혀를 찼다. 하지만 그들은 한국인이라는 변수를 제대로 계산하지 못했다. 한국인은 식민지배를 당했던 어제와 완전히 다르게 일했고, 혼연일체가 되어 미래로 전진했다. 그 결과 한국의 미래는 세계인들이 예측한 암울한 모습과 완전히 달라졌다.

미래에 대한 시각을 인정하고 수용하느냐, 아니면 예측한 후에 변화를 선도할 것이냐에 따라 미래는 바뀌기 시작한다. 이미 선제적으로 경제적 번영을 이루고 사상적 완성을 이룩한 동양과, 후발이었던 서양은 미래에 대한 태도가 상반되었다. 근대 서양의 사상가 중 한 사람인 시몬 베유는 "미래를 기다려서는 안 되며, 우리 스스로 만들어야 하는 것이다"라며 미래를 개척할 것을 주문했지만, 동양 고전인 《명심보감》에서 말하는 미래는 이렇다. '지나간 일은 맑은 거울 같고, 미래의 일은 칠흑처럼 어둡다.' 미래에 대한 상반된 인식은 결국 동서양의 역전을 낳았다. 동양과 서양의 이상향은 각각 무릉도원과 유토피아로 이야기할 수 있는데, 이 이상향은 완전히 다른 사상 위에 건설되었다.

서양의 사상은 직선 사상이다. 만물이 변할 때 일정한 방향과 속도로 변한다고 생각한다. 기독교에서 인간은 태어나서 누구나 죽게 되면 천국과 지옥 중의 한 곳으로 기는 것으로 끝난다. 동양은 순환론이다. 모든 것은 차면 기울고, 기울면 다시 차오른다. 모든 것이 돌고 돈다. 윤회설이 나온 것도 그런 이유다. 미래를 내다보는 시각도 동서양은 달랐다. 서양은 미래가 아직 정해지지 않은 것이기 때문에 인간의 노력으로 바뀔 수 있다고 보았지만, 동양은 이미 과거에 이상향이 있었다고 생각했다. 동양에서의 완전한 이상향은 현재의 부족한 상태에서 과거의 완전한 상태로 가는 것을 의미했고, 그래서 중국은 고전 연구에 목을 맸다.[19]

미래를 보는 시각으로 따진다면 적극적인 서양의 시각이 동양보다 우월하다. 행동으로 인해 미래가 바뀌기 때문이다. 미래를 부르는 가장 나쁜 현재는 행동하지 않는 현재다. 내가 행동하지 않으면 다른 사람이 내가 원하지 않은 방식의 미래를 그린다. 현재에 발을 딛고 서서 적극적으로 행동하라. 행동해서 걸어간 만큼이 내 미래의 지분이다.

움직이지 않는 리더, 유죄

한 유명한 점쟁이에게 물었다. "당신은 사람들의 죽음을 잘 맞춘다죠? 그렇다면 타이타닉과 같은 거대한 배가 가라앉아 사람들이 죽게 될 때, 그들은 모두 그럴 운명을 가지고 그 배에 모인 걸까요?" 점쟁이가 말했다. "아니요, 그건 아닙니다." 그 점쟁이는 전혀 다른 측면에서 운명을 이야기한다. "사람들은 저마다 각자 운명이 다르지만 배에 올랐을 때 중요한 것은 선장의 운명입니다. 키를 쥔 것은 선장이기 때문에 배를 탄 사람들은 선장의 운명에 따릅니다."

위기가 발생했을 때 리더의 행동과 운명은 그를 따르는 수많은 사람들의 운명을 대신한다. 그렇다고 점을 쳐보고 리더를 뽑자는 말은 아니다. 평상시라면 크게 문제가 되지 않지만 위기상황이 급격히 닥치거나 이전과는 다른 위기상황이 오랫동안 지속될 때 가장 중요한 요소가 바로 리더라는 뜻이다.

저성장기 일본에서 가장 문제가 되었던 것은 선장 역할을 맡은 CEO들의 전략 부재였다. 일본의 천황은 '군림하되 통치하지 않는다'는 철칙을 가지고 있었는데, 이는 일본의 CEO들도 마찬가지였다. 그들은 군림하지만 모든 것은 현장에 맡긴다는 천황 스타일의 경영을 해왔다. 전후 성장기에 일본을 이끌어온 것은 철저한 현장주의와 모노즈쿠리ものづくり, 물건을 뜻하는 もの와 만드는 것을 뜻하는 づくり의 합성어로, 혼신의 힘을 다해 물건을 만들어내는 일본의 장인정신을 일컫는다였으니, 그렇게 해도 큰 탈이 없었다. 그런데 상황이 변화하자 문제가 발생하기 시작했다. 정해진 길로 빠르고 정확하게 가기만 하면 되는 고성장시대에는 좌고우면하지 않는 이 '오로지 죽

을힘을 다해 열심히' 방식이 통했다. 그런데 저성장기로 돌아서자 '무엇을 어떻게 할 것인가'라는 전략적 판단의 중요성이 커졌다. 이것은 리더의 영역이다.

저성정기를 맞은 기업의 리더들이 가져야 할 또 다른 자세가 있다. 조직의 여유를 확보해두는 것이다. 마스시타 고노스케는 늘 '댐 경영'을 해야 한다고 소리 높였다. 댐 경영이란, 댐에 물을 가두어두듯 인력과 자금을 여유 있게 비축한 후 경영을 하는 것을 말한다. 그래서 댐 경영을 어떻게 하라는 거냐는 질문에 고노스게는 늘 빙긋이 웃으며 "그저 여유 있게 하라는 겁니다"라고 싱겁게 응수해 비난을 받기도 했다. 하지만 고노스케의 강연을 듣고 전율을 느낀 교세라Kyocera의 이나모리 가즈오는 자신만의 방식으로 정확하게 알아듣고 경영에 접목했다.[20]

"씨름판의 한가운데서 승부를 벌여야 합니다. 씨름판의 가장자리로 밀리면 불안한 상태에서 기술을 걸기 때문에 자칫 잘못하면 발이 밖으로 나가버리거나 오히려 내가 넘어집니다." 이나모리 가즈오만의 전매특허 '씨름판 경영론'이다. 즉 씨름판의 가장자리로 몰리면 자충수를 두기가 쉬워진다는 것이다. 자금이나 상황에 쫓기게 되면 평소에 하지 않던 무리수를 두게 되고 그것이 결국 사업을 망치게 된다. 따라서 조직이 가장 힘이 있을 때 리더는 과감한 행동에 나서야 한다. 모두가 여유를 부릴 때 씨름판의 중간에서 가장자리로 밀리지 않겠다는 생각으로 승부를 걸어야 하는 것이다. 씨름판 경영이 일본에서 나왔지만 정작 일본 기업은 '잃어버린 20년'에 돌입했을 때 씨름판의 중간이 아니라 가장자리에서 승부를 벌이다 낭패를 본 기업이 속출했다.

한편 진정한 리더는 폭풍우가 몰아닥치고 아무리 복잡하고 어려운 상황이어도 결코 키에서 손을 떼지 않는다. 그럼으로써 어떤 경우에도 항로를 잃지 않는다. 모노폴리언 리더는 위기상황에 다음과 같이 행동해야 한다.[21]

- 행동을 취한다.
- 늘 사람들 앞에 모습을 보인다.
- 쉽게 만날 수 있다.
- 지속적으로 주변과 의사소통을 한다.
- 차분함을 유지한다.
- 누구도, 어느 것도 비난하지 않는다.
- 지원을 요청한다.

리더와 부지깽이 할머니

우리는 때때로 경쟁력이라는 말을 경쟁이라는 말과 혼동한다. 회사의 경쟁력이란 비즈니스에서 우위를 점할 수 있는 능력의 정도를 말한다. 그리고 조직원들의 경쟁력이 강화되면 조직의 경쟁력 또한 강해질 것이라고 믿는다. 하지만 그렇지 않다. 최고의 요리를 위해서 최고의 재료가 필요한 것은 맞지만, 최고의 재료만 갖춘다고 해서 요리가 저절로 맛있어지는 것은 결코 아니다.

경기도의 한 음식점에 '부지깽이 할머니'가 있었다. 머리가 하얀 할머니는 손에 부지깽이 같은 것을 들고 계속 주방을 오가며 음식 맛을 보고

상차림을 살피다가 마음에 들지 않으면 부지깽이로 직원들을 몰아대고 심지어 당장 때릴 것처럼 작대기를 흔들어대면서 잔소리를 했다. 단골들에게는 익숙한 풍경이었다.

어느 날 사람들은 할머니가 보이지 않는다는 사실을 알게 되었다. 아는 사람들은 알고 있었던 그 할머니의 정체는 그 식당의 안주인이었다. 할머니는 어느 날 몸이 아파 식당에 나오지 못했고 그렇게 세상을 떠났다. 사람들은 안타까워했지만 실제 서빙을 하는 직원이나 음식 메뉴가 그내로서서 별 생각 없이 계속 그 식당에 다녔다. 할머니의 타계 소식을 모른 채 오랜만에 그 식당에 들러 음식을 먹고 택시를 탔다. 기사가 물었다. "그 식당 어때요?" "뭐가요?" "맛이 어떤가 여쭤보는 거예요." "음, 맛은 이전에 먹던 걸 먹어서 잘 모르겠는데……." 머뭇거리던 택시기사가 덧붙였다. "부지깽이 할머니가 없어진 뒤로 식당 손님이 줄기 시작했어요. 요즘은 한국 사람보다 일본 사람이 더 많아요. 일본 사람들은 미묘한 맛 차이를 모르지만 오랜 단골들은 그 집 맛이 변했다고 해요. 신기하죠. 그 부지깽이 할머니가 요리를 한 것도 아닌데."

리더는 이 부지깽이 할머니와 같다. 실제로 일을 하지는 않지만, 그가 있는 것만으로도 조직의 맛은 천지 차이로 달라진다. 리더가 조직원들 사이의 미묘한 경쟁과 질투심을 관리해주지 않으면 밖으로 분출되어야 할 에너지가 안으로 향한다. 안에서 헐뜯고 싸운다. 이건희 회장이 말했다. "종이 한 장을 놓고 10명이 10개의 방향으로 당겨보라. 아무리 당겨도 종이는 움직이지 않는다. 그것만이 아니다. 심하면 종이가 아예 찢어져버린다. 중요한 것은 한 마음 한 방향이다."

흔히 조직이 비전을 잃고 방황하면 조직 내에서 불필요한 경쟁과 질투가 늘어나게 된다. 중요한 것은 내 옆의 동료가 넘어지는 것이 아니라 조직이 앞으로 나아가는 것인데, 경쟁에 따른 불안감에 초조함이 커지면 그런 생각을 못하게 된다. 만약 내부 직원들이 서로 헐뜯는 진흙탕 싸움을 벌이는 것을 묵과한다면, 더 나아가 상대를 정치로 제거하고 살아남은 사람들이 승승장구하게 되면 조직은 이제 가장 중요한 고객과 외부의 경쟁 상대를 잊고 내부의 정치에만 매달리게 된다. 리더는 부지깽이를 들고서 조직 문화가 어떻게 변질되고 있는지를 늘 살펴야 한다. 조직의 맛은 리더의 촉에 달려 있다.

기회를 정상으로 두고 행동에 집중한다

노벨상 수상자인 대니얼 카너먼과 아모스 트버스키는 개인이나 집단이 위험을 어떻게 인지하는지에 대한 연구 결과를 발표했다. 그들은 연구 과정에서 이해할 수 없을 정도로 비이성적인 인간의 행동을 발견했다. "알 수 없는 일이 발생했을 때, 특히 기업은 그것이 기회보다 위협으로 다가올 때 훨씬 더 강렬한 반응을 보여줍니다."

　대니얼 카너먼은 이스라엘의 심리학자다. 예루살렘 히브리 대학에서 심리학과 수학을 전공했고 뼛속까지 심리학자로 살았다. 그런 그가 2002년에 수상한 노벨상의 이름은 '노벨 경제학상'이었다. 언론은 이 이상한 심리학자의 노벨상 수상 소식을 전 세계에 이렇게 타진했다. '심리학자 최초의 경제학상 수상!'

　골수 심리학자였던 그가 경제학에 발을 들여놓은 건 이웃 연구실에 있던 한 경제학자의 논문 한 편 때문이었다. "저는 아직도 그 이웃 교수 논문의 첫 구절을 외울 수 있습니다. '경제 이론의 행위 주체는 합리적이고 이기적이며 취향에 변화가 없다.'" 그는 이 탁월한 동료 경제학자의 놀라운 심리학적 무지에 충격을 받았다. 그가 아는 인간은 전혀 합리적이지도, 이기적이지도 않았으며 취향 역시 변화무쌍해서 어떤 면에서 극도로 불합리한 존재였기 때문이다. 그의 연구는 인간의 의사결정에 관한 심리학 연구였지만, 연구의 결과는 기존 경제학의 경제적 인간관을 다시 쓰게 했다.

그가 연구에 더욱 몰입하게 된 또 한 가지 이유가 있었다. 카너먼이 예루살렘에 있을 때였다. 그는 아주 가까운 곳에서 버스가 테러로 폭발하는 사고를 목격했다. 충격으로 겁을 먹은 카너먼은 즉시 렌터카를 빌렸고, 운전할 때 버스가 다가오면 멀리 비껴서 지나가기도 했다. 그러던 어느 날 카너먼은 갑자기 길에 멈춰 온갖 욕설을 퍼붓고 있는 자신을 발견했다. "정말 화가 났어요. 나 스스로에게 말이에요. 그동안 내가 아무런 생각도 없이 렌터카를 타고 다니고 있었던 거예요."

버스에서 사고가 날 확률은 폭발 사건을 감안하더라도 렌터카보다 훨씬 낮았고, 사망 사건이 일어날 확률은 더욱 현저하게 낮았다. 카너먼은 일반인이 아니라 심리학자였다. 그런데 냉정해야 할 자신조차 폭발 사건이라는 특수한 손실을 너무 크게 생각한 나머지 사고 확률이 몇 배 높은 렌터카로 역선택을 했던 것이다. 너무나도 어처구니없는 일이었다. 자, 처음의 연구로 돌아가보자.[22]

큰 기회보다 작은 위험에 더 큰 비중을 두는 것은 개인뿐 아니다. 기업은 더 심하다. 대부분의 기업이 자신들에게 기회가 되는 사업에 대해서 무감각하게 있다가 다른 기업이 그 기회를 잡고 치명적인 경쟁자로 부상하면 그제야 위협을 인식하고 대응한다. 문제는 이때도 방향을 잘못 잡을 가능성이 높다는 것이다. 불안과 공포에 사로잡힌 나머지 기회이자 위협인 상황을 오로지 위협으로만 규정하게 되고, 결국 위협을 제거하고 스스로의 시장을 보호하는 것을 제1의 지상과제로 삼는다.

기업이 심각한 위협에 부딪히면 이른바 '위협경직threat rigidity'이 나타난다. 이 위협경직은 고산 등반시에 산악인들에게서 나타나는 경직현상과 유사하다. 산에서 생명을 잃게 되는 가장 큰 원인은 두려움에 사로잡혀 옴짝달싹 못할 때다.

2007년 7월 20일, 산악인 크리스 워너는 히말라야에서도 가장 험난하다는 K2에 오르기 위해 사투 중이었다. "우리 앞 겨우 30m 지점에 한 팀이 눈 속을 헤치고 가고 있었어요. 그런데 갑자기 셰르파인 니마 누르부가 미끄러지기 시작했습니다."

니마는 에베레스트를 여섯 번이나 등정한 베테랑이었다. 믿을 수 없는 일이 일어난 것이다. 니마는 피켈로 연신 바닥을 찍었지만 결국 벼랑 끝너머로 사라졌다. "2002년에 목격했던 비슷한 추락사가 떠올랐어요. 그때 추락한 이는 눈은 뜨고 있었지만 두개골이 으깨진 상태였고, 눈과 코와 입이 잿빛으로 변해 있었어요."

2007년 당시 크리스 워너를 앞서가던 팀은 한국의 다이나믹 부산 희망원정대였다. 한국 팀은 셰르파를 잃고도 두려움을 극복하고 전진하여 결국 K2 정상에 올랐다. 이후 크리스 워너는 어떤 리더들이 고산 등반과 같은 극한의 상황에서 두려움을 극복하고 정상에 오르는지를 연구하기 시작했다.

위대한 팀과 나약한 팀을 나누는 기준은 바로 행동이었다. 눈보라가 몰아치고 선두의 동료들이 추락사를 하는 무시무시한 공포가 몰려올 때 위대함과 나약함이 모습을 드러낸다. 나약한 팀이 겁에 질려 행동을 멈추고 정지한 사이 추위와 눈보라가 이들을 덮친다. 공포에 직면할 때 나약한 사람들은 그 자리에서 얼어붙는다. 결국 그들을 죽이는 것은 환경이 아니라 그들 자신이다.

모노폴리언은 강한 신념으로 움직인다. 그들은 사업에 대해 지나친 걱정도 긍정도 하지 않는다. '내일 지구가 망한다 해도 나는 한 그루 사과나무를 심겠다'는 마음가짐도 같은 측면에서 볼 수 있다. 지구가 망하는 것은 내가 막을 수 있는 일이 아니므로, 그 최악의 상황에서도 나는 사과나무를 심는 행동을 하겠다고 선언할 수 있는 것이다. 모노폴리언은 두려움 앞에서 과감히 행동함으로써 위기를 벗어난다.

2차 세계대전 이후 패전국이었던 이탈리아는 물자 금수조치를 당해 기업들이 상당한 고초를 겪고 있었다. 가죽 수입이 금지되어 이탈리아의 전통적인 가죽제조회사들이 줄도산을 했다. 명품 브랜드 구찌도 이때 도산 위기에 몰렸다. 하지만 구찌 가문의 큰아들 알도 구찌는 만만한 사람이 아니었다. 그는 소가죽 수입이 안 된다면 국산 돼지가죽으로 제품을 만들겠다고 생각하고 가죽 제품을 계속 만들어나갔다. 하지만 손잡이를 만들 쇠가 없어 가방을 완성시킬 수가 없었다. 직원들은 모두 손을 놓고 알도의 눈치만 살폈다. 알도 구찌는 포기를 모르는 사내였다. 주위를 두리번거리는 그의 눈에 대나무가 들어왔다. '그래, 대나무로 손잡이를 만들어보자.' 알도는 직원들을 다독여 대나무를 12시간 가열하여 구부린 후 가방 손잡이로 붙였다. 역사적인 뱀부백bamboo bag은 이렇게 탄생했다. 1947년 0633이라는 이름으로 출시된 이 뱀부백은 재클린 케네디, 데보라 커 등의 VIP들이 대거 구매에 나서면서 일약 세계적인 히트 상품이 되었고 구찌를 위기에서 건져올렸다. 만약 구찌가 위기 앞에 굴복했다면 우리는 뱀부백이라는 최고의 가방을 만나지 못했을 것이다.

위기 상황이 닥쳤을 때 성공하는 기업은 실패냐 성공이냐를 따지는 데 시간을 허비하지 않는다. 그들은 죽음을 받아들일 각오를 하고, 실제로 지금까지 진행해 온 중요한 계획이나 프로젝트를 죽이고 새로운 기회를 찾아 행동한다. 죽음이나 실패의 공포가 느껴질 때 '나에게 이런 일은 절대로 일어나지 않는다'라고 자기 최면을 거는 것이야말로 가장 위험하다. 극도의 공포를 이겨내는 가장 근본적인 해결책은 최악의 시나리오와 위험까지 받아들이는 것이다. 그리고 두려움에 당당히 맞서 단호하게 행동하는 것이다.[23]

언젠가 한 기업의 면접관을 맡은 적이 있는데, 인상적인 지원자를 만났다. 일에 대한 자세에 대해서 물었을 때, 대부분의 지원자가 '안 되면 될 때까지', '죽도록 독하게' 류의 처절하고 치열한 생각을 밝혔다. 그런데 그 인상적인 지원자는 특이한 자신만의 좌우명을 말했다. '안 되면 말고'였다. 되든 안 되든 한번 해보고 안 되면 다른 것 하지, 뭐. 이처럼 자유로운 생각이 오히려 창의적인 도전을 할 수 있는 마음의 여유를 만들어내는 것이 아닐까.

모노폴리언들은 결코 기다리지 않는다. 소비자는 자신이 찾아가야 하는 기업보다 자신을 찾아오는 기업을 더 좋아하기 때문이다. 소비자 앞에 계속 나타나 소비자가 좋아하는 제품을 계속 보여주고 고객을 위해 항상 새로운 모습을 보일 때, 소비자는 그들을 찾아가 지갑을 연다.

모노폴리언들은 불황의 초기에 구축한 독점 역량이 향후 엄청난 레버리지로 돌아올 것을 알기 때문에 자신만의 독점 지대를 구축하기 위해 더욱 분주하게 움직인다. 그들은

- 제대로 된 서비스를 누리지 못했던 신규 고객을 적극적으로 찾아간다.
- 다른 기업의 서비스에 만족을 느끼지 못하는 기존 고객을 찾아다닌다.
- 평소 눈여겨보고 있었던 유형자산이 가치가 떨어질 때 사들인다.
- 위기 상황 속에서 동요하거나 자리를 잃은 유능한 직원을 채용한다.
- 제품 라이선스를 획득하고 기술 개발로 제품 격차를 확실히 벌린다.
- 주변 생태계를 독점적으로 구축한다. (이러한 활동에는 상황이 어려운 납품 업체를 우군으로 확보하고, 새로운 도매 업체와 판매 대리점을 확보하며, 핵심 사업과 관련된 기업을 인수하는 것이 포함된다.)

나의 성을 정하는 것은 나다

리츠칼튼Ritz-Carlton 호텔은 원래 일류가 아니었다. 그들은 일류로 거듭나기 위해 새로운 도전을 시작했는데, 그것이 바로 경영 품질의 노벨상이라고 할 수 있는 말콤 볼드리지 상Malcolm Baldrige National Quality Award이었다. 도전해서 수상을 하면 좋지만 수상하지 못한다 해도 의미가 있었다. 심사위원회가 지원한 회사의 세부 역량을 그 부문 최고의 회사와 비교해

격차를 알려주기 때문이다. 리츠칼튼의 경영진은 이 자료를 소중히 활용하여 초일류 호텔로 거듭날 수 있었다.

"각 부문별 격차를 확인하고 그 격차를 따라잡기 위해 부단히 노력했습니다. 우리는 격차에 집중했습니다." 리츠칼튼이 노력하는 동안 모델이 되었던 회사들이 기울거나 망하기도 했지만 그들은 흔들리지 않았다. "우리의 목표는 최고가 되는 것이지, 그 회사들을 이기는 것이 아니었습니다. 경쟁 회사가 사라져도 우리가 이미 알고 있는 격차는 사라지지 않았습니다." 리츠칼튼은 최고가 되기 위해 격차를 설정한 뒤 그 성으로 들어가기 위해 모든 노력을 기울였다. 그 결과, 그들은 오늘날의 지위를 얻을 수 있었다.

결코 가서는 안 되는 병원이 있다. 세계 최고의 병원이라 불리는 미국의 메이요 클리닉Mayo Clinic이다. 이곳은 사망 선고를 받은 전 세계의 환자들이 지푸라기라도 잡는 심정으로 향하는 병원이다. 그래서 메이요 클리닉은 '병원계의 대법원'이라고 불린다.

메이요 클리닉은 최고다. 더 이상 노력할 필요가 없을 듯하다. 하지만 그들은 여전히 낮밤을 가리지 않고 전력을 다한다. 메이요 클리닉은 이미 최고인데 도대체 어떤 병원을 따라잡기 위해 그토록 노력하는 걸까? "우리가 원하는 것은 격차입니다. 2위를 차지한 병원과의 압도적인 격차입니다. 그 격차를 유지하기 위해 오늘도 연구하고 또 연구합니다."

리츠칼튼 호텔도, 메이요 클리닉도 격차와 싸우고 있다. 대상은 없어질지 모르나 그들이 생각하는 격차는 결코 없어지지 않는다. 인간은 완전해질 수 없다. 그래서인지 인간은 완전한 것보다 불완진한 것에 끌리는 습성이 있다. 그 불완전한 존재가 한 발짝이라도 완전을 향해 다가가기 위해 고군분투하는 모습에 매료된다.

시계의 경우도 마찬가지다. 쿼츠시계는 거의 오차 없이 정확하다. 하지만 최고급 시계는 전자시계가 아니라 기계식 투르비용 시계다. 시각이 곧잘 틀리고 자주 A/S를 맡겨야 하는 기계식 시계가 최고급 반열에 오른 것 자체가 아이러니다. 이유가 뭘까? 시계 장인들의 고군분투하는 노력 자체가 바로 하이엔드이기 때문이다. 인간은 끝끝내 전력을 다하는 모습에 가장 큰 매력을 느끼는 신비로운 존재다.

청강문화산업대학 조리학과의 노재승 교수는 완전한 것이 요리의 완성이 아니라고 말한다. 티라미슈 케이크를 만들고 생크림 위에 반으로 자른 청포도를 올리라고 해서 가지런히 올렸다. 그런데 내 자리로 오더니 고개를 가로 젓고는 청포도를 흐트러뜨리는 것이었다. "보세요. 이렇게 일렬로 가지런하게 올리면 재미없어요. 적당히 대충 올린 것이 자연스러운 겁니다. 만만하고 거리감이 없어서 쉽게 접근할 수 있도록 적당히 흐트러지게 하는 것이 요리의 멋입니다."

매력을 발산하는 방법은 제각각이지만 매력의 의미는 업종 불문이다.

'싸니까 가는 가게가 되어서는 안 된다. 음식점이 싼 것으로 승부하게 되면 라이벌은 편의점 어묵이나 맥주가 된다. 그 가게에서 마시는 것보다 집에서 마시는 편이 좋다고 생각해버리면 가게는 문을 닫는 수밖에 없다. 가격이 아니라 매력이 있어서 가는 집이 되면 그런 힘든 경쟁을 하지 않아도 된다.'[24] 20년 불황을 지나온 일본 요식업계는 가격경쟁이 얼마나 무의미한지를 잘 알고 있다. 때문에 잘나가는 레스토랑들은 편의점과 공존하는 법을 터득했다. 간편식품은 편의점에 넘기고 레스토랑들은 차별화 포인트로 승부를 거는 것이다. 일본 음식점들의 메뉴판을 보면 대부분 한가운데에 자체 메뉴 코너를 배치해놓았다. 자체 메뉴는 고가이지만 정성이 한껏 들어가 손님들이 꼭 한번 먹어보고 싶다는 생각을 하게 만든다.

운동선수로 활동한 기간 내내 나의 목표는 현재보다 다음 주나 다음 달, 혹은 다음 해에라도 더 나은 운동선수가 되는 것이었다. 나의 목표는 항상 '향상'이었으며, 메달은 이 목표를 달성한 것에 대한 보상에 불과했다.

_세바스찬 코(영국의 육상선수, 올림픽 2회 연속 금메달리스트)

미디어·언론

워싱턴 포스트 The Washington Post

1877년 12월 6일 미국 민주당계 기관지로 창간되었으나, 1889년 재정난으로 매각된 뒤 보수적인 성향을 띠게 되었다. 1905년에 다시 주인이 바뀐 뒤 선정적인 기사와 백악관의 입장을 옹호하는 논설 등으로 명성이 실추되었다. 하지만 1933년에 유진 마이어가 인수한 뒤로는 건전하고 독립적인 논설과 정확한 기사로 명예를 회복했으며, 1946년 마마어의 사위인 필립 그레이엄이 경영권을 승계한 이후로 미국의 유력지가 되었다. 1973년에는 닉슨 대통령을 사임하게 만든 워터게이트 사건을 보도해서 퓰리처상을 받았다. 현재 〈워싱턴 포스트〉는 워싱턴 정가의 이슈에 집중하면서 미국의 정치 상황과 권력 구도, 정치적 영향력의 이동 경로 등을 분석하는 기사를 통해 독점적 영역을 구축하고 있다.

포춘 Fortune

경제 대공황이 한창이던 1930년에 〈타임(Time)〉의 창간자 중 한 명인 헨리 루스에 의해 월간지로 창간되었다. 〈포춘〉은 당시로서는 파격적이게도 고급 종이와 컬러 인쇄 등을 도입했으며, 가격 또한 비쌌다. 하지만 불투명한 경제 상황 속에서 현재를 정확하게 파악하고 미래를 전망하고자 하는 수요와 맞물리면서 발간이 거듭될수록 구독자가 급증했다. 1978년부터 격주간지로 변신했고, 〈비즈니스 위크(Business Week)〉, 〈포브스(Forbes)〉와의 경합 속에 우위를 점하며, 최장수 경제 잡지로 자리매김하고 있다.

경제 전문지로서 〈포춘〉의 위상은 독보적이다. 이러한 점은, 매년 5월 첫 주에 발표하는 〈포춘〉이 선정한 500대 기업', '전 세계 1000대 기업' 리스트가 가장 신뢰도 높은 기업 평가지표로 받아들여지고 있으며, 전 세계 언론이 이를 인용하고 기사화하는 사실에서도 드러난다.

데일리 레코드 The Daily Record

미국 노스캐롤라이나 주의 작은 도시 던(Dunn)에 후버 애덤스(Hoover Adams)가 세운 지역 신문
사이자 광고 대행사. 인구 1만 2,000명인 소도시의 지역 언론인 〈데일리 레코드〉가 주목받
는 이유는 112%라는 비상식적인 구독률 때문이다. 〈데일리 레코드〉는 철저하게 '지역'을 추구
한다. 발행인 후버 애덤스는 "신문의 첫 번째 의무는 대중이 원하는 것을 주는 것"이라고 말하
는데, 여기에서의 '대중'은 전 미국인이 아니라 던의 주민에 한정된다. 또한 '원하는 것' 역시 국
내외의 글로벌 이슈가 아니라 던에서 일어나는 동네 소식이다. 〈데일리 레코드〉는 확산을 포기
하는 대신 지역에 집중함으로써 독점적인 위치를 차지했다.

MTV Music Television

1981년에 워너 커뮤니케이션스(Warner Communications)와 아메리칸 익스프레스(American Express)
가 합작하여 설립한 뮤직비디오 전문 채널이다. 1980년대에 마이클 잭슨, 마돈나 등 세계적인
팝스타의 뮤직비디오를 방영하면서 크게 히트를 쳤고, 비디오자키(VJ)라는 신조어를 탄생시켰
다. 음악산업과 대중문화에 지대한 영향을 끼쳤으며, 영상매체를 통해 음악을 소개하는 프로
그램을 도입함으로써 프로모션과 아티스트, 팬이 함께하는 공간을 만들어냈고, 이 공간 속에서
독점적 위치를 누렸다. 현재 세계 135개국에 전파를 송신하고 있다.

유통

코스트코 Costco

짐 시네걸과 제프리 브로트먼이 1983년에 워싱턴 주 시애틀에 1호점을 연 미국의 유통업체다.
급성장을 거듭하여 미국 서해안 지역의 60%를 점유하면서 유통업의 강자로 떠올랐다. 1993
년부터 영국 런던 근교의 왓포드에 해외 1호점을 개설함으로써 해외에 진출하기 시작했다. 이
들은 회원제로 운영하면서 고객의 충성도를 높였고, 고객이 크레디트카드를 한 종류만 사용
하게 하여 수수료를 낮추는 등의 방법을 통해 원가 부담을 낮춤으로써 이를 가격에 반영한다.
코스트코는 저가와 품질이라는 두 마리 토끼를 잡음으로써 기존의 할인 매장에 새로운 패러
다임을 제시했다.

타겟 Target Corporation

미국의 종합 유통업체로, 1881년 조지프 L. 허드슨이 미국 미시간 주의 디트로이트에서 문을
연 백화점 체인 허드슨과 1902년에 조지 데이턴이 설립한 백화점이 합병하여 탄생했다. 할인
점 분야에서는 미국에서 월마트에 이어 2위를 달리고 있다. 경쟁 업체인 월마트나 케이마트보

다 스케일이 큰 구매를 가능하게 하는 틈새시장을 공략함으로써 자신의 영역을 구축했다. 한때 유통 시장이 레드오션화되면서 경영난을 겪기도 했지만, PB 상품의 고품질화와 한정 판매라는 판매 전략을 통해 어려움을 극복했다.

월마트 Wal-Mart

이미 유통 시장이 포화상태에 있던 1962년에 후발 주자로 뛰어들었다. 창업자 샘 월튼은 경쟁이 치열한 대도시를 피해서 인구 5만 명 이하의 소도시를 공략했고, 이러한 '지역 독점 전략'을 통해 월마트는 지역 유통업의 강자로 서서히 부상했다. 이와 같은 '작은' 성공을 바탕으로 체인망을 확대하면서 급성장했으며, 1990년에 이르러서는 케이마트, 시어스로벅 등을 따돌리고 미국뿐만 세계 최대의 소매유통업체가 되었다. 월마트는 원가의 30% 마진율을 고수하는 저가 전략, 제품 공급업체와의 강력한 제휴 등을 통해 가격과 품질 양쪽에서 소비자를 만족시키고 있다.

헤이와도 Heiwado

1957년에 설립된 일본의 슈퍼마켓 체인이다. 일본 유통업체들이 과다 경쟁으로 홍역을 치르고 있는 가운데에도 자신만의 독특한 시장을 개척하여 독점적 영역을 누리고 있다. 헤이와도는 특히 실버 세대를 공략하고 있는데, 거동이 불편한 노인들을 대상으로 주문 상품을 배달해주는 데 그치지 않고 전구를 갈아주거나 잔디를 깎아주는 등의 허드렛일을 무료로 서비스하면서 충성도 높은 고객층을 확보했다. 2011년부터는 집안일을 대신해주는 홈 서포트(Home Support) 사업을 전개하여 호평을 받고 있다. 그리고 베이징, 상하이 등 글로벌 유통기업들이 선점하고 있는 대도시를 피해 다른 기업들이 거들떠보지 않는 후난성에서 지역 독점 전략을 펼침으로써 중국 시장 진출에도 성공했다.

세븐일레븐 7-Eleven

대부분의 사람들이 전통적인 일본 기업으로 알고 있지만, 그 출발점은 미국이다. 1927년 조 톰슨이 존 제퍼슨 그린의 아이디어를 토대로 소비자들이 생활에 필요한 물건을 편리하게 구입할 수 있도록 하기 위해 거주지 가까운 곳에 소매점을 열었는데, 이것이 편의점의 시작이다. 이때 설립한 회사가 사우스랜드 코퍼레이션이었고, 사우스랜드는 설립 초기부터 직원들을 교육하고 유니폼을 입도록 해서 다른 소매점과 차별화시켰다. 이후 배달 서비스를 시작하고 식료품 외에 맥주 등의 주류까지 취급하면서 매출이 크게 증가했다. 그리고 아침 7시에 오픈해 밤 11시에 문을 닫는 영업시간에 착안하여 1946년에 세븐일레븐으로 회사 이름을 바꾸었다. 1990년에 일본 기업 이토요카도에 지분의 70%가 매각되었고, 2005년에 이토요카도가 설립한 세븐앤아이 홀딩스가 세븐일레븐의 모회사가 됨으로써 완전히 흡수되었다.

현재 세븐일레븐은 일본 소매유통업계 1위를 차지하고 있다. 다른 슈퍼마켓 체인들이 할인 중심의 저가 전략을 펼칠 때 세븐일레븐은 가치와 편의성을 중심으로 한 정책을 펼쳐 수익성을 개선시켰고, 이후 은행업무 분야까지 사업 영역을 확대하여 소상공인과 시민의 생활 허브로서 자리매김하고 있다.

세이코 마트 Seicomart, セイコーマート

1971년에 홋카이도 1호점이 문을 열었다. 세븐일레븐과 로손 등의 편의점이 일본 전역을 대상으로 치열한 경쟁을 펼칠 때 세이코마트는 홋카이도 지역을 독점하는 전략으로 자신의 영역을 구축했다. 일본에서도 청정지역으로 통하는 홋카이도의 농산물을 식재료로 활용한 다양한 먹거리 상품이 인기를 끌고 있으며, 세이코마트 역시 '홋카이도産'임을 전략적으로 내세운다. 규모 면에서는 1위 기업인 세븐일레븐의 10분 1에도 미치지 못하지만, 2015년 일본 TBS 방송이 시청자를 대상으로 조사한 편의점 만족도 순위에서는 1위를 차지했다.

99센트온리 99Cent Only Store

우리나라의 '990원 숍'과 유사한 형태의 유통기업이다. 데이브 골드가 1969년에 캘리포니아 커머스에 1호점을 열었다. 와인 판매상이었던 데이브 골드는 와인의 매입 가격에 따라 그날그날 와인의 가격을 달리해서 판매하던 중 99센트 가격에 가장 잘 팔린다는 사실을 알아냈다. 이후 오로지 99센트에 물건을 판매하는 소매점을 구상했고, 이것을 실현한 것이 99센트온리다. 99센트온리는 싼 가격의 좋은 물건을 구비하기 위해 능동적이고 적극적인 제품 구매 정책을 펼치는 것으로 유명한데, 직원들의 연봉을 업계 평균의 2배로 올리고 파격적인 인센티브 제도를 마련한 것도 그 일환이다. 아이러니한 사실은 99센트온리의 매출액이 가장 높은 곳이 미국 최고의 부촌으로 알려진 비버리힐스라는 점이다.

✈ 항공

사우스웨스트 항공 Southwest Airlines

1971년 6월 18일, 미국 텍사스 주의 주요 도시인 댈러스, 휴스턴, 샌안토니오를 연결하는 항로를 1일 18회 운항하면서 출발했다. 공동 창업자인 허브 켈러허는 항공기를 이용한 이동 수단이 점점 일상화되어가는 것에 착안하여 비교적 정시 운항이 가능한 지역 공항을 연결하는 항로를 개척하고, 다양한 서비스가 패키지로 포함되어 고가로 형성된 기존의 항공 운임에서 거품을 걷어내려는 다양한 시도 끝에 저가 항공 시대를 열었다. 사우스웨스트 항공은 '합리적인 가격'과 '즐거움', '정시 운항'이라는 독점 지대를 개척하여 독점적 우위를 누리고 있다.

라이언에어 Ryanair

사우스웨스트 항공을 철저하게 벤치마킹했을 뿐만 아니라, 항공 서비스를 보다 세분화하여 각각의 서비스 옵션에 가격을 부여함으로써 항공기 이용 운임을 사우스웨스트 항공보다 낮추었다. 예를 들어 기내식과 음료, 모포, 잡지와 신문 등의 서비스를 이용하기 위해서는 별도의 비용을 부담해야 하는데, 이는 전적으로 승객의 선택사항이다. 이로써 '이동'이라는 본질적인 목적을 위해 승객이 지불할 항공료 가격을 낮춘 것이다.

아일랜드 더블린 공항에 본사를 두고 있으며, 저가 항공사로서는 유럽 최대 규모다. 1985년에 설립되었으며, 설립자는 마이클 오리어리다.

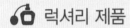 럭셔리 제품

샤넬 Chanel

코코(Coco)라는 별명으로 유명한 가브리엘 샤넬이 1910년 파리의 캉봉 거리에 오픈한 여성용 모자 가게 샤넬 모드(Chanel Modes)에서 시작되었다. 샤넬의 모자가 프랑스 유명 여배우들 사이에 인기를 끌자 1913년에 새로운 부티크를 열고 여성용 스포츠웨어를 출시하면서 여성들에게 널리 알려졌다. 1921년에는 향수 넘버 파이브를 출시하여 상류사회 여성들로부터 폭발적인 인기를 얻었다. 그리고 1926년 의류 디자인 역사의 한 획을 그은 리틀 블랙 드레스(Little Black Dress)로 일상복과 파티복의 경계를 무너뜨리며 패션의 새로운 패러다임을 제시했다. 가브리엘 샤넬은 의류와 각종 액세서리, 향수 등을 통해 여성의 사회적 활동성을 강조함으로써 럭셔리 제품을 넘어 페미니즘의 한 영역을 담당했다는 평가를 받고 있다.

에르메스 Hermés

1837년 티에리 에르메스가 설립했다. 당시 고급 마구(馬具)를 제작하여 귀족들에게 납품하면서 유럽 상류사회에 이름을 알렸다. 이동 수단이 말에서 자동차로 변화하자, 귀족들을 상대로 영업을 하던 초기의 마케팅 전략을 고수하여 럭셔리기업으로 변신했다. 그래서 오늘날까지도 귀족과 말, 마차가 새겨진 로고를 사용하고 있다.

1922년에 가죽 핸드백을 출시했고, 1929년에는 여성복으로 제품 라인을 확대했다. 이후 스카프, 넥타이, 향수, 액세서리 등을 내놓으며 럭셔리 시장에서 일정한 지위를 누렸다. 2008년 현재 가죽, 스카프, 넥타이, 향수, 시계, 의류 등 14개 분야의 제품을 생산하고 있는데, 질 높은 원자재와 장인들의 뛰어난 솜씨로 만들어낸 제품들로 인해 고가 럭셔리 영역의 대표적인 브랜드로 자리매김하고 있다.

프라다 Prada

1913년 마리오 프라다가 이탈리아 밀라노에 가죽 제품 상점을 열면서 시작되었다. 이후 그리 알려지지 않은 지역 브랜드로 이어져오다가 1978년 디자이너 미우치아 프라다가 이어받으면서 명품 브랜드로 성장시켰다. 특히 1990년대에 도시생활과 실용성을 추구하는 직장인 여성을 겨냥한 포코노 원단 백이 크게 히트하면서 럭셔리 아이템으로 자리 잡았다. 미우치아 프라다는 디자인을 전공하지 않은 디자이너로 유명하다. 정치학을 전공한 그녀는 소비자를 따라가는 것이 아니라, 소비자를 따라오게 하는 선구적인 콘셉트를 제품에 반영하여 럭셔리 영역에서 확고부동한 위치를 지킬 수 있었다. 2003년 〈악마는 프라다를 입는다〉라는 소설과 영화가 히트하며 제2의 전성기를 누렸다. 2007년에는 LG전자와 제휴하여 '프라다 폰'을 출시하기도 했다.

구찌 Gucci

이탈리아를 대표하는 럭셔리 패션 브랜드다. 구찌오 구찌에 의해 1921년에 설립되었다. 1938년에 크게 성공하여 로마에 부티크를 오픈했고, 이탈리아가 2차 세계 대전의 패전국으로 물품 수입이 제한된 가운데 1947년에 대나무로 손잡이를 대신한 뱀부백(bamboo handle handbag)을 내놓아 크게 히트시켰다. 1960년대에는 할리우드의 명배우 그레이스 켈리를 위한 스카프와 퍼스트 레이디 재클린 케네디를 위한 숄더백을 선보이면서 세계적으로 사업을 확대했다. 2006년 〈비즈니스 위크〉가 선정한 탑 브랜드 순위에서 46위를 차지했다.

몽블랑 Montblanc

독일 함부르크의 문구상 클라우스 요하네스 포스와 은행가 알프레드 네헤미아스, 엔지니어 아우구스트 에버스타인이 1906년에 세운 만년필 공장에서 시작되었다. 1909년에 몽블랑이라는 상표 이름을 등록했다. 이후 필기구를 전문적으로 생산하면서 명품 만년필의 대명사로 자리 잡았다. 1935년에는 가죽 제품을 만드는 공장을 인수하여 사무용 액세서리를 생산하기 시작했고, 이후 남성용 액세서리, 서류 가방, 시계, 향수 등으로 제품 라인을 확대했다.
몽블랑은 제품 라인을 확대하면서 이미지의 연결성을 활용했다. 만년필에서 사무용품으로, 만년필을 포켓에 꽂고 다니는 착용성과 연결하여 지갑, 서류 가방 등으로, '품격'이라는 이미지에서 커프스링크와 시계로, 그리고 '명품'이라는 이미지가 더해지자 향수로 이어지는 단계적 확대 과정을 거친 것이다.

루이비통 Louis Vuitton

호텔에서 귀부인들의 짐을 싸던 일을 하던 루이 비통은 직사각형 모양의 트렁크 가방을 개발하여 여행을 즐기는 귀족들 사이에 큰 인기를 얻었다. 이것이 1854년의 일로, 프랑스의 명품 브랜드 루이비통은 이렇게 출발했다. 루이비통은 각각의 용도에 따른 다양한 디자인의 트렁크를 지속적으로 개발했고, 전 세계의 유명인사들이 루이비통을 애용하면서 명품 여행 가방 브랜드로 자리 잡았다. 이후 여성용 핸드백으로 제품 라인을 확대하면서 대중 시장에 뛰어들었다.

오늘날 루이비통은 가방뿐만 아니라 가죽 제품과 액세서리, 신발 등을 판매하고 있다. 한때 루이비통의 일률적인 콘셉트와 디자인에 식상함을 느낀 소비자들로부터 외면당하기도 했지만, 디자이너 마크 제이콥스와 매니저 이브 카르셀이 합류하여 '여행'이라는 루이비통의 정체성을 재해석한 디자인을 선보이면서 되살아났다.

🚚 택배 · 물류

쿠로네코야마토 クロネコ ヤマト, Kuronekoyamato

일본 최대의 택배회사다. 1931년에 창업했으며, 사실상 세계 택배의 원조라고 할 수 있다. 2005년부터 '야마토 운송(Yamato Transport)'이라는 사명을 쓰고 있지만, 이 회사의 오랜 고객들은 '쿠로네코'라는 애칭을 애용한다. 야마토 운송은 과감하게 기업 물류를 포기하고 개인 소비자 시장을 사업 무대로 삼아, 저가와 가성비 높은 택배 서비스를 실현함으로써 소비자를 사로잡았다. 2시간 단위로 택배 수령 시간을 고객이 정할 수 있도록 한 시스템, 배송 숫자가 아니라 친절 정도를 직원 평가 기준으로 채택한 점 등이 높은 평가를 받고 있다.

사가와큐빈 佐川急便, Sagawa Express

야마토 운송과 함께 일본 택배 시장을 양분하고 있다. 1957년에 설립되었으며, 기업이나 상인을 개인과 연결하는 B2C 시장을 사업 무대로 삼았다. 스키, 골프 등 고가의 상품을 취급하는 특수배송 시장을 점유하고 법인 고객들에게 차별화된 서비스를 제공하고 있다. 또한 고객이 필요로 하는 것을 가져다주는 것뿐만 아니라, 리사이클 회사와 제휴하여 고객이 필요로 하지 않는 물건을 처리하거나 수리해주는 서비스도 제공하고 있다. 이러한 서비스는 한 번 인연을 맺은 고객을 자사의 독점 고객으로 묶어두기 위한 전략의 일환이다.

아마존 Amazon

세계 최대의 인터넷 종합 쇼핑몰이다. 월스트리트의 펀드매니저였던 제프 베조스가 1994년 아마존닷컴을 설립하고 1995년 7월부터 세계 최초의 인터넷 서점을 열면서 시작되었다. 이후 거래 물품을 생활용품과 가전용품 등으로 확대하면서 종합 쇼핑몰로 성장했다. 아마존의 혁명적인 성장은 타의 추종을 불허하는 물류 배송 시스템에서 비롯되었다. 그러나 직원들의 노동력을 최대한 뽑아내는 공격적인 노동문화로 인해 비난의 대상이 되었고, 낮은 마진율로 인해 수익이 악화되면서 아마존의 신화는 차츰 붕괴되는 듯했다. 그러나 저가 중심의 경영체제에서 가치 중심의 프라임 서비스를 도입하면서 새로운 도약을 시도하고 있다.

가구

한샘 Hanssem

1970년에 창립한 대한민국의 가구회사다. 가구업계의 공룡 이케아가 한국에 진출하면서 위기가 예상되었으나, 오히려 매출 2조 원을 넘보는 성장가도를 달리고 있다. 한샘은 이케아의 전략과 상반되는 길을 걸어 성공을 이루었다는 점에서 주목을 받는다. 이케아가 도시 외곽에 대형 매장을 열 때 한샘은 도심으로 파고들었고, 고객이 직접 조립하도록 하는 이케아와 달리 한샘은 조립 서비스를 강화함으로써 고객의 만족도를 높였다. 공룡 기업이 만든 싸움터를 피해 자신만의 영역에서 품질과 서비스로 승부를 했기에 한샘은 보다 크게 성장할 수 있었다.

니토리 ニトリ, Nitori

1967년 니토리 아키오가 문을 연 가구점에서 시작했다. 이후 니토리 아키오는 50년 가까이 이 기업의 CEO로 재직하고 있다. 이케아가 소수의 대형 매장을 운영하면서 원가 절감을 통한 저가 전략을 펴는 것에 비해 니토리는 다수의 중소형 매장을 도심에 세워 고객과의 물리적 접점을 넓히는 전략을 취하고 있다. 그럼에도 니토리는 저가와 품질이라는 양쪽 영역에서 고객의 만족도를 높이고 있다. 2015년 니토리의 매출액과 영업이익은 각각 5조 원과 8,000억 원으로, 영업이익률이 무려 16%에 달한다. 저가격과 고품질은 동행할 수 없다는 제조업의 숙명을 과감하게 이겨냄으로써 일본에서 이케아를 물리치고 독보적인 1위를 지키고 있다.

💻 IT · 컴퓨터

구글 Google

세계 최대의 인터넷 검색 서비스 회사다. 전 세계 60개국에 지사를 두고 있고, 130개가 넘는 언어의 인터넷 인터페이스를 제공하고 있다. 1996년에 스탠퍼드 대학교에 재학 중이던 래리 페이지와 세르게이 브린이 '페이지 랭크'라는 검색 기술을 개발했고, 이들은 이 기술을 기반으로 1998년 구글을 설립했다. 이후 구글은 독보적이고 혁신적인 IT 기술을 선보이며 인터넷 검색 광고 시장에서 점유율을 높였고, 클라우딩과 인터넷 광고 서비스, 운영체제 등의 온라인 시장뿐만 아니라 오프라인에도 성공적으로 진출했다. 구글은 매출 규모뿐만이 아니라 기업의 영향력, 자유로운 업무 환경 등의 분야에서 세계 최고의 기업 반열에 올라 있다.

IBM International Business Machines Corporation

1896년에 창립된 Tabulating Machine Company라는 사무기기회사에서 출발했다. 1911년 찰스 플린트가 이 회사를 매입하고 컴퓨터 스케일 컴퍼니와 인터내셔널 타임 리코딩 컴퍼니를 합병하면서 컴퓨팅 타뷸레이팅 리코딩 컴퍼니(CTR, Computing Tabulating Recording Company)를 만들었는데, 이 CTR이 IBM의 전신이다. 1924년에 현재의 IBM으로 사명을 바꾸었다.

1971년에 컴퓨터 저장장치인 플로피 디스크를 만들었고, 1975년에는 오늘날 PC의 전신이라 할 수 있는 포터블 컴퓨터를 출시하면서 컴퓨터업계의 공룡으로 자랐다. 전성기 때는 업계 총수익의 95%를 차지할 정도였지만, PC 시대에 대형 컴퓨터 사업을 고집하고, 마이크로소프트, 오라클 등에 하드웨어와 소프트웨어 사업 분야의 많은 부분을 빼앗기면서 위기에 처하기도 했다. 하지만 루이스 거스너가 새로운 CEO로 부임한 이후 컨설팅과 솔루션, 시스템 통합 영역을 새롭게 개척하여 다시금 과거의 위상을 되찾았다.

텍사스 인스트루먼트 Texas Instruments

1930년에 설립된 지오피지컬 서비스 인코퍼레이티드(Geophysical Service Incorporated)가 전신이다. 텍사스 인스트루먼트라는 사명은 1951년부터 쓰기 시작했다. 사실 이 회사는 IT·컴퓨터 업종으로 분류하기 부끄러운 부분이 있다. 이 회사에서 주력으로 생산하고 판매하는 범용 계산기 TI-84는 세계 최대의 온라인 쇼핑몰 아마존에서 10년째 판매 1위를 고수하고 있지만, 사양을 살펴보면 웃음이 나올 정도로 떨어지기 때문이다. 그런데 매년 100달러의 고가에도 불구하고 불티나게 팔린다. 이유는 TI-84를 쓸 수밖에 없는 '학교 교사'라는 고객섬 때문이다. 텍사스 인스트루먼트는 TI-84를 출시할 당시 교사들에게 공급하면서 사용법을 교육했고, 이러한 관행과 전통이 미국 전역의 학교에 만연하면서 교사라면 누구나 TI-84를 쓸 수밖에 없는 상황이 조성되었다. 이로 인해 TI-84는 독점적인 위치를 누리게 되었다.

부부가오 步步高, BBK

1995년에 돤융핑이 설립한 중국의 오디오비디오(AV) 기기 제조업체다. MP3 등을 생산하던 부부가오에서 분리된 자회사가 스마트폰 사업에 뛰어들면서 오포(Oppo)와 비보(Vivo)라는 브랜드를 만들었다. 애플과 삼성, 샤오미, 화웨이가 각축을 벌이던 중국의 스마트폰 시장에서 오포와 비보는 특화된 기능과 콘셉트로 마니아 고객을 흡수하기 시작했고, 2016년에 이르러 오포와 비보가 각각 시장점유율 1위, 2위를 차지하면서 중국 스마트폰 시장의 최강자로 떠올랐다. 오포는 깜찍한 디자인과 최강의 셀카 기능을 탑재하여 여성 고객을 사로잡았고, 비보는 음질이 탁월하다는 평가를 받고 있다. 새로운 것과 남다른 것을 지향하는 여성과 마니아 고객층을 자신의 영역으로 설정하여 서서히 힘을 키우는 모노폴리언의 전형을 오포와 비보가 보여주고 있다.

애플 Apple

스티브 잡스, 스티브 워즈니악, 론 웨인이 1976년에 설립한 개인용 컴퓨터 제조회사에서 출발했다. 설립 당시 잡스가 45%, 워즈니악이 45%, 론 웨인이 10%의 회사 지분을 보유했지만, 론 웨인은 자신의 지분을 800달러에 넘기고 회사를 떠났다. 애플 I, 애플 II, 리사 등의 PC를 선보이며 등락을 반복하던 중 1984년에 매킨토시 시리즈를 내놓았지만 뛰어난 품질과 기술력에도 불구하고 대중화에는 실패했다.

애플이 세계적인 기업으로 설 수 있었던 것은 아이폰의 전신인 아이팟을 출시하면서부터다. 기존의 휴대용 컴퓨터 기기를 한 차원 끌어올린 애플의 제품들은 새로운 경험에 목말라 있던 소비자들의 욕구를 자극하며 엄청난 판매 실적을 올렸고, 아이폰으로 인해 세계 초일류 기업의 반열에 올랐다. 애플은 스티브 잡스의 선견지명과 다양한 콘텐츠를 아우르는 크로스오버 능력에 기대어 혁신적인 제품을 계속해서 선보였고, 특화된 기능과 디자인으로 충성도 높은 마니아 고객층의 단단한 지지를 얻었다. 하지만 스티브 잡스 사후에 발표된 아이폰 시리즈는 여타의 스마트폰들과의 차별화에 실패하면서 그저 그런 제품으로 전락했다는 평가를 받고 있다. 하지만 세상에 없던 제품으로 세상을 놀라게 한 애플의 혁신은 역사의 한 부분으로 기억될 것이다.

의류

리미티드 The Limited

1963년에 레슬리 웩스너가 세운 종합 의류 브랜드다. 의류점을 운영하던 부모가 모든 구매층을 고려하여 의류 제품을 가게에 잔뜩 쌓아두고 있는 것에 반발하여 독립했다. 이후 명확한 목표 고객을 설정하고 타깃 구매층을 공략하는 의류 콘셉트를 상황과 행동 패턴에 따라 차별화하는 전략을 통해 급성장했고, 레인 브라이언트, 빅토리아 시크릿 등의 브랜드를 통해 특화된 의류 시장을 개척함으로써 독점적인 위치를 누렸다. 2000년대 들어 웨슬리 렉스너는 리미티드 산하의 의류회사를 다수 매각하고 지금은 바디 케어 브랜드인 배스앤바디웍스(Bath & Body Works)와 여성 속옷 전문 브랜드인 빅토리아 시크릿 등에 주력하고 있다.

레인 브라이언트 Lane Bryant

미국 여성의 42%가 대형 사이즈를 입는다는 통계가 있음에도 불구하고 대부분의 어패럴업체들이 외면했던 대형 의류 시장을 공략하기 위해 만든 의류 브랜드다. 매장 직원들을 모두 뚱뚱한 체질의 여성으로 채용하여 비만 여성들이 기피했던 의류를 입게 함으로써 의류 시장에 새로운 패러다임을 제시했다. 레인 브라이언트는 한동안 대형 의류 시장을 독식하면서 무경쟁의 진공 상태를 질주했다.

빅토리아 시크릿 Victoria's Secret

1977년 로이 레이몬드가 세운 여성 속옷 가게가 기원이다. 로이 레이몬드는 '남성이 여성에게 사주는 속옷'이라는 콘셉트로 출발하여 점포를 늘렸지만, 수익성이 악화되어 1982년에 리미티드의 창업자 레슬리 웩스너에게 회사를 넘겼다. 레슬리 웩스너는 낙후되었던 미국의 여성 속옷 시장에 새로운 가치를 부여하면서 활력을 불어넣었고, '집과 침실에서 입는 섹시하고 세련된 옷'이라는 영역을 독점했다. 오늘날 빅토리아 시크릿의 전속 모델들이 펼치는 패션쇼는 전 세계적으로 주목받는 축제가 되었다.

토리버치 Tory Burch

미국의 패션 디자이너 토리 버치가 2004년에 자신의 이름을 따서 론칭한 여성 의류 브랜드다. 토리버치는 출시하자마자 큰 성공을 거두었고, 창업자 토리 버치는 오프라 윈프리 쇼에서 '패션계의 차세대 거물'이라는 찬사를 받으며 미국 전역에 걸쳐 엄청난 반향을 일으켰다. 디자이너 토리 버치가 주목한 것은 가격이었다. 자신의 옷장을 열어본 그녀는 고가 브랜드인 마크 제이콥스와 저가 브랜드인 제이크루 사이의 공간이 비어 있는 것을 목격하고 그 중간에 위치할 의류 브랜드를 구상했다. 토리버치는 이 가격대의 스타일리시한 여성 제품을 선보이면서 고객들의 큰 호응을 얻었다.

버버리 Burberry

영국을 대표하는 럭셔리 의류 브랜드다. 포목상 점원이었던 토머스 버버리가 1856년에 연 가게에서 출발했다. 토머스 버버리는 직물과 의류뿐만 아니라 소재 개발에도 관심이 많았다. 창업자의 관심사 때문에 버버리의 레인 코트는 실용성과 내구성으로 인해 세계적으로 알려지기 시작했다. 1차 세계 대전 중 영국군은 버버리 레인 코트를 입고 추위와 비바람을 이겨냈다. 이 때부터 방수 가공을 한 천으로 만든 코트를 '바바리코트'라고 부르기 시작했는데, 브랜드와 물건의 이름이 혼용되어 쓰이는 흔치 않은 사례다.

버버리는 유행에 좌우되지 않고 내구성과 실용성을 중시한다는 기업 철학을 고수했는데, 현대에 이르러 이러한 기업 철학이 독으로 작용해 한때 '구세대의 전유물' 취급을 당하기도 했다. 하지만 2006년 미국인 안젤라 아렌츠가 CEO로 부임하면서 디자인과 유통, 고객 마케팅에 혁신적인 변화를 시도하면서 다시금 명품으로서의 위상을 되찾았다.

자라 Zara

스페인의 의류 대기업 인디텍스(Inditex)의 대표 브랜드다. 의류 생산에 소요되는 시간을 줄이고 유통망을 확보하여 '소량 생산, 적기 판매'라는 가치를 내걸고 소비자의 취향에 발 빠르게 대응하는 전략을 택했다. 자라의 이러한 전략은 1990년대부터 불기 시작한 패스트패션 열풍과 맞물려 급성장했고, 해외 시장으로 뻗어나가는 발판이 되었다. 2016년 현재 80여 개국에서 매장을 운영하고 있다.

자라는 매년 12,000여 개의 새로운 디자인을 선보인다. 경쟁사인 유니클로, 베네통과 달리 광고를 거의 하지 않아 비용을 절감하여 저가의 질 높은 제품을 공급할 수 있다. 한국에서는 2007년에 자라리테일코리아(Zara Retail Korea)를 통해 첫 매장을 오픈했고, 한국 자라는 패션을 통해 소비자들이 재미와 즐거움을 경험할 수 있도록 다양하고 독특한 제품을 선보이고 있다.

침구

캐스퍼 Casper

2014년 온라인 쇼핑몰로 시작한 매트리스 회사다. 창업자인 닐 패리쉬는 기존의 매트리스에서 숙면을 취하지 못해 고통을 받던 중 수면전문의인 아버지의 조언과 정형외과를 전공한 자신의 경험을 바탕으로 사람들의 수면 패턴을 연구했고, 메모리폼과 라텍스의 장점을 결합한 매트리스를 개발했다. 캐스퍼의 매트리스 가격은 최저 500달러에서 최고 950달러로 비교적 저렴한 편이다. 게다가 운송의 불편함을 해소하기 위해 매트리스를 접을 수 있도록 고안하여 현대의 유통과 택배 환경에 적합하도록 했다. 캐스퍼는 〈타임〉이 선정한 '2015년의 가장 혁신적인 제품' 가운데 하나에 이름을 올렸고, 디자인 어워드와 미국 산업디자인협회 어워드를 수상했으며, 창업 2년 만에 기업 가치가 1억 달러에 이르는 회사로 성장했다.

이브자리 Evezary

1976년에 창업한 대한민국의 침구회사다. 지금까지 침구는 여성의 전유물로 여겨졌다. 그러나 이브자리는 소득 수준이 높아지고 수면의 질에 대한 관심이 높아짐에 따라 침구의 기능성을 강화한 슬립앤슬립(Sleep&Sleep) 브랜드를 론칭함으로써 '남성'이라는 침구류 시장의 비(非)고객을 새로운 고객층으로 끌어들이고 있다. 이브자리의 이러한 시도는 침구가 갖고 있는 전통적인 이미지와 역할에 새로운 의미를 부여함으로써 시장을 확대한 사례로 꼽힌다.

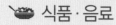 식품 · 음료

코카콜라 Coca-Cola

약제사였던 존 펨버튼이 1886년에 코카 나뭇잎과 콜라 열매, 시럽 등을 혼합하여 만든 소다수 음료수에서 출발했다. 존 펨버튼은 자신이 만든 음료의 가능성을 알아보지 못했고, 이후 코카콜라의 사업권을 인수한 아사 캔들러가 1892년에 코카콜라컴퍼니를 설립하여 대중화에 나섰다. 존 펨버튼이 코카콜라를 개발한 지 130년이 지난 지금까지도 제조법은 비밀에 부쳐져 있다. 1898년에 만들어져 1903년부터 판매되기 시작한 펩시콜라(Pepsi-Cola)의 공격적인 마케팅에 한때 주춤거리기도 했으나, 지역 음료 판매상들과 독점적인 관계를 맺고 공급과 판매망을 장악함으로써 독점적 위치를 누리고 있다.

켈로그 Kellogg's

1894년, 미국인 윌리엄 키이스 켈로그와 존 하비 켈로그 형제가 옥수수를 이용하여 아침식사 대용인 시리얼을 만들어 자신들이 일하던 병원의 환자들에게 제공한 것이 기원이다. 당시 켈로그 형제가 만든 시리얼을 접한 병원 환자 윌리엄 찰스 포스트가 1895년에 상품화하면서 대중화되었다. 윌리엄 키이스 켈로그는 이보다 10년 이상 늦은 1906년에야 콘플레이크 회사 배틀 크릭 토스티드 콘플레이크 컴퍼니를 설립하여 시리얼 시장에 후발 주자로 참여했다. 회사 이름을 켈로그로 바꾼 것은 1922년이다.

켈로그는 10년 앞서 창립한 포스트(이후 제너럴푸즈로 사명을 바꾸었다)의 그늘에 가려져 있었지만, 대공황을 거치면서 포스트의 방만한 경영을 틈타 '원조'라는 이미지와 각종 캐릭터를 내세운 마케팅이 성공하면서 1인자로 올라섰다.

🍔 요식업

요시노야 吉野家, よしのや, Yoshinoya

1899년에 창립된 일본의 규동 전문 체인점이다. 규동(ぎゅうどん)은 쌀밥에 소고기와 야채, 달걀 등을 얹어 먹는 소고기덮밥이라 할 수 있다. 요시노야는 저렴한 가격에 질 높은 음식을 제공하는 것으로 유명한데, 메뉴와 레시피를 단순화함으로써 재료를 낮은 가격에 대량으로 구입하여 원가를 낮추고 어떤 체인점에서도 같은 맛을 느낄 수 있도록 했기 때문이다. 일본의 일부 경제학자들은 요시노야의 매출액을 통해 일본의 경제 상황을 예측하기도 한다. 저렴한 요시노야의 규동이 많이 팔리면 그만큼 일본 경제가 어려워지고 있다는 징후로 판단하는 식이다.

맥도날드 McDonald's

햄버거, 음료수 등을 판매하는 세계적인 규모의 패스트푸드 체인이다. 1955년 레이 크록이 설립했다. 미국 일리노이 주의 데스 플레인즈에 1호점을 개설한 이후 큰 성공을 거두어 5년 만에 점포 수가 200개로 늘어났다. 1967년부터는 해외에 진출하기 시작하여 2011년 현재 전 세계 119개국에 2만 8,000여 개의 매장을 운영하고 있다.

맥도날드는 매뉴얼 경영으로 유명한데, 사람이 가장 만족스럽게 베어 먹을 수 있는 한 입의 크기를 12cm로 규정한 것 등의 지침이 자주 회자된다. 맥도날드는 이러한 매뉴얼을 통해 세계 어디에서나 같은 품질을 유지할 수 있게 되었다. 또한 현지의 음식 문화를 흡수하는 글로컬 정책으로도 유명한데, 세계 각국의 맥도날드에서는 그 나라 고유의 음식을 상품화한 제품을 맛볼 수 있다.

파리크라상 Paris-Croissant

1945년 상미당으로 출발하여 1968년에 삼립식품, 1977년 샤니라는 상호를 거쳐 2004년에 출범한 식품 전문 그룹 SPC그룹의 제빵 브랜드다. 1986년에 1호점을 낸 이후 한국 제빵 시장을 주도했다. 대기업의 출점 제한 제도로 인해 매장 확대가 한계에 이르자 외국으로 눈을 돌려 빵의 종주국이라 할 수 있는 프랑스로 향했다. 2014년 7월 파리 중심가 샤틀레 지하철역 인근에 프랑스 1호점을 오픈한 이후 성공적인 안착을 기반으로 매장을 확대했다. 프랑스인이 좋아하는 페스트리, 샌드위치 메뉴에 한국 고유의 크림빵과 단팥빵을 선보여 프랑스 제빵업계로부터 호평을 받았다.

올드 홈스테드 Old Homestead Steak House

1868년에 미국 뉴욕에 문을 연 스테이크 전문점이다. 150년 가까이 내려오는 동안 한결같은 맛을 유지해왔다. 1988년에는 육질이 연하고 맛이 뛰어난 일본산 소고기로 만든 고베 버거를 선보였는데, 이때 가격이 무려 15만 원이었다. 하지만 스테이크 마니아들의 호평 속에 고베 버거는 오늘날까지도 올드 홈스테드의 인기 메뉴로 자리매김하고 있다. 올드 홈스테드의 장수 비결은 150년의 역사와 전통 속에 깃든 새로움이라고 할 수 있다. 오랫동안 고수해온 그들만의 전통과 철학의 기반 위에 새롭게 선보이는 메뉴들이 뉴요커들의 입맛을 사로잡고 있다.

이르상제르 Hirsinger

프랑스의 수제 초콜릿 명가다. 1900년에 문을 연 이래로 4대째 내려오고 있다. 지역의 과일과 농산물을 사용하고 가내수공업 방식의 생산 과정을 거쳐서 제품을 생산하고 있다. 독일군이 프랑스를 침략했을 당시 5년 동안 가게 문을 닫아야 했지만, 이르상제르의 맛을 잊지 않은 손님들의 기다림과 선대 주인들의 노력으로 다시금 초콜릿 명가로 부활했다. 제품의 신선도와 맛을 유지하기 위해 분점을 내지 않기로 유명하다. 본점 외에 프랑스에 지점이 하나 있고, 해외 지점은 일본 도쿄 긴자 거리에 있다.

카라쾨이 귤류올루 Karakoy Gulluoglu

1820년에 문을 열었다. 터키의 전통 디저트인 바클라바를 주력으로 생산하고 판매한다. 터키에서만 두 개의 매장을 운영하고 있다. 다른 곳보다 바클라바의 가격이 비싼 편이었던 카라쾨이 귤루올루에 군사정부가 가격을 절반으로 내리라는 시행 명령을 내린 적이 있다. 이때 가게 주인은 가게의 문을 닫는 극단적인 길을 택했다. 이유는 간단했다. 절반의 가격으로는 맛과 질을 지킬 수 없었기 때문이다. 군사정부는 곧 물러나겠지만 고객의 신뢰는 영원한 것이라는 주인의 철학이 빛났다. 1년을 버틴 끝에 시민들의 항의와 원성을 이기지 못한 당국은 결국 물러서고 카라쾨이 귤루올루는 다시 바클라바를 팔 수 있게 되었다.

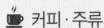 커피·주류

스타벅스 Starbucks

1971년에 제리 볼드윈, 고든 보커, 제프 시글 세 사람이 미국 시애틀에서 설립했다. 원래는 커피숍이 아니라 커피 원두와 커피 기구를 파는 상점이었다. 1982년에 하워드 슐츠가 마케팅에 참여한 이후로 커피 체인점으로 발돋움하기 시작했다.

맛과 품질이 떨어지지만 생산량이 안정적인 이유로 로부스타 품종의 커피가 대중화되어 있던 미국 커피 시장에 스타벅스는 맛이 뛰어난 아라비카 품종을 선택하면서 '맛있는 커피'의 대명사가 되었다. 뿐만 아니라 매장 내부를 아늑하게 꾸미고 고객과 직원 사이에 일정한 거리를 둠으로써 집과 일터 중간의 '제3의 공간'이라는 콘셉트를 도입하여 엄청난 성공을 거두었다. 전 세계 50개국에 17,000여 개의 매장을 두고 있다.

위겔에피스 Hugel & Fils

1639년에 프랑스 알자스 지역에서 위겔 가문이 창업한 와인 기업이다. 알자스 지역을 휩쓸고 간 전쟁과 대립, 자연재해를 거치는 동안에도 꿋꿋하게 와인 맛을 지켜냈다. 품질 최우선주의를 지향하는 위겔에피스는 와인 전문가 자코모 타키스를 영입하여 슈퍼 토스카니 와인 시리즈를 선보임으로써 이탈리아 와인의 전성기를 이끌었다. 위겔에피스는 '위겔과 그의 아들들'이라는 뜻이다. 가부장적인 색채가 강하다는 비판을 받아들여 2012년부터 '위겔 가족'을 뜻하는 파미유 위겔(Familie Hugel)로 사명을 바꾸었다. 세계에서 가장 오래된 것으로 기네스에 등재된 오크통을 보유하고 있는 것으로도 유명하다.

앱솔루트 Absolut

1879년에 라스 올슨 스미스가 개발한 앱솔루트 렌트 브렌빈(Absolut Rent Brännvin)이라는 보드카를 상품화하면서 시작된 스웨덴 브랜드다. 원래 스웨덴에는 15세기부터 제조되어온 '불타는 와인'이라는 뜻의 브렌빈이라는 술이 있었는데, 라스 올슨 스미스가 이 술의 불순물을 제거하고 텁텁한 맛을 개선하여 앱솔루트 보드카를 만들었다. 1977년부터 미국 진출을 준비하면서 오늘날의 브랜드 명칭인 앱솔루트와 심플하면서도 투명한 병의 디자인이 확정되었다. 미국 시장에서 러시아 고급 보드카에 밀려 고전하던 앱솔루트는 광고대행사 TBWA가 선보인 재치 있고 강렬한 광고를 통해 도시적이고 세련된 전문직 종사자들이 마시는 술이라는 이미지를 선점하면서 미국 소비자들의 폭발적인 반응을 이끌어냈다. 1980년대 초반 2만여 상자에 불과하던 판매량은 1994년에 300만 상자를, 2007년에는 750만 상자를 기록했다. 2008년에 프랑스 주류기업인 페로노리카(Pernod Ricard) 그룹이 인수했다.

💰 금융·보험

엠페사 M-pesa

2007년에 한 학생이 개발한 소프트웨어를 기반으로 케냐의 통신사 사파리콤이 개시한 휴대전화 결제 및 송금 서비스다. M은 모바일, pesa는 스와힐리어로 돈을 뜻한다. 사용자는 엠페사 중개업체에서 계정을 만든 다음 보증금을 내고 휴대폰의 SMS를 이용하여 메시지를 통해 송금할 수 있다. 송금 받은 쪽은 사파리콤 대행업체에서 돈을 받을 수 있다. 엠페사의 뛰어난 점은 금융 사각지대를 시장으로 개척했다는 점이다. '돈이 안 되는 시장'의 시장성을 내다본 그들의 혜안이 놀랍다. 엠페사는 현재 케냐 금융의 3분의 1을 책임지고 있으며, 인근 국가인 모잠비크와 이집트, 탄자니아와 남아프리카공화국까지 서비스를 확대했다. 또한 엠페사는 유럽 진출을 목전에 두고 있는데, 이들이 선택한 나라는 케냐와 같이 금융 시스템이 낙후된 헝가리다.

미래에셋 Mirae Asset

동양증권에서 뛰어난 실적을 올리던 펀드매니저 박현주가 동료들과 함께 창업했다. 처음에는 소규모 자산운용사로 출발했으나, 펀드매니저의 이름을 내건 대한민국 최초의 뮤추얼펀드 '박현주 펀드 1호'를 도입하면서 급부상했다. 후발주자에 규모가 작았던 미래에셋은 삼성증권을 독점 판매처로 삼고, 자금 수탁기관을 한국주택은행으로 정하는 등 브랜드 인지도와 공신력이 높은 기관을 파트너로 둠으로써 약점을 보완했다. 당시 금융감독위원회는 새로운 개념의 뮤추얼펀드를 등록한 것에 대해 이례적으로 보도자료를 언론에 돌리는 등 미래에셋에 힘을 보태주었다. 현재 미래에셋은 한국에서 자산운용 규모가 가장 큰 미래에셋자산운용을 비롯한 증권사, 보험사 등을 계열사로 두고 있다.

프로그레시브 보험 Progressive Corporation

1937년 조셉 루이스와 잭 그린이 창업했다. 여타의 보험사들이 기피하던 고위험군 고객과 공장

노동자들을 대상으로 자동차보험을 판매하는 등 틈새시장을 공략하여 성장했다. 미국 금융당국은 보험사들이 계약을 꺼리는 고위험군 인구를 각 보험사에 할당하여 강제 가입을 시키고 있었는데, 프로그레시브 보험은 오히려 이들을 주요 고객으로 받아들인 것이다.

프로그레시브 보험은 고위험군 고객과의 오랜 거래를 통해 축적된 경험과 노하우를 바탕으로 다른 보험사들이 따라올 수 없는 탁월한 시스템을 구축하여 합리적인 보험료를 산정하고 보험금 지급에도 발 빠르게 움직이는 것으로 유명하다. 1993년부터 1998년까지 미국 자동차보험업계가 5%의 성장률을 보일 때 매년 평균 24%씩 성장하여 큰 주목을 끌었다.

🏨 호텔

리츠칼튼 Ritz-Carlton

스위스 출신의 호텔리어 세자르 리츠가 프랑스 방돔 광장의 맨션을 인수하여 개조한 뒤 1896년에 호텔 리츠(Hotel Ritz)를 개관했고, 1899년에는 영국 런던에 칼튼 호텔(Carlton Hotel)을 열었다. 호텔 역사상 최초로 전기 조명과 전화기를 설치했다. 찰리 채플린, 다이애나 왕세자비, 헤밍웨이 등의 유명인사들이 단골로 애용하면서 세계적으로 유명해졌다. 디자이너 코코 샤넬은 1937년부터 37년 동안 장기 투숙하기도 했다. 세자르 리츠는 에드워드 7세로부터 '왕들의 호텔리어, 호텔리어의 왕'이라는 칭호를 들었다.

미국인 사업가 앨버트 켈러가 '리츠'에 대한 사용권을 획득하여 1927년에 보스턴에 리츠칼튼을 세웠으며, 1998년 매리어트(Marriot)가 보스턴 리츠칼튼을 인수했다. 현재 파리, 런던, 마드리에 있는 호텔만 리츠라는 이름을 사용할 수 있으며, 그 외의 지역에서는 리츠칼튼이라는 명칭을 사용하고 있다.

주아 드 비브르 Joie de Vivre Hospitality

1987년 칩 콘리가 미국 샌프란시스코의 피닉스 호텔을 개조해서 만든 부티크 호텔이다. 낡은 피닉스 호텔을 사들였을 때만 해도 미래가 암담했지만, 연예인과 예술가들을 위한 콘셉트를 도입하고 적용함으로써 완전히 새로운 형식의 호텔을 만들어냈다. 대중적인 영향력이 큰 할리우드 명사와 예술가들로부터 호평을 받자 일반인들에게도 주목의 대상이 되었다. 주아 드 비브르는 차별화된 서비스로 유명하다. 가수들을 위해 이비인후과 전문의를, 공연 예술가를 위해서 마사지사를 대기시킬 뿐만 아니라, 예술가들이 호텔에서 지내면서 새로운 경험을 하고 영감을 얻을 수 있도록 하는 시스템을 도입했다. 현재 미국에서 두 번째로 규모가 큰 부티크 호텔 체인으로 발전했다.

화장품

아모레퍼시픽 Amore Pacific

1945년 서성환이 설립한 태평양화학공업사가 모태다. 1956년에 태평양화학주식회사로 법인을 설립했고, 오랫동안 '태평양' 또는 '태평양화학'이라는 회사명으로 화장품 등을 생산하고 판매했다. 대한민국 최초로 방문판매를 도입했다. 아모레퍼시픽은 2006년에 태평양(주)로부터 화장품, 식품, 생활용품 사업 부문을 분할하여 설립한 기업이다.

아모레퍼시픽은 모기업인 태평양 시절부터 일찌감치 해외로 눈을 돌린 바탕 위에 차별화된 콘셉트와 특화된 기술로 뛰어난 제품을 생산하여 해외 소비자의 눈길을 사로잡았다. 해외에서는 '삼성'만큼이나 인지도 높은 브랜드로 인식되고 있다. 그리고 아모레퍼시픽이 개발한 에어쿠션은 화장품 종주국인 유럽의 화장품기업들이 표절 리스크를 감수하면서까지 유사 제품을 만들어낼 정도로 전 세계적인 인기를 누리고 있다.

미샤 Missha

2000년에 설립된 에이블씨엔씨의 화장품 브랜드다. 미샤는 저가 화장품으로 소비자들 사이에 큰 인기를 누렸는데, 이들이 '저가' 노선을 선택하게 된 일화가 재미있다. 미샤는 작은 용기에 담긴 화장품을 공짜로 나누어주는 마케팅을 전개했는데, 택배비가 문제였다. 그래서 택배비는 소비자에게 부담하는 방식으로 이벤트를 진행했는데, 수요가 폭발적이었다. 이때 미샤는 자신들이 만든 제품의 적정 가격이 3,300원이라는 사실을 알아냈다. 시장과 소통하는 과정에서 예상치 못하게 고객의 심리 속에 숨어 있던 '가격'을 알아냈던 것이다. 미샤는 공격적인 마케팅으로 유명한데, '원 브랜드 숍'도 그중 하나다. 원 브랜드 숍이란 하나의 브랜드만 취급하는 매장으로, 이전의 화장품 가게가 여러 브랜드를 취급하던 것과는 차별화된 형태의 화장품 매장이었다. 현재는 바디 관련 제품과 화장품은 원 브랜드 숍이 대세를 이루고 있다.

🚗 자동차 · 모터사이클

타타 자동차 Tata Motors Limited

1868년 잠셋지 나사르완지 타타가 설립한 수출회사에서 출발했다. 이후 면직공장, 철강회사 등을 거쳐 1945년에 다국적 자동차기업 타타 자동차가 설립되었다. 타타 자동차는 세계 최고를 자랑하는 인도의 인구력을 바탕으로 꾸준히 발전해오던 중 2008년 영국 출신의 자동차 브랜드인 재규어와 랜드로버를 부활시키면서 세계 자동차업계의 새로운 강자로 주목받았다. 또 타타 자동차는 인도인들의 자동차를 향한 욕구를 충족시키기 위해 2009년 세계에서 가장 싼 자동차 나노를 출시했다. 나노의 출시 당시 가격은 2,100달러(한화 약 240만 원)였다.

타타 자동차는 디자인과 경영을 해외 전문 인력에게 맡기고 다양한 의견을 수렴하는 것으로 유명하다. 수렴과 포용의 경영이 타타 자동차를 자동차업계의 신흥 강자로 만든 가장 큰 원동력이었다.

테슬라 Tesla

2003년에 설립된 미국의 자동차회사. 회사명은 1888년에 'AC 인덕션 모터'로 특허를 내 스포츠카를 만들겠다는 목표를 세웠던 전기공학자 니콜라 테슬라의 이름에서 따왔다. 테슬라는 전기 자동차만을 생산한다. 2008년에 전기 배터리로 움직이는 스포츠카 로드스터를 만들었고, 이후 프리미엄 세단인 모델 S를 선보였다. 테슬라는 점점 진화하는 전기 자동차를 차례로 세상에 내놓으면서 치세대 차량에 대한 소비자들의 기대를 증폭시키고 있다.

CEO인 일론 머스크는 '살아 있는 토니 스타크(영화 〈아이언맨〉의 주인공)'라 불리며 크게 주목을 받고 있는데, 우주여행의 대중화 등 그가 도전하고 있는 분야들이 인류의 오랜 숙원과 맞닿아 있기 때문이다.

할리 데이비슨 Harley-Davidson

1903년에 윌리엄 할리와 아서 데이비슨이 만든 모터사이클 제작회사다. 할리데이비슨이 만들어내는 모터사이클은 일반 모터사이클에 비해 배기량이 크고 엔진 소리가 우렁차서 '모터사이클의 황제'라 불린다. 하지만 이 황제는 1980년대에 무리한 사업 확장과 질 좋고 값이 싼 일본산 모터사이클의 공세에 밀려 파산 위기에 몰리기도 했다. 하지만 마니아층을 결집시키는 마케팅을 전개하고 서부시대를 향한 미국인의 향수를 자극하면서 2000년에 혼다와 야마하를 제치고 다시 1위 자리에 올랐다. 이후 꾸준히 수요가 증가하고 있는 추세를 보이고 있다. 할리데이비슨은 HOG(Harley Owners Group)를 조직해 할리데이비슨 마니아들의 유대감을 형성했다. HOG는 환경보호, 안전운행 캠페인을 펼치고 있는데, 대중들은 할리데이비슨 라이더에 대해 '거칠어 보이지만 따뜻한 마음씨를 지닌 사람'이라는 인식을 갖게 되었다.

 기타

에어비앤비 Airbnb

2007년에 브라이언 체스키와 조 게비아가 '에어 베드 앤드 블랙퍼스트(Air bed and breakfast)'라는 개념을 구상하고 이를 애플리케이션으로 실현한 뒤 2008년부터 개시한 숙박 공유 서비스다. 2009년 3월에 Airbedandbreakfast.com이라는 이름을 Airbnb.com으로 변경했다. 에어비앤비는 일반인의 집과 아파트 등을 여행자에게 제공하는 서비스 플랫폼으로 숙박 공유 서비스로는 세계 최대 규모를 자랑한다. 이후 공유 공간이 성, 보트, 이글루 등으로 확대되었다. 현재 한국을 비롯한 몇 개의 국가에서 숙박업과 관련한 불법 논란이 제기되어 있는 상태다. 하지만 대형 호텔 체인들은 에어비앤비(와 같은 숙박 공유 서비스)를 최대의 경쟁자로 여기고 있다.

디즈니랜드 Disneyland

만화영화 제작자 월트 디즈니가 1955년에 로스앤젤레스 교외에 세운 대규모 오락시설이다. 월트 디즈니는 자신의 만화영화를 즐기는 관객들에게 영화 그 이상을 경험하고자 하는 욕구가 있음을 간파하고 만화영화 속 캐릭터들이 영화 밖으로 튀어나와 관객들과 뛰노는 공간을 만들었다. 디즈니랜드는 월트 디즈니의 세심한 관찰이 돋보인다. 서른 걸음 거리마다 휴지통을 둔 것은 아이스크림을 먹다가 종이 껍질을 버려야 하는 시간적 거리를 배려한 것이고, 바닥이 깨끗하면 손님들의 행동이 고상해진다는 점에 착안하여 청결을 유지하도록 했다. 현장에서 답을 찾아낸 사례다. 1971년 플로리다 주 올랜도에 디즈니 월드가 개장했고, 1983년에 일본에 도쿄 디즈니랜드를, 1992년에는 프랑스에 디즈니랜드 파리를, 2005년에는 홍콩 디즈니랜드를 개장했다.

오빠네 과일 가게

경기도 시흥의 삼미시장에 있는 과일 가게다. 산지 농가들로부터 직접 수매하여 신선도가 뛰어난 과일을 저렴하게 판매하는 것을 원칙으로 농가, 도매, 소매, 소비자 모두 이익을 얻을 수 있는 유통 구조를 만들었다. 이러한 유통 구조는 공정 거래 질서를 위한 혁신 모범 사례로 꼽힌다. 현재 직영점 4곳을 포함하여 10개의 체인점을 운영하고 있는데, 연매출이 50억 원에 이른다. 특히 오빠네 과일 가게는 시장에서 장을 본 물건을 소비자가 가져오면, 그 물건까지 배달해주는 특화된 배달 서비스를 진행하고 있다. 그래서 시장에 나온 소비자들은 가장 나중에 오빠네 과일 가게에 들를 수밖에 없다고 한다. 또한 젊은 세대가 기피하는 전통시장을 자신들의 영역으로 설정하고 기존의 과일 가게에 새로운 아이템을 도입하여 청년창업의 새로운 길을 제시했다는 점에서 눈길을 끈다.

다이슨 Dyson

1993년에 영국의 산업 디자이너 제임스 다이슨이 설립한 회사다. 날개 없는 선풍기, 먼지 봉투가 없는 진공청소기 등 혁신적인 제품으로 주목을 받았다. 하지만 제임스 다이슨의 뛰어난 발명·디자인 능력으로 개발된 제품들의 기술을 다른 기업들이 도용하면서 숱한 특허권 분쟁에 시달렸다. 이러한 뜻하지 않은 경험 때문에 다이슨은 특허에 관한 부서를 신설하여 자사의 독점적 기술을 법적으로 보호하는 시스템을 강화하고 있다. 다이슨의 제품군은 제한적인데, 이는 제품의 가짓수를 늘리는 것이 아니라 특화된 제품에 집중하는 방식으로 기업의 역량 소모를 막고자 하는 전략에 기인한다.

메이요 클리닉 Mayo Clinic

미국 미네소타 주 로체스터에 본사를 두고 있는 종합병원이다. '세계 최고의 병원', '환자들이 가장 사랑하는 병원' 등의 평가를 받고 있다. 메이요 클리닉은 최고의 의료진과 의학공학이 집대성된 의료시설을 갖추고 있지만, 가장 근본적인 가치를 '소통'에 두고 있다. '환자의 고충을 끝까지 들어라'는 이들의 모토는 의료진과 환자의 진정하고 진솔한 소통에서 진짜 '의술'이 시작된다는 의료 철학을 반영한 것이다. 현재 플로리다 주 잭슨빌과 애리조나 주 스코츠데일에 지부를 두고 있다.

넥센 타이어 Nexen Tire

1942년 부산에서 설립된 흥아고무공업(주)에서 출발했다. 당시에는 자전거용 타이어와 튜브를 생산했다. 1952년 흥아타이어(주)로 사명을 바꾸고, 1956년에 한국전쟁 이후 국내 최초로 자동차 타이어를 생산했다. 이후 원풍산업, 국제그룹, 우성건설 등에 인수·편입된 이후 2000년부터 넥센타이어(주)로 회사명을 변경하고 새로운 출발을 시작했다.

넥센타이어는 초고성능(UHP) 타이어 제품에 주력하여 프리미엄 시장을 겨누었으며, 한국의 타이어업체들이 기피하는 미국 시장에 진출하여 2009년에는 '세계 6위 타이어업체'에 선정되기도 했다. 2008년부터 중국 칭다오에서 생산공장과 R&D 센터를 운영하기 시작했으며, 2012년부터는 경남 창녕에서 생산공장을 가동하기 시작했다. 2010년부터 프로야구단 넥센히어로즈의 메인 스폰서로 참여하고 있다.

미슐랭 가이드 Mechelin Guide

프랑스의 타이어회사 미슐랭(미국에서는 미쉐린)에서 발간하는 여행 안내서다. 프랑스어로는 '기드 미슐랭(Guide Michelin)'이다. 1900년부터 타이어를 구매한 고객에게 무료로 나누어주던 자동차여행 안내 책자에서 출발했다. 미슐랭 가이드를 만든 앙드레 미슐랭은 프랑스 내무부 산하의 지도국에서 근무했는데, 미슐랭 타이어를 설립한 친형 에두아르 미슐랭에게 제안하여 소비자를 위한 여행 책자를 만들게 되었다. 초기의 미슐랭가이드에는 타이어 정보, 교통법규, 자동차 정비 요령, 주유소 위치 등이 기재되었고, 식당을 소개하는 코너는 부가적인 것에 불과했다. 그러나 해가 갈수록 고객들은 식당 코너에 주목하기 시작했고, 뛰어난 식당을 소개하는 내용의 비중이 점점 커졌다. 호평과 반응이 커지자 1922년부터 유료로 판매하기 시작했다. 오늘날에는 '미식가들의 바이블'로 평가받고 있으며, 미슐랭가이드가 별점을 부여한 식당, 레스토랑은 미식가들의 성지가 되고 있다.

책의 두께가 점점 두꺼워지자 레드 시리즈와 그린 시리즈로 구분하여 발행하게 되었는데, 레드 시리즈는 레스토랑 정보를, 그린 시리즈는 여행 정보를 주로 다루고 있다.

주석

Chapter 1_ 독점 공간이 운명을 결정한다

1. 〈충청투데이〉, 2014년 8월 8일, '구독률이 100%가 넘는 신문이 있을까'
2. 《미래 시장을 잡는 독점의 기술》, 61쪽, 밀랜드 M. 레레 지음, 권성희 옮김, 흐름출판, 2006.
3. 〈파이낸셜뉴스〉, 2014년 11월 7일, '실수 용납 않는 달인의 세계'
4. 〈매일신문〉, 2009년 7월 21일, '전설적 총잡이 와일드 빌 히콕'
5. http://m.blog.naver.com/knightblack/10016749158
6. 〈당대 최고의 군사력 고구려〉, 홍익희
7. http://m.blog.daum.net/81mkpark/6965285
8. http://1boon.kakao.com/bloter/56c2ca67a2b88147a50be561
9. 《시빌라이제이션》, 173쪽, 니얼 퍼거슨 지음, 구세희·김정희 옮김, 21세기북스, 2011.

Chapter 2_ 성은 어디에 있는가

1. 《수익지대》, 21쪽, 에이드리언 J. 슬라이워츠키·데이비드 J. 모리슨·밥 앤델만 지음, 이상욱 옮김, 세종연구원, 2005.

2. 같은 책 26쪽 응용

3. 《미래 시장을 잡는 독점의 기술》, 5쪽, 밀랜드 M. 레레 지음, 이상건 감수, 권성희 옮김, 흐름출판, 2006.

4. 〈동아일보〉 2011년 12월 9일, '日 택배업체, 경찰서를 벤치마킹한 까닭은'

5. 〈월간 물류와 경영〉 2015년 2월호, '택배산업, 먹구름이 몰려온다'

6. 《미래 시장을 잡는 독점의 기술》, 23~24쪽, 밀랜드 M. 레레 지음, 이상건 감수, 권성희 옮김, 흐름출판, 2006.

7. 《콜래보 경제학》, 90쪽, 데본 리 지음, 흐름출판, 2008.

8. http://cafe.naver.com/fashionchangup/12478

9. 《미래 시장을 잡는 독점의 기술》, 234쪽, 밀랜드 M. 레레 지음, 이상건 감수, 권성희 옮김, 흐름출판, 2006.

10. http://kimkkkimkk.blog.me/140056657128

11. 《트렌드 헌터》, 69쪽, 제레미 구체 지음, 정준희 옮김, 리더스북, 2010.

12. 〈매일경제〉 2016년 1월 27일, '호텔가에 벌어진 딸기 전쟁'

13. 〈Ttimes〉, 2016년 3월 17일, '한샘은 어떻게 이케아를 이용했나'

14. 《성장과 혁신》, 클레이튼 M. 크리스텐슨·마이클 E. 레이너 지음, 딜로이트 컨설팅 코리아 옮김, 세종서적, 2005.

15. SERICEO 경영전략, '영국 전통 브랜드의 화려한 부활'

16. 〈사이언스 타임스〉, 2015년 6월 3일, '간편식 시리얼의 유래는 건강식품'

17. 네이버 지식백과, 세계 브랜드 백과, '켈로그'

18. 〈오마이뉴스〉 2010년 11월 29일, '중국 황제에게 퍼준 조공, 백제에 이득이었다' / 〈조선일보〉 2016년 1월 18일, '조선시대 국제무역, 조공으로 답례품 받아 경제적 이익 얻었어요'

19. 《럭셔리 브랜드 경영》, 미셸 슈발리에·제럴드 마깔로보 지음, 손주연 옮김, 미래의창, 2012.

Chapter 3_ **성을 가진 자 vs 길을 떠도는 자**

1. 〈한국보험신문〉, 2015년 5월 18일, '車보험료, 미국은 올리고 일본은 내리고'

2. 〈Progressive 보험사의 전략 경영〉, 김영신, 2004.

3. 〈조선일보〉, 2015년 12월 21일, '中 소비시장 공략 성공 기업들 보니…'

4. 《속도에서 깊이로》, 203쪽, 윌리엄 파워스 지음, 임현경 옮김, 21세기북스, 2011.

5. 《창조적 차별화 전략》, 43쪽, 노아 케르너·진 프레스먼 지음, 한예경 옮김, 밀리언하우스, 2010.

6. 〈NewsPeppermint〉, 2014년 11월 27일, '디즈니는 어떻게 '겨울왕국'을 고수익 사업 아이템으로 만들었나?'

7. 《더 리치》, 160쪽, 피터 번스타인·애널린 스완 지음, 김명철·김고명 옮김, 21세기북스, 2008.

8. http://cafe.naver.com/sooboo16/4381

9. 《성장과 혁신》, 78쪽, 클레이튼 M. 크리스텐슨·마이클 E. 레이너 지음, 딜로이트 컨설팅 코리아 옮김, 세종서적, 2005.

10. 《럭셔리 브랜드 경영》, 50쪽, 미셸 슈발리에·제럴드 마짤로보 지음, 손주연 옮김, 미래의창, 2012.

11. 〈Forbes〉, 2016년 4월 2일, Apple's Sad Transformation Into 'The American Samsung'

12. 《성장과 혁신》, 130쪽, 클레이튼 M. 크리스텐슨·마이클 E. 레이너 지음, 딜로이트 컨설팅 코리아 옮김, 세종서적, 2005.

Chapter 4_ 모노플리언을 위한 10개의 城

1. 《미래 시장을 잡는 독점의 기술》, 114쪽, 밀랜드 M. 레레 지음, 이상건 감수, 권성희 옮김, 흐름출판, 2006.

2. 〈레이디경향〉, 2013년 8월, 김영남, '최고의 전쟁 사진작가 로버트 카파와 잉그리드 버그만의 사랑과 전쟁'

3. http://blog.naver.com/japansisa/220696458364

4. 〈프레스맨〉, 2016년 1월 28일, '늘리지 않으면 죽는다, 日 세븐일레븐이 터트린 편의점 전쟁'

5. 《작은 가게의 돈 버는 디테일》, 183쪽, 다카이 요코 지음, 동소현 옮김, 다산3.0, 2016.

6. 〈조선일보〉, 2016년 4월 12일, '출구 찾는 맥도날드… 日·대만 이어 한국서도 철수?'

7. 《성장과 혁신》, 212쪽, 클레이튼 M. 크리스텐슨·마이클 E. 레이너 지음, 딜로이트 컨설팅 코리아 옮김, 세종서적, 2005.

8. 《세계 장수 기업, 세기를 뛰어넘은 성공》, 236쪽, 윌리엄 오하라 지음, 주덕영 옮김, 예지, 2007.

9. 〈매일신문〉, 2007년 8월 17일, '[세계의 장수기업] ⑦프랑스 와인양조장 위겔'

10. 〈MASHIJA MAGAZINE〉, 2016년 2월 17일, '이탈리아 와인의 아버지, 자코모 타키스가 타계하다'

11. 《세계 장수 기업, 세기를 뛰어넘은 성공》, 73쪽, 윌리엄 오하라 지음, 주덕영 옮김, 예지, 2007.

12. 〈Ttimes〉, 2016년 7월 16일, '아마존이 슬그머니 정가를 없애버린 이유'

13. 《창조적 차별화 전략》, 107쪽, 노아 케르너·진 프레스먼 지음, 한예경 옮김, 밀리언하우스, 2010.

14. http://ch.yes24.com/Article/View/30290

15. 〈주간조선〉, 2014년 2월 24일자, '아이돌 1세대 동방신기 10년이 남긴 것'

16. 〈동아일보〉, 2012년 4월 6일, '파격과 엽기의 코드, 영감을 부르는 마법이 되다'

17. 〈뉴데일리경제〉, 2016년 3월 22일, '강호찬 넥센타이어 사장의 변칙수… 알파고와 닮은꼴'

18. 《장사의 신》, 69쪽, 우노 다카시 지음, 김문정 옮김, 쌤앤파커스, 2012.

19. http://www.hvs.com/article/4437/joie-de-vivre-and-the-art-of-the-hotel/

20. 《비즈니스의 경계를 허문 경영의 괴짜들》, 103쪽, 칩 콘리 지음, 홍정희 옮김, 21세기북스, 2008.

21. 《콜래보 경제학》, 100쪽, 데본 리 지음, 흐름출판, 2008.

22. 《샘 월튼 불황없는 소비를 창조하라》, 108쪽, 샘 월턴·존 휴이 지음, 김미옥 옮김, 21세기북스, 2008.

23. 〈동아일보〉, 1996년 2월 11일, '가보가 위조품으로 고철이 고가골동품으로, TV 감정원 안방 시선 끈다'

24. 《수익지대》, 195쪽, 에이드리언 J. 슬라이워츠키·데이비드 J. 모리슨·밥 앤델만 지음, 이상욱 옮김, 세종연구원, 2005.

25. 《트렌드 헌터》, 116쪽, 제레미 구체 지음, 정준희 옮김, 리더스북, 2010.

26. http://www.khaiyang.com/895

27. http://www.khaiyang.com/1480

28. 《트렌드 헌터》, 158쪽, 제레미 구체 지음, 정준희 옮김, 리더스북, 2010.

29. 《이끌지 말고 따르게 하라》, 133쪽, 김경일 지음, 진성북스, 2015.

30. 〈kotra : 해외 시장 뉴스〉, 2015년 11월 20일, '올해 중국 시장을 휩쓴 한국 화장품'

31. 〈비즈니스 포스트〉, 2016년 1월 19일, '서경배의 아모레퍼시픽, 로레알의 랑콤과 특허 소송'

32. 〈아시아경제〉, 2015년 3월 3일, '쿠션 전쟁… 체면 구긴 랑콤의 아모레 따라잡기'

33. 〈styleM〉, 2016년 1월 11일, '맥 · 지방시 · 입생로랑도 따라왔다⋯ 韓 원조 쿠션 화장품 불붙어'

34. 〈Fashionbiz〉, 2016년 7월 19일, '버버리 새 전략=미국과 액세서리'

35. 〈ITCLe〉, 2014년 10월 10일, 'NPD: 애플 iPhone 6 출시 후, 액세서리 매출 2억 4,900만 달러로 신기록 세워'

36. http://m.blog.naver.com/alsn76/40203889840

37. http://comebackojk.blog.me/220307176568

Chapter 5_ **이제 모노플리언의 갑옷을 짜라**

1. 《트렌드 헌디》, 50쪽, 제레미 구체 지음, 정준희 옮김, 리더스북, 2010.

2. KBS 1 라디오 〈경제세미나〉, 고려대학교 김경일 교수

3. 〈조선일보〉, 2015년 12월 19일, '서울대에서 A+ 받으려면 생각을 하지 마라'

4. 《실패에서 배우는 성공의 법칙》, 348쪽, 시드니 핑켈스타인 지음, 하정필 옮김, 황금가지, 2009.

5. 《창조적 차별화 전략》, 64쪽, 노아 케르너 · 진 프레스먼 지음, 한예경 옮김, 밀리언하우스, 2010.

6. 《트렌드 헌터》, 99쪽, 제레미 구체 지음, 정준희 옮김, 리더스북, 2010.

7. 〈조선 비즈〉, 2016년 3월 19일, '얼간이 소리 듣는 트럼프, 자신의 브랜드 정확히 계산하고 세일즈한다⋯ 유권자 홀릴 수밖에'

8. 《더 리치》, 71쪽, 피터 번스타인 · 애널린 스완 지음, 김명철 · 김고명 옮김, 21세기북스, 2008.

9. 《매일경제》, 2015년 6월 12일, '헝그리정신은 창업의 힘⋯ 창업 생존율 이변'

10. 《사람을 생각하는 기업》, 71쪽, 윌리엄 월튼 지음, 한세, 1995.

11. 《드라이브 : 창조적인 사람들을 움직이는 자발적 동기부여의 힘》, 235쪽, 다니엘 핑크 지음, 김주환 옮김, 청림출판, 2011.

12. 《채우고 장전하고 발사하라》, 17쪽, 제프리 J. 폭스 지음, 이현주 옮김, 더난출판사, 2011.

13. 《드라이브 : 창조적인 사람들을 움직이는 자발적 동기부여의 힘》, 26쪽, 다니엘 핑크 지음, 김주환 옮김, 청림출판, 2011.

14. 〈매일경제〉, 2016년 1월 15일, '알아서 잘하는 조직 원하면 행복한 경험을 선물하세요'

15. 《잭 웰치 성공에 감춰진 10가지 비밀》, 60쪽, 스튜어트 크레이너 지음, 홍길표 옮김, 영
언문화사, 2000.

16. 《베스트 플레이어》, 35쪽, 매슈 사이드 지음, 신승미 옮김, 행성:B온다, 2012.

17. 《속도에서 깊이로》, 87쪽, 윌리엄 파워스 지음, 임현경 옮김, 21세기북스, 2011.

18. 《드라이브 : 창조적인 사람들을 움직이는 자발적 동기부여의 힘》, 168쪽, 다니엘 핑크
지음, 김주환 옮김, 청림출판, 2011.

19. 《생각의 지도》, 107쪽, 리처드 니스벳 지음, 최인철 옮김, 김영사, 2004.

20. 《이나모리 가즈오의 회계경영》, 68쪽, 이나모리 가즈오 지음, 김욱송 옮김, 다산북스,
2010.

21. 《채우고 장전하고 발사하라》, 74쪽, 제프리 J. 폭스 지음, 이현주 옮김, 더난출판사,
2011.

22. https://www.facebook.com/faustcollege/posts/675674752483690

23. 《극한의 리더십》, 55쪽, 크리스 워너·단 슈민케 지음, 권오열 옮김, 비전과리더십,
2011.

24. 《장사의 신》, 252쪽, 우노 다카시 지음, 김문정 옮김, 쌤앤파커스, 2012.

당신은 유일한 존재입니까?
홀로 파는 사람, 모노폴리언

1판 1쇄 인쇄 2016년 11월 25일
1판 1쇄 발행 2016년 12월 5일

지은이   이동철
펴낸이   김병은
펴낸곳   (주)프롬북스

편집   이양훈
마케팅   최현준
본문 디자인   이인선
표지 디자인   전병준
등록번호   제313-2007-000021호
등록일자   2007년 2월 1일
주소   경기도 고양시 일산동구 정발산로 24 웨스턴돔타워 T1-718호
문의   031-926-3397
팩스   031-926-3398
전자우편   edit@frombooks.co.kr
ISBN   978-89-93734-94-2 03320